求索者

求 索 者

——徐通锵先生纪念文集

《徐通锵先生纪念文集》编委会 编

商务印书馆
2008年·北京

图书在版编目(CIP)数据

求索者:徐通锵先生纪念文集/《徐通锵先生纪念文集》编委会编.—北京:商务印书馆,2008
(著名语言学家纪念文集系列)
ISBN 978-7-100-05618-2

Ⅰ.求… Ⅱ.徐… Ⅲ.①徐通锵—纪念文集②语言学—文集 Ⅳ.H0-53

中国版本图书馆 CIP 数据核字(2007)第 140430 号

所有权利保留。
未经许可,不得以任何方式使用。

QIÚSUǑZHĚ
求 索 者
——徐通锵先生纪念文集
《徐通锵先生纪念文集》编委会 编

商 务 印 书 馆 出 版
(北京王府井大街36号 邮政编码 100710)
商 务 印 书 馆 发 行
北京瑞古冠中印刷厂印刷
ISBN 978-7-100-05618-2

2008年7月第1版　　　开本 787×960　1/16
2008年7月北京第1次印刷　印张 34　插页 9
定价:65.00元

徐通锵先生

1956年7月北京大学中文系52级语文专业毕业照。后排左一为徐通锵先生

1958年在北京门头沟区清水公社上达摩村下放劳动。中排左一为徐通锵先生

1960年北京大学中文系语言学教研室的教师和研究生在香山。左起：高名凯、徐通锵、余钟惠、陈松岑、袁家骅、王福堂、何耿丰、李兆同、岑麒祥、赵世开、叶蜚声、武彦选

1962年《语言学概论》编写组在北京大学健斋前。左起：石安石、陈松岑、徐通锵、贾彦德、高名凯、李兆同、叶蜚声

20世纪70年代与好友袁行霈、叶蜚声、王福堂、杨贺松等在一起

1983年在美国加州大学伯克利分校做学术讲演。左为Matisoff教授

2001年在畅春园家电脑前工作

2004年在畅春园家书桌前

1997年荣晶博士论文答辩委员会合影。前排左起：徐通锵、荣晶、王洪君、叶蜚声，后排左起：徐枢、侯学超、王理嘉

1998年与博士生在家中。左起：高晓虹、朴庆松[韩]、徐通锵和夫人、叶文曦、李娟

1999年与三个蚂蚱（后排左起：李倩、梁源、方希）的毕业告别聚会。前排左起：郭锐、王洪君、王福堂、徐通锵，后排右一：叶向阳

2004年12月在青岛海洋大学全国字本位理论研讨会上做主题发言。左为陈保亚

2004年与宋金兰(左)和李娟在一起

2006年6月最后一节课后和同学在一起。左起：邓盾、邝剑菁、徐通锵、崔延燕、姜宝英

1998年北大百年校庆时与老同学狄祥华(中)、王福堂在校园

2006年5月与好友李行健(左一)、郝斌在香山植物园

2006年9月"汉语字本位研究丛书"编委会部分成员在京讨论编务。左起：潘文国、鲁川、徐通锵、杨自俭

2006年与鲁川(左一)、吕必松(左二)、汪平在一起

20世纪80年代在故乡浙江宁海大蔡镇岭徐村。左起：二妹、三妹、母亲，右一：大妹

1968年徐通锵、丁宁真夫妇在天津

1985年徐通锵、丁宁真夫妇与外孙在颐和园

1990年徐通锵、丁宁真夫妇在北京大学畅春园

2000年全家福。后排左起：徐涛（子）、李昕（媳）、吴迪（外孙）、吴伟（婿）、徐敏（女）

2006年10月与孙儿（徐子复）一起

平凡的现象中隐含着深邃的哲理，语言是最平凡的，对它的研究是探索这种哲理的最佳途径。

徐通锵

目　录

徐通锵先生生平 …………………………北京大学中文系 1
一生探求:结合中西　贯通古今　立足汉语建设语言
　　理论——徐通锵先生学术思想评述…………王洪君　李娟 4
沿着徐先生的道路继续前进 ………………………沈家煊 26
孜孜不倦的求知者 …………………………………胡壮麟 29
汉语研究与字本位——悼念徐通锵先生 …………王　宁 32
他"思想过"·"徐通锵难题" ………………………鲁国尧 35
具体语言研究与语言理论研究相结合——怀念徐通锵
　　先生 ……………………………………………戴庆厦 48
徐通锵的历史地位 …………………………………潘文国 51
徐著《历史语言学》 …………………………………张光宇 58
心底相通自古今——悼徐通锵先生 ………………冯胜利 78
徐通锵先生与《语文研究》 …………温端政　沈慧云 81
纪念建设汉语本体语言学的旗手徐通锵先生
　　……………………"汉语字本位研究丛书"编委会 86
沉痛哀悼徐通锵先生 ………………………………吕必松 90
跟随徐通锵先生学习"字本位"——沉痛悼念我最
　　敬仰的中国语言学大师 ………………………杨自俭 95

先生已逝，理论犹新 …………………………………… 宋金兰 120
徐通锵先生的字本位语言理论概述 …………………… 李　娟 127

深切怀念同窗好友徐通锵 ……………………………… 郑芳怀 147
怀念徐通锵　学习徐通锵 ……………………………… 李志秀 152
看来朴素无华　实则光彩照人——悼通锵 …………… 王福堂 159
"徐格里"，走好 ………………………………………… 赵世开 166
斯人已逝　吾失良友——悼念徐通锵教授 …………… 何耿丰 168
痛悼老友徐通锵 ………………………………………… 陈松岑 170
悼念徐"老头"通锵兄 …………………………………… 唐作藩 176
在语言学领域中辛勤耕耘一生的学者——悼念通锵 … 王理嘉 180
悼通锵兄并追忆几位学长 ……………………………… 张清源 189
怀念通锵兄 ……………………………………………… 裘锡圭 193
勤力垦拓　著有实绩——追怀师兄徐通锵教授 ……… 向光忠 195
哭通锵 …………………………………………………… 曹先擢 203
痛悼挚友通锵 …………………………………………… 李行健 205
一位真正的学者——长念通锵 ………………………… 史有为 213
春蚕到死丝未尽——怀念徐通锵老师 ………………… 蒋绍愚 220
记徐通锵先生二三事 …………………………………… 邵敬敏 224
徐通锵老师，安息吧！ ………………………………… 王若江 229
回忆跟徐通锵老师的点滴交往 ………………………… 袁毓林 233
一位实实在在的老师 …………………………………… 胡敕瑞 238
徐老莞尔在安息 ………………………………………… 张光宇 242
像徐通锵先生那样探索中国语言学的新路 …………… 汪　平 244
治学大道　永垂不朽 …………………………………… 李葆嘉 247

纪念徐通锵先生	岑运强	249
一介书生　清清爽爽——追怀徐通锵先生	姚小平	251
感念徐通锵先生对我的教诲	张　博	253
真正的学者徐通锵先生	石毓智	258
怀念徐先生	曾晓渝	263
一米温暖的夕阳——我所知道的徐通锵先生	张振江	266
大家风范　高山仰止——写在徐通锵先生辞世百日之时	曹　炜	283
师祭	何　丹	289
一件小事	周静芳	291
难忘的合作	胡吉成	293
严谨却不因人而废言的徐通锵先生	陈宁萍	298
一颗平静而跃动的智者之心——怀念徐通锵先生	孙玉石	301
令人怀念的十九斋——追念徐通锵先生	费振刚	306
朴实认真,疾恶如仇——忆通锵同志	段宝林	311
悼念徐通锵先生	陈曦钟	313
行过未名湖边	陈平原	316
比我老的"老头"	张　晓	319
斯人已去　真情常在	卢宁　卢培元　丘佩玲	323
徐老师指导我做硕士论文	王洪君	327
怀念徐老师	陈保亚	345
徐老师是指导我科研上路的严师	赵　杰	362
师恩难忘——徐老师领我走上语言学之路	靳光瑾	366
老师引领我思想飞扬	李　娟	373

一位特立独行的语言理论家——追思我的导师徐通锵
　　先生 ·· 叶文曦 381
这师,这情,这般怀念 ···································· 荣　晶 388
怀念敬爱的徐老师 ······································ 高晓虹 396
跟徐老师做论文的那些日子 ······························ 王　静 399
师者如斯,逝者如斯 ···································· 陈卫恒 403
徐门问学记 ·· 杨立权 407
徐老师学术思想助我完成博士论文 ························ 孙景涛 420
那无拘无束的幸福 ······································ 刘一之 425
怀念徐通锵老师 ·· 崔希亮 428
一份难忘的作业 ·· 王红旗 431
永远的引路人 ·································· 王刚　马亦凡 434
回忆徐通锵老师 ·· 谢俊英 439
蚂蚱说——徐师归去纪事 ································ 方　希 442
清风徐来——来自蚂蚱三 ································ 李　倩 447
高山仰止,纯净高远 ···································· 徐晶凝 451
怀念徐老师 ·· 汪　锋 454
您在天堂还好吗——怀念徐老师 ·························· 宋作艳 458
我心中永远的徐老师 ···································· 张博岩 463
恩师·爷爷 ·· 邝剑菁 465
给徐伯伯的一封信 ······································ 刘黎黎 471

善不由外来兮,名不可以虚作——纪念我的父亲 ······ 徐　涛 477
挽联、诗文、唁电、唁文选 ···············北京大学中文系等 484
致谢信 ·· 丁宁真等 495

最后一封邮件 ……………………………………徐通锵 496
徐通锵教授访谈录 …………………………………张　宜 497
徐通锵先生论著总目 ………………………………………529

编后记 ………………………《徐通锵先生纪念文集》编委会 535

徐通锵先生生平

著名语言学家、北京大学教授、中国共产党党员徐通锵先生，因病于2006年11月25日19点50分在北京辞世。

徐通锵先生1931年11月生于浙江宁海。1952年浙江省立宁波中学高中毕业，同年考入北京大学中文系语文专业。1956年毕业后留校，在中文系语言学教研室师从高名凯先生从事理论语言学的教学和研究，先后任助教、讲师、副教授、教授。1982年9月至1983年9月赴美国加大（柏克莱）进修访学，主修历史语言学。曾多年担任语言学教研室主任、语言学及应用语言学博士点博士生导师、学科带头人。并任教育部社会科学委员会委员、教育部人文社会科学研究专家咨询委员会委员、商务印书馆语言学出版基金评议委员、《语言学论丛》编委。

徐通锵先生一生致力于中国语言学理论的建设，强调中西语言学的结合，努力引导年轻的语言研究者走上密切联系汉语实际、以材料的梳理为基础的语言理论研究的道路，为中国语言学理论研究树立了一种范式。

他的论著兼通古今中外，多有发现和创新。

《语言学纲要》（1981，与叶蜚声合作）是他学术研究第一阶段的代表作。该书明确地以结构主义语言思想为基础,以组合关系聚合关系为描写语言各层面结构关系的纲领,从共时和历时两个方面对语言结构性质做出全面系统的论述,是一部理论严谨、内容充实、阐述清晰、深入浅出的教材,在国内高校语言学教学领域影响广泛。该书在海内外多次再版,1988年获国家教委高等学校优秀教材二等奖。

《历史语言学》(1991)是徐通锵先生在语言学领域产生广泛影响的又一部重要研究著作。该书系统地阐述了历史语言学的基本理论,运用到汉语方言和汉语历史音韵领域,深化了许多个案研究,并在音变理论方面有新的建树。这一著述是中西语言学结合的重要成果,获北京市第三届社会科学优秀成果一等奖和教育部高校人文社会科学优秀成果一等奖。

最近十年徐通锵先生以"字本位"理论为基础的语义句法的研究在国内外产生了重要影响。《语言论——语义型语言的结构原理和研究方法》(1997)是这一时期研究的代表性著作。论著以"字"为汉语基本结构单位,以此为核心构建了汉语研究的新的理论体系,为中国语言学理论建设提供了新的视角和方法。该论著获北京市第五届哲学社会科学优秀成果二等奖。此外,教育部"九五"规划教材《基础语言学教程》(2001)也是这一时期的重要著述。

徐通锵先生朴素坦荡,不羡虚名浮利。他一生专心学术,认准了中西结合、以汉语研究为基础进行语言理论建设的道路,就不惧艰难地探索耕耘。他忠诚教育事业,生前最后一个学期还在第一线授课。他关爱学生,无保留地指导学生,鼓励学生修正老师的主张,开辟新的研究领域。他的品格,他的学问,他的音容笑貌,永存友人学生心中。

　　　　淹贯中西,出入古今,殚精竭虑开新径
　　　　融汇新旧,承启先后,桃李遍植惠后人

　　徐通锵先生千古!

　　　　　(北京大学中文系2006年11月26日)

一生探求：结合中西　贯通古今 立足汉语建设语言理论
——徐通锵先生学术思想评述

王洪君　李娟

徐通锵先生一生著有专著7部、自选论文集2部、论文70余篇。它们宣示着先生的学术诉求：在吸收西方语言学理论基本精神的基础上，立足汉语，深层次地思考中国传统语言学看待汉语的眼光，通过汉语的古今比较、方言比较、与其他语言的比较，从材料的比较和梳理出发，提取新的理论，为普通语言学做出汉语研究者的贡献。

徐先生认为自己的学术历程是一个不懈探求中国语言理论建设之途径的历程（徐2005）：从空对空地在术语概念中打转转，到尝试结合西方语言学和中国传统语言学的方法并运用于分析古今汉语和方言的实际材料，再到从汉语材料和语言对比中探求中西语言学结合的基点所在，探求汉语以至人类语言的结构原理。下面我们的评述就以此为线索。

"文革"前的理论语言学，受政治思潮的影响，全面照搬苏联语言学，以批判西方资产阶级语言学为主要任务。徐先生这一时期有论文5篇，前4篇或是从时代之命的批判，或是从概念到概念的讨论。先生自己的评价是"现在回过头去，这些文章不值得重新再看"

(2005)。值得注意的是第 5 篇《对结构主义语言学分布原则的几点批判》(1965 年,《中国语文》第 2 期)。该文提出,仅凭分布原则无法处理普通话 ts、tɕ、tʂ、k 四组多重互补分布声母的分合,无法解决宁波方言 ɵ、o、β、ɔ 交叉分布的四个元音的音位归纳,必须辅之以语音相似原则和历史原则;仅凭分布也无法完全解决语素同一性的判定,必须辅之以"共同的语音结构"标准。在音位和语素之外,分布和变换分析的功用更加有限,如无法解决词义划分。这说明分布和变换都需要从意义和形式上做进一步的限定等等。这些观点都结合具体语言事实从学术角度展开了论证,至今来看仍有其价值。

"文革"后期,徐通锵先生对国内的理论语言学研究进行了深刻的反思。他认识到,像过去十年那样以马列主义语言学为圭臬、从概念到概念的研究,或者是简单地引入西方语言理论方法再贴上几个汉语的例子的研究,都算不上真正的理论研究。中国语言理论的建设应该立足汉语研究,吸收西方语言学理论和方法的精神,实现中西语言学的结合。但"中西"如何才能有效地结合,前面没有现成的路,这成为他的后半生不懈探索的目标。我们把徐先生"文革"后的研究大致分为三个阶段。

第一阶段:梳理评说现当代汉语研究成果的阶段(1978—1981年)。这一时期,徐先生和叶蜚声合作撰写了《"五·四"以来汉语语法研究评述》(1979)、《译音对勘与汉语的音韵研究》(1980)、《历史比较法和〈切韵〉音系的研究》(1980)、《内部拟测法和汉语上古音系的研究》(1981)等四篇评论文章。评说范围不仅包括大陆学者的汉语研究,也包括境外学者的;评说内容不仅涉及现当代汉语研究各项代表性成果的西方语言学背景,还涉及各项成果运用西方语言学结合汉语特点的程度;进而从中西结合的成效与局限的角度,总结了"五四"以来汉语研究的经验教训。探讨中西结合的成效与局限,需要对西方语言理论的再思考,也需要对汉语特点的再思考。这样的理论研究,不再是"空对空",具体领域的研究者都感觉"有用"、"有启发",在学界产生了很好的影响。

这一时期的重要论著还有他与叶蜚声合作撰写的教材《语言学纲要》。该书明确地以结构主义语言思想为基础,以组合关系聚合关系为描写语言各层面结构关系的纲领,从共时和历时两个方面对语言结构性质做出了全面系统的论述,是一部理论严谨、内容充实、线索简单清晰、深入浅出的教材,在国内高校语言学教学领域影响广泛。

第二阶段:历史语言学阶段(1981—1991年)。这一阶段的代表作是专著《历史语言学》(1991),该书综合了他1979—1988年间撰写的多篇学术论文和所指导的硕士论文的研究成果,是中国第一部全面讨论语言演变一般原理的理论著作。

该书全面地介绍了历史语言学各个重要学派的理论方法,并综合运用这些方法,特别是当时西方历史语言学的最新成果"语言变异理论"的基本精神,结合汉语音韵史的文献材料,成功地分析了汉语方言的多个个案,阐述了各种性质不同的音变所特有的演变方式及演变原因。该书最具学术价值的是,以语言变异作为切入点,从"文白异读"这一与汉语特点密切相连的现象出发,提出并论证了"叠置式音变"这一新的音变方式。

《历史语言学》一书介绍的西方理论包括历史比较法、结构分析法(音系平行对称说、推链与拉链、空格拟测法、基于不规则形态交替的拟测法)、波浪说和方言地理学、词汇扩散说、语言变异理论、语言年代学等等。除历史比较法、波浪说和方言地理学外,其他学说当时在国内还少有系统的介绍,语言变异理论则在国际学界也是新出不久的理论热点。

利用变异、区分性质不同音变的精彩个案分析有:①通过分析宁波"鸭"类词两种语音形式之间的关系,否定了赵元任等认为[ε]类语音为白读形式的说法,首次论证了"鸭"的[ε]类语音是儿化合音的残迹,并进而论证了如何辨别构词音变与语音演变的不同;②将祁县城关方言的 -β、-m 韵尾,放到整个音系的格局中,放到社团差异、小地区差异的系列中分析,揭示出这两个韵尾不是古代韵尾的遗留,而是元音高化、辅音唇化等音系内部自发音变共同作用的结果,具有新语法学派式音值渐变、结构主义平行链变的特点;③通过对宁波声调、祁县卷舌声母的社团内差异分析,论证了这些差异反映的是音系趋向简化的自发性音变,但具有王士元提出的音值突变、词汇渐变的词汇扩散式音变的特点;等等。

影响最大的是对闻喜、祁县方言文白异读的个案分析。这一研究收集了闻喜、祁县老中青不同年龄层的文白异读的差异,通过分析这些差异揭示出文白异读所反映的音变与新语法学派式完全不同,与词汇扩散式音变也有本质性区别:①词汇扩散式音变的条件总是共时音类(如卷舌声母、送气清声母等),而发生文白替代音变的音类却通常是当地共时音系已消失的古音条件(如中古全浊声母字)。这是因为古音条件是方言分歧发展的起点,是土语方言与权威方言字音相异的部分。②词汇扩散式音变对语词的风格色彩不敏感,而文读在词汇中的扩散与语词的新旧、语体色彩、地域通用范围大小等密切相关，所以文读替代白读的过程延续的时间往往很长。根据这些特点论证了文白异读音变反映的是外部的权威方言音系经土语方言的改造进入土语音系，并与土语原有音系分层叠置、通过共时竞争而逐步取而代之的音变。考察还说明，叠置式音变也不是词汇借贷，字音的声韵调在语词中彼此相对独立地传播，多有一个语词中一个字音的声韵调"文白杂配"的现象，不像词汇借贷那样以词形为整体传播。

其他原创性的个案分析还有，对平定儿化和晋中"嵌l词"的分析首次报道了儿化成分可以前传至声韵之间；对宁波音系百年来演变的分析揭示了由韵尾失落和元音高化引发的推链式变化；对闻喜声调的分析揭示出地区差异和连读变调等多种原因的共同作用是单字调混乱的原因；对汉语方言一二等韵格局及其演变的分析揭示了音系格局对各韵音值的制约关系等。

该书还评述了对汉藏语系系属划分的不同意见、汉语音韵史研究的三种模式框架。

书中个别个案的具体分析或理论阐述并非无可商榷。比如，宁波儿化应该是"不规则的词形交替与内部拟测"（又称"词形归一法"）极好的例证，而不是西方历史语言学理论无力处理的例证；平定儿化的"-儿"做后缀处理较之书中的"中缀"说更为合理，其活跃的时间应该是晚于而不是早于嵌l构词，等等。但个别分析的可商榷无碍于整部著作的学术价值。

该书为西方语言学理论如何有效地与汉语方言的活材料、与汉语音韵史的文献材料、与汉语音韵学传统研究的成果结合提供了范式，闯出了从汉语材料中提取新的普通语言理论的新路，从而极大地推进了中国历史语言学、方言学的研究深度，得到学界普遍的赞誉,影响遍及境内外。

1988年之后徐先生还有多篇有关历史语言学的重要文章发表,这些文章可大致分为两类。一类从理论上进一步地阐述变异与结构、空间与时间的关系,阐述变异研究对于历史语言学理论的重要性,如《音系中的变异和内部拟测》(1988)、《变异中的时间和语言研究》(1989)、《结构的不平衡性和语言演变的原因》(1990)、《音系的结构格局和内部拟测法——汉语的介音对声母系统的演变的影响》(1994)等。另一类是针对汉语方言和汉藏语研究的具体问题提出新的见解:《山西方言古浊塞音、浊塞擦音今音的三种类型和语言史的研究》(1990)提出中古全浊声母在今山西方言的三种表现反映了原始语中已有的方言的差别,它们分别与今客赣方言、吴方言、北方方言同一支派。《阴阳对转新论》(1996)以现代方言的文白异读来解释上古的阴阳对转。《声母语音特征的变化和声调的起源》(1998)提出声调的起源只与声母的清浊或声母的前置辅音有关而与韵尾无关,汉语上去两声来源于韵尾说不可靠。《音变的规律和汉语方言的分区》(2004)根据关系到音系整体的几次重要音变(三大发音部位的分化、全浊声母的分派、调分阴阳)的时间先后和分派去向,分层次地划分出汉语方言分化的年代,并据此提出了新的方言分区方案。这四篇文章都提出了全新的看法,学界赞同者有之,不赞同者亦有之;特别是对于声调起源的看法学界几乎没有赞同的声音。但徐先生提出的看法都有自己的材料依据,引发的讨论推进了问题的研究。

第三阶段:字本位与语义句法论阶段(1991—2006年)。这一阶段时间最长,是徐先生付出心血最多、论著数量最多的阶段,共发表相关论文近30篇,论著5部。论文《语义句法刍议——语言的结构基础和语法研究的方法论初探》(1991)、专著《语言论——语义型语言的结构原理和研究方法》(1997)、遗著《汉语字本位语法导论》(2007,即出)可作为这一阶段早、中、晚三期的代表。下面仅以这三个代表作为线索大致梳理徐先生字本位理论的发展。

《语义句法刍议》(1991)提出的主要观点有二。一是世界的语言应该分为词没有形态变化的语义型语言和有形态变化的语法型语言,这一观点深受 Lamb 层次语法的影响。二是语言的不同类型取决于各自语言系统的基本结构单位不同,而基本结构单位的不同又取决于语言中跨不同子系统的非线性的结构关联。具体说,汉语的基本结构单位在于音义的关联:"1个音节×1个概念=1个词",结构关联在音节上(稍后修正为"字")。英语的基本结构单位取决于"1个主语×1个谓语=1个句子",结构关联在句子上。

这些观点与徐先生前两个阶段的研究都有承继关系。在对汉语现当代研究的评述中,徐先生发现,"五四"以来,音韵和方言领域的研究成果很丰硕,而语法的研究却总在汉语有没有词类、有没有主宾语、什么是汉语的句子、名物化等问题上反复争论,举步维艰。究其原因,徐先生认为,这是由于音韵和方言的研究自高本汉和赵元任始就抓住了"字音",与中国传统语言学的研究接了轨,也适应了汉语的特点;而语法的研究自《马氏文通》始,放弃了"字",以西方的词、词类、主谓宾、句子为研究框架,未能适合汉语的特点。在对历史语言学的研究中,徐先生发现,汉语(含方言)中有多种跨语法-语音两层面的变化,都离不开"一音节一义"这一关联的制约,这使他认识到作为结构主义语言学理论基础的同质、静态、封闭、线性的语言观和组合、聚合关系有局限性。因此,他在《结构的不平衡性和语言演变的原因》(1990)中明确提出"结构关联"这一重要概念,主张以跨子系统的"结构关联"作为控制语言运转机制的基点,并通过汉语方言的研究找到汉语"一音节一义"这一跨层关联的基点。《刍议》是这一思路的进一步发展。

《语言论》(1997)是一本52万字纵论语言结构基本原理和研究方法的理论著作。该书综合了徐先生1981年以来的研究成果,力求摆脱印欧语的眼光,以"字"为汉语的结构基点,以"比类取象""援物比类"和语义范畴为汉语句法组织的纲,对汉语的语音、语汇、句法做了全方位的讨论,构建起一个汉语研究的新体系。

该书提出,"字"是语音、语法、文字三位一体的单位,作为汉语结构基础的"字",指"一音节一义"的结合体或"一音节一义一形"的结合体,而不仅仅指文字字。明确把"字"作为汉语的基本单位,较之《刍议》以"词"或"音节"为基本单位,不是简单的术语替换,而是标志着徐先生认识上的提高:词只是语法层的单位,音节只是语音层的单位,唯有"字"这个三位一体的单位才能反映出"基本结构单位"具有跨语音语法语义等多个子系统关联的特殊地位。同时,也唯有"字"才能反映出,作为文字子系统的汉字也与语音、语法等其他子系统的基本结构单位有特殊的结构关联。

明确了汉字"形·音·义"的关联实际上反映了汉语各个子系统的结构关联,就可以从中国传统语言学吸收许多研究成果,从而更深刻地揭示汉语的特点。《语言论》在这一方面较之《刍议》有了很多新进展。

《语言论》的第三编《字和汉语的构辞法》就是这一思路的体现。该编把汉语双音化之前产生新词的"字族孳生法"与双音化之后的组合构词法通盘考虑,发现两个时期的构词法虽然从形式上变化很大，但从意义的结构来看却有底层"比类取象"上的一致性。汉字的声符，体现的是属于词法的字族的音义关联，形符体现的则是字义在高层义场上的语义关联。字族孳生法体现为1个字义＝1个义象×1个义类："拳眷卷鬈髼"的声符都表"卷曲"的义类，以相似性形成向心式字族；各字又分属"手目膝齿角"等几个义象，各自与同义象的字以相关性形成离心式字族。双音化后，"比类取象"的"1个义象×1个义类"的编码原则依然延续，只是改用两字组合来表示："险峻、陡峻、高峻、严峻"是后字为核心的"向心"关系的辞群；"峻文、峻切、峻法、峻急"是前字为核心的"离心"关系的辞群。

"向心／离心"这一对术语，是结构主义提出的，一直用以指组合方向上成分与结构整体的关系。《语言论》的"向心／离心"与结构主义术语的内涵相差实在太远，引发许多非议。其实，如果从前字相同或后字相同的一群两字辞出发，把它们相同的成分看做"心"，观察该两字辞聚合群与共同成分（"心"）的关联，则"险峻、陡峻、高峻、严峻"是彼此具有"语义相类关系"、与共同成分有上下位关系（也即"向心关系"）的聚合群，"峻文、峻切、峻法、峻急"是彼此具有"语义相关关系"、与共同成分大多没有上下位关系（也即"离心关系"）的聚合群，倒也不难理解。这种观察角度兼及组合与聚合，揭示出了古汉语以单音字孳生新字和后来的双音组合构辞在更深层次的一致关系。当然，向心／离心这一对术语既然已经广泛用于组合向的意义上，就最好不要再另作他用，而应该选用其他术语表达自己的新范畴。而且，徐先生的"向心／离心"关系也不能替代组合方向上成分与整体之关系（如定中、述宾等5种基本结构，X杠标所表示的成分与整体的功能一致关系）。还有，这一分析法忽视了两字组整体是名物性的还是动程性的，而这是所有语言的"语义词法"都必须特别注意的。

此外，汉字的声符，"声亦表意"的确实不少，它们表示古代汉语字族的孳生关系，是单音构词法的体现。但文字上的假借字与后来的分化字也用同一个声符（如"其"和"箕"），它们的声符恐怕就没有意义上的联系了。根据沈兼士的研究，同一声符的字常可分为几个意义系列，如声符"非"有如下5个意义系列：①分违义（本义）：扉、诽、排、悲、辈，②飞扬义（借"非"音）：俳、斐，③肥义（借"非"音）：腓、跳，④赤义（借"非"音）：菲、翡、痱，⑤交文之编织物义（借"非"音）：罪、匪。5个系列之间只有同音关系、没有意义关系，也就没有共同的义象或义类。再有，汉字的声符和形符，到底哪个表"义象"、哪个表"义类"，徐先生在不同阶段有不同的说法，看来这里还有一些有待细化的问题。

第四编《语义句法》以话题-说明为基本结构框架，强调汉语话题与说明的关系与构词法相通，仍是"比类取象"或"援物比类"，只是句法更倾向后者。"类"相当于说话的主题或话题，是陈述的对象，"物"相当于其他层次的"象"，用以衬托说明"类"。该编还提出汉语有字、辞、块、读、句5级大小不同的语义句法单位，汉语基本的语义范畴有"离散-连续"、"定量-变量"、"肯定-否定"、"有定-无定"、"自动-使动"等。汉语句法的规律是：话题位置上的结构单位都是离散、定指和定量的，也即有定的。汉语许多特定的虚字的功能也可以纳入这个语义范畴体系做出统一的解释，如"的"是离散性字块的标志，有定性和离散性是"把"字句的两个重要特点。语序作为重要的形式在向心字块（指定中结构）和离心字块中的功能有所不同。在向心字块中，距离心的位置渐近，信息也逐渐从无定趋向有定，由一般转向个别，体现了新旧信息的相关性和字块结构的关系。在离心字块中，语序与时间的流向基本一致。虚字可以改变语序。该编最后指出，有定性范畴是建立语言的语法结构的纲，是支配语法的运转、决定语句面貌的必不可少的语义特征。印欧系语言中有定性决定于谓语动词，"一个定式动词一个句子"，句子是封闭的。汉语的有定性则表现在处于句首话题位置或可以调整到句首话题位置的成分一定是有定的，否则就需要有特定的语法标记。由于谓语没有有定性的限制，所以汉语的句子是开放的。

第四编以重理据和"比类取象""援物比类"为纲建构语义句法，与构辞法有了共同的底层原则，加上对5对语义范畴、单位层级、单位分类和句式历时演变的讨论，初步构成了一个比较完整的体系。《语言论》语义句法的建造其实不仅吸收了认知语言学汉语研究的成果，也吸收了结构主义汉语研究的成果。比如，先区分实字与虚字，再以"没/不"为鉴别字把实字区分为名字和谓字，再以"很"为鉴别字把谓字区分为动字和形容字，正是50年代以来结构主义汉语研究的重要成果之一。当然，《语言论》明确指出了鉴别出的类是"语义类"而非"语法类"，是理论上的新认识，放在整个体系中，其功用也与结构主义的词类不同。

总起来看，《语言论》较之初创期的《刍议》有了相当大的进展，初步建立起一个共时有跨层面关联的、历时有古今关联的汉语语言学理论体系。创立体系是十分艰难的，毋庸讳言，《语言论》的体系并不完善，甚至有明显的矛盾之处。比如，前面说汉语的结构基础是"一音节一个概念"的"字"，后面又说四个音节的"惊心动魄"是"一个字"。在探索中，徐先生深切认识到，创立符合汉语特点的语言理论体系,其艰难超出原来的设想,认识到这是一个"需要几代人的努力"的大工程。他更加勤奋地求索,修改已提出的理论。

遗著《字本位语法导论》,35万字,是徐先生对字本位理论最后的总结,全书分为方法论、结构论、表达论三大部分,其中新见颇多。下面仅讨论《导论》较之《语言论》有明显改动的几个要点。

语言的层面及其命名。《语言论》没有专门讨论语言有几个层面,常提到的有语音层面、语法层面和语义。《导论》则明确阐述了的有语音、语汇－语法两个层面,语汇－语法在同一层面上。也就是说,语汇义是语法规则组织的内容,并不是高于语法的"语义"。这一处理或许仅仅是徐先生通过字本位的研究对"语法"的重新认识,但也十分符合国际语言学的潮流。当代西方语言学大多是把词库与句法放在同一个层面上,"语义"、"语用"则分别是词库－句法之上的关涉句子真值的和关涉句子使用者(说话人对自己、听话人及语境的处理)的层次。《导论》虽然没有明确图示语义语用在语言系统中的位置,但全书区分"结构论"和"表达论",把与句子使用者(说话人)相关的有定/无定、时间、空间、爱憎等范畴放到"表达论"中讨论,说明"语用"是被看做语汇－语法层面之上的另一层面的。从语音、语法两层加上定位不明的语义,到语音、语汇－语法、语用(表达)的三分,《导论》的体系更加完善。

基本结构单位的语言共性及形式上的封闭性。《语言论》提出汉语以"1个音节×1个概念"的"字"为本位,英语以"1个主语×1个谓语"的"句子"为本位,强调汉语本位的特点是重理据,英语本位的特点是重形式。再稍后的一些论著则强调本位在母语者心目中的"现成性"。《导论》中汉语的本位仍然是一音节一义的"字",但是一个重大的改动是把英语的本位由"句子"改为"词"与"句子"双轨制本位。《导论》强调了"基本结构单位"的普遍性和可把握的形式标准:所有人类语言都有自己的基本结构单位,"本位"都是有封闭形式的单位:汉语的"字"由一个音节一个声调封闭起来,英语的词虽然在音节多少上没有限制,但是由"1个词重音"封闭起来,英语的句子由"1个主语×1个谓语(1个定式动词)"封闭起来,"词"和"句子"这两级在英语中有封闭式形式的单位是基本单位,这两级单位是双轨并行的:词入句必须有形态变化,词进入有形态变化要求的句子后才能做出有真值的表述。《导论》的处理使得"本位"有了可操作的形式标准,并将这一概念提升到了语言普遍性的高度,是理论上十分重要的一个进展。

文字字在语言(特别是汉字在汉语)中的地位。《语言论》里文字的地位有些模糊不清,汉语的"本位"多数情况下是指"一音节一概念"的语言单位,有时又指"一音一义一形"的单位,"形"与语言的关系论述得不是很清楚。《导论》吸收了法国学者汪德迈(L. Vandermeersch, 1993)的观点,认为汉字是在语言的第一层面(即语义单位)上摄取元素,它本身就是表达语义的符号;而字母文字是在语言的第二层面(即音素单位)上摄取元素,是有声符号的符号。由此,《导论》将汉字明确地定义为"表达语义的视觉符号"而不是"有声语言符号的符号"。我们认为,在共时的维向上,把汉字看做是语义的编码是有一定道理的,但不全面。汪德迈的看法并没有全面地展示汉字在汉语文大系统中的重要作用,详见下面的讨论。

语法的定义和汉语音义关联重新分析的三个阶段。《导论》提出"语法就是语汇层面的'最小理据载体'组合为'语言基本结构单位'的规则"的基本定义。比如,英语的最小理据载体是语素,所以英语的语法是"语素组词和词组成句子的规则"。而汉语呢,《导论》提出汉语语法经历了如下三个主要的阶段:第一阶段前文字时期,最小理据载体为音节的"声"和"韵",声韵组成的音节构成第一阶段的基本结构单位"名"。而这些"名"后来用象形、指事、会意字来表示。第二阶段形声字时期,最小理据载体为文字的形符和声符,它们在上一阶段本来都是由有理据的声和韵两个小单位组合而成的结构体——"名",但因内部成分的理据弱化而重新分析为单一的成分。形符、声符的组合构成第二阶段的基本结构单位"形声字"。第三阶段以字组构的阶段,上一阶段的结构单位"形声字"重新分析为单一的成分,字与字组合构成结构单位"(两)字组"。这三个阶段的进展有一条更普遍的规律:前一阶段的基本结构单位在后一阶段重新分析为最小结构成分(最小理据载体),再由该最小成分组织为新的结构单位。

《导论》的这一重大改动,涉及对文字性质的新认识,涉及对语汇-语法层的"形式"与"内容"之关系的理解。徐先生所说的"最小理据载体"其实包括了形式与内容两个方面,"最小理据"指的是语汇层最小语码的内容方面——最小语汇义,"载体"则是指最小语码的形式方面——音符的组合或字符的组合。把形声字作为汉语语汇语法发展的第二阶段,很明显是吸收了德里达(J. Derrida 1967)关于"'文字'一词就包含语言"的观点。

德里达的论述是从文化学意义上说的,从语言学的意义上说,特别是从文字与有声语言的历时关系说,这一观点就值得商榷了。我们认为,从历时的角度看,文字的确是"有声语言的符号的符号"。

比如,徐先生把"形声字"作为汉语语汇语法的第二阶段,而实际上，先是语言中有了语音上韵母同为"戋"、声母同为精组（后来分化出庄组），语义上同具"小"义的一群单音节语汇单元（语汇字），而后才有它们的文字形式"浅钱践贱溅盏栈"。这一群单音节的语音、语义及其音义关联关系并不依赖文字而存在（如文盲的有声语言中仍存在这群语码和它们的音义关联），相反它们的文字形式却很大程度上依赖有声语言。所以，在我们看来，汉语语汇语法的第二阶段应该是"音节变音孳生法"，形声字不过是这一语汇语法规则的体现，不识字的文盲也未必不是孳生新语汇单元的创始人。

从历时的角度看，文字是有声语言的符号的符号，还表现在文字对语义的编码并不是直接对现实重新编码，而是在有声语言已切分开的语码义的基础上进行的。比如"氵"所代表的"水"义，是"水江河海湖溪浅潜淌……"等一群已有音义结合体（语码）所具有的共同意义要素，"戋"所代表的"小"义是语音相近、意义有孳生关系的一群已有语码（字族）的共同意义，提取这些语义要素并没有推翻已有有声语码对现实的切分。也即，有声语言的产生给一个民族加上了切分现实、离散现实的观察框架，文字的编码只能在这一框架内进行。当然，与音码完全没有关系的意符，所表示的一群语码义共同具有的义素，已经超越了语码义自身，反映的是当时汉语者对经验世界更高层级语义场的划分，如"草（艸）"与"树（木）"是两个义场，而"花（華）"是"草（艸）"的下位。但这一超越是以有声语言区分开的语码义为基础的。所以汪德迈说，汉字是对语言双重分节的第二层次上的"语义"的编码，而不是说汉字是对未分节的、混沌一片的现实的直接编码，这一点不可不察。

另一方面，徐先生不满"文字是有声语言符号的符号"这一论断也是有道理的。这一论断在什么是"有声语言的符号"这一点上，是不够明确的。事实上，有声语言的符号是"最小的音义结合体"，它包括形式方面的语音和内容方面的语义。有声语言的形式方面又由更小的音码组成。从共时看，有声语言的内容方面一旦被音义结合切分开来，语码义就有了相对的独立性，就可以用其他的形式、其他的规则来对语码的内容方面——语码义进行重新编码，不一定要依赖语码原来的语音形式，特别是不一定要依赖语音形式的再分节——最小音码。这一点也不可不察。

文字对有声语码的再编码可以有以下选择：①仅对语码的有声形式进行视觉符号的再编码，完全通过音码的中介表达语码，这就是字母文字的编码策略；②以形直接摹画语码义所反映的现实物象或抽象关系，这就是汉字的象形、会意、指事字，是一种摹画语码义策略；③对语码义提取聚合向的共同义素，用已有的摹画语义码来表示，这就是汉字的意符；④提取语码聚合向的音同音近关联，兼顾有共同的意义要素，用已有的摹画语义码来表示，这就是汉字的声符。

具体来说，造字时期汉字的编码原则是，第一，摹画某些可摹画的基础语汇字义，编码为占据一个方块空间的形体——基本字；第二，基本字作为字符，在方块空间中以二维分布方式安排两个或多个字符，以字符组合的方式表示两语汇字义的抽象关系（会意字），或者表示语汇码的音义孳生关联或音同音近关系加上语码义聚合维向上的高层共同义素(形声字)。综合以上两种方式，特别是形声字编码方式的大量运用，使得同音不同义的语码都能用意符区分开来，使得汉字与语汇字义在同一性上达到了一对一联系，是造字时期汉语者对语码同一性判定的直接反映。

文字可以跨越时间留著纸面,对有声语言应该会有反作用。汉字是对语汇义而不是对音码的编码,它对有声汉语的影响一定比字母文字更为深刻。比如,汉语之所以能够长期保持"一音节一义"的关联,恐怕与汉字"一形一音节一义"的特点不无关系,汉语者对语汇字同一性的判定在很大程度上要依赖汉字的分别。

区分清楚语汇层的形式(语音或文字)和内容(语汇义),徐先生的三阶段说显示出十分重要的理论上的创见:语言的发展是个语汇基本单元逐渐增多的过程,在增多的过程中语码的形式与内容的关系在不断调整(重新分析)。早期汉语的语汇基本单位很少,主要是利用声音与现实的相似性联系,采用声韵分别表意、声韵搭配来生成语码,指称常见事物("名")。从理论上说,任何语言的早期形式都应该是这种状态,所以英语的词源学也有 r 表柔软、l 表流动等说法,只是汉语是以声韵为单位,而英语是以元辅音为单位。但这种方式可以生成的形式毕竟有限,也一定还有许多"无音可拏"的概念需要表达,所以随着社会的发展,语言的第二阶段是在已有语汇单元的基础上采用变音孳生方式来生成新的语码。无论是字母文字还是汉字,其文字的表音部分都可以表现第二阶段语码的孳生关系。如汉字"浅钱"的声符和英语的 sit ~ set 都表现了由变音孳生法而关联的族聚关系。而由于汉语语码长期有"一个音节"的限制,加上语音的发展,音节的数目越来越少,需要表达的新概念却越来越多。这样为避免不同义的同音语码过多而影响达意,所以汉语在语码以千计数的中古时期,就基本失去了通过变音孳生单个语码的能力,改用已有语码的线性组合来表达新概念。而语码没有单音节限制的英语,却是在语码增加到以万计数的现代才开始组合构词的进程。可以看出,《导论》区分的三个阶段可能是人类语言共同的,但汉语语码入句无须形态变化和"一音节一义"的跨层关联,决定了三个阶段上汉语都与多音节语言有重要的不同。而编码基于语码义而非语音的汉字,这一方面体现了汉语的特性,另一方面也巩固了汉语的特性。我们相信,徐先生提出的"语言基本结构单位"重新分析为"最小理据载体"的三阶段说,其理论上的重要价值,将越来越为学界所认识。

字组结构的多重性。《语言论》没有明确语汇、语法在同一层面上,对字组的分析采用的是前面论述过的兼顾组合和聚合的"向心/离心"说:每个两字组都既可以以后字为"心"生成出一群"向心"的两字组,也可以以前字为"心"生成出一群"离心"的两字组。这一体系的弱点是只能说明"篮球、足球、网球、皮球……"在组合上的平行关系却无法说明"打球"与"篮球"在组合关系上并不平行。

《导论》明确了语汇-语法在同一层次上,并提出字组的结构可分为三个层次:(1)深层概念性语义结构:"义象+义类";(2)句法语义结构:限定关系、引导关系和并列关系;(3)语汇的结构模式:向心、离心和同心。(1)是深层的,(1)投射于语汇即生成(3)(以同一个字为"心"而生成的前位离心、后位向心、前后位同心的三个系列的字组),(1)投射于句法语义结构即生成(2)(限定、引导和并列等三种结构关系的字组,每种结构有个支配结构整体的"心",限定是后字为心,引导是前字为心)。这样"打球"与"篮球"在语汇层面上都是后字相同的"向心"字组,而在句法语义层面上"打球"是前心的引导关系结构,"篮球"是后心的限定关系结构。《导论》这一新的提法较之《语言论》更多地吸收了汉语语法学界已有的研究成果。

在字组多重结构的基础上《导论》还讨论了两字组进一步扩展的规则:并列关系,向前向后都不能扩展,如"家家、写写、朋友";限定关系,可以向前扩展,如"(保护)人、(发言)人";引导关系,可以向后扩展,如"打(官腔)";向前向后都能扩展的结构转向表述,如"鸟飞、狗吠"。理论上字组的长度没有限制,扩展规则可以递归。

基本句式与汉语由使动句式的变化引发的系列变化。《语言论》已经提出使动是汉语的基本语义范畴和基本句式,并分析了使动与述补式产生的关系。《导论》更进一步,提出语言的基本句式是由动词与施事、受事组成的句式。世界语言的基本句式可分为主动-被动、自动-使动两大类型。基本句式控制语言中的其他句式。汉语的基本句式是自动-使动,汉语史上基本句式使动式的调整导致了动补式、连谓式、兼语式的产生和介字位置的变化。使动式的调整则与汉语音节的简化以及双音化有关。

语用层的表达与主观化。《导论》的又一特点是区分了语汇-语法层的结构和语用层的表达。字组结构和基本句式放在"结构编"中讨论,与说话人有关的范畴表达则放在"表达编"中讨论。《导论》明确提出,表达是结构规则在具体交际中的运用,其最大的特点是主观因素的参与,涉及"我"与语言结构规则的关系。印欧语的句子(sentence)既是结构的单位,也是表达的单位,但汉语的句只是表达的句,不是结构的句,因而汉语总是凸显主观因素的参与,字和不同结构类型的字组都有资格在话语中实现小句化。

《导论》坚持了《语言论》提出的主要观点:(1)汉语的语句表达框架是"话题+陈述"。话题-陈述框架与主谓框架的主要区别在于,前者是意合,后者是形合,前者是话题有定,后者是谓动词有定,前者句子是开放的,后者是封闭的。(2)有定性范畴在所有语言的表达中都是最重要的,并有类型上的不同。汉语的"主观性"是"重空间"而英语是"重时间",汉语是"话题有定"而英语是"谓动词有定"。

《导论》增加讨论了汉语时体范畴、空间范畴与"我"的关系,喜爱憎恶等感情范畴与"我"的关系,等等。

区分结构与表达,把与具体交际事件有关、以说话人定位的语用要素离析出来放到表达编,这一体系上的调整,使得《导论》在理论上较之《语言论》更加有条理。

徐通锵先生以七十高龄完成的《导论》,参考了如此多国内外的研究新果,提出了如此多新的见解。他是用自己的生命在探求语言的真谛——古今汉语共同的底层机制,汉语、汉字不同于其他语言和文字的特性,以及特性之上的语言共性。对语言共性的探究,在《导论》中体现得尤为明显。

徐通锵先生的"字本位"理论极富原创性,在中国语言学界引发了很大的争议。我们感到,打破语言共时与历时截然两分的界限,打破语音、语法等不同层面截然的分划,是当今语言理论进一步发展的体现。从具体语言入手探究语言的共性,是普通语言学研究的基本方法。字本位理论从音义关联切入提取语言的基本结构单位,从语码无须形态变化、动词不具有定性、句子不具封闭性切入观察汉语句法的特点,从汉字与语码义和语码音义关联的关系切入去观察汉语、探求汉语通贯古今的深层机制,并从汉语出发来探求人类语言的普遍规律,这些大的思路和理论的整体架构极具普通语言学价值。

徐先生一生求"知"。通贯三个研究阶段的,是他自觉的、不懈的学术追求——建立一套基于汉语的普通语言学理论体系。他坚信语言自身的深层规则一定是贯通古今而又简明的,坚信"民族的才是世界的"。所以,他主张一方面要借鉴西方理论剖析语言的视角,一方面更要注意中国传统语言学研究汉语的视角。他力图从汉语的古今对比和汉语与外语的对比出发,借鉴中西方语言理论,去探求汉语贯穿古今的、深层的也一定是非常简单的运转机制。他相信汉语的底层机制也一定蕴涵着语言的普遍性原理。求知难于求用,但唯有求知才能使一个民族在文化科学领域中自立于世界民族之林。

徐通锵先生主要学术著述目录(按发表年代排序)

专著:

《语言学纲要》(与叶蜚声合作),北京大学出版社 1981 年第 1 版,1997 年第 3 版。
《历史语言学》,商务印书馆 1991 年。
《徐通锵自选集》(论文集),河南教育出版社 1993 年。
《语言论——语义型语言的结构原理和研究方法》,东北师范大学出版社 1997 年。
《基础语言学教程》,北京大学出版社 2001 年。
《汉语研究方法论初探》(论文集),商务印书馆 2004 年。
《汉语结构的基本原理——字本位和语言研究》,中国海洋大学出版社 2005 年。
《语言学是什么》,北京大学出版社 2007 年。
《汉语字本位语法导论》,山东教育出版社 2007 年(即出)。

论文:

"五·四"以来汉语语法研究评述,徐通锵、叶蜚声,《中国语文》1979 年第 3 期,北京。
译音对勘与汉语的音韵研究,徐通锵、叶蜚声,《北京大学学报》1980 年第 3

期,北京。

历史比较法和《切韵》音系的研究,徐通锵、叶蜚声,《语文研究》1980年第1期,太原。

内部拟测法和汉语上古音系的研究,徐通锵、叶蜚声,《语文研究》1981年第1期,太原。

山西平定方言的儿化和晋中的所谓"嵌l词",《中国语文》1981年第6期,太原。

宁波方言"鸭"[ɛ]类词和"儿化"的残迹,《中国语文》1985年第3期,北京。

说"变异",徐通锵、王洪君,《语言研究》1986年第1期,武汉。

变异中的时间和语言研究,《中国语文》1989年第2期,北京。

音系中的变异和内部拟测,《中国语言学报》第3辑,1989年,北京。

结构的不平衡性和语言演变的原因,《中国语文》1990年第1期,北京。

山西方言古浊塞音、浊塞擦音今音的三种类型和语言史的研究,《语文研究》1990年第1期,太原。

百年来宁波音系的演变,《语言学论丛》第16辑,1991年,商务印书馆,北京。

语义句法刍议,《语言教学与研究》1991年第3期,北京。

"字"和汉语的句法结构,《世界汉语教学》1994年第2期,北京。

"字"和汉语研究的方法论,《世界汉语教学》1994年第3期,北京。

阴阳对转新论,《语文新论》,山西教育出版社1996年,太原。

有定性范畴和语言的语法研究,《语言研究》1997年第1期,武汉。

声母语音特征的变化和声调的起源,《民族语文》1998年第1期,北京。

说"字",《语文研究》1998年第3期,太原。

自动和使动,《世界汉语教学》1998年第1期,北京。

"字"和汉语语义句法的生成机制,《语言文字应用》1999年第1期,北京。

汉语的特点和语言共性的研究,《语文研究》1999年第4期,太原。

编码机制的调整和汉语语汇系统的发展,《语言研究》2001年第1期,武汉。

编码的理据性和汉语语义语法形态的历史演变,《语言学论丛》第30辑,商务印书馆2004年,北京。

音变的规律和汉语方言的分区,《南开语言学刊》第4辑,2004年6月,南开大学出版社,天津。

(王洪君:北京大学中文系教授;

李娟:北京大学中文系副教授)

沿着徐先生的道路继续前进

沈家煊

徐通锵先生离我们而去了，噩耗传来，不胜悲痛。听到他生病住院的消息，总以为还有时间，谁知没有来得及去看望，真是遗憾之极！我们失去了一位循循善诱的导师，一位身体力行的耕耘者，一位奋不顾身的老将。

徐先生是我尊敬的老师一辈的长者，他们这一代从事理论语言学的工作者到了中晚年，从前辈和自身的经历中终于悟出一个道理，那就是理论研究不能空对空，要紧密结合汉语的实际做实实在在的研究，才能搞出名堂来。在相当长一段时间内，理论语言学不受重视，好像引进和介绍国外的理论和方法，给从事实际研究的人提供一些参考借鉴的资料，就是在做理论语言学，最多也就是做做语言学史的研究。徐先生他们开始领悟到，理论语言学不受重视，这不能怪别人，只能怪自己，怪自己不争气。从别国窃得火来，意在煮自己的肉。你只会从别国窃取火种，但只是让他人来煮肉，自己却不愿煮或不会煮。他们把这一切身的体会语重心长地传授给学生一辈，从此拨正了理论语言学在我国的航向，我自己也是受益于这一教导的人之一。

虽然意识到要拨正航向，但是能够身体力行并做出重要成绩来的人就唯有徐先生了。徐先生从自己的母语宁波话入手，又不顾年老和辛苦调查其他一些方言,最终提出了叠置式音变理论,对现有的语言变异理论做出了力能所及的补正。他的《历史语言学》以汉语方言和历史音韵的研究为基础,吸收西方历史语言学中于我有用的理论和方法,较好地实现了西方理论和汉语研究的结合,并在理论上有所前进,这已经是学界的公认。徐先生为我们树立了一个榜样,也向语言学界表明,我国从事语言理论研究的人并不比外国的差劲,只要路子对头,言行结合,照样可以搞出名堂来。今天我国理论语言学的状态已经跟过去大不一样,接班的后来人面貌一新,我认为徐先生的实践和成绩是一个转折点。

徐先生在晚年还提出了汉语语法的"字本位"理论,这一理论在学界引起不少争议,好像是反对的多,支持的少。我在一次学术会议的间隙和徐先生有过交流,我说我还不能支持也不太理解"字本位",但是我充分理解先生的用意,很佩服先生的勇气。这个用意就是我们不能老是跟在外国理论的后面亦步亦趋,我们要有自己独立的创见。这个勇气就是不怕别人反对,敢于说出自己的真实想法,敢于应对众人的挑战。我还认为,我们至少可以接受"字本位"理论中一些合理的部分,一是要继续摆脱印欧语的眼光,二是承认汉语里语素的地位不亚于词的地位,三是要充分重视汉字对汉语的影响。

徐先生在和陈保亚合写的《二十世纪的中国历史语言学》中有一节是对前景的展望,谈到中西语言学"结合"的问题,大意是说,二十世纪的中国历史语言学已经摆脱了"闭关自守"的旧传统,走上了与西方历史语言学相结合的道路,而且取得了显著的成效,迈出了扎实的步伐,为今后的研究奠定了良好的基础,但是还有一系列深层次的问题尚待来日研究。"结合"就是要以己之长,补人之短,或者说,以人之长,益己之短,长短结合融为一体。他希望中国的学者能在有悠久历史的汉语语义研究方面进行理论的总结,不至于像音系学的研究那样,由外国的学者替汉语音节结构的规律做理论的提炼。学者也有爱国之心,这是一个中国语言学学者的拳拳爱国之心。中国的语言学学者也要在理论上有所建树,对普通语言学的发展作出重要的贡献,这是徐先生的遗愿。作为后人,我们唯有沿着徐先生走过的道路,继承徐先生的精神,在"结合"上继续努力,不断向前。徐先生期望看到的中国理论语言学的兴盛局面是一定会到来的。徐先生,徐老师,安息吧。

(沈家煊:中国社会科学院语言研究所研究员、所长)

孜孜不倦的求知者

胡壮麟

通锵先生遽然去世,噩耗传来,键盘上的十指已不听使唤,悲痛将我引入对往事的回忆。我是英语系教师。半路出家,在国外学了些语言学课程,墙上芦苇根底浅。所幸我这人还能充分利用北大的优势,除向朱德熙、林焘、岑麒祥等老先生请教外,便是向中文系语言学教研室和汉语教研室诸位先生、学兄求教了,其中就有通锵先生。对诸如《马氏文通》和汉英对比一类问题,他都能乐于指点。80年代末畅春园56楼建成,通锵先生迁入,我更有机会就近请教。

90年代,听说通锵先生在搞"字本位"的研究。我从若干渠道听到不同反应。应该说,凭我的学识,我既不敢肯定,也无从否定,只能置身于论争之外。但有一点我是非常清楚的,通锵先生不是急功求利者,而是想叩开知识的大门。在一次谈话中,我曾问他"字本位"需要多久时间能搞出来,他说这需要几代人的努力。我深深为他的愚公精神所打动。2001年,当我主编《语言学高级教程》教材时,我与负责撰写第四章"词汇学"的华中师范大学张维友教授商量,在该章中提一下字本位。这样,《教程》中出现了如下一段。我不知道,通锵先生生前是否看到这本教材,但这段话多少传达了外语界一部分教师的观点:

Since the morphological theories were introduced to China, many Chinese scholars and language researchers have made endeavour to apply these theories to the Chinese language. But they have selected only the phenomena which are theoretically accountable and neglected those which are difficult to interpret such as classification of words. It was against this background that Xu Tongqiang (徐通锵, 1993: 244~274) proposed the CHARACTER-BASED APPROACH. He holds that the Chinese character is different from the Indo-European morpheme and it is a linguistic unit in a phonological, lexical, syntactic and semantic sense and thus governed by these levels of language. Each character is a syllable embracing consonant, vowel and tone. The true value of a character can be mapped into the formula: $1 \times 1 = 1$. That is in each character, no matter how many consonants and vowels occur, the result is one syllable, which can be utilized in communication as each is a free-standing unit. (北京大学出版社《语言学高级教程》,2002 年,144 页)

去年12月,我在《光明日报》上读到原北京大学校长陈佳洱先生通版有关物理学发展的文章,在回答数百年来中国的科学技术为什么落后于西方的时候,他的回答是,这与如何处理"知"和"用"有关系,即中国的治学传统强调"用"而不是"知",即使向西方学习了,也是"西学为用"。我想通锵先生关于"字本位"的研究的着眼点不仅在"用",而且要在"知"上求突破,而这的确需要几代人的努力。

　　就"字本位"与语言教学的关系来说,也有令人深思之处。通锵先生当时是从对外汉语教学的先说话后学字这个观点发表议论的。他的关于汉字形音义统一的观点,颇有见地。在外语教学何尝不是如此？近二十年来,在外语教学中,一会儿强调速读、默读(形音分离),一会儿提倡先听说后读写(先要音后要形),都是有悖于语言本质的。

　　如今通锵先生壮志未酬,先我们而去。对他最大的告慰莫如学习他的精神,继续他的事业,为实现我国语言学研究的国际化和本土化的完美结合努力奋斗！

　　　　　　　(胡壮麟:北京大学外语学院英语系教授)

汉语研究与字本位

——悼念徐通锵先生

王 宁

没有料到徐通锵先生会这样快地离我们而去。他走前我去医院看望时，他已经不能与人交谈，留下了一个我很想与他讨论但已经不能再讨论的话题。

我认识徐通锵先生在上世纪90年代初，有两次答辩会上，我曾向徐老师请教。近年来，大家都在讨论徐老师提出的"字本位"理论，语言学界反对的比较多，但针对性强的专门论辩文章很少。"字本位"也引起了我的很多思考。在对训诂学进行理论探讨时，我们对训诂学训释方法的"字本位"曾经有过深入的反思，认为训诂材料中很多不自觉的错误，很多是"字本位"导致的；但是同时我们又认为汉字的作用的确十分重要，可以说，汉语的研究是不能脱离汉字。汉字与汉语的关系不是现代通行的"普通语言学"的理论所能涵盖的；在汉语的句子结构中，很多结构关系和相当于印欧语言语法形式的因素也是用汉字来承载的。两个矛盾的想法经常在我脑子里打架。前一个想法让我对徐老师"字本位"的理论"捏了一把汗"，后一个想法又使我对"字本位"理论产生一种期待。这些年，和徐老师一起开会的机会比较多，交谈的次数也就更多了一些，我经常向徐老师询问他的想法，希望对这个有意义的命题有所了解。

2003年我这里办中国传统语言学高级研讨班，请徐老师来作报告，希望他详细讲一讲他的"字本位"理论。这次报告，他从根儿上讲了文字的作用，加深了我对"字本位"主张的了解。一次次地加深认识，我已经明确：第一，徐老师的"字本位"与训诂学的"字本位"有一定联系，但却是完全不同的命题；第二，徐老师的"字本位"，既不能比对传统的方法简单地否定，也不能像有些迎合者那样用来附会他们完全违背科学的胡乱说法。他的"字本位"经过深入的思考，但也还正在完善之中，需要理解，也需要关注。

2006年，我和徐老师一起参加杭州浙江大学举办的浙江籍语言学家的会，会下又说起了"字本位"。我谈了一些自己在汉字与汉语关系问题上的看法，也说了我对"字本位"主张的理解，并提出了一些问题，他很高兴地说："感谢你这么认真看我的东西。我觉得有些寂寞，我不怕批判，但要有正面的学术争论；其实有些同意'字本位'的人也并不是真理解。"并且说："过去的说法还不是很准确，我最近有一个集中整理的东西，代表我现在的想法，弄好了给你看，然后非常愿意和你讨论。"此后每开教育部社科委会，我们都就"字本位"问题交谈，可惜的是，还没有看到他的新著他就去了。

这些年我看到徐通锵先生一直在关注把对汉语的研究引进理论语言学，他的追求令我钦佩。我常常想，国外的理论主张有些固然价值很高，但也有些并不成熟，甚至尚未成型，这些都有人关注，有人模仿，有人引用；一个中国的理论语言学学者凭着多年的思考提出的问题，难道不应当引起我们的重视和讨论吗？我相信"字本位"主张中含有关于汉语语言研究合理的理论方法，但也的确有一些提法与一般的认识距离较远，是值得讨论的。在含着悲哀和遗憾追悼徐通锵先生的时候，我希望用进一步的学习和理解告慰他的在天之灵。

（王宁：北京师范大学文学院教授、
汉字与中文信息处理研究所所长）

他"思想过"·"徐通锵难题"

鲁国尧

这篇文章为缅怀徐通锵先生而作。

此文分两节,我就取这两节的关键词语拼合起来,作为文章的总题目。

一 "他活过,思想过,然后死了。"

徐通锵先生于去年底辞世,我应该写悼念他的文章。

如何写?近几月我在读书,在思考,最后决定引用"他活过,思想过,然后死了"这十字三句话,来概括通锵先生也是平淡无奇的一生。

本拟将这三句话全放到总标题上去的,转念过长有困难,所以就只用"他'思想过'"四个字。通锵先生是我国著名的理论语言学家,他的特点很鲜明,就是力图走自己的路,因此足以当"他'思想过'"四字了。

他的专著、他的论文,是他思想过的产品,但散见于各处,搜读不易,所以我有个想法写在下面。老师身后,学生为老师出文集或全集的事,中外都如此,史不胜书,因此我建议通锵先生的弟子"跟国际接轨"(按:"跟国际接轨"成了当今的口头禅,其中的"国际"实是指"国外"或"外国",不包括我们"中国"或"国中"。我在这儿使用的"国际"兼容并包,既容"外国/国外"①,亦包"中国/国中",与某些人的理解迥乎不同,而且我自信这才是正解),出套《徐通锵文/全集》。就我浅闻,在中国语言学界,学者身后出的《×××文/全集》,只有《朱德熙文集》、《魏建功文集》、《张清常文集》等数种②,而罗常培、赵元任、李方桂等先生的文/全集才出了一本或一部分。还有许多已逝的名家,其文集连个影儿都没有。于此我希望《徐通锵文/全集》近数年间问世。

二 "徐通锵难题"的"徐解"和"鲁解"

于我,难忘的日子:2005年10月17日至21日。为什么说是"难忘的日子"?因为此后我就没有见过通锵先生了,也不可能再见到通锵先生了。浙江大学汉语史研究中心、浙江省语言学会等主办的"新世纪汉语研究暨浙江语言学研究回顾与前瞻国际高级论坛"就是在这几天举行的。19日晚上,通锵先生和我都同时到了王福堂先生的房间,三人一室"叙旧"了一个多小时之久,那时他精神饱满,也健谈。孰知一年后即人天两隔,每思及此,能不唏嘘?

我之所以说"难忘"?另有一个深层原因。

徐通锵先生在这个论坛上做了个讲演。他首先说,他的讲题是"汉语特点的研究和语言理论建设",如果这题目是汉语学学者讲的,会给人新鲜感,看他能讲出些什么道道来(这是我听讲座的习惯)。但是作为一个老牌理论语言学家,这样的演说题目,难以使听众动魄惊心,至少我当时以为。

简洁的破题以后,就转入正题,通锵先生向台下的听众提出了一个问题:美国语言学和中国语言学(按:通锵先生这次演讲中的术语"中国语言学"当然不是指中国本土固有的文字、音韵、训诂之学,而是指的所谓"中国现代语言学")原本几乎处在同一起跑线,为什么却走了不同的道路?

是啊,听众,只要是做语言学的,谁不知道"美国道路"和"中国道路"存在反差,而且很大很大?

这个问题问得如此之好,使人顿有奇峰突兀之感。在去杭州赴会之前,我也在苦苦思索,思索的是中国近现代语言学的发展大势,当时已有点"渐悟"(按:写成的纸质文章发表在徐州《语言科学》2006年第1期上),所以这个问题一提,我赶紧贯注全神,听他讲下去。

下面我就节录通锵先生在杭州讲坛上散发的讲稿(我一直珍藏着,今日可派了用场)吧,这样比我凭记忆转述自然准确多多。

通锵先生说:"19、20世纪之交,西学一方面'东渐'到中国,另一方面'西渐'到美国,就语言学来说,中、美两国都面临着相同的问题,这就是如何对待与'欧洲中心论'思想联系的印欧语的理论和方法。肇始于《马氏文通》的中国现代语言学自觉不自觉地将印欧语的理论、方法看成为语言共性的标志,用它来研究汉语的结构,逐渐形成汉语研究中的'印欧语眼光'。"通锵先生接着引用了吕叔湘先生的十分形象的名言:"过去,中国没有系统的语法论著,也就没有系统的语法理论,所有理论都是外来的。外国的理论在那儿翻新,咱们也就跟着转。"通锵先生继续讲:"这种教条已使我们自觉不自觉地将印欧语的理论、方法看成语言共性的标志,用来研究汉语,因而在学术思想上形成了一种根深蒂固的学术教条,束缚住了我们开创性的手脚。"

通锵先生说:"对比起步时期的美国现代语言学,略晚于《马氏文通》的人类语言学家鲍厄斯(F. Boas)和他的同事们在调查和研究印第安语的时候,发现印欧语的理论、方法难以用来研究印第安语的结构,于是鲍厄斯在1911年出版的《美洲印第安语手册》(*Handbook of American Indian Languages*)的序言中提出:每一种语言都有它自己的语音、语义和语法的特点,印欧语的语法范畴不是普遍的,因而描写一种语言只能根据它自己的结构,不能也不应该用其他的语言结构来套这种语言;对语言学家来说,研究每种语言的特殊的结构才是他最重要的任务(请参看赵世开1989)。由这篇'序言'开始,美国语言学进入描写语言学的新时期。"

通锵先生说道:"比较中、美两国现代语言学的创建和发展,不难发现它们实始于同一起跑线,但由于对印欧语理论的'西学'采取了不同的态度,因而以后它们就向不同的方向发展。"结语为:"人们不难发现两种研究途径的利弊优劣。"是啊,其"利"、"优",其"弊"、"劣"不就在于,美国语言学和中国语言学,都走了一百年,一个不断"翻新",时至今日,竟至君临天下,睥睨万邦;一个实质是"(西方)语言学在中国",不断"跟着转",似仆随主,猥琐龌龊。

上世纪英国学者李约瑟在其《中国科学技术史》中提出问题:尽管中国古代对人类的科技发展作出了很多重要贡献,直到中世纪中国还比欧洲先进,为什么近代科学和科学革命只产生在欧洲呢?1976年美国经济学家肯尼思·博尔丁称之为"李约瑟难题"。李约瑟不仅提出了问题,而且也一直努力设法解题,留下了思想的足迹。

2005年通锵先生在杭州提出了,中、美"现代语言学"本处于同一起跑线上,却走了不同的路,为什么?我模仿"李约瑟难题",把这问题命名为"徐通锵难题"。

我把通锵先生的自解称为"徐解"。通锵先生,养由基也。

对于"徐通锵难题",不揣谫陋,也略抒陋见,姑谓之"鲁解"。要说明的是,"鲁解"与"徐解"并无质的不同,但视角、表述略有差异。

我一直呼吁建立"文史语言学"[3],即以读史而论,其用大哉。鉴往知来,可"通古今之变";潜心冥悟,则"究天人之际"。何谓"天人之际"?规律也。

我的悟解:近百年的语言学史,为什么会有"美国道路"和"中国道路"之大别,其深层或"根本"的主宰者是"国力学术相应律",这是不以人们的意志为转移的"律",是在冥冥之中起作用的"律"。关于"国力学术相应律",见诸拙文《"振大汉之天声"——对近现代中国语言学发展大势的思考》)。

近时我又读了些书,兹重申此说。

且看中国当代几十位著名历史学家集体编写的《中国大百科全书·中国历史》是如何论述在世界史背景下的中国国力及其文化学术,它们的兴衰及地位的升降:"唐朝前期全国统一,经济繁荣、文化昌盛,是当时世界上最富庶、最文明的国家之一,因而对其他国家发生了吸引力,亚、非很多国家的使臣、留学生、商人和学问僧潮涌而来。"(702页)"宋朝是当时的世界大国,并且是经济、文化高度发展的封建帝国。其经济、文化多方面的成就,不仅在当时世界上居于领先地位,并且对人类文明作出了巨大贡献,产生了深远的影响。""宋朝在物质文明和精神文明所达到的高度,在中国整个封建社会历史时期之内,可以说是空前的,从世界历史的范围看,宋元时代又是中华文明居于世界领先地位的最后时期,自明以降,中华文明便逐渐落后于欧洲文明,丧失了世界上的先进地位。"(642页)"清代前期""达到了中国历史上的又一个高峰。但如果同当时世界上一些先进国家比较,则政治、经济、文化成就可谓处于相对停滞状态。当时,西欧正在经历政治革命和产业革命,生产力突飞猛进,英国以富厚的国力称雄于世界;美国发生独立战争,建立了新国家;法国发生1789年的大革命,扫荡了本国以至欧洲的封建制度,大批启蒙思想家宣扬自由、民主,科学技术获得迅速的发展,但中国却在天朝大国的迷梦中酣睡。""中国日益落后,和西欧的差距日益拉大。""到了鸦片战争时,英国的大炮轰开了中国的门户","中国从独立的封建社会逐渐地变为半殖民地半封建社会"。(530—531页)于是中国国力日渐式微,人为刀俎,我为鱼肉。从19世纪中叶起,西方列强大举入侵中国,西方文化也随之东传,这就是徐通锵先生在杭州所说的"东渐"。

我要向中国语言学界的诸位同道推荐一本好书,本是一位著名的英国史专家推荐给我的,我买了,读了,果然是好,我们应该读史,读中国史,也读世界史,让我们来看这本书的作者是怎么观察、评述世界历史的。这就是当代美国学者斯塔夫里阿诺斯的《全球通史:从史前史到21世纪》(第七版),该书的论述与我上引的话语若合符契。斯塔夫里阿诺斯说,17世纪期间,"欧洲知识分子正被有关传说中的遥远的中国文明的许多详细的报道所强烈地吸引住。他们得知中国的历史、艺术、哲学和政治后,完全入迷了。中国由于其儒家的伦理体系、为政府部门选拔人才的科举制度、对学问而不是对军事才能的尊重以及精美的手工艺品如瓷器、丝绸和漆器等,开始被推崇为模范的文明。例如,伏尔泰(1694—1778年)用一幅孔子的画像装饰其书斋的墙,而德国哲学家莱布尼茨(1646—1716

年)则称赞中国的康熙皇帝是'如此伟大、人间几乎不可能有的君主,因为他是个神一般的凡人,点一下头,就能治理一切;不过,他是通过受教育获得美丽和智慧,……从而赢得统治权'。18世纪末叶,欧洲人对中国的钦佩开始消逝。"(468—469页)"欧洲对世界其余地区的态度起了显著变化。欧洲的态度变得愈来愈粗暴、冷酷和褊狭。"(470页)

何以如此?西元十五世纪,地理大发现促进了欧洲,尤其是西欧的快速发展,葡萄牙、西班牙、荷兰、法国、英国等相继崛起称霸,占据了世界舞台,其文化、学术也随之形成了通常所说的"欧洲中心"。"从1763年到1914年的一个半世纪,作为欧洲获得对世界大部分地区的霸权时期,在世界历史进程中据有显著地位。……三大革命——科学革命、工业革命和政治革命给了欧洲以不可阻挡的推动力和力量",所以斯塔夫里阿诺斯称1763年到1914年为"西方据优势地位时的世界"时期(478页)。"到1914年时,欧洲已称霸全球,这是一个漫长过程的非凡顶峰,这一漫长过程从500年前葡萄牙船长开辟沿非洲海岸摸索前进时就开始了。现在,随着权力的史无前例的集中,欧亚大陆的一个半岛已成为世界的中心。"(630页)"欧洲的霸权不仅在政治领域——以大殖民帝国的形式——表现得很明显,而且在经济和文化领域也表现得很明显。"(629页)斯塔夫里阿诺斯是这样叙述欧洲的文化优势:"欧洲的入侵不但影响了人们的生活方式,而且影响了人们的思维方式。不过这时智力上起变化的主要是殖民地世界的少数上层阶级,而不是农民群众;正是上流社会的极少数人,懂得西方语言,阅读西方报纸和书籍,熟悉欧洲的历史和现行政治。对接触这种外来文化的最初反应常常是热情地、不加鉴别地赞美西方的一切。"(632页)一百年前的中国学者梁启超的说法跟斯塔夫里阿诺斯的话何其相似乃尔！中国近代著名的启蒙思想家梁启超早在1899年写的《忧国与爱国》一文中作了形象的描绘："视欧人如神明，崇之拜之，献媚之，乞怜之，若是者，比比皆然，而号称有识者益甚。"④

通锵先生讨论的是近百年中国语言学与美国语言学的不同道路。中国语言学长期处于"跟着转"的可哀境地，尽人皆知，毋庸多言。至于美国语言学，今日何以如此兴旺而高踞于世界语言学的中心？这缘于美国国力的不断膨胀，终于成为当今唯一的超级大国。

美国，"根"在欧洲，是欧洲文化在新大陆的延伸和扩展。1776年美国独立。1861—1865年南北战争以北方的胜利而告终，从此美国走上了发展的快车道。唐晋《大国崛起》云："美国建国之初，人口仅为393万（1790年），领土面积十分狭小，共89万多平方公里，没有海军力量，陆军规模很小，经济上负债累累，政治上各行其是，国家实力相当弱小。到19世纪中晚期以后，通过战争吞并和购买的方式，美国的领土已比建国时扩张了10倍，美国领土范围从东部大西洋沿岸，向西部延伸，横跨美洲大陆，直达加利福尼亚、俄勒冈等西部海岸，覆盖了除加拿大、墨西哥之外的整个北美大陆，成为拥有45个州、7000多万人口的名副其实的大国。""19世纪后半期，在第二次科技革命的推动下，美国迅速完成了近代工业化，……1860年美国工业生产在世界中所占的比重为17%，位居英国（36%）之后；但到19世纪80年代初美国工业在世界工业中的比重，就已与英国平分秋色；到1890年这个数字则改写为31%，超过英国（22%），上升到第一位，取代英国成为名副其实的'世界工厂'；……到19世纪末，美国赶上并超过了老牌资本主义国家，成为世界上最富有和最大的工业国。"（383—384页）"美国用了100余年的时间崛起为一个世界性的大国。独立战争的胜利获得了政治上的主权;美国内战的胜利结束维护了国家主权的统一,促进了资本主义生产的迅猛发展;西进运动开疆拓土,扩展了美国的领土,为资本主义的发展提供了原料和能源产地以及销售市场;门罗咨文的颁布为美国赢得了近百年的快速发展时间,在一定程度上构筑了较为稳定的'后院';美西战争的发动和门户开放政策的出台是实力强大的'后起之秀'对老牌的欧洲殖民国家的'叫板',以谋取和扩大自身的国际影响力。应该说,到19世纪末20世纪初,拥有雄厚实力和国际影响力的美国已经在美洲崛起。"(394—395页)

在整个20世纪,美国处于领跑地位(美国的经济除了二三十年代之交的"大萧条"的几年外,一直是扶摇直上的),特别在二战后,遂飙升为超级大国,1991年苏联解体后,美国无可匹敌,更是独霸世界。请看下表:

1900—1996年世界主要国家国内生产总值(GDP)表[5]

	美国	英国	德国	法国	俄罗斯/苏联	日本
1900年	312866	176504	99227	115645	154049	50045
1910年	461011	197736	128676	121084		62108
1930年	769215	238270	165233	186778	252333	114290
1937年	833446	280734	204546	186349	398017	158752
1950年	1457624	344859	213976	218409	510243	156546
1970年	3045781	594924	723745	586812	1351818	985736
1996年	6165581	1005725	1318168	1078243	1011705	2552470

历史的规律是,国家统一,经济发展,民生殷足,国力大增,必然带来文化的繁荣和学术的发达,而发达的学术则要求具有自己

的特色,此时必然有先知先觉者应运而生,他们登高一呼,振聋发聩,迪众启蒙。美国,在南北战争前,蕞尔小国也,未闻其时在语言学上有什么建树,但是自南北战争结束后的半个世纪内,"非复吴下阿蒙",经济高速发展,国力大为增强,跃居英国之前。"时势造英雄",在"养精蓄锐"一段时间后,即到 20 世纪初,在语言学坛,才会产生鲍厄斯,才会出现鲍厄斯的"序言",美国的崛起催生了鲍厄斯其人、其文。鲍厄斯在 1911 年的《美洲印第安语手册》的序言中尖锐地指出,印欧语的语法范畴不是普遍的,因而描写一种语言只能根据它自己的结构,不能也不应该用其他的语言结构来套这种语言。鲍厄斯大声疾呼:每一种语言都有它自己的语音、语义和语法的特点,对语言学家来说,研究每种语言的特殊的结构才是他最重要的任务。历史证明,知识界精英人士的声音往往是那个时代的强音,是经济基础在精神层面的反映。鲍厄斯的这篇序言,不妨谓之为美国语言学的"独立宣言",不妨称鲍厄斯为 20 世纪初的美国语言学界的"先知先觉者"。通锵先生说:"由这篇'序言'开始,美国语言学进入描写语言学的新时期。"众所周知,若论现代美国语言学的历史,接续描写语言学的是生成语言学及今日的众彩纷呈的诸多流派,二战之后的美国语言学不仅笼罩了中国,也覆盖了欧洲。中国有句古话"人云亦云",第一个字是"人",这就是美国语言学;"亦云"的未出现的主语是什么?不言而喻,自然也少不了这几十年的中国现代语言学!

综上所述,从欧洲和美国的近现代史,从美国近百年的语言学史,完全可以证明"国力学术相应律"[①]。是"国力学术相应律"决定了美国语言学的今天的霸主地位!

我们从中可以得到什么启示呢?自《马氏文通》以来的 109 年

的中国现代语言学史，吕叔湘先生讲得何等形象："外国的理论在那儿翻新，咱们也就跟着转。"先是主要跟着欧洲语言学和苏联语言学转，近三十年则紧跟美国语言学。[7]这不以人们的意志为转移，原因何在？中国的落后！而在学术上，则表现为仰视心理，此"心"无旁骛："亦云"复"亦趋"，如此后果能不令人感喟？

当然，也不是人尽如此。逐渐有学者洞见时弊，不肯盲从，不肯尾随，力树新帜，自辟蹊径，辛苦找寻自己语言的特色，提出新的见解和理论，这些人应该名载中国语言学思想史[8]，通锵先生就是这些中国语言学家中的一位。

自鸦片战争惨败以后，"欧洲的态度变得愈来愈粗暴、冷酷和褊狭"，而中国人也就越发"视欧人如神明，崇之拜之"。但是斗转星移，时迁势易，近三十年，尤其是近十五年，中国经济持续高速发展，创造了令西方惊诧的奇迹，中华民族已经走上了伟大复兴的康庄大道，如今国力大增，2006年中国步入了"自主创新"的新时期，瞻望前景，壮丽辉煌。如此形势，催人奋进，乘长风破万里浪，更待何时？

但是，也要看到，冰冻三尺，非一日之寒，何况百余年之久？积习既深，要使一些人改"仰视"为"平视"，改"亦趋"为"自行"，难矣哉！难矣哉！这需要什么？鲁迅先生说："所以我们的第一要著，是在改变他们的精神"[9]。大数学家陈省身先生在逝世前对采访的记者说："一般中国人觉得我们不如外国人，所以我要把这个心理给改过来，某些事情可以做得跟外国人同样好，甚至于更好。中国人有能力的，我要把这个心理改过来。"啊，先贤、先辈的精神何等崇高！鲁迅先生说得对："人类渴仰完全的潜力，总是踏了这些铁蒺藜向前进。"[10]

因此，我们中国语言学人都应该坚持"不崇洋、不排外"的原则⑪，以我国语言学的优良传统为基础，取西方以及其他地区的语言学的精华而结合之，坚定地走自主创新之路，为建设创新型的中国语言学而奋斗！这应是我们的口号，这应是我们的方向。我们中国语言学人一定要紧跟上全国人民的自主创新的步伐，我们一定能紧跟上全国人民的自主创新的步伐！

走笔至此，恨不能起通锵先生复生，继续杭州会议的讨论，使"徐通锵难题"的解更加充实，更加圆满！

附　注

①1983年朱德熙先生自合肥参加中国语言学会第二届学术年会后应南京军区政治部之邀作讲演，朱先生主张中文文章中可以使用"／"，此文试用之。

②按：《吕叔湘文集》是自编的，《王力文集》、《吕叔湘全集》都是王、吕二先生生前即启动的。

③见拙文《学思录："'×语''×方言'"和"说'文史语言学'"》。

④《梁启超全集》第一册第358页。北京出版社，1999年。

⑤摘自金重远《20世纪的世界——百年历史回溯》下册附录三的表，原注：1990年百万盖—凯美元。

⑥要说明的是，国力强盛，导致学术繁荣，辐射他方，这应该是规律。但深厚的根基与持久的发展也是必要的条件。

⑦参见《"振大汉之天声"——对近现代中国语言学发展大势的思考》。

⑧见《就独独缺〈中国语言学思想史〉！?》，载《庆祝唐作藩先生八秩寿辰论文集》。

⑨鲁迅《呐喊·自序》。

⑩《热风》之六十五《生命之路》。

⑪崇洋，就泯没了自己创造的心智而跌落歧途；排外，就堵塞了自己前

进、提高的一条途径;我们不应该"仰视"和"俯视",我们"以平等待人",也要求"以平等待我"。

参考文献

节于今《建设创新型语言学》,《古汉语研究》2006年第1期。
金重远《20世纪的世界——百年历史回溯》,复旦大学出版社,2000年。
梁启超《梁启超全集》,北京出版社,1999年。
鲁国尧《"振大汉之天声"——对近现代中国语言学发展大势的思考》,《语言科学》2006年第1期。
鲁国尧《学思录:"'×语''×方言'"和"说'文史语言学'"》,《南大语言学》第二编,商务印书馆,2005年。
鲁 迅《鲁迅小说全编》,浙江文艺出版社,1991年。
唐 晋《大国崛起》,人民出版社,2007年。
斯塔夫里阿诺斯《全球通史:从史前史到21世纪》(第七版),北京大学出版社,2006年。
王荣堂、王铭《欧美近代史纲》,辽宁大学出版社,2002年。
徐通锵《汉语特点的研究和语言理论建设》(在论坛散发的论文),杭州,2005年。
杨生茂、陆镜生《美国史新编》,中国人民大学出版社,1990年。
赵世开《美国语言学简史》,上海外语教育出版社,1989年。
中国大百科全书总编辑委员会《中国历史》编辑委员会《中国大百科全书·中国历史》(缩印本),中国大百科全书出版社,1997年。

苢班生于2007年7月23日

(鲁国尧:南京大学中文系教授)

具体语言研究与语言理论研究相结合

——怀念徐通锵先生

戴庆厦

我与通锵兄是老朋友,曾有多次较长时间的接触,很谈得来。他虽然话不多,但谈出的都是自己心里的话,不回避自己的想法。他很关注我国的少数民族语言的研究,多次向我提出一些他所感兴趣的问题。对他的逝世,我久久不能平静。我觉得他是一位值得怀念的语言学家。

上世纪 80 年代初,朱德熙先生邀请我们中央民族大学几位从事汉藏语教学和研究的老师去北京大学讲授《汉藏语概论》课,一直讲了几个年级。我记得当时徐先生总是抽出时间来听,认为做语言学理论研究的,要多了解具体语言,特别是汉语方言和少数民族语言。那时,我对徐先生就有这样一个印象,他是一位重视将具体语言研究与语言学理论研究相结合的语言学家。

早在 1991 年的《历史语言学》一书中,他就阐述了理论与实际紧密结合的思想,他说:"研究语言的发展主要是要弄清楚语言发展的规律,把隐藏于人们所熟知的语言事实背后的可以意会而难以言传的规律找出来,并给以因果性、理论性的解释。这就是说,一方面要弄清语言事实,另一方面要在扎实的材料基础上进行理论性的探索,使具体语言事实的分析具有理论的深度,而理论则寄寓

于具体事实的具体分析之中。"(《历史语言学》序言,1页,商务印书馆,1991)

他还认为,"理论是从实际研究工作中总结出来的,前人的理论也需要通过具体事实的分析予以消化、提炼和修正。"他还具体说明他的《历史语言学》一书,"除了总结前贤的研究成果以外还花了相当大的力量进行一些汉语方言的调查和研究。我们重点调查了浙江的宁波方言和山西的闻喜、祁县两处的方言,其中闻喜、祁县两点是我与王洪君同志一起调查的。我们的目的是想把历史语言学的一般理论、方法和原则与汉语的具体研究结合起来,用丰富的汉语方言材料来分析、检验、补正传统的理论,并克服以往的语言理论研究重介绍、轻研究、脱离汉语实际的倾向。这虽然不是一朝一夕所能奏效的,也不是一个人两个人所能完成的,但我们想在这方面进行一点探索,希望能成为后人前进的一块铺路石子"。(《历史语言学》序言,1页)

1992年12月,我与他一起到香港参加"华语区语言学教学研讨会"。他的论文题目是《在"结合"的道路上摸索前进》(Newsletter No. 13),阐述了"结合"的思想,受到国内外专家的关注。会议期间我们一起较多地交流了各自的学术见解。现在看看他后来走过的路,包括自己的学术研究,以及培养学生的原则和方法,大体也是这样的一条路。

长期以来,徐先生努力去探索如何结合的具体途径。他的母语是宁波话,对自己的母语有精当的把握与研究,所以他重视发挥自己的母语资源。1985年通过对宁波话"鸭"[ɛ]类词的仔细考察(《宁波方言"鸭"[ɛ]类词和"儿化"的残迹》,《中国语文》第3期),区分了本音和变音,并证明了宁波话曾经有过儿化现象,并进一步认为:"本音和变音在使用范围上有一个重要的区别,就是本音在使用上没有什么限制,单用或在复合词中作前字、后字都可以,而变音一般只能单用或作复合词的后字。"这就很切实地揭示出了构词音变与语音演变的不同。这篇文章也被严学宭先生誉为解放以后的经典之作。

他还深入调查了山西的闻喜方言和祁县方言,从扎实的语言材料出发,紧紧抓住山西方言中丰富的文白异读现象,将之概括到语言变异与语言系统的关联,从而提出一种十分有解释力的新的音变方式——叠置式音变(《说"变异"》,《语言研究》1986年第1期)。一些具体的分析也都是以小见大的典范,例如对祁县方言-β、-m韵尾的分析说明了新语法学派式的音值渐变;对祁县卷舌声母的社团内差异的分析说明了词汇扩散式音变的一些特点。其他的文章,如《百年宁波音系的演变》(《语言学论丛》第16辑)和有关山西方言变异的一些文章,以及《音系中的变异和内部拟测法》(《中国语言学报》第3辑)等论文,都给我留下了深刻的印象,从中得到很多启示。他还说:"弄清楚了要吸收国外语言学的理论和方法,没有自己汉语的研究作基础,那是吸收不好的,只能跟着人家转。"(《徐通锵教授谈语言理论研究》,《外语教学与研究》2004年第4期307页)

通锵兄的"结合"思想,"消化、提炼和修正"的思想,以及他对具体语言规律的探索,对中国少数民族语言研究都有着指导意义,今后还会起到推动作用。

(戴庆厦:中央民族大学教授,
曾任中国语言学会副会长、中国民族语言学会副会长)

徐通锵的历史地位

潘文国

徐通锵先生走了。中国失去了一位最有可能傲立于世界语言学之林的大师级语言学家。

世上的事往往如此，人也好，物也好，只有在永远地失去了以后，我们才能在弥久的缅怀中深切地感受到他存在的意义和价值，感受到失去他以后遗留下的巨大空白。徐通锵就是这样一个例子。他在世时的名声也不可谓小，特别是他与叶蜚声先生合著的《语言学纲要》(1980/1997)风行国内20年，可说让全国高校文科学子记住了他的名字，他的《历史语言学》(1991)是国内同类著作中最出色的一本，但这么多年来人们似乎并没有感到他有什么特殊之处；上世纪90年代初开始，徐先生提出了"字本位"的想法，继而专著、论文集和教材一本又一本地问世，如1997年的《语言论》、2001年的《基础语言学教程》、2004年的《汉语研究方法论初探》、2005年的《汉语结构的基本原理》、2007年1月的《语言学是什么》，以及2007年下半年将出版的《汉语字本位语法导论》，人们只是惊叹其研究力之旺盛，其研究成果之丰硕，也还没有感到他有什么特别之处，觉得这是再正常不过的事。也许人们还在对他的新理论议论纷纷，或为他敢为天下先的大无畏勇气所折服，或对他的离经叛道之论颇感不以为然，但大概不会有人把他的研究和成果与

"伟大"二字联系起来。也许在人们的心目中，与他的前辈赵元任、王力、吕叔湘、朱德熙、张志公等比起来，他还只能算是一个语言学的晚辈。人们已经习惯了中国学术"解放以后无大师"的思维定势，很难想象解放后培养的学者中也有可能产生超过前人的伟大人物。只是在徐先生去世以后，我们重新审视徐先生的全部研究成果，重新评估他所创造的理论的价值，把徐先生的功绩放到整个历史和时代的大背景中去衡量，我们才发现我们错过了一个把中国语言学推向世界的绝佳机会，与一个我们时代真正伟大的世界级语言学大师失之交臂，没能趁他在世时充分认识他的历史价值。我们盼望了多少年"中国语言学应该对世界语言学作出贡献"，但我们太习惯于把眼睛盯着前辈大师，盯着国外同行，甚至是还在成长中的"海归"的年轻人，但就没有想到把眼光投向我们的周围，不相信我们的同代人中就可能诞生大师级的人物，就可能在一定程度上完成这一历史使命，或者说向完成这一使命迈进一大步。徐通锵，就是这样一位在我们庸常的眼光中被忽略的大师。

当我们说徐通锵是一位世界级的语言学大师的时候，我们不是在"谀墓"，也不是在盲目吹捧，而是站在历史和时代的高度、以国际语言学大师的标准衡量的结果。要成为中国的国际级语言学大师，我们认为至少要符合两条标准。第一，他必须对中国语言学的发展作出远超他人的贡献；第二，他必须对人类整体的语言研究作出独特的、创造性的贡献。而徐通锵是符合，或者最接近于符合这两条标准的中国语言学家。

自从1898年马建忠发表《马氏文通》、宣告中国语言学研究进入"现代"期以后，一百多年来，中国语言学的发展始终处在西方语言学的笼罩之下，西方语言学刮什么风，中国语言学就下什么雨，用吕叔湘(1986)的话来说,就是"跟着转";用朱德熙(1985)的话来说,就是始终没有摆脱"印欧语的眼光"。在这样的背景下,要成为中国语言学的大师,首先就要看你敢不敢,并且能不能从西方语言学理论的控制下走出来,真正走上汉语语言学自身发展之路。以前也不乏有人做过这样的尝试,如上世纪40年代的王力(1943—1944)、吕叔湘(1942)、高名凯(1948),70和80年代的赵元任(1975)、朱德熙(1985),90年代的张志公(1990),还有一般认为非"正宗"语言学家的陈寅恪(1933)、郭绍虞(1938)、启功(1991)等人,他们有的看到了问题的症结,有的设想了解决的思路,有的尝试了新的办法,都取得了或多或少的成绩,推动了汉语研究的发展。但是总的来说,他们只解决了一个"敢不敢"的问题,而未能解决"能不能"的问题,因此直到最后,他们都没有能够提出一个汉语研究的完整理论以及使汉语研究与世界语言研究接轨的根本办法,只能把接力棒一代一代传下来,把遗憾留到了今天。徐通锵的伟大历史功绩首先在于,他全面继承并发扬了所有这些前辈的点点滴滴的成就,经过认真思索,提出并发展出了一个相当全面,并且越来越成熟的理论——"字本位"理论。如果说,在90年代初他刚提出"字本位"构想时,那还只是一个理论的雏形的话,经过十多年的发展,这一理论已日趋成熟,在他将于今年出版的遗著《汉语字本位语法导论》里,我们将看到一个完全成熟的汉语字本位理论体系。这一体系将丝毫不逊于我们迄今所看到过的任何一位前辈语法大家的汉语语法体系,而在理论的深刻性上、在纵览古今、横跨中西的自觉性上,甚或还要过之。徐通锵"字本位"理论的提出和日趋成熟,结束了一百年以来中国没有原创的语言学理论、在语言研究上始终只能"仰人鼻息"的状态,宣告了中国语言学将以新的姿态,大踏步地走向世界。如果说,一百多年前的马建忠,将西方语言学引入中国,开始了中国语言学"现代化"的新时代;那么一百年后的今天,徐通锵建立了第一个原创性的中国语言学理论,开创了中国语言学在新的起点上与世界语言学开展对话的新时代。从历史的角度看,徐通锵对中国语言学的贡献不亚于,甚至还要胜过马建忠,他是当之无愧的中国语言学的大师。

从国际范围来看,能够称为世界级的语言学大师,光是对自己母语有精深的研究是不够的,他还必须是对人类总体语言研究在理论或方法上作出突出贡献的人。西方历史上出现过不少这样的语言学大师,而洪堡特、索绪尔、布龙菲尔德、乔姆斯基等人更可说是大师中的大师、语言学的巨人。洪堡特(1810—1811)开创了他称之为"总体语言研究"而现代一般称作"普通语言学"的这样一门学问,叩开了研究人类语言之门;索绪尔(1916)提出结构主义和符号学的一整套理论,实现了语言研究的现代化、系统化、科学化;布龙菲尔德(1933)提出描写主义的方法论原则,解决了缺乏历史记载的、非印欧语言的研究问题;乔姆斯基(1968/1972)则把研究触角伸向探索人类语言生成这个大脑中的黑盒子。他们都对人类语言的研究做出了不平凡的业绩。但是,他们都没有能够解决占地球人口五分之一,而在语言类型上又三分天下有其一的汉语研究及其方法论问题。洪堡特(1826)对汉语有很精辟的见解,也是他最早把汉语纳入全球语言大家庭并定为孤立型语言的代表,但是在他的时代,"总体语言研究"毕竟刚刚起步;索绪尔提到了表音文字语言与表意文字语言的区别,并且把汉语作为后者的经典代表,但在具体的研究中他却把汉语完全排除了;布龙菲尔德关注的印欧系以外语言主要是美洲印第安语等没有文字记载的语言,似乎还没有精力考虑到像汉语这样有悠久历史记载的非印欧系语言；乔姆斯基研究的出发点是英语，而他采用的方法是彻底的演绎法，汉语只是他的理论用来"解释"的对象之一。由于历史和语言本身的原因，他们都没能为汉语研究提出重要的答案（上述数人中只有洪堡特下工夫学过汉语，因而提出过一些迄今仍有启示意义的观点），而把这个问题留到了今天。本来，汉语与世界其他主要语言之间的差异是巨大的，学习汉语对西方人来说要花费比学习其他西方语言多几倍的时间和精力，就这样还未必能真正理解汉语之"神"，希望西方语言学家来解决汉语研究问题毋宁说是个奢望。但另一方面也说明了，汉语研究必须有中国自身学者的参与。一百年以来的汉语研究人们总满足于对汉语现状的描写和解释，事实上从人类语言研究或者普通语言学研究的角度看，这样做是远远不够的。汉语研究必须跳出当代和自身的圈子，解决两个根本性的问题，或者说实现两个"接轨"。这也成了衡量能不能成为国际级的语言学大师的又一个标准。这两个"接轨"，一个是汉语研究中传统与现代的接轨，一个是汉语研究与世界语言研究的接轨。与传统研究的接轨，看起来是汉语自身的问题，实际上其意义要大大超过，它涉及语言研究如何继承人类文化遗产的问题。人们都承认人类历史上有三大语言研究传统：希腊传统、印度传统和汉语传统，但在迄今为止的普通语言学里，我们却只看到前两种传统的继承而完全看不到汉语传统的影子，甚至在中国这个汉语的家乡，在马建忠开创的新时代里，我们在引进西方也就是印度和欧洲传统的同时，却主动地抛弃了自身的传统，自觉地在现代与传统之间划出了一条鸿沟。如果当代的汉语研究可以完全忽略自身达两千年之久的研究传统，完全建立在另两种传统的基础之上，这样的研究还能叫做"中国"

语言学吗？如果人类总体的语言研究只考虑继承三大传统中的两个而完全无视另一个的存在或者弃如敝屣，这样的语言学能是真正"普通"的语言学吗？汉语研究与国际语言研究的接轨在今天显得特别重要，一方面，普通语言学从理论上说应该是全人类语言研究的结晶，各种语言，特别是类型上有代表性的语言都应该在其中占有一席之地，世界需要汉语；另一方面，中国正在急速地融入世界，作为中华文化的代表之一，汉语及汉语研究必须尽快地融入世界语言研究的洪流，汉语也需要世界。但怎么"融入"是个很大的问题。有人主张通过"不断引进"，来加速汉语研究融入国际语言研究的潮流，但这遇到了不少的困难。至少有两个问题，第一，当前国外所有的语言理论都是在印欧语的基础上发展起来的，汉语语言学基本上没有参与；第二，"国际"语言学与汉语的关系始终是单向的，汉语似乎只是在不断地索取，而从来没有想过它也应该有所奉献。这种关系是不正常的，也不是真正的"接轨"。循着这个路子，中国不可能出现国际级的语言学大师。而要成为这样的大师，就必须敢于打破这个路子，必须对这种局面大声说"不"，然后拿出自己的方案来，真正地实现两个"接轨"。这是历史对中国语言学提出的要求。徐通锵做到了这一点。他用一个"字"字实现了现代与传统的接轨，又用一个"基本结构单位"的概念实现了汉语研究与国际研究的接轨，在此基础上构建了一个完整的具有普通语言学意义的中国语言学新理论。我们当然可以指责这个理论这里不成熟那里不完美，但谁也无法否认，正是徐通锵最早全面考虑并认真回答了这一历史性的课题，并交出了一份后人无法绕过的答卷。可以肯定，在今后若干年的汉语研究以及普通语言学研究里，徐通锵理论的影响将时时显示出来，并随着时间的流逝，为更多的人所理解、所接受。

除了上述两条之外，要成为一个大师，还有一个先决条件，即他必须是一个卓立特行的知识分子，敢于独立思考，不跟风，不随流，不怕孤立，而这正是徐通锵身上最可宝贵的品质。徐通锵的尤其不同凡响之处在于，为了追求真理，他甚至敢于否定自己。在他功成名就、名满天下之时毅然决然地抛弃了他坚持了大半辈子、也为"主流"学界所认可的学术观点，在花甲之年从零开始作新的求索。人们不理解，以前的朋友也疏远了他，但他无所畏惧，安居"少数"。这就同历史上许多大师一样，在世时他们都是孤独的，但历史终将会记得他们。说到底，学术上有争议并不可怕，怕的是在压力面前丧失自我。前面提到的那些举世公认的语言学大师，他们的学术观点不仅在开始时是"少数"，是"异端邪说"，有的直到如今仍是充满争议，但这并不影响他们成为人们敬仰的大师。徐通锵已经去世，一向淡泊名利的他也不会在乎人们是否接受他为大师，但对我们这些后人来说，我们不得不考虑的是，中国需要不需要自己的享誉国际的语言学大师？这样的大师有什么标准？是不是上面说的那两条？以及我们敢不敢承认、肯不肯维护我们自己的大师。我们已经错过了在徐通锵生前充分认识他的价值、积极宣传他的成就的机会；现在，我们再也不能无视这一笔宝贵的财富了，否则我们终将受到历史的拷问。

(潘文国：华东师范大学对外汉语学院教授、
　　　　中国英汉比较研究会会长)

徐著《历史语言学》

张光宇

北京大学中文系徐通锵教授的《历史语言学》是一部划时代的作品。在此之前,中国尽管早有历史语言学的研究,但始终没有理论性的著作结合中西学说精华,把这门学问的要义深入浅出地介绍给中文读者①。例如瑞典学者高本汉(Bernhard Karlgren)在1915—1926年所出的《中国音韵学研究》(*Etudes sur la phonologie chinoise*)声称用19世纪锻炼出来的历史比较法去研究汉语语音史。但是,他的工作精神是带保留地用以衔接汉语史文献材料,追探他心目中的理想答案。中国在那个年代历史语言学还不能算是一门独立学科。因此,徐教授这一部著作的意义非凡,代表中国历史语言学研究的新纪元。

为了深入了解西方学说,徐教授花了一年的时间(1982—1983)在美国柏克莱加州大学研究。除了听课,广泛浏览文献之外,他还特地抽空访谈了四位著名学者:研究罗曼语的Malkiel教授,研究藏语、苗瑶语和汉语史的张琨教授,研究藏缅语的马蒂索夫(Matisoff)教授和提出词汇扩散理论的王士元教授②。这四个单独访谈的结果大大丰富了他的著作内容,许多要旨令学界为之耳目一新。他的书能够脍炙人口,嘉惠学界,除了因为注入上述四位学者的宝贵经验之外,他个人的研究颇有可观。加上文笔流畅,雄辩滔滔,允为一部具影响力的历史语言学作品。

这部著作除了绪论之外,共分 17 章。根据内容性质,概可分为七个主题:

1. 语言分类:1—3 章。2. 历史比较法:4—6 章。3. 结构分析法:7—9 章。4. 语言的扩散:10—11 章。5. 语言的变异:12—14 章。6. 文白异读:15—16 章。7. 语言年代学:17 章。在这七个主题下,徐教授一方面引介西方理论,一方面注入汉语材料加以疏解。从西方的同类作品来看,这本书的涵盖面"非尽全貌"[③],但是任何一部书都不可能钜细靡遗,面面俱到。因此,我们把焦点放在这部书对汉语史的贡献,也就是上述七个主题中的五大(2—6)主题。

一 历史比较法

历史比较法是 19 世纪历经长期锤炼打造出来的工作原则,起初原无所谓"比较法"。它的历史大体可分四个阶段来概括。

1. 发现:由于 18 世纪大英帝国介入经营印度,成立"东印度公司"管辖那个半岛的政治和经济事务,不少英国士绅来到了这个古老的东方国度。威廉琼斯(William Jones)就以法官的身份在孟买任职。公余之暇,他去学梵文。由于他的欧洲语文知识深厚,终于发觉梵语和欧洲的语言关系匪浅。回到英国之后,他受邀到皇家学院发表演讲,陈述他对这些语言关系的看法[④]。他这篇 1786 年的演说激起西欧学者的极大兴趣,可以说开启了历史比较的先河。因为进一步追问那些关系的性质,学界的工作越来越精细,终于蔚为一门独立的学科。琼斯的发现慧眼独具,开启之功永垂史册。

2. 比较：历史语言学的元年一般都把它定在1822年,因为格林定律(Grimm's law)是那年公诸于世的。格林就是文学界大家耳熟能详的《格林童话集》的作者。他的比较工作在确认古印欧语和日耳曼语之间的阻塞音(obstruents)的对应关系。从中国学术史来看,他的发现和清代学者钱大昕相当。钱说："凡轻唇之字古皆读为重唇"。事实上,钱大昕的发现还比格林早约五十年⑤。同时,格林也非前无所承；丹麦学者拉斯克(Rask)的大量工作奠定了格林的成就。所谓定律,就是不容违反的意思。然而,格林本人并非不顾事实,他自己也承认：他这项对应关系只是大体如此,有许多例外不在这个定律之内⑥。这种实事求是的工作精神颇有清儒"朴学之风"。

3. 条件：所谓条件,就是特定环境的意思。格林定律是"无条件"的对应关系,凡甲方某音在乙方读某音。但是后来的学者发现：格林定律只是指一般状况,例外不少。大约从罗特纳(Lottner)开始,条件音变的发现就一一精彩上演。例如格拉斯曼(Grassmann)、腭化定律(The law of the palatals)、维尔纳定律(Verner's law)的发现都是在特定环境下的音变。原来的例外也一一解决了。换句话说,条件音变使历史语言学从语文学(philology)提升到语言学(linguistics)的层次,确立了它的"科学"地位。

4. 宣言：由于条件音变的发现,学界深受鼓舞,人们逐渐体认到语言发展是有规律的, 没有一个例外是没有规律的信条开始主宰学界。雷斯琴(August Leskien)在1876年甚至提出宣言："语音规律无例外"。这个宣言的倡导者都是年轻学者,因此被资深的学者称为"青年语法学派"(Neogrammarian,德文Junggrammatiker)。这一学派的主张是："只有严密地注意语音规律——我们这门科学的主要基础——在进行自己的研究时才有稳固的立脚点"⑦。

高本汉在20世纪初叶带着这一崭新的信念来到中国,把条件音变的神髓发挥得淋漓尽致,在相当长的时间内其他学者几乎无从置喙。这种独领风骚的一代宗师的利器在当时的中国学界也只有少数人能够领会,比如林语堂⑧、罗常培和赵元任、李方桂⑨。例如,高本汉发现前a(二等)与后â(一等)不同,推翻了前人如商克(Schank)的没有区别的说法。这些工作就是注视"语音规律"的产物。

持平而论,高本汉的奠基性工作是巨大的,影响是深远的。几乎后来的学者都追随他的脚步,很少人能够超越他。就像罗杰瑞所说,直到今天为止,20世纪汉语语音史的研究都可以也应该视为他及其前人的单一传统之下的产品⑩。如果不是那个"科学的主要基础",情况不可能是这样。不过,也有一些敏锐的学者从"基本假设"出发去透视高本汉的贡献。在这方面,徐教授主要介绍了张琨先生的观点(一种颠倒重建——即Inverted reconstruction,维尔纳定律用的就是这种办法)。此外,还有两人的看法值得注意。

A. 桥本万太郎(1978,1985)指出高本汉的学说特点就是直线发展观,把上古、中古与现代拉成一条直线⑪。他还批判这样的语言发展观纯属"虚构"。这是语言类型学者对历史语言学者所发的不平之鸣。但是关于什么是直线发展观,桥本并没有具体陈述。现在,我们已弄清楚,那就是串连文献⑫。

B. 蒲立本(Pulleyblank 1984)指出《切韵》与《韵镜》的音系背景不同,不能混为一谈⑬。高本汉(1954)在介绍自己的材料基础时虽然提到韵书与韵图(指司马光《切韵指掌图》)不尽相同,但是实际上视如一体⑭。例如《切韵》原著并无开合等第,高本汉把《切韵指掌图》的开合等第置于其上。于今看来,这就是直线发展观的发源地。

历史比较法是历经长期锤炼的工作原则,由于行之有效,威力十足,它是汉语语音史研究的重大利器。就汉语史研究而言,近年有人倡议"结合"文献与比较法,例如鲁国尧(2003)。实际上,如徐老所说,高本汉的传统就是如此。在这一方面,比较值得注意的是Crowley 和 Hoenigswald。例如,柯罗里(1997:111)说,从罗曼语现代形式重建出来的古代形式与古典拉丁语并不相同,虽然后者被目为是前者的共同祖先[15]。何恩尼斯瓦德说:比较法也好,内部重建法也好都不仰赖历史文献[16]。这些论述显然不在前人的认知范围里。从比较法在中国的演进历程来看,那是因为中国学者一向紧盯着历史文献,把解决文献列为首务。同时也因为方言研究相对落后。即使在徐通锵教授撰写《历史语言学》的时候(约 1983—1987),他本人也只探讨过山西闻喜方言和浙江宁波方言;汉语方言学的专刊《方言》才出了不到十年。现在的情况已经大为不同;材料百倍地增加了,探讨范围也越加深广了,历史比较法的大力开展已条件齐备。

二 结构分析法

语音变化的研究是 19 世纪印欧语比较的重大创获。到了 20 世纪,理论性的探讨很有可观。徐通锵教授把"结构分析法"分为三章讨论:结构与音变,音位的链移和音系的演变,内部拟测。

1. 结构与音变:青年语法学派强调语音系统的规律性,但是缺乏系统的观念,因此被结构学派讥为原子主义。结构分析法的理论基础是德·索绪尔的语言系统学说。在这个系统性的观点下,要求把每一种现象都放到语言系统中去考察,从它与其他现象之间的相互关系中去把握它的实质,反对孤立地去考察一种现象。

语音系统有两个特性:封闭性、对称性。所谓"封闭性"是说:构成系统的成员(音位)有限,每一种语言一般都只有几十个音位。所谓"对称性"是说:一个音位包括有几个区别特征,就可以同时包含在几个不同的聚合群中。封闭性的道理简明易晓,对称性可以从平行不平行去了解。例如一个语音系统中如果有 o 元音,我们就去看有无 e 元音[17]。有,那就是前后对称;无,那就是不对称的。不对称就是系统中有空格(slot),历史语言学家对这个空格必须提出解释。如拉波夫所说:"前后的对称性是语音演变中的一种近乎普遍特征的条件"[18]。

2. 链移的现象:链移(chain shift)就是前后推移,可分拉链(drag chain)和推链(push chain)两种情况。例如 ABC 三个音,如果 C 音先变,留下的空档由 B 填补,继之 A 进入 B 原先的位置。这种连环性的变化就是所谓的"拉链"变化,因为 C 变走了之后会产生系统中的空档,空档会引发结构压力,带动内部调整。"推链"是 A 往 B 移动,B 受推挤往 C 移动,C 再续往前行。

链移最著名的例子是中古英语到现代英语的元音大转移(Great vowel shift):前元音系列的变动是 a→ɛ→e→i→ai,后元音的变化是 ɔ→o→u→au。这些单元音都是长元音。这两个链移现象到底是推链还是拉链,学界颇有争议[19]。徐教授引以为是拉链变化:i→ai,u→au 率先激活。至于推链变化,徐教授以家乡话宁波方言为例。

从西方的经验来看,凡有链移现象通常拉链比推链还常见。如果文献不足,难免有争议。宁波的例子有传教士留下的早期文献可供比较,他所举的推链变化并非无稽。汉语方言方面最著名的拉链变化是海口声母系统的如下变化[20]:$ts^h→s→t→ʔd$。海口话是闽南方言的一个变体。闽南原无 $ʔd$,进入海南岛之后从黎语习染了这个先喉塞音,t 变为 $ʔd$,然后引发一系列的变化。

3. 空格的问题:结构分析法的另一个焦点是空格,这个问题与内部重建法息息相关。"空格"(slot)是封闭的对称系统中出现的一种不对称现象,也是观察音变的一个窗口。高本汉是第一个运用空格的方法去探讨汉语语音史的。例如,他的中古音声母系统有清浊两套,清音有送气不送气两套,浊音只有送气一套。换句话说,不送气的浊音就是系统中的空格。这些空格原先(在上古)是存在的,只是到了中古才消失,成为空格。就方法论言之,这就是利用"空格"的方法。这种观念在传统的语文学是不可能存在的。虽然高本汉的结论未必受到普遍认同,但就中国历史语言学而言,他的做法却是初试啼声,代表一种逻辑思考的方向。

如果说空格是对称系统的注意焦点,那么例外是规则性假设中最值得注目的现象。梅耶在《历史语言学的比较方法》中提到:"例外的形式是最适于用来确定一种'共同语'的形式。"[21]在这方面,徐教授未能举出任何一个汉语方言的例子,所举例子都是西方的。仿佛这是一块"斧斤未启"之地。实际上,如同高本汉运用空格一样,例外的挖掘和探讨在汉语方言学界早已进行。例如客家话江摄二等的例外(窗双读 -uŋ)反映上古时期东部的韵母读法。[22]

三 语言的扩散

"扩散"(diffusion)是一个有趣课题,徐教授的著作把它分为两项来探讨:地理扩散和词汇扩散。所谓"扩散"是指语言演变的传播方式。

1. 地区扩散:历史比较法的基本假设就是谱系树(Stammbaum)模型所概括的语言发展观。但是,实际的语言现象比这样不断分裂的模式还要复杂,不仅有分化(centrifugal)也有统一(centripetal)。因此,美国语言学家说:"比较法……只能带领我们走很有限的一段路程"㉓。从方言地理学的角度来看,音变规律的片面性是很明显的。其中比较具有理论意义的是方言学者吉野鸿(旧译齐列龙)的说法。

吉野鸿(J. Gilliéron)是法国语言地图的编纂者。他提出"每一个词都有它自己的历史"的口号,与青年语法学派的"语音规律无例外"口号相抗衡。吉野鸿在绘制法国语言地图的时候,注意到词的特点如摊在地理上,差不多每一个词都有他自己的同语线,因而得出上述结论。换句话说,同一条语音的规律不是处处适用的,而是有词汇差异和地理差异的。于今看来,两种学说都有事实根据;规律性的假设在比较法中是工作的指导方针,只有这样我们才能发现例外,并寻求解释。所谓每个词都有它自己的历史,那是揭示方言分歧——由于方言之间演变方向(direction)和速度(speed)的不同所呈现的差异。

2. 词汇扩散:青年语法学派认为语音的变化是连续的、渐变的,而这种变化在词汇中的实现是离散的、突变的。词汇扩散的理

论正好相反:语音的变化是突然的、离散的,这种变化在词汇中的扩散却是渐变的、连续的。对比如下:

学派	词汇	语音
青年语法学派	突变	渐变
词汇扩散理论	渐变	突变

词汇扩散理论(Lexical diffusion theory)是美籍学者王士元教授倡导的学说。徐通锵教授除了大加赞扬之外,也提供了评论。

词汇扩散理论提出之时,目的是要解释例外的起因。所以王士元教授把文章标题写作"竞争的变化是残留的原因"(competing changes as a cause of residue)。这其中包含了一个"中断的变化"(thwarted change)的概念:一条语音变化规律在词汇上逐渐实现,如果没有别的因素干扰,它会蔓延到所有相关词汇。但语言的发展常有残留(未受波及)现象,这是因为一条规律还没有遍及所有相关词汇的时候,另一条音变规律已经激活,迫使前一条规律停止运作。徐教授对"扩散"概念颇表赞同,但对这种学说在汉语发展史上的理论意义,他有自己的看法,提出叠置音变的概念。这是一个还有待深入研究的理论模式。

中国境内方言的形成与发展有分化和统一两个面向。移民把甲方言带到新居地形成乙方言,这是分化运动;标准语把中心的方言推广到远地,这是统一运动。就其本质言之,两者都是语言的扩散。这种扩散在华南华北大体呈现为如下关系:古代的北方话成为南方的白读,近代的北方话成为南方的文读。现代的北方话是古代、近代北方话一系发展的结果;现代的南方话是文白系统叠加的产物[24]。这种大画面虽然具体生动地描述了古今南北关系,但是不必讳言仍有许多细节值得详加探讨。例如汉语与少数民族语言的互动关系在"扩散"的概念下显然仍有许多问题有待探索。王士元教授词汇扩散学说引起国际学界广泛的讨论,但是他在同时提出的音变阶段的模式(Basic paradigm of phonological change)并未引起汉语学界足够的注意。

四 语言的变异

徐通锵教授分三章去探讨语言的变异:有序异质的语言理论和语言史研究的新领域、变异的规律和音系结构格局的调整、语法的渗透和例外的音变。为了简明起见,底下把它们概括为:以今释古、结构调整、例外音变。

1. 以今释古:这是美国社会语言学家拉波夫(Labov)在他的论著"On the use of the present to explain the past"中提出的学说。徐教授把它译作"根据现在的用法解释过去",简单说就是"以今释古"。拉波夫提出来的最重要的一条原则是一致性原则(uniformitarian principle):历史记载中曾经起过作用的音变力量和现在起作用的力量是相同的。因此,我们可以根据现在已得到充分经验支持的原则为历史上已经完成的音变作出一些合理的解释,用现在去说明过去,正像我们能用过去来说明现在一样。拉波夫探讨英语 line 和 loin 的元音的所谓"合并"和"再分化"问题,认为它们并非事实。事实是它们从未真正合并。徐教授评论说:拉波夫根据一致性原则用现在的变异去解释文献记录上已经合并的音类的"再分化"问题是有启示性的,但它似没有很好地考虑音变分合的多种可能性。语音的变化往往是从外地迁移来的某一社会人群开始的,就是说,它可能是外方言影响的结果。

由于人类口腔的构造是一致的，许多音变道理具有普遍性。布龙菲尔德有段话说："语言演变的过程是从来不能直接观察的；我们将会看出，纵使我们现在有了许多便利条件，这种观察还是难以想象的。"㉟这样，研究语言的演变就只能被动地观察演变的结果，而不能主动地考察演变的起因和过程，无法从中悟察一些演变的肌理。"以今释古"对语言史的研究来说自然不能不说是一种重要的进展。

2. 结构调整：语音系统乃至整个语言系统是静中有动。宏观看来，交际中的语言是静的，不变的，稳定的；但从微观的角度看，交际中的语言又是动的，是在不断发生变化的。徐通锵教授亲自调查研究过山西祁县方言，他观察入微指出通过各个层次的变异使音系的结构出现一次重大的调整。例如卷舌声母平舌化；tɕ 类声母随着元音（前高到舌尖）的变化变成 ts；介音 -i, -u, -y 转化为 -ʅ, -ᵊuβ, -iuβ；臻、曾、梗、通的韵尾变为 -m。这种调整是透过系列性变化而来的。他说："不管是语言在社会空间中的变异，还是在地域空间上的差异，其同源的各个变异形式可以排列成一个系列，代表语言在时间上的发展顺序。"（322 页）这是历练有得的经验之谈。由于历史过往的语音已经消失得无影无踪，现代方言的变异形式（包括社会空间的与地域空间的）可以提供一面镜子映照"时间上的发展顺序"。关于这一点，社会语言学和方言地理学对历史比较法的贡献可谓"殊途同归"。

3. 例外音变：萨丕尔（Sapir）说："每一个语言学家都知道语音变化时常引起形态上的重新布置，但是他往往会假定形态很少或完全不影响到语音历史的趋向。我以为，如今的趋势，把语音和语法孤立起来当作互不相关的语言学领域，是一件不幸的事。它们之间和它们各自的历史之间可能有基本关系，只是我们现在还没有充分掌握而已。"[26]例如，山西平遥方言的连续变调就与语法结构格式有密切关系[27]。近年研究变调行为的学者对此特感兴趣，例如陈渊泉(Mathew Y. Chen)在 *Patterns of Tone Sandhi across Chinese dialects* 中就曾特别加以探讨[28]。除此之外，徐教授还以宁波方言为例，大篇幅地探讨了"儿化"在吴语构词中所引起的音变现象，例如"麻将"如何从"麻雀儿"变来。规律与例外是二而一的。如果没有规律，也就谈不上例外。反过来，例外可以考验规律。例外的研究很有价值，语言史的研究不能忽视例外。

五　文白异读

文白异读是双言(diglossia)社会的产物[29]。这种现象在古老的文明国度(例如阿拉伯)才有，西方社会殊为罕见。因此，西方的历史语言学著作很少对这个问题加以着墨，它们所谓的层次(stratification)问题也比较单纯。汉语的文白异读是历史语言学的一块新领域，有待大力开垦。徐教授把文白异读所引起的变化叫做"叠置式音变"，分别融入内部拟测法和历史比较法去探讨。

1. 文白异读：徐教授以宁波方言为例说明"文读形式的产生是外方言，主要是权威方言影响的结果，是某一个语言系统的结构要素渗透到另一个系统中去的表现，因而音系中文白异读之间的语音差别实质上相当于方言之间的语音对应关系。"(350页)换句话说，文白代表两种不同的语音系统。两种系统原初并驾齐驱，各有使用场域：文读用在读书，白读用于说话。后来的发展是竞争、取代、分工，最后融合成一个系统。因此，前人研究语音系统往往不能从平面分析其立体、动态的本质。徐教授把那种取代作用称为"叠置音变"。取代有两种状态，文胜白败和白胜文败。汉语方言文白异读一般的趋势是文胜白败，但是也有文败白胜的例子。徐教授说百年来宁波音系的演变可以看到：从文白相持到文败白胜的竞争过程。这种现象在其他汉语比较少见，如果有也多呈零星局面；地名在山西方言往往代表白读的最后堡垒，文读屡攻不下，即其显例。

文白异读并存于方言音系当中，它的分析可以从点到线到面层层往上分析，一般的实践多只及于点和线而不及于面。徐教授所据材料虽只限于山西闻喜和浙江宁波，但是他能指出文白代表两个语音系统，眼光远比常人犀利。就其理论价值而言，两个音系代表两个"异质"(heterogeneous)系统，德·索绪尔的"语言系统同质"(homogeneous)说应该加以修正，以这一理论为基础建立起来的内部拟测法也需要进行必要的补正。(351页) 也就是说，我们要：(1) 把共时音系历时化，理出音变的时间层次。(2) 从同一音系的异源音类的叠置中看音类的合流及其给音系带来的影响。

总结言之，文白异读是历史语言学界的新课题，徐教授的探讨代表一个新尝试。他的学说把文白异读分析比做两方言的比较研究，前人的目光多不及，只有极少例外。内部拟测法是从同质系统的内部差异去了解古语状况，文白叠置代表两方言音系。因此，文白异读的性质较近于历史比较法。关于这一点，下文即将阐释。

2. 历史比较：认知文白异读的重要意义是一回事，如何把它导入历史比较法是另一回事。这其中有几个关键。

首先是，历史比较法有一个先天性的弱点，就是把所比较的材料统统纳入一个时间层次，拟测出来的原始形式也分不出时间上的先与后。其次是，从事层次分析的学者在拟测原始形式的时候并没有层次观念,从而不分青红皂白全部混在一起。前一个问题是理论性的因而也比较抽象,比较不便说明;后一个问题是实践性的因而也比较具体,有说清楚的可能。

美国语言学家罗杰瑞(Jerry L. Norman)的名著"闽语词汇的时代层次"(Chronolgical Strata in Min)曾经分析过福州、将乐和厦门的文白层次。他以"天"字为例揭示他的分析过程:

天	Ⅰ层	Ⅱ层	Ⅲ层
将乐	thaĩ	—	thieŋ
福州	—	thieŋ	thieŋ
厦门	—	thĩ	thien

其中,将乐的 thaĩ 来自 *than,其余五个语音形式来自 *thian。面对这样的分析,读者不免疑惑:(1)为什么福州的 thieŋ 既见于Ⅱ层又见于Ⅲ层?形式完全一致怎能分层如上?(2)为什么厦门明明有两层(thĩ 和 thien),其来源却是同一个?假如我们重新分析㉚,上述的层次似乎应该整理如次:

天	thaĩ	thĩ	thien
将乐	+	−	+
福州	−	−	+
厦门	−	+	+

据此,我们不难知道:*thien 是文读层(将乐、福州韵尾变舌根音),thĩ 是厦门白读,thaĩ 是将乐白读。结论虽然也是分三层,但意义不尽相同。上文说过,文白代表不同的语音系统,三个层次代表三个方言背景。然而,在罗杰瑞的结论里,三个层次的来源只是两个。除此之外,福州和厦门事实上也有第一层的形式(福州反映在殿 taiŋ,厦门反映在前 tsaĩ),见于先韵。这种分析的不同是点与线

的差异。所谓"点",就是单一音类(或简单说是单字);所谓"线"是连同同一音类的其他字一起分析。从这里不难看出传统分析的局限性。更重要的是在历史比较法中,最终的来源形式只能是一个,而文白层次的分析显示至少有两个。前者要回答共同祖语的终极来源,后者要回答的是不同的层次是从哪些姐妹语言传进来。徐教授指出:"罗杰瑞……受到很多语言学家的批评"(390页),显然已看到问题所在,但是他仍没有能够澄清上述理论上和实践上的问题。

六　结语

总结言之,徐通锵教授的《历史语言学》是一部重要的理论性作品,古今中外的学说精华兼而有之。全书长达34万言,上文的介绍只不过是依其脉络,掌握梗概,还有许多细节无法加以表露。例如首三章谈语言的分类和最后一章谈语言年代学,我们就略而不书,因为就理论性作品而言,并无新义,同样的内容在其他著作也可以看到。就其所探讨的内容来看,除了西方的例子来自英文作品之外,他的汉语方言资料比较有限。他提供的方言例证只有浙江宁波、山西闻喜及其邻近的吴语和山西方言。因此,他没有对汉语方言的分类(和分区)问题提出看法,而所谓语言年代学本身具有很大的方法论上的局限性[㉛]。底下是我对这本书的整体观感。

1. 语音变化:历史语言学是探讨语言变化的一门学问,由于作者以"理论"为导向,作品对"实际"问题着墨不多。例如词汇的变化,句法的演变都付诸阙如。但是,他一方面大谈"链移"(包括拉链和推链),却无一语涉及"语音变化"。西方著作在"语音变化"的标题下，一般分为个别的语音变化和语音系统的变化。后者的研究以前者为基础。侈谈链移而无涉语音变化，这是本末倒置。汉语语音史的研究是研究语音系统从古至今的变化的一门学问，单一音类的变化和整体音系的变化如何进行显然必须有专门章节加以探讨，提供读者一盏明灯。徐教授在介绍西方历史比较法的演进史中指出格里姆律(Grimm's law)之后的几个定律都是"条件音变"的发现。中国的情况如何？他并未能指陈。如果我们比较西方和中国走过的路，我们会发现两者并不相同。语音变化可以说是徐著的一个薄弱环节。

2. 方言关系：徐书写作的年代，汉语方言学界正在进行《中国语言地图集》的大工程。因此，他的《历史语言学》没有机会对这个大工程加以评论。这是时代使然，非战之罪。汉语方言分区其实是一种分类工作，也是历史比较法的成果。因此，研究汉语方言分区是兼具理论与实际价值的工作。就理论而言，是否西方的"共同创新"(shared innovation)原则完全适用于汉语方言？就是一个引人入胜的课题。就实际而言，在中国大地上把汉语方言划出此疆彼界，其意义略如人口普查、人口统计，绝非没有意义。汉语方言如何形成与发展应是中国历史语言学的核心课题，这个课题的开展有很多工作就得仰赖方言关系的探讨。

3. 空格问题：高本汉的中古韵母系统留下许多空格，从语音系统的对称性来看，殊不可解。例如梗摄二等，他的系统是 -ɐŋ，-aŋ。可是并没有 -ɛm，-ɛn 和 -ɐm，-ɐn 与之相配。另一方面，他的系统有 -am，-an 却没有 -aŋ。这就是系统中的空格。高本汉对此空格有其说辞，但是真执行比较法的人，都觉得梗摄二等应该就是个 -aŋ。徐教授也认为如此。(410页)其实，除了梗摄二等这个彰明较著的空格之外，还有许多空格值得探讨。例如，覃韵的 -âm 在李荣、张琨等学者的研究里都曾加以修订为 -ɐm 或 -əm。空格的填补与否端视材料是否足征，不然那会沦为纯理论的探讨。也许更为重要的一点是，空格是如何产生的，这与音变的条件是否弄清楚大有关系。因为那些空格高本汉本人已了如指掌，他宁可留下空格坚持自己的做法，表明他对语音变化的方向有一定的看法。除非在材料上，在音变条件上理据十足，那些空格的争论仍然会僵持不下。

　　历史需要透视，历史语言学更需要累积经验。中国的历史语言学起步较晚，但是汉语是单音节语言类型里文献最丰富、方言最多彩多姿的一种语言。如何一方面吸收西方经验，一方面照顾汉语的事实去研究，这是汉语学界的共同课题。徐通锵教授的《历史语言学》已经勇敢地踏出耀眼的第一步，未来是否能在中土大放异彩，视后人能否从前人的经验汲取营养并往前迈进。这部书的开导价值已然有目共睹，在未来很长的一段时间内仍会散发光芒、嘉惠学界，引领新一代的语言学家。

注　释

①徐书出版之前，中文学界介绍西方历史语言学的著作是岑麒祥(1988)的《语言学史概要》，北京大学出版社。

②这四篇访谈的记录发表在《语言学论丛》第 11、13 两辑。

③比较一下西方近年作品涵盖的范围。例如：

　　Crowley(1997) *An Introduction to Historical Linguistics*, Oxford Univ. Press.

　　Trask(1996) *Historical Linguistics*. Arnold: London, New York, Sydney Auckland.

　　Fox(1995) *Linguistic Reconstruction*, Oxford Univ. Press.

Campbell (1999) *Historical Linguistics— An Introduction* (2nd edition), The MIT Press.

其中，Crowley 是教科书中最受欢迎也最浅显易懂的著作。Fox 是专门谈论历史比较法的。徐通锵教授的作品就理论探讨而言自成一家。

④这篇演说辞的精华片段屡受征引，例如 Crowley(1997) 和 Fox(1995) 都摘录了如下的文字(据 Fox 第二章比较法的历史背景)：

> The Sanskrit language, whatever be its antiquity, is of wonderful structure; more perfect than the Greek, more copious than the Latin, and more exquisitely refined than either, yet bearing to both of them a stronger affinity, both in the roots of verbs and in the forms of grammar, than could possibly have been produced by accident; so strong indeed, that no philologer could examine them all three, without believing them to have sprung from some common source, which, perhaps, no longer exists: there is a similar reason, though not quite so forcible, for supposing that both the Gothic and Celtic, though blended with a very different idiom, had the same origin with the Sanskrit; and the old Persian might be added to the same family.

梵文的语言，不管多古老，其结构是无比的奥妙，比希腊文更完美，比拉丁文更丰富，比其中任何一个都要精致，尽管如此，它与它们两者却有强烈密切的关系，不只在动词词根上，也在语法的格式上，而且，那种关系似乎不是偶然产生的。这种关系强烈到，假如不相信它们是从共同来源而来的话，任何语言工作者都无法看出它们之间的关系。它们的共同来源或许已经不存在了。有一个类似的理由，虽然不是如此强烈，不过同样的可以假设哥德语(Gothic)和企尔特语(Celtic)，虽然混杂了一个非常不同的土话，但也是与梵语有相同的来源(印欧语祖先)。古波斯语或许也可以加入这个大家族中。

⑤钱大昕(1724—1804)说："凡轻唇之字，古皆读为重唇。"这一发现是中国历史语言学家的不刊之论。赵振铎(2000)在《中国语言学史》(河北教育出版社）说："西方学者发现类似的现象，一般认为是 19 世纪初的雅·格林(Jacob Grimm 1785—1863)。他提出的"格林定律"指出印欧语一些演变规则，其中就有古典印欧语的 p 在英语变为 f 的规律。钱大昕用汉语的文献、方言和外来词为材料采用类似的比较方法，早已发现在汉语里也有这样的变化。两人的论证，异曲同工，钱大昕的发现比格林要早半个世纪。"(368 页)

⑥ Crowley (1997) 引述 Grimm 本人的说法谓："the sound shifts succeed in the main but work out completely in individual words, while others remain unchanged."(231 页)

⑦徐通锵（1991：112）。原文见于 Lehmann(1967) 所编 *A Reader in 19th Century Historical Indo-European Linguistics*, Indiana University Press. 作者是 H. Osthoff 和 K. Brugmann, 原文题作"Preface to Morphological Investigations in the sphere of the Indo-European Languages".

⑧林语堂曾留学于德国的历史语言学重镇莱比锡大学。回国后曾著文讨论高本汉的贡献，他所称珂罗崛伦就是 Karlgren 的音译。相关论文收在《语言学论丛》，文星书店 1967 年重印。

⑨赵、罗、李三人费了好大一番工夫才合力把高本汉的 *Etudes sur la phonolgie chinoise* 译完，题作《中国音韵学研究》，由商务印书馆出版。

⑩参看 Jerry L. Norman(1988) *Chinese* 第二章历史音韵学。他的说法是："All the reconstructions and revisions of Middle Chinese published up until the present can and should be viewed as products of a single methodological tradition going back to the original work of Bernhard Karlgren and his predecessors."(40 页)

⑪参看桥本万太郎（1978）《言语类型地理论》，东京，弘文馆，余志鸿（1985）译作《语言地理类型学》，北京大学出版社，20 页。

⑫参看陈保亚（1998）《二十世纪中国语言学方法论》，山东教育出版社，尤其是第七章"异质历时研究"。

⑬ Edwin Pulleyblank 教授是加拿大人，他 1984 所著《中古汉语》(*Middle Chinese*) 由英属哥伦比亚大学出版。他把《切韵》称做"早期中古汉语"(Early Middle Chinese)，把《韵镜》称做"晚期中古汉语"(Late Middle Chinese)。一般中国学者不做此区分，态度很不相同。

⑭参看 Karlgren(1954) *Compendium of Phonetics in Ancient and Archaic Chinese*, 中译参张洪年《中国声韵学大纲》，中华丛书编辑委员会，1972 年。

⑮参看 Crowley(1997), 110—111 页。

⑯ Hoenigswald(1990) 的这个说法，前人很少加以留意。他的说法是："It should, however, be understood that neither the comparative method nor internal reconstruction depend on written records."这种见解在中国学界恐有待长期思辨才能为人们所了解。

⑰参看 Crowley(1997), 95 页。他说："For example, if a language has two back rounded vowels (i.e. /u/ and /o/), we should expect it also to have two front unrounded vowels (i.e. /i/ and /e/)."

⑱ Labove, William et al.(1967) "Empirical foundations for a theory of language change."引文见徐通锵(1991)192 页。

⑲参看 Trask(1996) *Historical Linguistics* 第四章"系统变化"(paradigmatic change)注 4。

⑳参看张光宇(1989)"海口方言的声母",《方言》112—120 页。

㉑这是 1924 年在挪威发表的演讲,题为"La methode comparative en linguistique historique",岑麒祥译作"历史语言学中的比较方法",收在《国外语言学论文选译》,语文出版社,1—85 页,1992 年。

㉒参看袁家骅(1961/1989)《汉语方言概要》,客方言部分。

㉓这是布伦菲尔德的名言,参看 Bloomfield (1933) *Language* 中译《语言论》,商务印书馆,393 页,1980 年。

㉔参看张光宇(1989)"汉语方言发展的不平衡性",《中国语文》。

㉕参看布伦菲尔德《语言论》,商务印书馆,432 页,1980 年。

㉖参看萨丕尔《语言论》,商务印书馆,1985 年。

㉗侯精一(1980)"平遥方言的连读变调",《方言》第 1 期。

㉘Mathew Y. Chen (2000) *Patterns of Tone Sandhi across Chinese Dialects*, Cambridge Univ. Press.

㉙Norman (1988) *Chinese* 引述 Ferguson(1964) 对 diglossia 的定义:Diglossia is a relatively stable language situation in which, in addition to the primary dialects of the language(which may include a standard or regional standards), there is a very divergent, highly codified (often grammatically more complex) superposed variety, the vehicle of a large and respected body of written literature, either of an earlier period or in another speech community, which is learned largely by formal education and is used for most written and formal spoken purpose but is not used by any sector of the community for ordinary conversation. (250 页)

㉚参看张光宇(2006)"论汉语方言的层次分析",《语言学论丛》。

㉛Lyle Campbell (1999) 的讨论很可观。

(张光宇:台湾清华大学语言学研究所教授)

心底相通自古今
——悼徐通锵先生

冯胜利

我是在拉波夫那里知道的徐先生，而我认识徐先生是在他的家里。

1986年，我到宾大以后不久，就从拉波夫的谈话中得知北大学者徐通锵先生曾在伯克利加大进修历史语言学，研究语言变异。回国后，他根据中国方言的材料，得出了新的见解。那时候，我只知道社会语言学研究变异和王士元先生的"词汇扩散"。听拉波夫说，"词汇扩散"是语言变异学说中的重要发现，补充了新语法学派"语音规律无例外"的不足。但是，徐先生的创获是什么，却未得其详，非常好奇。

碰巧，1991年的夏天我有机会回京，于是抽出一天专门去拜访徐先生。这是我和徐先生第一次见面。先生个子不高，跟拉波夫差不多，可显得比拉波夫健壮得多。先生谈吐温文尔雅，不像拉波夫那样，说起话来像机关枪，突突不止。当时我向先生请教的是"先生在研究变异上有什么新的发现"等一类的问题。记得先生坐在一把简易的椅子上，两手放在膝盖上，缓缓地告诉我：我们是从方言中的文白异读上来研究语音叠置变异的规律。国外的研究中没有这样的材料,也不会有这样的发现。

"这对社会语言学的理论太重要了,怎么才能让国外的学者都知道呢?"

记得先生只冲我微微一笑,接着便问我国外的研究情况,拉波夫最近的工作等等。那次见面,先生给我的第一个印象就是他看自己的贡献,像表面上的他一样,普普通通。我这个在外读书、未出茅庐的后生,对先生,尤其是自己国家学者的新创见,好生敬佩和好奇。回来后马上把先生的文章找来阅读。像《音系中的变异和内部拟测法》、《变异中的时间和语言研究》什么的,还有后来买到的先生的《自选集》,都认认真真地读了一遍。打那儿以后,我的心里蓦然长出了一个念头:先生是把拉波夫变异理论"化入"汉语研究的第一人;是运用、修正和补充西方变异理论的第一人。我这么想,是因为先生的很多论断让我特别兴奋。就说"阴阳对转"吧,对我这个训诂出身的人来说,早就烂熟于耳了。可是它背后的原理是什么呢?我怎么也没有想到它和"文白异读"有关,而且是叠置音变的结果。先生的文章,就像钱大昕的古无轻唇一样:千载之覆,一朝豁朗。令人不禁拍案叫绝!先生给我的不仅仅是知识——她是一种学理之美、精神的享受!

人在自己的学术生涯中,有时会不自觉地和古人或前辈有一种灵犀相通之感。尽管他们可能从未谋面或不相往来,但"学心"是可以相通的。我虽晚辈,但自以为和先生的为学之心有一孔之通,那就是先生自觉的"关天命"的学者天职。先生通东西之学,创"叠变"之说,辟演化新路,奠定了让自己民族可以为之骄傲的"天命之学"。陈寅恪说"吾侪所学关天命"——学术不是个人的功业,而是事关民族兴衰的千秋大计。先生治学,抱有一种系学术于民族兴旺的历史情怀,所以能凿开后生晚辈们与之相通的灵犀之心。

有这立命之学,先生足垂千古矣!呜呼,奠曰:
>　　学家有道何劳术,
>　　心底相通自古今。

(冯胜利:美国哈佛大学东亚语言文化系教授)

徐通锵先生与《语文研究》

温端政　沈慧云

2006年的后几个月，接二连三地从母校传来师长病逝的噩耗，我们一次又一次陷入悲痛之中。得知徐通锵先生患病的消息是在他逝世前的一两天。11月26日，我们给王洪君教授打电话询问徐先生的病情，洪君教授在电话中说："我刚给你们发完信，徐老师昨天晚上7点多走了。"当时我们真是懵了，徐先生身体一向结实，他怎么会走得这么快？我们没有来得及为病中的先生做任何事情，没有来得及去北京看看他，甚至没有对他说上一句问候的话……悲痛、惋惜、自责一齐涌上心头，难过的心情无法描述。

二十多年来，我们在山西省社科院从事语言研究工作、编辑出版学术期刊《语文研究》，走过了一条坎坷曲折的道路，曾经遇到过许多困难。在各级领导和国内语言学界的大力支持下，我们战胜了困难，走到了今天，这其中，母校师友的亲切关怀和无私帮助给了我们无限的温暖和巨大的力量。徐通锵先生就是一位自始至终关心、爱护和帮助我们的"娘家人"。最令人感动和难忘的是对《语文研究》的关心和帮助。他是我们刊物最热心的作者、读者和义务审稿人之一。徐先生是语言学大家，却没有一点架子，非常和蔼可亲，对我们从来都是有求必应，每次向他求稿他都不让我们落空，总是把浸透着自己心血的最新研究成果给了我们。从创刊号开始到

2005年第3期,《语文研究》发表了先生大作14篇,除此,先生还为《语文研究》15周年纪念文集提交了一篇论文,总共是15篇(其中有两篇与叶蜚声先生合作),篇篇都是精华,大大提高了《语文研究》的学术水平和学术品位。

《语文研究》创刊五周年时,他慨然应允撰写纪念文章。为了写好这篇文章,他把本刊五年中所发表的文章又细细地看了一遍。初稿和修改稿写成后,又征求叶蜚声、王福堂、陆俭明、王洪君等先生的意见,先后两次细看推敲。文章联系语言研究的发展,对五年来的《语文研究》进行综合性的述评,既充分肯定了《语文研究》在推进我国语言研究发展方面的积极作用,也坦诚地指出了存在的问题。并强调指出:语言研究已向着综合性、多向性的方向发展,注意理论与实际的结合,使理论寓于实际的语言现象的分析之中,而在实际的语言现象的分析中又注意理论的运用和解释;研究方法已在结构分析法的基础上开始采用比较的方法,比较方言之间、共时和历时之间的差异性和同一性,以描写所考察对象的特点;从语言的共时差异和它与历史上留存下来的书面材料的联系中去描写语言的演变,等等。这种趋向集中到一点,就是对追求语言结构的纯一性、同质性的结构语言学的分析模式的修正和补正。《语文研究》顺应这种发展趋势取得了可喜的成绩,希望今后能进一步推进这一趋势的发展。这不仅指明了《语文研究》今后的办刊方向,而且对指导语言研究也有重要意义。

这篇文章以《语言研究的发展和五年来的〈语文研究〉》为题,发表在《中国语文》1985年第6期后,《语文研究》1986年第1期予以摘要转载。转载时,征得《中国语文》编辑部和徐先生的同意,增补了原稿中提出的对办好《语文研究》的三点具体建议:

第一，随着语言研究向综合性、多向性的方向发展，汉语方言研究的重要性将会与日俱增，不管是语音和语法的描写，还是理论和历史的研究，都离不开方言材料的分析。《语文研究》地处山西，而山西方言在北方方言乃至整个汉语中占有重要的地位，它的特点显著，内部的差异细密，是语言的描写研究、历史比较研究、理论研究的一个重要的宝库。我们希望《语文研究》今后能有意识地组织一些力量，对山西方言进行一些深入的调查与分析，多发一些有关的研究成果。这样，既可以借此培养山西的语言研究的力量，提高他们的素质，又可以增强《语文研究》的特色，其使其质量得到进一步的提高。

第二，涉及一些重要的新理论、新领域，希望编者能组织文章，加强研究，以引导研究向深化的方向发展。

第三，为了推进语言研究向着综合性、多向性方向的发展，我们也希望《语文研究》加强语言研究的评论工作。评论也是对语言研究的引导，要摆事实，讲道理，要有评有论，不能只是挑剔人家文章的毛病，重要的是要对一些问题进行具体的分析，补充作者所没有考虑到而似又应考虑到的一些问题，提出积极的建议，以达到共同提高的目的。

这三点建议，直至今天，乃至今后一个相当时期，仍有重要指导作用。

1990年，《语文研究》迎来创刊十周年。徐先生又以《进一步加强山西方言的研究》为主标题撰写纪念文章。文中指出：《语文研究》在山西，山西方言是语言研究的一个"富矿"，这是办好《语文研究》的一个得天独厚的有利条件。他希望《语文研究》在第二个十年中积极地发挥这一优势。先生在文章中特别强调要加强对山西方言文白异读的研究,认为:"山西方言的文白异读异常复杂,分布纵横交错,《切韵音系》的音类,绝大多数都可以在这里找到文白异读……文白之间的竞争以及由此而产生的音类替代是语言演变的一种重要机制,也是汉语的一个重要特点,它在语言发展中的地位和作用还没有得到很好的研究,我们有可能在这种研究中总结、提炼出具有我们自己特点的语言理论和研究方法。"先生身体力行,多次到山西来调查方言,上世纪80年代深入地调查了闻喜、祁县方言,取得了宝贵的方言资料,写出了多篇重要的学术论文。先生晚年致力于"字本位"的研究,山西方言的资料和研究成果当然地成了他构建新的理论大厦的有用的建筑材料。

徐先生生前对《语文研究》的关爱,还表现在对文稿质量的关心上。有一次,他发现一位北大学生将不很成熟的文稿寄给《语文研究》要求发表,非常不满意,跟我们说:"今后凡是北大学生的文章,你们都给我寄来,我给你们把关。"先生之所以这样做,原因有二,一是担心年轻人急于求成,不能养成踏踏实实地做学问的好习惯,二是怕我们不慎发了质量不高的文章,有损刊物声誉。这样的稿子虽然不多,但后来我们还是遵嘱给先生寄去了,甚至有些我们把握不准的外单位的稿子也寄给了先生,凡有修改基础的,先生或提出修改意见,或自己动手为其修改,直至达到发表要求。而这一切都是先生的"义务劳动",他从来不要报酬。

先生最后一次来山西是在2002年9月,是应邀前来参加"第二届晋语学术研讨会"的。会上先生做了精彩的学术报告,受到了与会者的热烈欢迎。休会期间先生还和其他代表一起参观了平遥古城。看到先生身体健康、精神矍铄,我们非常高兴。没想到四年后先生竟会突然离我们而去。徐通锵先生是我国具有创新精神的语言学大家,道德高尚,学问广博而精深。对他的离去,我们感到无限的悲痛。我们深深地怀念他。

(温端政:山西省社科院研究员,《语文研究》第一任主编;
沈慧云:山西省社科院研究员,《语文研究》第二任主编)

纪念建设汉语本体语言学的旗手徐通锵先生

"汉语字本位研究丛书"编委会

2006年11月25日19时50分,一颗伟大的心脏停止了跳动。著名语言学家、北京大学教授、汉语字本位理论的创始人和领袖徐通锵先生,在学界最需要他的时刻,却永远地离开了我们。噩耗传来,海内外语言学界和汉语学界同声哀悼,我们字本位丛书编委会和全体编写人员更是感到无比的悲痛。徐先生的逝世,使中国语言学失去了一位最具活力、最具创新精神的学者,也使我们失去了一位杰出的带头人和领袖。

徐先生的一生,可以以1991年他的花甲之年为界划分为两个阶段,前一阶段的徐通锵,是一位国内外享有盛誉的著名语言学家,他的《历史语言学》和与叶蜚声先生合编的《语言学纲要》,确立了他在国内的语言学泰斗的地位;而后一阶段的徐通锵,从1992年起到他去世这十四年,却完成了从一个著名语言学家到一个伟大语言学家的飞跃。其标志,就是他所首倡并矢志不渝地为之奋斗的字本位理论。今天我们纪念徐先生,既要纪念他的早年、一个历史语言学与普通语言学专家的徐通锵,更要纪念他的晚年、一个为字本位理论奋斗十五年的徐通锵。没有字本位的徐通锵就不是一个完整的徐通锵。在某种程度上我们甚至可以说,是徐通锵造就了

字本位,同时也是字本位造就了徐通锵。徐通锵和字本位,共同形成了当代中国语言学最可宝贵的精神,这就是:

第一,"敢为天下先"的独创精神

从马建忠借鉴西方语法,开创中国"现代语言学"以来,中国的语言研究一直处在一个"引进——陷于其中无法自拔——再引进——再陷入其中无法自拔"这样的怪圈,西方语言理论日日翻新,我们就在后面天天跟着转,时至今天,不少人还以追求"某某语言学与汉语研究"为汉语研究的当然之路,乐此不疲。在这一背景下,"建设汉语自身的本体语言学"自然成了一个永远无法实现的空话。要突破这一怪圈,需要有一种理论,更需要有人敢于登高一呼。而徐通锵正成了这样一位在历史最需要的时刻站出来的先行者。他最早提出了要彻底摆脱"印欧语的眼光",又强调要透过西方语言学的表面,学习它的"立论之本",从而做好了理论上的准备;接着,在充分思考的基础上,他提出了石破天惊的"字本位"理论。字本位理论也许不一定是汉语唯一正确的理论,但它的提出,却意味着一百年来汉语研究的重大转向,一个真正立足汉语的汉语语言学研究的时代正在到来。作为发出第一声呐喊的徐通锵,将理所当然地为人们所纪念,永远留在中国语言学的研究史上。

第二,"坚持真理"的奋斗精神

提出一个观点不容易,在巨大的阻力面前坚持这个观点不动摇尤其不容易。徐先生提出字本位,面临的是已经积累了一百年的旧传统。习惯形成的势力异常强大,经过多年的灌输,更已成了中小学生口中的"常识"。在这种情况下,提出一种与传统截然不同的新观点,在很长时间里不被人们理解是正常的,在全国范围内,反对、质疑甚至批判他的观点的,要远远多于同情、理解、支持他的观点的。作为字本位主张者中最有影响的学者，徐通锵更几乎成了众矢之的，所有对字本位的炮火几乎绝大部分是对着他而去的。在相当长的一段时间里，徐先生几乎是在孤军奋战，一个人独自承担着几乎整个学界的压力，熟悉徐先生的人都知道，徐先生一生为人谦和，好让不争，对年轻人尤其关爱有加，但就是这样一个人，在历史需要他的时候却勇敢地站了出来，独自面对巨大的反对力量。这种精神是当前建立中国特色的语言学所特别需要的。

第三，敢于自我否定的大无畏精神

在徐先生身上还有一个更难能可贵的品质，那就是敢于自我否定的大无畏精神。能够在无所依傍的条件下创新一种理论是不容易的，能够在如山的压力面前坚持这种观点更不容易。然而，最最不容易的还是当这种新观点不仅跟流行的观点相左，而且跟自己大半辈子所坚持的观点相左的时候，能够断然决然地公开宣布放弃自己的旧观点，而甘愿从零开始、从重新做少数派开始、从不断被人误解开始，建立一种新的事业，这是何等的大无畏精神啊！特别对于徐先生来说，1992年当他最早提出字本位理论时，早已是功成名就、名满天下的大学者，他与叶蜚声先生合编的《语言学纲要》早已成了中国高校的权威教材，长销二十年而不衰。一般人，甚至一般的大学教授到了这个地步也可以"见好就收"，在欢呼声中安享晚年了，但徐先生却在已过了退休年龄之后，对自己赖以立身扬名的著作来了个全面否定，重新为建立新的语言学理论而努力。这一气概就是很少人能拥有的了。正是这种气概使他不仅成了一名伟大的学者，更成了一名伟大的智者。这种精神在今天更具有重要的启示意义。

徐先生的成就是多方面的，徐先生身上值得我们学习的精神也是多方面的,上面只是我们认为最重要的三条。这三条精神对我们坚持徐先生的字本位理论尤其重要。第一,字本位理论还处在草创阶段,还需要不断完善,我们面临的困难、要解决的问题仍很多,我们要继续发扬徐先生"敢为天下先"的精神,踏踏实实、一步一步地把这个理论推向完善。第二,对字本位理论不理解、不支持的还大有人在,对字本位理论的批评和攻击也不会因为徐先生的去世而减少,我们要有在压力面前坚持奋斗的思想准备。第三,在发展字本位理论的过程中,我们肯定也会面临着背叛我们所受到的传统的语言学训练的问题,我们要随时准备坚持真理,也是随时准备修正错误。这个修正,也包括修正字本位理论在发展过程中自身的不完善之处。毕竟,开创字本位理论是中国语言学百年以来从未有过的伟大事业,是中国语言学真正走向世界的开始。我们为能置身于这一伟大实践感到光荣和自豪。现在,虽然我们的旗手和领路人已经倒在了前进的路上,但是,道路已经指明,航向已经开通,最困难的时间已经过去了,我们有决心沿着徐先生开辟的道路坚持前进,为中国语言学的振兴、为中华民族的重新崛起贡献出我们的力量。

徐通锵先生,您安息吧。

("汉语字本位研究丛书"编委会全体成员(以姓氏拼音为序):
戴汝潜、鲁川、吕必松、孟华、潘文国、王韶松、杨自俭)

沉痛哀悼徐通锵先生

吕必松

我一直把仅长我四岁的徐通锵先生视同长辈学者。近年来跟他有较多的交往,是因为他是汉语"字本位"理论的首创者,是这一领域理论研究的主帅和旗手,而我是他的字本位研究的积极追随者。字本位研究把我们紧紧地联系在一起。

我最早接触"字本位"概念还是在《世界汉语教学》杂志任职的时候。《世界汉语教学》1992年第3期发表了张朋朋的《词本位教学法和字本位教学法的比较》,我当时只不过觉得有一些道理,却没有引起足够的重视。两年之后,《世界汉语教学》在1994年第2期和第3期连续发表了徐通锵先生关于"字本位"的两篇论文——《"字"和汉语的句法结构》、《"字"和汉语研究的方法论——兼评汉语研究中的"印欧语的眼光"》,学习了这两篇论文之后,我有一种打开了天窗的感觉。长期缠绕着我的一个突出的问题——汉语作为第二语言教学中怎样处理语言与文字、听说训练和读写训练的关系——似乎找到了答案。过去认为,汉语作为第二语言教学效率低的根本原因是汉语的语言与文字的矛盾使听说训练和读写训练互相制约。在字本位理论的启发下,我们才逐渐认识到:如果把汉字看成单纯的书写符号和词汇的附属品,必然会觉得汉语教学中怎样处理语言与文字、听说训练和读写训练的关系是一个难题;如果认为汉字是书面汉语的基本单位,就会得出"教汉字也是教汉语"的结论,就会觉得汉字不但不是提高汉语教学效率的障碍,而且还是提高汉语教学效率的有利因素。为什么脱离汉字的特点先教"你好、谢谢、再见"才是教汉语,而结合汉字的特点先教"一、二、三"就不是教汉语?

徐先生讲汉语和汉字的特点,讲汉语研究的新眼光、新思路、新方法,是一种发自内心的呼唤——呼唤我国的语言学研究除了要重视跟国际接轨之外,更要重视跟自己的传统接轨。他说:"我们为什么要弃'词'而选'字',倡导'字本位'呢?就是由于'词'是一种舶来品,在汉语中没有'根',而形、音、义三位一体的字是汉语的载体,而且也是汉文化的'根',因而需要以'字'这个'纲'为基础探索汉语的结构规律、演变规律、习得机制、学习规律和运用规律,不然就难以有效地实现语言研究的预期的目标,找到普遍有效的规律。百年来汉语研究的实践已为此积累了丰富的经验和教训。"(《"字本位"和语言研究》,《语言教学与研究》2005年第6期)这是寻根的呼唤,是崇尚科学真理的呼唤,体现了对中华传统文化的自信和对科学真理的追求,是一种民族自主心态的反映。一位知名的资深学者临到晚年还主动改变自己一生的研究思路,提出语言学研究的新主张并带头开展研究,需要多大的勇气!他为叶蜚声先生和他合著的《语言学纲要》还在继续作为大学教材而感到内疚和遗憾,这是怎样的责任心!

我曾把《汉语的特点与汉语教学路子》那篇文章(载吕必松《语言教育与对外汉语教学》,外语教学与研究出版社,2005)的初稿发给徐先生,请他指教。两天后他就发回,提出了修改意见,并嘱我文章发表后一定要送他一份。在关于音译外来词中的汉字没有义理可解的那一段，徐先生指出："实际上，任何规律都有例外"，并且作了如下批注："汉语借用外来辞也往往要用汉语的规律对其加以改造而使其汉化。汉语改造外来辞的基本办法就是从外来辞的音节中选取一个适当的音节并配以相应的汉字，使原本没有意义的音节具有表义的功能，或者实现'字化'。历史留下来的外来辞，如佛、塔、僧等，都是受汉语规律改造的结果。美、英、法、意、西、葡等都是外来辞的音节字化的结果。'奥林匹克'是外语辞的音译，其中的每一个字都无意义，但是'奥运会'、'申奥办公室'中的'奥'都具有'奥林匹克'的意义。'沙发'、'玛瑙'等现在还没有'字化'，但是理论上完全有字化的潜能。"在文章定稿时，征得徐先生的同意，我把这段话一字不漏地作为"徐通锵先生对我说"的引文。大概是因为看过这篇文章的初稿，徐先生提名邀请我出席在青岛中国海洋大学举行的"全国首届字本位理论专题研讨会"。我请徐先生指导的另一篇文章是《二合的生成机制和组合汉语》。(载张普等主编《数字化汉语教学的研究与应用》，语文出版社，2006)徐先生回函鼓励说："大作拜读了，很好，说得很清楚，抓住了汉语结构的基本脉络。"初稿的题目只有"组合汉语"四字，徐先生指出："'组合汉语'有些费解，而且还有歧义，可否改成'二合的生成机制和组合汉语'"。我欣然采纳了这一画龙点睛之笔，并且在文章的其他几处使用了"机制"二字。

2006年10月14日，徐先生在一封发给王韶松、潘文国、杨自俭和我的工作信函中以十分平静的心情顺便告诉了他得病的消息："很遗憾，我要告诉你们一个不好的消息。我最近查体，发现大毛病，诊断为胰腺Ca扩散，需要住院治疗。我现在看起来还只是体重减轻比较快，精神还不错，'还不像一个病人'，但据大夫说，它的发展可能很快，因而11月的会议我可能无法参加，也无法完成后续'丛书'的编辑任务，好在文国兄正当年富力强之际，完全可以承担后续的任务，而且会完成得更好。能看到'丛书'第一批出版的样书，我也就心满意足了。人总有'走'的一天，早'走'一天晚'走'一天，没有什么大的区别。晚年能与诸公结识，共论'字本位'问题，也是本人的一大幸事。希望还能在上海与诸公见一次面。我的心情很平静，诸公不必挂念，也不必回函，或转告他人，一切听其自然。敬礼！"看到这封催人泪下的信函，我真正感受到了徐先生平静面对人生、把生死置之度外、始终以事业为重的学者风范。这是一种高尚、伟大的风范。我立即回函安慰说："刚打开邮箱，看到先生的信，不敢相信自己的眼睛。震惊之余，又抱有希望；细想之后，更觉得抱有信心。一是先生的病，还有待进一步检查，误诊现象现在相当普遍——换几个医院进一步检查十分必要。二是即使确诊，治愈的可能也很大，科学技术毕竟进步了。我希望先生除了复查以外，还要保持好心情，这对保持健康和治愈疾病都非常重要。我一直坚持做气功，对意念的重要性深有体会。望先生不要认为自己是病人，要坚信任何疾病都是可以战胜的。我们都在为您祝福。工作的事先放一放，相信文国会努力的。"让人无比痛惜的是，徐先生竟未能出席并主持计划中的字本位理论丛书编委会会议，就这样匆匆地离开了我们。

得知徐先生住院后，我前去看他。那时他仍然清醒，对我说："你怎么来了？"我说，"来看你呀。"他说："太远了，你又那么忙。"朴实、平易、真诚，总是首先为别人着想，这是我所感受到的徐先生的一贯作风。看到徐先生举着右臂，不停地伸展，我问："为什么要举着手臂，这样是不是舒服一点？"他说："燥热。"我把他的被掀开了一点,他说:"这样好一点。"

虽然担心徐先生治愈无望,但是直到2006年11月30日在八宝山竹厅看到他那瘦弱的身躯一声不响地躺在灵台上,才不得不相信:汉语字本位理论的主帅和旗手、我心中一直崇敬的通锵先生真的离开了我们,与世长辞了!

我在向先生遗体三鞠躬的时候,在心中默念:"字本位理论的主帅虽亡,旗手虽倒,但坚信后继有人。举旗者有,擂鼓者也有。字本位理论是不会倒的,放心去吧,先生。"

我听到跟我并肩鞠躬的鲁川先生的抽泣声,相信他怀有同样的心境。

让我们以字本位研究的丰硕成果告慰通锵先生的在天之灵!

(吕必松:北京语言大学教授,曾任该校校长、《世界汉语教学》主编、中国对外汉语教学学会会长)

跟随徐通锵先生学习"字本位"
——沉痛悼念我最敬仰的中国语言学大师

杨自俭

前些时候,徐通锵先生正在领着我们筹划召开"汉语字本位研究丛书"审稿会,同时筹备第二次全国字本位理论研讨会。2006年9月21日他还跟我们在京共进晚餐,10月14日给我们发了要去住院的邮件,11月25日就匆匆离开了我们。他走得实在太早太快了,大家都感到无比的悲痛,因为中国失去了一位划时代的语言学大师,失去了字本位的伟大创立者和令人敬仰的领袖。

我最早知道徐先生的名字是《语言学纲要》(1981)出版以后,我读了此书,凭印象跟我大学时学的高名凯与石安石主编的《语言学概论》相比,有几点不同:汉语例证多了,分析也更细致了;吸收了较多中外语言研究的新成果;较多用了中外比较的论述方法。后来随着读他的文章与书就渐渐了解得较多了。

徐先生在"汉语字本位研究丛书"总序《"字本位"和语言研究》中说我"在实践中深切地感到,如不理解汉语的'字'的性质、特点以及它与英语的'词'的重要区别,就难以准确把握英汉语言文化的对比研究"。(《语言教学与研究》2005年第6期)徐先生这段话准确地说出了我在做英汉对比研究中的思想变化,是以我如何逐渐认识字本位的一大段学术经历为背景的,这段经历大体是这样:

1978年吕叔湘先生招收英汉对比语法专业硕士生,我因年龄与学业不符合条件未能报考,但我从此就开始了自学对比语言学的有关文章和著作。上个世纪80年代中期我开始为英语专业高年级学生开设了"英汉语法修辞比较"选修课,也写了几篇英汉对比研究的文章,业余还翻译了杰·利奇(G. Leech)的《语义学》(1—7章为我译)和福斯特(E. M. Forster)的《印度之行》等小说。翻译也是对比研究,是一种很微观的语言文学与文化的对比研究。为了教学的需要,也为了推动这个学科的研究,从1987年我就着手收集论文,选编《英汉对比研究论文集》(1990)。通过上课、翻译实践和选编文集等活动,我对英汉两种语言与文化都有了进一步的了解,但在英汉语法对比中有几个难题让我十分困惑:(1)汉语的词是什么?如何分类?拿英汉语法教材比较,同多异少,可是拿英汉两种语料做区分词类的练习,学生作业每次都是英语的错误很少,汉语的错误很多。英语的word和汉语的"字"与"词"三者究竟是什么关系?(2)汉语中句子是什么?英译汉可以英语的句子为单位,汉译英就难以汉语的句号作断句的标志。标点符号用法说得很清楚,可师生都怕用标点做汉语断句练习。汉语的名、动、形三类词为什么在句子中有那么多语法功能?(3)我们的传统语言学为什么只有文字学、音韵学与训诂学而没有语法学?汉语真没有语法吗?没有组配句子的规则吗?这些问题如果都搞不清楚,怎么样进行英汉语法的对比?这些问题促使我较多地开始关注汉语的研究。我在起草上述论文集前言时看到了戴浩一的《时间顺序和汉语的语序》(《国外语言学》1988年第1期)和游顺钊的《口语中时间概念的视觉表达》(《国外语言学》1988年第2期),看后好像对汉语的特点有了点新鲜的感觉,所以就把两文中的要点归纳成五条写在了前言里(《英汉对比研究论文集》1—2 页)。但由于我缺乏学术的敏感性,也缺乏微观研究的根基,所以没能跟着这种新鲜感从微观与宏观的结合上(当然还需要中外结合、古今结合)深入追究下去,而开始偏向了宏观的思考。

1991 年徐先生的《语义句法刍议》发表,对我震动很大,首先,它使我从戴浩一与游顺钊文章中获得的新鲜感有了着落和去处,而且徐文深入到语言的结构关联基点和编码机制,这是过去从未看到过的。徐先生认为索绪尔的聚合与组合是以语言的线性结构为基础的,而实际上语言各系统之间的关系是非线性的,为此他提出"结构关联"的范畴。他虽然说语言的基本单位还是"词",但他已经明确指出汉语的结构关联基点在音节,汉语是以单音节为基础的直接编码型语言,而英语是以多音节为基础的间接编码型语言。直接编码的汉语,其语法范畴和逻辑概念一致,间接编码的英语,其语法范畴和逻辑概念是两个系统。在此基础上他提出英语的句法结构框架为"主语—谓语",汉语的则是"话题—说明",前者重形,是语法型语言,后者重序,是语义型语言。第二,给了我方法论的深刻教育,使我明白了什么是"中西结合"。徐先生明确指出:"结合,它不是国外的理论加汉语的例子,也不是用国外的理论解释汉语,而是参照国外语言理论的立论根据,从中吸取精神,在汉语的研究中提炼出自己的理论和方法,以便能在宏观上把握汉语结构的特点;不能实现这样的要求,说明我们还没有摆脱用'印欧语的眼光'来观察汉语的窠臼。"用这个标准来检验我所做的英汉对比研究成果,大都属于徐先生批评的所谓"结合"的那两种类型。

1993 年至 1994 年我协助李瑞华选编文集《英汉语言文化对比研究》,收文范围上接那本《英汉对比研究论文集》从 1990 年始,下至1994年。正好徐先生1994年在《世界汉语教学》上连发两篇宏文:《"字"和汉语的句法结构》与《"字"和汉语研究的方法论》。我读后兴奋不已,把徐先生上述三篇文章都列入了目录,但因每个作者限选两篇,最后无奈拿掉了讲方法论的那篇。我们把选定的目录送出去征求意见,没想到竟有人批评我们选了徐先生的文章。我们没有理会,就询问徐先生是否同意收入和有无修改意见,他很快寄来了刚出版的《徐通锵自选集》,并让我们用他自选集中修改过的《语义句法刍议》,由于我们粗心竟把全书的"参考文献"都列在了这篇文章的后边。后来徐先生提醒我重印时要更正过来。我起草了这两篇选文的《编者小记》,首先指出《语义句法刍议》是一篇在理论上很有建树的文章,然后归纳了该文在理论与方法上的创新观点,最后评论说:"像徐先生这样的宏观对比研究是十分不易的,因为既有语言本身的对比,更有理论和方法上的对比,目的在于寻找一条新的思路,摆脱旧理论框架的束缚。为了推动学科的快速发展,我们希望有更多的这类文章发表。"(李瑞华主编《英汉语言文化对比研究》,上海外语教育出版社,1996年,354页)《"字"和汉语的句法结构》这篇文章的《编者小记》当时写得较长,现摘要如下:

> 徐先生这篇文章是《语义句法刍议》的续篇,是在语义句法理论的基础上又深入研究了一些具体问题。现把一些重要的地方提示一下,望引起读者注意。共7条:(1)"字"是汉语句法基本结构单位;(2)字的定义与内涵;(3)徐先生说赵元任说的"中心主题"就是汉语的基本结构本位;(4)印欧语以大制小,句法控制其以下单位的结构,汉语以小制大,"字"控制其以上的各级单位;(5)印欧语句法结构为封闭性的,以 S—V

为基础，汉语的为开放性的，以"话题"为基础；(6)"话题—说明"结构框架首创者为陈承泽(1922)，霍盖特与赵元任都论述过；(7)"话题—说明"框架确定后的研究任务：字的语义分类及其原则、字与结构的关系、语义和句法功能的关系、语义语法的句型、层次和语序等。

读了徐先生的两篇宏文受到很大启发，看到了对比研究的意义和前景。(同上书，449—450页)

徐先生在此文中首次明确了汉语结构是字本位（当时没看到徐先生1992年发表在香港Newsletter No. 13上的《在"结合"的道路上摸索前进》），修正了"汉语的结构关联基点在音节"的观点，放弃了"语言基本单位是词"的说法，确定了"字是句法结构的基本单位"，其结构单位序列为：字—字组—句子、句群。我们在论文集前言中是这样综合评价徐先生这两篇宏文的："我们认为这两篇文章具有很高的水平，它们标志着汉语语言学观念的转变，是句法内容的系统改造。它们提出了'字'是汉语语义句法的基本结构单位，这就从基础上动摇了《马氏文通》以来的'词本位'、'句本位'和'词组本位'的观念。"(同上书）

当时我们没想到我们的工作是对徐先生的支持，后来才知道他那时的处境是多么艰难。我们从下面两段话就能深知徐先生当时的孤独与坚苦的心境："1991年我们发表了《语义句法刍议》一文，受到了学界的一些鼓励和欢迎(李瑞华1996)。"(《有定性范畴和语言的语法研究——语义句法再议》，载《语言研究》1997年第1期)"字需要'说'，人们可能难以理解，但实际上现在已到了不得不'说'的时候，因为自我们提出字本位理论以后，除了一些表示支持和理解的(李瑞华 1996;潘文国 1997)以外,已有不少误解,其中最重要的有两个方面:第一,把字与语素混为一谈,认为字本位实际上就是语素本位;第二,否认字这个概念的所指的模糊性或多义性,认为字仅仅是书写的单位,与语言的结构单位无关。"(《说"字"——语言基本结构单位的鉴别与语言理论建设》,载《语文研究》1998年第3期)由此看出从1991年至1998年这段时间,见诸于公开出版物表示理解和支持徐先生字本位的可能就只有李瑞华和潘文国。

当然还有值得敬佩的《语文研究》(1991年第2期)、《语言教学与研究》(1991年第3期)、《世界汉语教学》(1994年第2、3期)几个刊物的主编温端政、陈亚川、吕必松三位先生,是他们独具慧眼,坚持学术平等,在20世纪90年代初徐先生字本位的思想刚刚诞生的时候,就及时发表了他的文章,而且排在了刊物的首要或重要位置,以告知天下。他们是建设学术民主、反对话语霸权、推动学术健康发展的功臣,他们的历史功绩学界会永记在心,也一定会载入中国语言学和整个学术发展的史册。

1996年我受中国英汉语比较研究会的委托在青岛举办第二次全国学术研讨会,我邀请徐先生到会作字本位理论专题演讲,不巧徐先生正忙于《语言论》和《历史语言学》的写作与修改,因此他在信中很客气地说:"实在对不起,因出版社催稿,我无法抽身赴青向大家学习。"并随信给我寄来了一本《徐通锵自选集》,扉页上用毛笔写着"自俭先生正之 徐通锵 1996.1.13"。很遗憾,我们没能聆听徐先生的直接教诲,不过会上还有两点补救,一是收入徐先生两篇宏文的那本文集送与会者人手一册;二是潘文国为大会提交了一篇《换一种眼光何如?》。该文批评了英汉对比研究和汉语研究都严重地依赖英语,以英律中,明确提出从汉语出发,摆脱"印欧语的眼光",并转述了徐先生有关字本位的思想。

会后不久我买到了徐先生刚出版的《历史语言学》,我读后,印象最深的有两个方面,一是徐先生运用了多种研究方法,比如历史比较法、内部拟测法、扩散理论、变异理论等跟汉语的方言与音韵的具体研究紧密结合。通过对汉语材料的分析来检验西方的理论,以材料和理论的矛盾为突破口,从材料的分析中总结出符合汉语实际的理论与方法,从而修正与补充了西方的理论。最典型的理论创新就是徐先生抓住汉语的"文白异读"总结出了"叠置式音变的理论与方法"。另一个方面就是死材料和活材料结合运用的问题。这有点像王国维的"二重证据法",所不同的是王国维的是纸上材料和地下考古新材料相互印证,徐先生的是文字、文献材料和方言与亲属语言的材料结合运用。这应该说是中国语言史在研究方法上的一个重大发展。

1997年10月徐先生的《语言论》问世,我是第二年暑期才买到这本鸿篇巨制。因行政事务缠身,经过一年多的时间才断断续续把它读完。我从中受教诲最深的有三条:(1)字本位理论进一步系统化了。从界定语言学的"字"范畴(1个字·1个音节·1个概念),到确定句法结构单位系统(字—辞—块—读—句),到建立构辞法(以核心字为参照点的自指、转指、同指)以及认定两种基本句式(自动与使动);此外还研究了语序、虚字和语义范畴等理论问题。到此我们不能不说字本位已有了自己的理论系统。(2)研究并构建了汉语的音韵、构辞法、语义句法三个层面的生成和运转机制,动摇与突破了索绪尔的静态的语言系统论。(3)探索了比较加结合的语言研究方法,为我国的语言理论研究(包括对比语言学理论)开拓了一条新的途径。徐先生在本书《自序》中说:这"是我们以'字'为基点进行语言理论建设的粗浅思路。我们想以此为基础,一方面吸收西方语言学中于我们有用的理论和方法,另一方面继承和发展中国语言学的优良传统,设法实现中西语言学的结合和现代语言学与汉语传统研究的结合。"我说的"比较加结合"是读了徐先生的文章和《语言论》归纳概括出来的,从宏观来说徐先生的方法论是一个包括中外、古今、方言和标准语、语言内各层面的四比较四结合的系统。具体来说就是:中外比较与结合要解决的是立足点问题(以汉语的研究为基础);古今比较与结合要解决的是传统的继承问题(不可中断或丢掉自己的传统);方言和标准语的比较与结合要解决的是汉语结构的基点问题("字"为基本结构单位);语言内各层面的比较与结合要解决的是理论建设的系统性问题。当然这四个方面的比较与结合并不是分别进行的,而是或交叉或综合进行的。总之,历史地来看徐先生的《语言论》,应该说它在建立汉语自己的语法类型、体系以及方法论等方面,超过了前辈语言学家的同类著作,成为中国语言学真正走向世界这个新时代的标志。

1997—2002年间徐先生又发表了20多篇文章,还出版了一本教材《基础语言学教程》。文章我大都读过,教材也看过,深感他的研究在继续深化与系统化:(1)深化了对"字"的认识:"字"是非线性的音义结合的基点,是语言结构的根基,抓住它就控制了语言结构的全局。(2)建立了选定语言基本结构的三条标准:①现成性,不用加工,拿来即可用;②离散性,容易辨别,不易跟其他结构单位混淆;③在语言社团中具有心理现实性,人人(包括文盲)凭直觉都能在话语中识别清楚。(3)探讨了语义句法生成机制:核心字为基础通过向心、离心、同心等结构方式生成各级字组;"话题—说明"结构形式靠语序从"已知"推向"未知"而生成。有生性和无生性话题句分别依时间和空间顺序生成。给我深刻教育的要数《对比和汉语语法研究的方法论》、《说"本位"》和《语言论》,因为解决了我长期困惑的两个问题:一个是对比语言学中"同"与"异"的关系问题。徐先生通过总结《马氏文通》以来中国语言学走过的道路,从方法论层面总结出"仿效"和"对比"两种不同的方法,前者着眼点是语言的共性,后者着眼点是语言的特点。由于我们长期把印欧语语法的"双轨制"当作语言的共性来仿效研究汉语,结果证明语言事实跟这个理论有着尖锐的矛盾,这本是个修正西方语法理论的极好机会,但我们"迁就有余,而修正理论的勇气不足"。对比的方法不但注重揭示汉语的特点,而且强调揭示隐蔽其后的结构原理及其跟语言共性的关系,这是异中求同,而不是孤立求同或弃异求同。另一个是《马氏文通》以来汉语语法研究的历史为什么成了不断选择、更换"本位"的历史?徐先生的著述让我明白了《马氏文通》以前没有其他"本位"问题,因为传统语言学就一直是以"字"为本位,没更换过。《马氏文通》后我们丢了"字本位",而一直遵照索绪尔的语言线性结构理论,而实际上语言是非线性结构,线性只是其中局部的一种状态。以线性治非线性、以局部治整体怎么能找到规律呢?实际上这种线性理论也是国内外语义研究长期进展缓慢的重要原因之一。

我第一次见到徐先生是 2002 年 8 月 8—11 日在上海华东师大中国英汉语比较研究会第五次国际学术研讨会上。潘文国承办会议,请徐先生在大会上作了《字的语法化的"阶"和汉语语义句法的生成》主题演讲,我聆听了徐先生的报告,深感徐先生的研究又有了新的发展。其核心内容是在语义句法结构层阶(字、辞、块、读、句)的基础上进一步探讨字句之间辞、块、读三级跟字的语法化的三个"阶"的关系。(1)字的语法化初阶。字组成辞(2字组)有向心、离心、同心三种方法,其字组的字义结构关系为"义象+义类",表现为限定、支配与并列三种语义关系。(2)字的语法化次阶。通过辞和字块的比较,徐先生给字块下了个定义:字块为以虚字为标记使一个概念去联合或限定另一个概念的字或字组的组合,在语句结构中充当一个结构单位。徐先生明确交代:"笔者在《语言论》和某些文章中也曾说到过'块',但与字组的界限不清,现在这里作出明确的澄清和修正。"在此基础上徐先生提出了作为字块标记的四类虚字:量字、连字、"的"字和介字。(3)字的语法化末阶。徐先生把"读"和"句"定名为"形句"和"意句",二者的关系是:"形句是与思想表述有关的最小结构单位,叙述事件的某一环节和侧面,以与其他形句相连缀而生成意句,共同完成一个完整意思的表述,使意句成为思想表述的最小结构单位。"这个层阶跟字、字组、字块不同,除客观性外,增加了人的主观性。如何把主观因素"化"为客观的语法结构,实现语法化?徐先生找到了语调和语气字,并把语气字定义为"黏附于X以表示说话人对所黏附的X的主观情感、态度和意向的字"。其特点是义虚、轻声和结构上的黏附性,语气字主要黏附在指称成分后(啊、呢、吧等)、述谓成分后(了、着、过)和形句后(表陈述、疑问、感叹、祈使、反诘、假设等语气)。他报告的最后部分有两处给我留下了极深的印象。他讲得情真理切,高瞻远瞩,表现出一个大学者的宽阔胸襟和崇高境界。他说:

> 我们顺着字的语法化的"阶"初步清理出"因字而生句"的

生成途径和线索,想借此为实现汉语的研究重点从语法转向语义、从描写转向生成的转向探索前进的道路。这一思路与现在流行的语法体系大相径庭,可以成为主流研究思潮的一个对立面。学术的生命在于比较、在于竞争,人们可以在对立面的比较中鉴别利弊优劣,弃短择长,探索新的途径,以推进汉语的研究。

印欧语的语法理论是根据一致关系为纲的语法形式（词形变化、名动形的词类划分和句子成分的对应关系等）建立起来的,因而富有生命力。我们如果不是机械地学习西方的语法理论,而是学习它的立论精神,看它如何从材料的梳理中提炼相关的理论和方法,那么我们就应该以汉语的语法形式为参照点,进行相应的理论建设。我们提出"借助于另一个字,以已知求未知"的研究方法就是想根据这种精神,以虚字为参照点,探索汉语语义语法的生成和相关的规律;至于这种参照点和语序的关系,那需要另行研究,本文无法涉及。总之,我们要设法探索汉语自己的规律。(杨自俭主编《英汉语比较与翻译》(5),上海外语教育出版社,2004年,110—111页)

我因忙于学会的换届选举工作,没找到更多的时间向徐先生请教,但我们一见如故,同桌共餐多次,得以跟徐先生交谈。他不喜欢客套,最愿讨论学术问题。我向他请教的问题很多,现在记忆犹新的尚有:辞与词的关系。"词"在中国语言学界用了百余年,要放弃很难。语义语法的字、辞、块、读、句这五级单位已经比较清晰,如何再进一步系统化,最好编出语法教材在运用中向前推进。《马氏文通》以来的汉语语法研究主要问题是丢了传统。我们还谈到数学家吴文俊关于机器证明的研究，我说："徐先生，你很像数学大师吴文俊，他1985年建立了求解多项式方程组的吴文俊消元法（国际上称吴方法），他的方法不同于国际流行的代数理想理论，而是具有中国特色的以多项式零点集为基本点的学术路线。他的成绩是用高科技手段到传统数学中探宝而获得的。他很重视《九章算术》与刘徽对该书的注。你1992年提出'字本位'理论，你的理论与方法也不同于国内外流行的印欧语的语言学理论与方法，而是中国自己的以'字'为基本结构单位的学术路线。你的成绩是用中外、古今两结合的方法而取得的。你很重视《说文解字》与段玉裁对该书的注。徐先生，我是认真考察后才这样比较的。但有一条不同，他先作了基本原理的研究，出版了《几何定理证明的基本原理》(1984)，而后发表论文提出了'吴方法'(1985)。你是先发表论文提出了'字本位'(1992)，而后系统研究了原理与方法，出版了《语言论》(1997)。"徐先生不愿跟吴先生相比，但他感到有相似的地方。他说："中国的学术传统重实用轻理论。语言学是'寓虚于实'，数学是'寓理于算'，中国古代的算法系统水平很高。我很赞成'用高科技手段到传统学术领域探宝'的说法，因为这是真正实现古今结合的正确途径。"我们每次谈到推动字本位研究和壮大队伍的问题时，徐先生说的较多的一句话是："我是少数派，局面比较难改变。"我听后深感应该设法协助他做些推动工作，首先想到可在学会中号召大家关注、学习徐先生的学术思想与研究方法，适当的时候可举办专题研讨会，以扩大影响，壮大队伍。

2002年的11月下旬学校突然让我再次到文学院主持工作，我很快就跟徐先生取得了联系，请他来文学院讲理论语言学专题"名家课程"（这是王蒙先生和管华诗校长商定在文学院开设的新型课程，必修，30学时，考及格2学分），徐先生问清授课对象，收到了我和孟华提出的十个供参考的专题，就在家认真准备讲稿，到2003年10月下旬徐先生就从网上发来了他写好的讲义《语言学十讲——字本位和语言研究》，A4纸双面86页。11月3—25日徐先生第一次在海大浮山校区X105大教室给中文系本科高年级学生和中文、外语语言学专业研究生系统地讲授了"字本位"理论。我因工作忙，只听了几讲，但我们的师生（还有青岛大学中文系教师）听课很踊跃，每次都座无虚席，有好多次一些学生自带板凳去听课。徐先生讲课高屋建瓴，又深入细致，材料分析精当，理论阐释深刻而系统，还经常提出值得深思的问题，激发学生的想象力，引导大家深入思考。他授课的方法充分体现了中外古今的比较与结合，饱含方法论的内容，使学生终身受益。徐先生那次来讲"名家课程"，非常成功，其标志除讲课很受欢迎以外还有三件事：一是我给徐先生打过招呼，学校出版社要出"名家课程丛书"，语言学的是第一本。徐先生回去认真做了修改、补充与调整，并接受了我的建议加上了三个附录。这就是中国海洋大学出版社出版的那本《汉语结构的基本原理——字本位和语言研究》。二是事先我给我院孟华、黄亚平老师提出建议：最好全程听完徐先生的课，同时准备若干问题，最后安排一次时间充足的学术访谈，把徐先生的最新学术思想留在海大。在给徐先生接风的饭桌上我提出这个想法，他欣然同意。但非常遗憾，因学校开会我没能参加孟华和黄亚平对徐先生的那次重要的访谈（2003年11月19日）。第二天我去看徐先生，他告诉我："有两个没想到，没想到海大有这么多学生喜欢语言学，没想到海大的教师对字本位这么感兴趣，而且有了这么多的了解和这么深入的研究，提的问题很有水平，还给我提供了不少关于字本位研究的资料与信息,这次访谈我收获很多,我要进一步深入系统地思考。"我又向徐先生请教了四个问题:(1)为什么中国人只关心文字起源,西方人只关心语言起源?这不同的两个传统各是如何形成的?(2)为什么印欧语系的语言大都重视语调(intonation)?汉藏语系的语言大都重视声调(tone)?(3)在语音学上汉语属于"音节合拍"(syllable-timed)型的,英语属于"重音合拍"(stress-timed)型的,造成这种重大差别的原因是什么?(4)现在大家都承认我们有严重的重实用轻理论、重技术轻科学、重术轻学的学术传统,我想这个传统的形成和汉字思维有关系。因为读汉字书重视觉思维,可"望文生义",可不经过或经过淡薄的抽象思维(实际就是隐喻)就可达到对意义的理解;而读拼音文字书重听觉思维,其抽象程度高于视觉,直接进入了抽象思维,然后经形象思维到达对意义的理解(这是简化说法,实际过程比这复杂)。徐先生对前三个问题都作了简明扼要的回答。他说第四个问题很值得研究,我们以后讨论。访谈录音稿整理好以后经徐先生审定就以《"字本位"问题的新认识》为题,先在《中国海洋大学学报》(2004年3月18日和25日)全文发表,之后就选列为《汉语结构的基本原理——字本位和语言研究》的附录2,徐先生把标题改成了《从语言学的中西、古今结合中探索语言理论研究的途径》。第三件事就是筹划了"全国首届汉语字本位理论专题研讨会"。在参加学会、研讨会和选编论文集等活动中我深深地感到:学科、学派的发展要靠领袖与骨干善于集中大家的智慧来推动。我提出协助徐先生召开研讨会的建议,但他怕麻烦我们,好像还担心什么,颇有些顾虑,一直到课程结束前才明确表示同意。我记得2003年11月24日徐先生受聘我校客座教授仪式之后,我们就决定要有充分准备地于2004年末在青岛召开全国首届字本位研讨会，我院由孟华具体协助徐先生作好论文征集与阅稿工作，会务与经费全由我院负责。会议宗旨定为：深入研讨，检阅力量，推动发展。在给徐先生送行的餐桌上我用开玩笑的口气说："徐先生，少数派不可怕，科学真理不总是先在少数人手里吗。星星之火，可以燎原哪。我们也得先来个农村包围城市，最后打进京城去。请你收下我这个66岁的老头兵，我跟你'闹革命'，跟定了。"徐先生听了会心地笑了，说我有点像傅斯年。根本不像！我没有那样的学问，只会做点组织联络工作，怎么能跟他比？！

我们和徐先生一起愉快地度过了三个多星期，实在令人难忘。其中有一件事让我今天回想起来既感动又内疚。我们安排文学院老师陪徐先生吃饭，只吃了几次他就告诉我，他要自己在学校餐厅就餐。我说你是老人，必须照顾好你。他在生活方面完全不像在学术上那样民主，显得很固执，怎么也说不服他，只好尊重他的意见。徐先生的淳朴忠厚与平易近人是一般学者做不到的，他时时处处为别人着想，最害怕麻烦别人，所以要自己去餐厅就餐。我们请他吃饭，他总推辞说大家都很忙。我去听课，他说我事多不必来。周末我去专家楼看他，他说我这么累应该在家休息。我从徐先生身上真正感受到了：真正的伟大是寓于平凡之中的。

经过近一年的准备，全国首届汉语字本位理论专题研讨会于2004年12月3—5日在我校召开。会前的两项准备工作徐先生很满意，一是征集的论文徐先生认为大部分很好，可保证会议的水平；二是赠送与会代表的两本书都已备齐，一本是徐先生为海大讲"名家课程"的教材《汉语结构的基本原理——字本位和语言研究》，另一本是收有徐先生文章的文集《英汉语言文化对比研究》(1995—2003)。会议除徐先生的开幕词和主题报告外，分字本位理论探讨、字本位与对外汉语教学、字本位与中文信息处理、字本位与中小学语文教育等四个专题,共安排了25人大会发言。依次发言的主要代表有潘文国、孟华、陈保亚、汪平、宋金兰、李娟、叶文曦、何丹、张德禄、吕必松、王若江、鲁川、亢世勇、戴汝潜等。我在开幕式和闭幕式上都发了言,讲了对字本位理论的看法和学习的心得,还提了三项建议:(1)大家回去修改论文,及时返回,好编辑出版论文集。(2)把这次青岛会作为字本位学术研讨会例会的开端,以后每两年或三年一次。(3)为推动发展,首先,除继续加强字本位理论研究外,还应加强应用研究,编写三个应用领域的教材;其次,应联络汉语、对外汉语、外语、中文信息处理等各界学人和海外对字本位感兴趣的学者,壮大队伍;第三,应用字本位理论审视《马氏文通》以来的汉语研究的历史,总结经验教训,重写中国语言学史,全面推动语言学理论建设。会后徐先生说这些建议都很好,我们要好好组织大家落实。

徐先生的主题报告《结构单位的重新分析和汉语语义语法研究》(收入《字本位理论与应用研究》时,依照它和全书的关系改为第一章的标题《字本位基础理论》)以更深广的视野,用中外古今对比的方法探索了语言学理论建设的有效途径。其程序是:(1)从理论上对西方历史语言学的"重新分析"(reanalysis)提出修改意见:不能只管线性组合,不管音义非线性关系;不能只涉及客观规则变化,不管主观认识深化;不能只对现象做随文注释,不做系统的理论思索。(2)拿汉语史上常用的"重新分析"与之对比,既验证了修改后的理论,又比出了两者的特点。(3)重要的一步是,其特点不能相互否定,而是通过比较去探索隐其背后的语言共性结构原理,使其都能得到统一的、有效的解释。(4)最重要的是提出理论创新成果。徐先生针对着眼于规则描写的旧语法概念,提出了着眼于生成方式的新语法概念:"理据载体组合为语言基本结构单位的构造规则"。同时还总结出生成方式的变化规律:昨日的结构单位转化为今日的理据载体;或者说,昨日的结构单位变成今日结构单位的一个构成成分。在此基础上徐先生提出了自己的理论化程度更高的"重新分析"的概念:"因生成方式的变化而对语言基本结构单位的构造规则进行再分析、再认识"。(5)徐先生告诫我们:生成方式的变化必然会引发语言结构规则的重大调整,因而需要对基本结构单位的性质、特点和构造规则进行一次重新分析,新的语言理论就会在这里产生。徐先生紧紧抓住这个"调节时空、联系古今、控制语言动态运转平衡的枢纽"的"字",用演绎的方法论证了它作为汉语基本结构单位的生成方式的发展的历史与规律。徐先生把这个历史分成三个时期,我用表格归纳如下:

基本结构单位	理据载体	生成方式	结构规则	感官选择	时空选择	研究重点	属性
1. 名	声、韵	声韵结合	音义关系	听觉	时间	音义关系	
2. ①字	形、声	以形释义	六书	视觉	空间	面形空间结构	语汇字法
3. 字	形、声	因声求义	音义结合	听觉	时间	音义结合规则	
4. ②字	字	序	字组结构规则	听觉	时间	字组结构规则	语汇句法

①字表示《说文》把汉语的基本结构单位从"名"转化为"字",其结构格局是1个字·1个音节·1个概念。

②字表示"白话文运动"把汉语的基本结构单位的生成方式由空间"形"转为时间"序",因此"字"的结构格局转为 n 个字·n 个音节·1个概念。

徐先生这篇宏文奠定了汉语语义语法的理论基础,回答了有关汉语研究的多个重大理论问题:(1)语言结构系统的"纲"是什么?(2)汉语是什么类型的语言?(3)汉语的基本结构单位是什么?

它有什么样的生成方式及发展规律？(4)何谓汉语的语义语法？其研究对象是什么？如何建立语义语法？(5)为什么说《说文解字》是汉语的语汇语法(字法)著作？(6)为什么《马氏文通》之后我们接受了西方的"语言中心主义"，而中断了我们的语言研究传统？其中的经验教训是什么？(7)为什么林语堂把我们小学的文字学、音韵学、训诂学对应于英语的语法（grammar）、语音（phonetics）、词汇（vocabulary）？(8)为什么汉语的最小语义单位是"字"，而英语的却是"句子"不是"词"？(9)汉语的语汇字法和语汇句法是什么关系？(10)如何用"重新分析"的方法发现汉语的发展规律？能在一篇一万多字的文章中回答前人从未回答过的这么多重大理论问题，这样的文章我还从未读过。徐先生的创造力让我为之崇敬，为之震惊！

大会期间我问徐先生会后有没有时间留下再讲授一次名家课程，还讲字本位理论。徐先生马上就答应了。会一结束我们就把他接到了我校的专家楼。2004年12月7日我去专家楼看他，主要想跟他商量这次讲课期间的生活和一些活动安排。我要求他服从我们的安排，他要求我给他更多的自由。最后在我强烈要求下徐先生才作了点让步，同意吃饭、上下课由我们的老师陪同，适时由我们的语言学老师陪同散步与游览。徐先生说大会开得还不错，我们定的宗旨实现了，为今后的发展打下了比较好的基础。大会前(11月7日)徐先生给我发邮件说过，山东教育出版社王韶松请他主编字本位丛书，要我帮他多出主意。他说开会忙没时间，现在想听听我的意见。我说编好这套丛书就是最有效地推动发展。先要组织好编委会，编委从大会发言者中挑选就行，有研究理论的，又有研究对外汉语教学、中文信息处理、中小学语文教育的，还有研究方言与文字的，既有理论又有应用，既有代表性又有一定的权威性。有了编委会就开选题会，制定写作与审稿计划。另外早发征文通知，等这套丛书出版时就开第二次全国研讨会。徐先生说这么一议论心中就比较有数了。我要离开他房间时，他送我一本刚出版的《汉语研究方法论初探》，扉页上写着"自俭兄斧正　徐通锵 2004.12.6"。

徐先生这次讲课还在那个大教室，每次依然是座无虚席，他被师生学习的热情鼓舞着，讲得更加精彩。这本教材已经很系统，但徐先生讲课还是作了不少补充。他感觉教材中对语言和文字的关系问题讲得不够，为此写了一篇长达1.8万字的专文《语言与文字的关系新探》，给学生作了专题讲解。为解决学生学习中的疑难，徐先生还安排了两次答疑活动，换了更大的教室，参加者比听课的人还多，徐先生启发大家参与讨论，气氛非常热烈。最后那次在A区301教室，徐先生回答问题的那种从容、熟练、准确，那知识的渊博和话语的启迪性，师生发问时的那种热情、渴望和对知识的追求都永远地留在了我的记忆里，使我终生难忘。

徐先生授课中间的那个周末我和孟华、黄亚平两位语言学教授陪同徐先生游览了崂山。我们看了山，看了海，还看了华严寺与下清宫，吃了活鱼活虾，还吃了山菜与山鸡，除此之外，我们就是向徐先生请教了好多有关字本位的问题。回来的车上徐先生大有感慨地说："'老九'真不大会游山玩水，走到哪里也忘不了讨论学问。'文化大革命'在五七干校吕叔湘先生还劝大家读书为研究作准备。"另一个周末青岛语言学会会长李行杰在海滨饭店请徐先生吃饭，我陪他前往。席间我们给徐先生劝酒，徐先生问谁见过张三喝酒李四醉？大家感到很奇怪，就催他讲，于是他就讲了别人喝酒他醉的故事。课余孟华、黄亚平曾陪徐先生多次到海滨或校园散步，也曾陪徐先生爬过学校后面的浮山。课程结束后，徐先生要回北京，在送行的餐桌上徐先生很动情地说："我有幸晚年结识了你们，心里很快慰。两次来海洋大学，住了50多天，跟大家一起上课，一起开会，一起讨论字本位问题，打心眼里高兴。感谢你们给我这个机会，谢谢你们对我的照顾。"大家都为徐先生的真情所感动，我们都在心灵深处永远地感谢徐先生晚年给海大作出的重大贡献。

徐先生从1960到2006年写出和出版著作9部，有教材、文集和专著，其中8部是1990年后完成的；共写出和发表学术论文74篇，1960—1990年发表29篇，主要是研究历史语言学的论文，其中10篇刊于《中国语文》，7篇刊于《语文研究》。1990—2006年发表45篇，主要是研究字本位的论文，其中零篇刊于《中国语文》，6篇刊于《语文研究》。此外发表徐先生重要文章的还有《世界汉语教学》、《语言教学与研究》、《语言文字应用》和《语言研究》等，由此可知徐先生的主要学术成就都是60岁以后完成的，足见他晚年治学更是勤勉惊人，创造力惊人！

徐先生的足迹永远地留在了海大的校园里，徐先生的高尚品德、崇高的境界、严谨的学风、精湛的学问和大师的风范都永远地留在了海大师生的心中。

2005年4月1—2日在济南东方大厦徐先生主持召开了第一次"汉语字本位研究丛书"编委会，讨论了学术背景、理论建设、应用研究等问题，落实了第一辑选题(8本)与写作计划，跟出版社签了合同。大家一致建议徐先生先写一篇有分量的总序，先期发表，告知天下。徐先生很快就把总序写好发给大家征求意见，他修改定稿后先送给《语言文字应用》，因为一直没反馈消息，就送给了《语言教学与研究》，该刊有慧眼，很快就以《"字本位"和语言研究》为题刊登在该刊的 2005 年第 6 期。徐先生自己买了多本，送我们人手一册。济南会以后，徐先生完成了总序就开始写他的《汉语字本位语法导论》。我忙于审读、编辑《字本位理论与应用研究》，对我来说编辑过程就是学习字本位的过程，遇到问题我就请教徐先生，他有问必答，给了我很多教诲。比如 2006 年 7 月 13 日徐先生在一个邮件中就回答了有关"语汇、字组、语汇字法、语汇句法、语义语法"方面的六个问题。从济南会到 2006 年 10 月 14 日，这期间徐先生给大家发了许多邮件，主要是讨论开拓选题、切磋字本位理论、通报与督促进度、商量审稿会与全国会事宜等。他以身作则，提前两月完成了初稿，经两个月修改，准时交了 30 万字的书稿。现在大家在传阅徐先生最后的这本遗著，凡看过者无不怀着更加敬佩的心情惊叹这部大作用"方法论"、"结构论"与"表达论"的系统展现了徐先生一生，尤其最后 16 年研究中国语言学的最高成就。无论是在理论的系统性、深刻性和方法论的深广程度上，还是在微观与宏观的结合以及对中外传统的继承与超越上都不但超过了自己，而且超过了我们的前辈语言学家。

  徐先生还给我个人发过好多邮件，很可惜我只保存下 11 封，近日调出来重读，心里十分难过，从邮件中我深深感到我辜负了徐先生诚挚的心愿。他希望"丛书"中有我编写的一本《字本位和对比语言学》。这件事我记得徐先生口头动员我至少有三次。一次是 2004 年 12 月 7 日在我校专家楼他的房间；再一次是在济南会上；还有一次就是 2006 年 9 月 21 日下午在高教出版社的金马宾馆我住的房间，也是我最后一次聆听徐先生教诲，怎么也没想到这次见面竟成了诀别。在徐先生给我和大家的邮件中有三封表达了他这个殷切希望。2004 年 11 月 7 日对我说："选题我还未考虑好，但应有一个汉外语对比研究的题目。先生承担此选题,怎么样?请考虑。"2006年2月11日对我说:"今天刚刚拜读您给文国兄新著(即《对比语言学:历史与哲学思考》)写的序,深为佩服,高瞻远瞩,开阔视野。'丛书'还缺一本《字本位和对比语言学》,原请您承担,因您行政事务繁忙,暂缺。现在,您有条件写这本论著了,希望能满足大家的愿望。怎样?如蒙同意,我即与王韶松联系。"同年2月25日对大家说:"《字本位和对比语言学》一书尚无人承担,自俭先生说没时间和精力,文国先生又已承担《字本位和哲学语言学》,还有没有合适的人选?自俭先生联系广泛,能否找一个志同道合的助手完成之?实在不行,只能暂缺,不过这太遗憾了。"我退休前以行政事务繁忙为由,退休后以先做积压之事还债为由而谢绝了徐先生的期待,没想到让他如此着急、无奈与伤心,现在想来这实在是我的罪过,无论有什么困难,我当时都应该先答应下来,慢慢做就是了,而不应让他失望与伤心。今天我深怀沉重的负罪之情对徐先生说:"我一定在'丛书'第2辑写出这本书,以告慰您在天之灵!"

徐先生的一生是光辉的一生、伟大的一生。他是当之无愧的当代中国语言学大师,因为他在中国历史语言学的理论开创与系统建设、在汉语字本位理论和语义语法体系的创建以及在以比较与结合为中心的新方法论的系统创建等方面都立下了不朽的历史功勋,作出了前无古人的贡献,显著地超越了我们的前辈语言学家。徐先生的伟大在于他作出了划时代的贡献,他的成就标志着中国语言学走上了一个真正走向世界的新的历史时期。

徐先生之所以能取得这样辉煌的成就,取决于他崇高的精神境界和对学术的不懈追求,取决于他创建的语言研究的新的治学之道,其内涵我认为主要包含:(1)以创造与超越为目标。只有创造才能超越前人,要超越前人首先要超越自己。(2)勇于否定自己。这是我国学界第一难题。一般人是有了成就自己守住,自己不动,也不准别人动。徐先生用最后 16 年的研究毅然否定了前半生的成就。这是中国学界很少有人能做到的,因此我们只能说徐先生的精神境界崇高。(3)最高追求是建设系统的理论。这是中国学界第二难题。在对待理论和语料的关系上徐先生改变了过去两种错误做法,既不是用外国理论解释汉语,也不是以"务实"为方针停留在对语料就事论事的分析上,满足于把点滴的"看法"当成理论,而是用先进的理论与方法去审视语料,通过对语料的分析,提出新的或改造旧的范畴与命题,再用演绎法去验证与扩展其普遍性,而后由点到面研究与构建分级的范畴系统,使理论逐步系统化。(4)比较加结合的方法论。这是中国学界第三难题。中西医结合,西医将要吃掉中医;中外文论结合,中国文论几乎失去了自己的学术话语;中西哲学结合,结果有人说中国没有哲学;中西语言学结合,西为共性,中为特性,百余年我们"跟着转"。徐先生探讨了多层面多角度的比较与结合问题,实践并总结出包括微观、中观、宏观等多层次的一系列有效的研究方法,解决了吕叔湘先生他们一代语言学家都为之发愁的"结合谈何容易"的重大难题。请看徐先生(2005)在"汉语字本位研究丛书"总序中对"结合"的精辟阐述:"结合应该是学术思想的相互渗透,从不同传统中吸取自己所欠缺的理论和方法,融会贯通,从中找出驾驭不同传统的语言共性结构原理,建立新的理论,既能解释不同传统的异同的成因,又能开创新的研究前景,推进语言学的发展,犹如希腊－罗马传统与印度传统的结合催生历史比较语言学那样。所以,结合是一种更高层次的理论创新,汉语研究没有因西学东渐而实现这样一种理论创新,说明中国现代语言学还没有找到汉语研究传统和印欧语研究传统相结合的正确途径。"(5)笃信"吾爱吾师,吾更爱真理"。中国的老师不大喜欢学生超越自己,中国的学生想但没有足够勇气超越老师。这也是中国一个落后的传统。徐先生在实践中打破了这个传统,读他的文章和书你不可能不感到他对前辈学者、对自己的老师(比如对高名凯与朱德熙等)都做到了既十分尊敬他们,充分地肯定他们的贡献,虚心学习他们的优点,又能看清他们在治学方法与研究课题等方面的弱点与缺陷,采取避免与超越的办法处之。对学生,他上课鼓励学生发问,参与讨论;他写文章写书,发动学生挑错误,提意见。(6)积极并善于从自然科学和其他学科中吸取营养。徐先生一贯重视这个问题,他常用"科学思潮和语言学的发展"一类的小标题来阐释科学的进步对语言学的影响。在《语言学是什么》第7章,徐先生以"科学思潮的更替和语言学的发展"为第2节的标题,讲述了历史比较语言学(谱系树说与波浪说)、索绪尔的语言系统论和拉波夫语言变异理论等如何接受了生物学进化论、物种变异、量子论、新三论(耗散结构论、协同论、突变论)等科学思潮的影响。还引用了普里戈金的原话来说明科学研究要改变"拆零"的方法,要"把研究对象从理想状态转为实际状态"。在《汉语字本位语法导论》的"绪论"中,徐先生专列了一节"科学思潮的发展和语言理论研究"来讨论科学思潮和语言研究的关系。他最后说:"仅仅一个世纪,语言学紧随科学思潮的发展,对语言特点的认识就经历了几个重要的发展阶段。随着社会的发展,如何深化语言特点的认识?如何使语言学的发展与科学思潮同步?如何使语言研究的成果易于和便于为其他学科所接受、所运用?等等,都将会对语言研究提出新的要求。"徐先生创建的这个新的治学之道绝不止这六条,这仅仅是我个人的粗浅认识,提出来希望大家研究与继承徐先生的学术遗产,以促进我们语言学队伍的建设,更有效地推动我国语言学的发展。

徐先生永远活在我们心中!徐先生的精神永垂不朽!

(杨自俭:中国海洋大学教授、中国英汉语比较研究会会长)

先生已逝,理论犹新

宋金兰

20世纪90年代初徐通锵先生提出了"字本位"理论,第一次明确把字作为汉语的基本语言结构单位,以字作为汉语研究的立足点。"字本位"理论指出:字在整个汉语系统中处在枢纽的位置上,字是汉语里最基本、最核心的单位,它构成了汉语特有的生成功能和自组织功能,也造就了汉语与印欧语迥然有别的语言品质。"字本位"理论是自《马氏文通》将西方语言学理论引入国门以来,由中国本土语言学家提出的第一个系统的原创性语言学理论。"字本位"理论与时下流行的西方语言学理论大不相同,它突破了禁锢汉语研究近百年之久的条条框框,为人们提供了一种新的汉语研究思路。一种崭新理论诞生的基本标志,就是重新开辟一条研究路向,从而推动某一领域研究的发展。

"字本位"理论的提出在语言学界一石激起千层浪,赞成者有之,怀疑者、反对者更是大有人在。在当今中国学术界,"字本位"理论的意义不仅在于这种理论本身的独特价值,更在于它所体现出来的理论创新意识、学术超越精神。众所周知,做任何事情,守成简便易行,创新则难乎其难。社会心理学家曾做过一个试验:在集会时先让人们自由选择座位,之后到室外休息片刻再进入室内入座,如此五至六次,结果发现大多数人都选择他们第一次坐过的位子。这个试验表明,人们一旦认定了某种东西,大都不愿轻易改变它。这种定位效应,加之国人根深蒂固的传统意识——墨守成规,反映在学术研究领域里,便是对一种习以为常的理论、方法几十年甚至上百年地信奉不移,全盘接受,本能地排斥、反对一切试图对该理论、方法进行变革的作为,更不允许用某种新理论、新方法取而代之。而西方人特别是现代西方人的理念恰恰相反,在他们看来,任何一种学说、理论无论影响有多大,地位有多高,一旦形成,即成为历史。学术研究贵在求新求变、超越历史。我国学术界目前最缺乏的正是这种创新意识、超越精神。"字本位"理论的问世,无疑在当今中国学术界竖起了一面难能可贵的创新旗帜。

从认识论的角度看,人们关于语言的认知总是与自己的母语及所熟悉的语言密切相关,对母语的语感和经验是研究具体语言和普通语言学必不可少的语境。人们对语言的认识开始时总是个别的,而不是普通的。而了解语言共性的最好方法就是对一种语言,首先是对母语作详尽深入的研究。西方语言学的理论、范畴、方法乃至术语都源自西方人对自己母语及印欧语系语言的认识和体验。有怎样的语言特点,就会产生怎样的语言研究理念和研究方法。语言结构的差异决定着语言研究理念及方法的差异,这种差异必然会通过不同的语言理论反映出来。汉语和以英语为代表的印欧语言是类型上存在显著差异的语言,前者属语义型语言,重语义、重比喻类推;后者属语法型语言,重语法、重逻辑推理。因此,建立在印欧语言基础之上的西方语言学理论对汉语研究不可能完全恰如其分,也难以解决汉语研究的根本问题。诚然,西方语言学理论有许多值得我们认真学习之处,但是,这种学习同样也存在着一个"本土化"的问题。所谓"本土化",就是关注并立足于对汉语自身的认识和经验,把所有外来的语言学的理论和方法建立在这一认识和经验的基础之上。中国语言学要想取得长足的进步,就需要从根本上改变长期以来一直跟着西方语言学后面转的被动局面。为达此目的,就必须在语言学理论上、方法上实现"本土化"。"字本位"理论的问世,标志着当代中国语言学家的"本土语言学"转向,这一点意义十分重大。"字本位"理论用对汉语的本土认识、经验来质疑、评判西方语言学的"普适性真理",辨识出了其"地域性"及其所隐含的学理前提。对汉语性质及其特点的突出强调和清醒把握是"字本位"理论的灵魂之所在。"字本位"理论提醒人们:汉语或许并不像近一百年来我们依照西方语言学理论所描述的那副面孔,而可能完全是另外一种样子,汉语研究应当且完全可以采用一种不同于印欧语言研究的理念和方法。

"字本位"理论作为一种创新性理论,并非空中楼阁式的无本之说。这一理论既充分汲取了当代西方语言学理论的雨露,更深深植根于中国传统语言学的厚土之中。世界上最早的语言学研究有三个中心:中国、印度和希腊,这三个中心各具特点。以汉字及其所记载的汉语书面语为主要研究对象的中国传统语言学,有别于以表音文字所记录的印欧语系语言为研究对象的西方语言学研究,它是在与西方语言学没有实际借鉴与影响的情况下独立产生和发展起来的,具有自己的鲜明特色和深厚传统,在世界语言学史上独树一帜。近百年来中国的语言研究者之所以迟迟没有建立起一套属于自己的语言学理论、方法和话语体系,其中一个十分重要的原因就是放弃了拥有两千多年历史的汉语语言学传统,而失去了传统的支持,也就丧失了建立现代汉语语言学理论的根基。"字本位"理论作为一种本土化的原创性理论,其生长点正是源自中国的传统语言学。如果我们把"本位"理解为语言研究的出发点的话,传统语言学研究便可以说是一种"字本位"的研究。传统语言学,古人称之为"小学",其所属的三个门类:文字学、音韵学和训诂学基本上都属于以字为本位的研究。文字学以字形为研究对象,音韵学以字音为研究对象,而训诂学则是以字义为重心的综合研究。显而易见,字在传统语言学中无疑占据着极其重要的地位。

或许有人会提出质疑,既然传统语言学就是以字为本位的,"字本位"理论何创新之有?事实上任何真正意义上的创新只有在继承的前提下才有可能,继承是创新过程中必不可少的步骤。"字本位"理论自然也不会例外。君不见,20世纪以来西方不断翻新的语言学理论几乎都是对古希腊语言学传统的继承和发展。西方学者虽然崇尚创新,但是他们从来都不曾漠视、更没有抛弃传统,反而特别注重从传统中吸取营养。最原始的问题往往也是最根本、最重要的问题,原始的问题在经过漫长历史的沉淀、蜕变之后有可能成为最前卫的问题,这在中外学术史上颇不乏见。字的问题,作为中国传统语言学中的一个古老、朴素的问题,在"字本位"理论中已然成为了一个崭新、精致的问题。从表面上看,"字本位"理论似乎重新回到了中国传统语言学的起点,但这绝不是对传统的一种简单回归或延伸。"字本位"理论是对字的重新发现和反思,对字的研究达到了一个前人从未抵达的深度和高度,具有了全新的、不同于古代语言学研究的当代形态。"字本位"理论的创建过程是一个继承与批判、肯定与否定、认同与超越的双重过程。因此,"字本位"理论作为一种创新性的语言学理论是当之无愧的。

毋庸讳言,"字本位"理论目前尚不属于一种成熟的学说。它并没有为汉语研究提供尽善尽美的答案,甚至在某些方面尚未给出现成的答案,这一理论本身存在着这样或那样的缺陷,还有待进一步发展和完善。但是,"字本位"理论毕竟提出了汉语研究中的关键问题。在古今中外学术史上一些学者的重要地位就是靠提出问题来奠定的,如西方古代的苏格拉底、柏拉图,近代的康德,他们在哲学史上的地位长期以来之所以难以撼动,主要在于他们提出了重大的问题,而并不在于他们对这些问题的解答是如何的登峰造极、无可挑剔。我们知道,在学术研究领域提出问题本身往往比解答问题更为重要。如果我们能从这一视角来评价徐通锵先生的"字本位"理论,便难以否认这一理论的重大意义和价值,便不难看出徐通锵先生对中国语言学作出了怎样的重要贡献。

"字本位"理论的提出,不仅将会引发汉语研究领域里的一场深刻的变革,而且对语言学之外的其他人文学科在创建本土化的理论方面,同样具有重要的方法论意义。进入20世纪之后世界上相继产生了索绪尔的结构主义语言学、乔姆斯基的转换生成语法理论,等等,这一系列研究成果使人们对语言及语言学的认识发生了重大改变,认识到语言学是一门领先的学科,语言学对于人文学科的意义相当于数学对于自然科学的意义。语言学的研究方法几乎被推广到了人文学科的各个领域,在一定程度上担当起了人文学科方法论的角色。20世纪末在对21世纪的学术潮流和发展趋势作前瞻性估计和预测时,不少学者认为:全球化的时代正在到来,为了透彻地理解中西语言世界观、中西文化的异质性和二者的对接点,着眼于语言大约是一个最理想的观察窗口。当今国内人文学科领域里提出的各种理论、学说是否符合学科本土化的发展方向,在很大程度上是由其对汉语世界观的正确把握所决定的,而这一点又取决于对汉语语言特点的认识。"字本位"理论的核心正是对汉语语言特点的探究，直接涉及东西方语言世界观的深层差异。因此，这一理论同样可以为非语言学学科的本土化理论建设提供重要的启示和借鉴。

徐通锵先生作为成就斐然的著名语言学家，在其晚年功成名就之后，宁愿舍弃自己早已驾轻就熟的西方语言学理论的路向，勇于挑战自己在数十年研究生涯中形成的思维惯性，冒着被主流学术界拒斥，甚至可能成为众矢之的风险，毅然选择了一条荆棘丛生的汉语语言学理论的探索之旅。"不畏浮云遮望眼，只缘身在最高层。"徐先生的这一选择充分显示了他高尚、纯粹的学品和人品，这种为了追求真理全然抛开个人得失的学术境界，这种敢为天下先的见识、勇气，令每一位具有学术良知的人肃然起敬，也成为我们反省自身学术品质的一面镜子。

徐通锵先生在提出"字本位"理论之后的十多年里，始终坚守自己的学术目标，一刻也没停止或放慢过求索的脚步。他一直孜孜不倦、殚精竭虑地在对"字本位"理论加以修正、丰富和完善。先生在得知自己身患绝症、来日无多时，不以死生易其志，临终前仍念念不忘"字本位"理论的未竟事业。如今先生怀着壮志未酬的遗憾驾鹤西去，他把自己用全部心血浇灌的"字本位"理论之树留在了祖国大地上。我们相信，"字本位"理论所具有的重大意义和学术价值，必将随着这一理论的日益枝繁叶茂而逐渐显现出来。

当今人类社会进入了一个史无前例的大接触、大融合的时代，在这种"全球化"的过程中，我们语言研究者要有"和而不同"的文化自觉，立足本土，放眼世界。语言研究从来就没有单一的模式，语言研究的理论、方法总会因具体语言的差异而有所不同，各国的语言学家尽可以见仁见智，提出不同的理论和方法。汉语是当今世界使用人口最多的语言之一,汉语研究理应,而且完全可能为世界普通语言学作出自己的特殊贡献。在这方面徐通锵先生是一位卓越的先行者。鲁迅说得好:世上本没有路,走的人多了,就成了路。发展"字本位"理论、构建当代中国本土语言学之路漫漫其修远,有志者当像徐通锵先生那样,上下求索,生命不止,奋斗不息。

最后,我想摘引清代学者何绍基的诗句来表达对徐通锵先生的崇敬和缅怀之情:

> 万古贞风怀屈子,一江白月吊湘君。
> 香愈澹处偏成蜜,色到真时欲化云。
> 园榭秋光都占尽,故应冰雪有奇文。

(宋金兰:北京首都师范大学文学院教授)

徐通锵先生的字本位语言理论概述

李 娟

20世纪90年代以后，徐通锵先生以字本位思想为核心构建出研究汉语的一种综合的理论体系。这一理论的提出在中国语言学界引发许多讨论和争议。作为一种新的理论体系，字本位理论自身还存在不完善之处，其理论视角的价值和局限性都可以讨论。但是，无论是赞同还是反对，了解它的基本思想，理解它的研究立意和取向，都应该是基本的前提。为此，我们对徐先生这一理论的产生和发展做一个大致的梳理，力求客观地对徐先生的字本位理论做一个概述。

徐先生一贯主张语言理论研究与汉语事实的结合，主张中国传统语言学成果与现代语言研究的结合，字本位理论研究是徐先生这一思想在汉语整体研究中的又一自觉实践。

徐先生字本位思想的形成，是以他前期历史语言学研究中对语言结构性质的思索为基础的。他早期的历史语言学研究已突破了同质的、静态的、封闭的、线性的语言观念，而这些都是结构主义语言研究的基础。在1990年《中国语文》第1期发表的《结构的不平衡性和语言演变的原因》中，徐先生提出了"结构关联"的概念。他认为传统的组合关系和聚合关系是以语言的线性结构为基础的,无法解释各个不同层面之间的关系,如语音与语义、语音与语法等不同层面间的结构关系。"结构关联"这个概念可以摆脱这些方面的局限。在一个结构层面内部,或者各个结构层面之间,我们如果能够通过结构关联的分析而找到结构的不平衡性,那也就找到了探索语言演变因果关系的一条重要线索。该文还指出,音节和词的一对一的对应是汉语结构的重要特点,体现了语音和语法这两个结构层面的结构关联,是汉语演变中的一个"纲"。如变音的实质就是用"变"的方法实现汉语结构的自我调整,保持音节与词之间的一对一的平衡。在他这篇讨论语言历史演变机制的论文中,字本位的基本思想已现端倪。

带着新的语言观念,特别是结构关联的思想,反思汉语的语法研究,徐先生认为,以往研究的症结在于对于汉语结构关联的基础没有抓住,因此出现词类划分、词句关系和句子分析间的种种问题。1991年,发表于《语言教学与研究》第3期的《语义句法刍议》,就是着眼于语言结构关联的基础,重新比较汉语和印欧语的结构特征,提出了汉语语义句法研究的初步设想。

文章进一步指出,"结构关联的具体含义是:结构成分或结构子系统之间相互依存、相互制衡,彼此组成一种组织有序、协同配合的函数关系,使语言能根据交际的需要而自发地进行自我调整;或者说,结构关联是协调、支配语言各子系统之间的相互作用,使其最有效地完成交际功能的结构原理和原则,而与子系统的性质无关"。

徐先生认为,不同结构类型的语言,其结构基础的结构常数都是"1",其结构关联方式就体现在 $1 \times 1 = 1$ 这样一个结构格式中。结构格式体现了一种编码方式,一种音义关联方式。它是语言的一种结构格局,非常稳固。

英语等印欧语的结构基础是句子,其结构格式 1×1=1 表现为:1 个主语×1 个谓语=1 个句子。印欧语控制语言结构特点的常数"1"在句法层,词受制于句子,词类划分由句子控制,名词和动词是两大基本类别。以主语和谓语一致原则为基础构成基本的形态句法规则,是语法型语言。汉语的结构关联基点是词,其结构格式 1×1=1 表现为:1 个音节×1 个概念=1 个词,是语义型语言,突出语义句法。语言结构基础不同决定了它们语法规则的重大差异,需要用不同的理论、方法去描写。

这篇文章是徐先生最早包含字本位思想的论文,但当时还没有明确提出"字"为结构关联的基础,表述为音节与概念、词的关联。但"音节"是语音层面的单位,"词"是语法层面的单位,都是单层次的结构单位,作为结构关联的基本单位都不恰当,只有"字"具有跨层面的内涵。1992 年徐先生明确提出这一关联的枢纽就是字,即 1 个字·1 个概念·1 个音节。字作为语言结构关联的基础,应该成为汉语研究的立足点,这一思想是字本位理论的基点,在此后没有大的改变。

1992 年后,徐先生陆续发表了《"字"和汉语的句法结构》、《"字"和汉语研究的方法论》等多篇论文,深入阐述了字本位的思想。

1997 年,徐先生的论著《语言论——语义型语言的结构原理和研究方法》出版,该书是徐先生在这一时期字本位理论研究成果的集成,力求摆脱印欧语的眼光,以字为汉语结构的基点,对汉语的语音、语汇、句法做了全方位的研究,构建了汉语结构研究的理论体系。全书分五部分:绪论、一般原理、音韵、字和汉语的构辞法、语义句法。

绪论部分从历史的角度反思汉语研究的发展过程，特别是西学东渐后西方语言理论和汉语实际结合的过程，分析了其中得失，认为汉语音韵研究在接受西方理论的同时没有割裂汉语的研究传统，成效显著，而在语法研究中一方面传统的基础比较薄弱，另一方面印欧语的眼光影响了我们实事求是地研究汉语结构。要摆脱印欧语眼光的束缚，就应该立足于汉语的结构基点去吸收西方语言学理论中那些于我们有参考价值的理论和方法，这一结构基点就是"字"。

一般原理部分阐述了语言的基本性质和结构原理，比较了印欧系语言与汉语的结构的差异。提出语言是现实的编码体系，不同的语言结构类型缘于编码原则的不同，汉语的编码原则强调理据性，与语法型的印欧系语言相比，语言系统凸显音义关联的理据性。书中再次指出语言线性结构观念的局限，强调结构关联是动态语言系统的核心概念，是把握语言整体的关键。

音韵部分立足于结构关联的思想，从音系的结构原理出发，综合以往语言历史研究的成果，探讨了字的声韵调的演变规律。书中提出语音的易变性和音系结构格局的稳固性是支配语音演变的一条"纲"。不同音变形式有不同的音系结构基础，连续式音变就是与语言的线性结构相联系，而离散式音变与语言的非线性结构相联系，不同方言系统的竞争则产生叠置式音变。传统的历史比较法和内部拟测法都是立足于语言的线性，而线性体现出的是语言的表层形式，易发生变化。文白竞争是调节方言的演变速度，控制方言的演变方向的力量，使演变只能在音系结构格局所允许的范围内进行，使歧异的汉语方言始终保持统一的音系结构格局[1]。连续式音变和叠置式音变的竞争是汉语语音演变的一种重要机制。

字和汉语的构辞法部分探讨了字和汉语理据性编码机制的关系。徐先生认为"比类取象"和"援物比类"是基本的语义编码原则，体现为1个字义＝1个义类×1个义象。汉字的构形是探求字的理据性的重要线索，以"声"为义类而形成的字组为向心字族，字义间彼此具有相似性，以"形"为义类而形成的字组为离心字族，字义间彼此具有相关性。向心和离心成为把握字义的系统关联的两个维向。声训和右文说是立足于传统文字、文献材料对向心字族语义关联和语源的研究，《说文解字》是立足文字材料对离心字族语义关联和本义的探求。单字格局解体后，语义的编码原则并没有改变，义类、义象的交互关系转由双字承担，以往共居一体的义类、义象分离，采用不同单字表示。我们仍可从向心和离心两个维向考察构辞的语义关联，前字为象，后字为类，我们可以从纵横两个不同的角度观察同一语言现象。向心构辞法核心字居后，前字描写核心字的语义特征。离心构辞法核心字居前，后字衬托前字的语义功能。向心辞和离心辞前后两字均有相似、相关两种关系。相似关系的两个字意义同类或对立，同时功能相同，其先后顺序取决于平仄，如"追逐"、"朋友"、"城郭"、"饥馑"等，两字构成的辞的意义并不是两字意义的简单相加，而是意义更加概括、宽泛，是一种语义上的合二为一。向心构辞的相关关系中性状和方式是两种最重要的语义关系，前者如"斑马"、"野马"，后者如"出马"、"遛马"，语义指称上是自指。离心构辞的相关关系体现在核心义象驾驭统帅哪些义类，在意义上转指一种与核心字的意义相关的另一种意义[②]。书中还指出，四字格是由1分为2转为2分为4，编码原则不变。

语义句法部分以话题—说明为基本结构框架，提出了汉语语义句法中的基本语义范畴和形式标记,阐述了有定性范畴和句法结构的关系,以及汉语的两种基本句式自动式和使动式。汉语因其编码的语言范畴与概念范畴一致,因此句法上"因字而生句",具有开放性。话题与说明的关系仍是"比类取象"或"援物比类"的关系,特别是后者。"类"相当于说话的主题或话题,是陈述的对象,"物"相当于其他层次的"象",用以衬托说明"类"。为说明汉语的语义句法结构,书中提出了字、辞、块、读、句等语义句法单位,总结了汉语基本的语义范畴,包括"离散－连续"、"定量－变量"、"肯定－否定"、"有定－无定"等。话题位置上的结构单位具有统一的语义特征,都是离散、定指和定量的,即有定的。汉语许多特定的虚字的功能也可以纳入这个语义范畴体系做出统一的解释,如"的"是字块离散性的标志,有定性和离散性是"把"字句的两个重要特点。语序作为重要的形式在向心字块和离心字块中功能有所不同。在向心字块中,离心越近信息从无定转向有定,由一般转向个别,体现了新旧信息的相关性和字块结构的关系。在离心字块中,语序与时间的流向基本一致③。虚字可以改变语序。书中提出,有定性范畴是建立语言的语法结构的纲,与支配语法的运转、决定语句面貌的必不可少的语义特征相关。印欧系语言中有定性决定于谓语动词,汉语的有定性结构处于句首话题的位置或可以调整到句首话题的位置,否则就需要有特定的语法标记。自动和使动就是以句首位置的有定性话题为观察视角对句式作出的基本区分。

《语言论》构建了汉语字本位理论的完整体系,很具有原创性,但也存在一些表述上的纰漏,徐先生在后来的研究中对其中的许多观点有进一步阐述和发展。发表在1998年《语文研究》第3期的《说"字"》中指出,根据音义关联的基点确定的语言基本结构单位具有现成性、离散性或封闭性和语言社团的心理现实性三个特点。具有这些特点的单位，印欧语是词和句，汉语是字。字与词的一个重要区别是字以一个音节去关联一个意义，而词中的音节与意义无联系。这反映了不同语言社团语言感知单位、感知方式的差异，并由此形成语言感知单位、听觉单位和结构单位之间的相互关系的差异。印欧语的最小语音感知单位是音素，汉语的最小语音感知单位是声母和韵母。和汉语的音节相比，印欧语的音节缺乏内聚力和离散性的特点，外接的拼合能力却很强，因为它不是表意的语音单位，语义对它没有强制性的制约作用。文章还指出，汉字适合汉语的结构特点，"形、音、义"三位一体的"形"可以成为音义关联研究的重要线索。文章还进一步阐述了音义的相互转化和字的生成机制，指出字的生成和运转经过了大致三个阶段。1. 音义一体时期，文字上体现为象形、指事、会意等为特点的书写形式；2. 音、义相互转化时期，文字表现形式是形声字；3. 字组形成时期，理据性向线性的方向转移。相关问题在此后发表的《"字"和汉语语义句法的生成机制》(1999)、《编码机制的调整和汉语语汇系统的发展》(2001)等一系列文章中有更进一步的论述。

2005年出版的《汉语结构基本原理——字本位和语言研究》在以往字本位理论的基础上又有进一步发展。主要表现在四个方面：

1. 强调汉字和汉语的特有的密切关联和字的形音义三位一体。论著提出汉语书面语的规范化不断巩固和加强"文"的地位和作用，并以此来控制和影响"语"的演变，使其不能超越与"书同文"相对应的汉语结构格局所能控制的范围，前文提到的文白异读现象，就体现了"文"对"语"的演变的影响。三位一体的结构单位使语言的各个层面黏结在一起，呈现出高度的综合性，字形中蕴含着丰富的汉语结构信息,对字的研究是对汉语语音、语义、语汇、语法的综合性研究。

2. 强调语汇研究和语法语用研究的结合,以字为基础研究汉语语汇的生成。论著提出以核心字为基础生成字组是汉语语汇生成的基本途径,而根据此途径形成的生成模式对借字等原无意义的音节进行字化的改造,则是丰富汉语语汇的一条重要途径。

3. 提出字的语法化的"阶"的思想,更系统地揭示出字与其他各层次的结构单位的关联。字的特点是以语义为核心,它的线性组合是编码机制的调整带来的语汇化过程,是组字代替造字,也是字实现语法化的第一步④。字块是两个不同的概念通过联结的标记而成为表达一个概念的单位,这种联结标记是虚字。这比字组的语法化上了一个台阶,称为次阶。高于字块的结构层次是读,高于读的是句,读和句也可分别称为形句和意句。这一层级的结构单位与字、字组和字块相比,不仅仅是客观的结构单位,而且有说话人的主观因素参与和渗入语句的结构,对所陈述的事件表现出他的主观感情、态度和意向,语气字是重要的表达标记,这是语法化的末阶。三个语法化的阶,使字组、块、读各级单位都能发挥语法的潜能,为"因字而生句"架设过渡的桥梁,随着"阶"的提升,所借助的另一个字的字义的虚化程度也就越高,呈现出语法化的阶与字义虚实的正比关系。

4. 强调语法结构与思维方式的联系。认为汉语社团"比类取象"、"援物比类"是隐喻的思维方式,与印欧语的推理式思维有很大差异。思维方式的差异与不同类型的语法结构相联系。思维方式的差异根植于语言结构的差异,而由此形成的思维理论则又成为语法研究的方法论基础。

总体上看,《原理》一书已显现出徐先生对汉语研究的思考更为深广。在以往的研究中,徐先生强调"字"作为汉语最小的结构单位,具有"1个音节·1个概念·1个字"这样的特征,是汉语不同层面结构关联的基础,但在《原理》一书中,"字"的文字属性也纳入"字"的概念内涵,强调汉语与汉字的密不可分的关系。传统的文字、音韵和训诂研究都属语言研究,今天的语言研究不应过于强调语言与文字的差异而忽略二者的相互依存。由此,徐先生对语法的定义也超越了狭义的"组词造句规则"之类的表述,而更具本原意义和概括性,认为语法是"基本结构单位的构造规则"。从这个意义讲,传统对汉字字形结构的研究也属于语法的部分,这与 grammar 最初的含义十分接近[5]。徐先生对汉语思维方式和汉语结构关系的探讨也让人看到语言研究具有的更深广的背景,每一理论体系背后隐含着复杂的哲学和文化的根源,我们在吸收和借鉴国外的理论时不可忽略,汉语研究也宜扩大视野,以更深入地挖掘汉语特点的本质。

2001年出版的《基础语言学教程》是徐先生立足于早期字本位理论体系编写的一部语言学概论性的教材。论著重申了《语言论》中关于语言基本结构单位性质的观念,分别从语言的共性和个性两个方面讨论了语言结构的基本原理,比较了汉语和印欧语的结构差异。2007年出版的《语言学是什么》也是一本语言学概论性的论著,其中反映了徐先生的字本位理论在后期的一些新的思想,在对语言学的学科性质和发展前景的探讨上更具宏观性。

2006年完成,即将出版的《汉语字本位语法导论》是徐先生字本位体系的最后总结,全书30多万字,分绪论和上、中、下三编,对字本位的基本理论与方法和汉语语法的基本结构规律作了系统的阐述。

论著在绪论中论述了语言特点的释取和语言理论研究的关系,提出要通过语言特点的研究追溯共性的结构原理,从不同语言间差异的比较中梳理语言共性的结构原理,同时需要不断地从科学发展的思潮中吸取相应的理论和方法,加深对汉语特点的认识,实现与国际的接轨。汉语的特点凝结于字,应以字的研究为基础吸收西方语言学和我国传统语言研究的一些立论精神,实现语言研究的中西、古今的两个结合。

上编"方法论",从语言的基本性质,语言与思维的关系,语言与文字的关系,以及语言结构单位的生成发展等几个方面,论述了语言理论的研究方法和汉语基本结构单位的性质和特征,以及其中隐含的共性结构原理。

文中再次从"语言是现实的编码体系"这一基本语言观念出发,对语言的结构进行了纵横两个方向的分析。纵向两层是语音和语义,音义之间的关系是一种非线性的结构。横向是语汇和语法,是语音和语义结合而生成语汇的结构单位和语法结构的规则。两种不同性质的结构分层纵横交错、相互制约,即语音、语义及其相互关系寄生于语汇和语法,而语汇和语法的规则也受制于语音、语义及其相互关系的特点。不同语言的结构差异和相互间所隐含的共性原理,无不包含于这纵横分层的相互关系中。这比以往结构关联的概念对语言结构的把握更为深入。

从纵向看,音义关联方式和语言基本结构单位的生成构成了不同语言结构的基本特征。文中着意强调音节与概念意义间的对应,将语言分为两种类型,即所谓单音节语和多音节语。

单音节语就是音节与独立表义的结构单位有强制性的联系,

汉语的"字"体现为 1 个字·1 个音节·1 个概念的一一对应，是"一个音节关联着一个概念的结构单位"，汉语是一种典型的单音节语。多音节语与此相反，音节不是表义的语音单位，与语言中任何有意义的结构单位都没有强制性的联系，如英语、俄语等印欧系语言都如此。

多音节语由于音节和独立的表义单位没有强制性的联系，因而需要通过音节的线性组合去寻找与意义的关联，生成语言的基本结构单位。词是多音节语的一个基本结构单位。词的结构是"1个词·n 个音节·1 个概念"。音节的线性组合和意义的关联标记，在印欧语中是重音，在阿尔泰语中是元音和谐。印欧语中词的意义不能独立，只有进入句的结构它才能表达具体的概念性意义。词和句的这种相互依存的关系使印欧语形成独特的"双轨制"的语法结构：词类和句子结构。

音节的音义关联方式的差异和不同语言音义关联基点的选择决定了语言基本结构单位的特点。基本结构单位是驾驭语言系统的枢纽。

从横向看，语汇和语法之间界限比较模糊，都是音义相结合的对现实的编码。语汇侧重于概念性结构单位的研究，语法侧重于语句的结构，重点研究语汇单位间的关系。语汇厚、语法薄的单音节语，它的基本结构单位的构造规则侧重语义成分的组配，称为语义语法；相反，那些语法厚、语汇薄的语言，它的基本结构单位的构造规则侧重于由词的形态变化相衔接的词和句的关系，重点考察语句的结构，称为语形语法。汉语的基本结构单位是字，属于语汇语法或语义语法的范畴；印欧语的基本结构单位是词和句，因而对它们的构造规则的研究就是印欧语的语法，属语形语法的范畴。

文中还谈到了语言理据性载体在不同语言中的差异是造成音义结构关联差异的根本原因。与意义相联系的语音感知单位称为理据载体，汉语属于成分理据，印欧语属于组合理据，有成分理据的语言一定有组合理据，而有组合理据的语言不一定有成分理据。这两种不同性质的理据载体使两种语言的语法向着不同的方向发展，形成彼此间的重大差异：以成分理据为基础的语言重语义，直接以理据为基础进行组合，形成语义语法和语义型语言，而只有组合理据的语言重形态，形成语形语法和形态型语言。不同语言思维方式的差异以及语言与文字的关系，与不同语言的编码机制是统一的。

论著还从理据载体入手，探讨了汉语结构单位的生成和发展的规律，指出了汉语理据载体的转移和生成方式的变化，它的基本发展趋向是：集语音、语义、语汇、语法于一身的综合性特点渐次减弱，而分析性特点渐次加强，其具体的表现就是"序"在汉语研究中的地位越来越突出、越重要。昨日的结构单位转化为今日的理据载体，即由低层理据载体组合而成的结构单位可以因语言的发展而成为高层结构单位的理据载体，而低层的理据载体则由此淡化，直至隐退。下面是徐先生著作中给出的汉语结构单位生成发展的示意图：

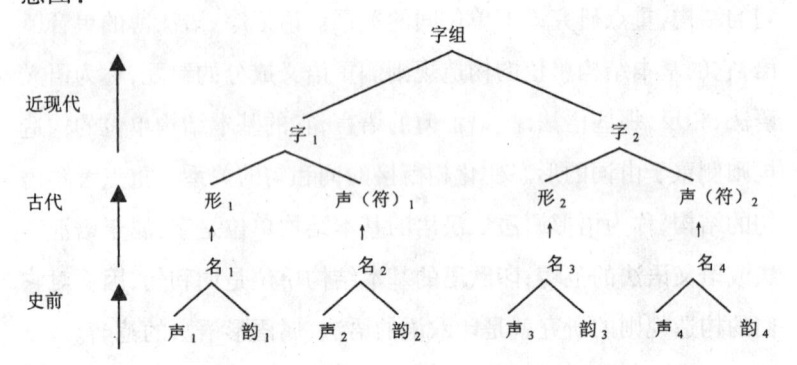

```
                          字组
                         ╱    ╲
近现代                  字₁      字₂
                       ╱  ╲    ╱  ╲
古代              形₁  声(符)₁  形₂  声(符)₂
                  ↑      ↑      ↑      ↑
                 名₁    名₂    名₃    名₄
史前            ╱  ╲  ╱  ╲  ╱  ╲  ╱  ╲
              声₁ 韵₁ 声₂ 韵₂ 声₃ 韵₃ 声₄ 韵₄
```

上图中的"名"体现在文字上指形声字之前的象形、指示、会意等字符,从语言单位字上讲其构成就是声韵。每一个时期不同枝杈上的两个理据载体的组合就能生成一个字。史前时期是声、韵或双声、叠韵的组合,古代时期在文字字形上体现为声(符)、形的组合,是名的非线性组合,近现代是字与字的组合。从史前汉语到现代汉语,汉语的理据载体经过了声韵、名、字等不同阶段,结构单位也经过了名、字、字组的演变,但字始终是处于基本结构单位的地位。重要的是不同时期结构单位构成成分具有共同的语义关联。

中编"结构论",从字组的生成和扩展的角度,对汉语的基本结构格式作了系统的阐释。论著认为,字组的生成隐含着基本的语法规则。每一个字作为生成字组的核心字,都具有两方面的特征,既可在字组中表义象又可表义类,这是其语义功能的二重性。这种二重性分别体现为核心字处于字组的前一位置还是后一位置,如果是核心字在前一位置,则生成离心字组,如果是核心字在后一位置,则生成向心字组,如果核心字重叠,则生成同心字组。这就是字组的基本生成模式。为此,作者提出序位和序素的概念。字组作为结构单位是由两个理据载体合成的,分别是前一位置和后一位置,这构成序位,而具体的成分可称为"序素",其深层语义结构就是"义象+义类"。同时,"位"是有层次的,即字组也可以作为"序素"进入某个序位,这样,序位就是使字、字组具有特定句法语义功能、实现语义功能二重性的结构位置。义类与义象的语义关系形成两种不同的类型。以"类"为核心,"象"起限定和修饰的作用,字组意义与义类呈上下位概念关系,生成"以前饰后"的限定关系;以"象"为核心,用类去衬托和展现"象"的特征,表达两个不同概念间的关系,生成"以前导后"的引导关系。前者是"后管前",后者是"前管后",如果义象=义类,则为并列关系。这样,字组的语义句法关系分三种:限定关系、引导关系和并列关系。

这样,字组结构分为三个层次:1. 深层概念性语义结构:"义象+义类";2. 句法语义结构:限定关系、引导关系和并列关系;3. 语汇的结构模式:向心、离心和同心。

下面是徐先生著作中对这三层结构的相互关系所作的图示:

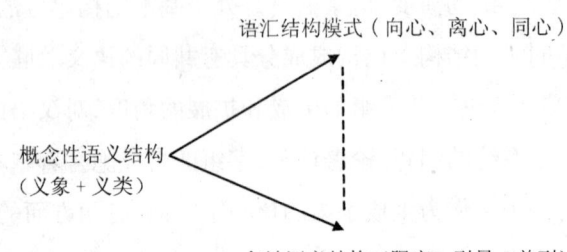

```
                   语汇结构模式(向心、离心、同心)
                  ↗
                 ╱
                ╱
概念性语义结构 ─┤
(义象+义类)    ╲
                ╲
                 ╲
                  ↘
                   句法语义结构(限定、引导、并列)
```

图中的箭头表示结构关系的投射。"义象+义类"是深层概念性语义结构,投射到语汇,生成向心、离心和同心的字组结构模式,投射到字组的句法语义结构,生成限定、引导和并列的结构关系。语汇结构模式和句法语义结构之间没有直接的联系,只有通过深层的概念性语义结构才能发生间接的联系。这三个层次的划分,使论著对字组结构的论述比以往更加明晰。

在此基础上,论著讨论了字的语法化和句法语义结构的关系。论著首先提出了字的语义分类,借助于能否受"不"修饰,区分出具有连续性质的动字、动辞和具有离散性质的名字、名辞,借助于能否受"很"修饰,区分出静态动辞和动态动辞。字的语义分类是"字"的语法化的初阶,这比此前对字的语法化初阶的界定要更明确。每一辞类都既可为义象,又可为义类。在以辞类为基础考察语义句法功能时,论著借鉴了"三品说",引入"辞品"的概念。字组结构中的名、动辞因受序位的制约而显现其特定句法语义功能的语法单位,可以名之为字品或辞品。辞类、序位和辞品的关系是,居于类序位的结构单位的辞品高于居于象序位的"品",处于受限定和受修饰的地位。但徐先生认为,辞品若离开限定关系的句法语义基础就不适用了。

在字组的基础上扩展,则生成各种句法语义结构。基本规则是:并列关系,向前向后都不能扩展,如"家家、写写、朋友";限定关系,可以向前扩展,如"(保护)人、(发言)人";引导关系,可以向后扩展,如"打(官腔)";向前向后都能扩展的结构转向表述,如"鸟飞、狗吠"。理论上字组的长度没有限制,可以递归。

比字组大的结构为字块,其组合性质不同于字组,讨论两个概念如何通过联结手段成为表达一个概念的结构单位,有联结标记。字块可以说是有标记的字组。标记源于实字的虚化,这是字的语法化的次阶,是对初阶名动分类的再分类。名字中分离出量字,动字中分离出副字和介字。其虚化的条件有语义和位置两个方面,共同的功能是连接两个不同的概念,使之生成字块,形式的标志是字序的固定化和黏附化。由此,论著统一地解释了虚字在限定结构中的作用,论著特别指出,按照介字的连接功能,应是介字结构在被修饰语后,古汉语是这样,但现代汉语不是这样,这与汉语基本句式的演变相关。汉语的基本句式是自动和使动,自动式符合汉语的时间顺序原则,从古至今没有大的变化,而使动式则不然,发生多种形式的演变。以往所谓的动补式、连谓(兼语)式、受事主语句、主谓谓语句以及介字离开联系项居中的位置等等句法现象,都与使动式的历史变异相关。如果追溯使动式变异的原因,又与两汉时期双音节辞盛行,组字代替造字相关。《导论》立足于汉语编码机制的基本原则,把汉语的基本句式结构和各种历史演变贯穿起来,作了统一的理论阐释。

论著的下编是"表达论"。徐先生认为,表达是对结构规则的运用,最大的特点是主观因素的参与,涉及"我"与语言结构规则的关系。结构与表达互相制约,形成语言的动态的结构。印欧语的句子(sentence)既是结构的单位,也是表达的单位,但汉语的句只是表达的句,不是结构的句,因而凸显了主观因素的参与,字和不同结构类型的字组都有可能在话语中实现小句化。

汉语的语义结构框架是义象＋义类,语句表达框架则是话题＋陈述。话题－陈述框架与主谓框架的主要区别在于,前者是意合,而后者是形合,前者话题是有定的,而后者主语可以是无定的,前者是开放的,而后者是封闭的。汉语的语句表达框架要借助于汉语语义范畴的标记,这些标记同样源于实字的虚化,这可称为字的语法化的末阶,典型的如语气字。人们借此实现语言表达的主观化,体现说话人对所述事件的主观感情、态度或意向。在这一编中,徐先生从说话者主观的爱憎褒贬、空间时间的表达诸方面,提出并探讨了汉语各种语义范畴及其性质。

在对－子、－儿、－头等单位性质的讨论中,徐先生指出了变音在实字虚化为语义范畴标记中的重要作用,指出变音是汉语语义范畴的一种表现形式,应以音节的音义关联为基础,统一考察变声、变韵、变调、轻声、合音、分音之类的变音现象。

在论述汉语时空表达中,徐先生认为,汉语时空表达中,"我"是静止的,空间和时间围绕"我"运动,如"未来"、"将来"、"过去"都体现了这一点。基于这样的视角,徐先生对许多汉语时空表述形式作了统一的解释,如空间表现为具体的名物,"内／外"、"前／后"、

"左/右"、"上/下"等与静态空间的表达相关,"来/去"、"进/出"等与动态空间的表达相关;又如,时与体的表达中,"着"体现了动态时间的静态化、"了"体现了永恒运动着的时间离散化、状态化等。

汉语的"±肯定"也是一对重要的语义范畴,因为它关联着语言结构的语义基础和主观的表达;它与字的语义性质有关,"±肯定"与结构单位的语义的"量"有密切的关系,小量与否定相联系,大量与肯定相联系。而这又与汉语话题的有生性和动词的自主性有联系,是说话者主观意愿和感情色彩的表达。

在论著的最后一个章节,徐先生再次强调,有定性范畴在所有语言的表达中都是重要的,处于语言结构中的核心地位,是联系语汇和语法的枢纽,它以语义的定指为基础,特指现实中一个具体的、可识别的实体(或一类实体)或某一种特定的时态,同时又以这样那样的方式联系着句中的各个结构成分,驾驭相关的语法规则,形成以有定性范畴为核心的语法体系;不同的语言由于其有定性范畴的表现方式不同,因而也就形成各具特点的语法体系。如果语言世界观的"主观性""片面性"体现为重空间,重"静"不重"动",那么其有定性范畴大致都集聚于名性字语;如果语言世界观是重时间,重"动"不重"静",那么其有定性范畴大致都集聚于动性字语,表现为动词的特定的"时",名词性结构成分的"±定指"往往也需要接受它的调整。汉语属于前者,而印欧语属于后者。

徐先生认为,不同语言都有各自的语言范畴,有其特定的表达标记,但在印欧语中是形态变化表示的语法范畴,体现在结构单位中,而在汉语中是各种虚字表示的语义范畴,具有说话者的主观因素,体现在表达中。对汉语结构与表达的区分,使徐先生以往就提出的语义语法思想得到了更清晰的阐释。

　　与此前的著述相比,徐先生的这部遗著是以字本位为基础专就汉语语法体系的论著。它运用不同类型语言对比的方法,从语言是音义关联的对现实的编码这一语言观念出发,以字的编码方式、字的语法化的三个阶为贯穿全书的线索,在横的方面打通了汉语语汇和语法的层面,纵向贯通了汉语的历时和共时,力求揭示汉语各层面语言现象背后的一般性的运作机制,以及在其中体现的语言的共性原理。论著在多处修改了以往的论述,包括一些概念术语的重新界定,同时也提出了许多新的研究理念,最突出的是理论框架的调整。从90年代初第一篇有关字本位理论的论文发表,到2006年完稿的最后的遗著《汉语字本位语法导论》,十几年中徐先生一直致力于这一理论的探索。他的字本位思想是不断发展变化的,要了解徐先生的观点需要清楚这一点。

　　字本位研究思路以字为汉语的基本结构单位,这是整个理论体系的最重要基础,但这并不是理论的全部。我们把徐先生字本位理论体系做一个简要的归纳总结,可初步概括为以下几个要点:

　　1. 语言是对现实的编码体系。编码机制是制约整个语言结构运作的根本,它取决于最基本的结构单位的音义关联方式。编码机制的差异造成不同语言类型的差异。

　　2. 编码中如何借助理据关联,是导致整个编码机制的根本,音义关联方式是其表现。这一原则导致在各层单位的结构构成中有的语言重语义关联,有的语言重语形关联。对于前者,研究中重要的是要揭示语义范畴的性质,对于后者,要归纳语法范畴的功能。

　　3. 语言的表层形式是容易发生演变的,但底层的编码原则是稳定的，要揭示这一底层的原则要把语言的历史和现状结合起来，作统一的解释，不宜割裂语言的共时和历时。

4. 不同性质的文字与有声语言间有不同的关联方式。文字不仅仅是对语言的记录，文字反映着语言的特性，还有对语言的反作用，在某些情况下影响语言的演变过程。

5. 从以上几方面看，字是汉语中最基本的结构单位，这一性质贯穿古今。汉字编码与汉语结构单位的编码模式有相当大的一致性，语义关联是编码原则的基础。字的编码原则延伸至字以上的结构。

6. 在汉语语法中，字无疑承担了语法功能，但无论是字类还是虚字都是以基本的语义属性起到结构关联的作用，与语形语法有所不同。

7. 汉语语法中各种语义范畴最终体现在表达中，与说话者的主观性不可分。其中有定范畴是最重要的，这一范畴在汉语和印欧语中的差异，正与前者句子的开放性和后者句子的封闭性相对应。语言编码机制的不同，最终在语言表达的实现中，表现出不同语言巨大的差异。

徐先生的字本位理论中，包含着对中西语言学史的梳理反思，对语言根本性质的重新思考，以及对语言学研究方法论的深入探讨，这是形成字本位研究思想的基础。从这一研究基点看，字本位理论更像是一套基于汉语的普通语言学理论体系，这种对揭示语言一般原理的自觉追求，尤其反映在徐先生后期的研究中。

通过以上概述我们已经能够感受到这一理论视野带给汉语研究的启示。这一理论对许多汉语语言现象的解释已经揭示出其间深层的内在的联系，许多以往不同的汉语研究成果得到有机的综合。相信这一理论体系对于中国的理论语言学的发展会有更深远的影响。

注　释

①在此后的研究中,徐先生对文白异读的产生还有进一步的解释,参见后文。

②关于字组内部的语义结构关系在此后的研究中有所发展,可参见后文。

③关于向心字块和离心字块的概念在后期由限定关系和引导关系取代,参见后文。

④关于"字的语法化的初阶"新的界定,参见后文。

⑤ Grammar 源于古希腊语 grammatikē, grámmata 是字母的意思,"语法"原意就是与书写和文字相关的,在最初侧重于形态学,也是就书面语中的词形变化所做的研究。

（李娟：北京大学中文系副教授）

深切怀念同窗好友徐通锵

郑芳怀

七　律
痛悼通锵老友

多年情谊不寻常，
噩耗惊传泪满裳。
奉化江边嫌聚短，
永宁桥下偕游忙。

未名湖畔研音韵，
谐趣园旁话沧桑。
堪痛音容成永诀，
长留挚爱在他乡。

我的同窗好友——著名语言学家徐通锵因病于去年11月25日仙逝。噩耗传来，令人不胜悲痛。

我与通锵是高中时期的同学。1949年秋,他考入宁波中学,我们一起学习和生活了三年,成为好朋友。他作风朴素,年龄稍长几岁,又是少白头,同学们都昵称他为"老头"。其实,他的性格是很开朗的。学习上他认真努力,尤其是语文方面成绩优异,显露出较高的天赋和驾驭文字的能力。我记得课余时间他曾以薄鸣和戈鸣为笔名在当地报刊上发表过散文、报道和诗作,在同学中崭露头角。1951年全国掀起抗美援朝、参军参干的热潮,他在《宁波日报》上发表了有关宁波中学开展活动的报道,在当地引起了较大的反响。他还擅长书法、篆刻。他为我刻制的玉石印章,我一直使用了几十年。我和他都活泼好动,课外活动时常常一起在操场上跑步、打球,夏天则在校园附近的小河里游泳嬉水。1951年的寒假,天气寒冷,他没有回家,我也留在学校住宿。一个寝室中只有我们两个人,我们一起谈心,共同勉励,度过了那个难忘的春节。那几年,他的家境比较困难,在家里有时只以土豆(洋山芋)作为主食。为了节省川资,每个假期他都徒步往返约200里回宁海县的老家,往往一走就是两天,有时甚至连夜赶路。我想,正是困难的家境培养了他一生学习和事业上的刻苦耐劳的精神。

　　1952年秋,他考入北京大学中文系,我则就读于哈尔滨工业大学土木系,失去联系十余年。十年动乱期间,我经多方打听得知,他从北大毕业后即留校任教,从此书信和来往不断。记得第一次去北大拜访他时,他尚未成家,住在集体宿舍。我俩同榻而眠,回忆和畅谈逝去的岁月、各自的经历及风风雨雨,不免感慨万千。

　　通锵在北大整整工作了五十年。半个世纪中,他认真教学,潜心研究,不苟名利和地位。他不仅桃李满天下,而且在理论语言学方面硕果累累。我常为有这样优秀的同窗好友感到自豪。上世纪80年代,我多次出差去北京,并去通锵的府上造访。他的老家在宁海,而宁海的方言与宁波的方言差别较大。为了研究宁波方言的发展与变化,他不厌其烦地、细致入微地与我探讨诸多宁波方言的发音,从而分析和掌握了宁波方言演变的规律,发表了著名的论文《百年来宁波音系的演变》。

通锵数十年来辛勤耕耘,开拓创新,留给我们和后人许多论著和佳作。他的自选集和《语言学纲要》等著作仍赫然兀立于我的案头。我们之间还常有诗文来往。下面抄录几首通锵写于上世纪70年代的诗作,以表缅怀之情。

七 律
宁中怀旧

日月飞逝廿五年,
思忆甬江滚硝烟。
疏散教学反轰炸,
垦荒工读战艰难。

抗美抗蒋波涛涌,
参军参干怒火燃。
献身埋葬反动派,
继承先烈革命班。

五 律
周恩来总理逝世一周年纪念

英明齐日月,
万世颂青松。

黑手污和璧，
黎民识恐龙。

狂飙震山岳，
烈焰焚孽凶。
乘胜歼顽敌，
追告不逝翁。

五　绝
读叶帅"攻关"

攻关意志坚，
突破何惧难。
扫除拦路虎，
跃入先进关。

去年10月17日晚上，突接通锵从家中给我打来的电话。他很平静地说："我是站在阎王殿门口给你打电话"，告知我他已患癌症，身体日趋虚弱。听到这个消息，如晴天霹雳，一时不知所措。记得这些年来通锵的身体状态一直很好，没有什么器质性病变，经常登香山以锻炼身体，70多岁了仍然拼搏在教学科研的第一线。谁能料到病魔竟如此残酷地袭击了这位毕生忠诚于教育事业的老知识分子！老天真是太无情了。几天后我又去电话问候时，他已经不能自理，神智也已不清。又过一个多月，传来他与世长辞的噩耗。从此，国家失去了一位杰出的语言学家，我失去了一位可敬可亲、留有无尽怀念的老朋友、老大哥。

通锵虽已驾鹤西去,但他的业绩,他的品格,他的音容笑貌,将永远留在人们的心里,刻印在我内心的深处!

(郑芳怀:大连理工大学土木水利学院教授)

怀念徐通锵　学习徐通锵

李志秀

通锵去世已经两个月了,悲痛和思念还时时涌上我的心头,一桩桩往事和他朴实的形象仍时时浮现在我的脑海。

我和通锵是宁波中学高中同学,但是不同一班级,他是秋季班,我是春季班。在宁中时,他学习勤奋,朴实,和同学相处得很好。他爱打篮球,会跳踢踏舞,会拉胡琴,学校搞文娱活动时,他常登台表演。他和我一样,都是从穷山沟里出来的孩子,身上都带有点土气。

1952年,当时新中国成立不久,国家需要大量的建设人才。我们春季班的学生也提前半年毕业,我和通锵同时考取北大中文系,一同从上海出发赴校报到,都是语文专业,同一个班,同窗共读有三年半的时间。通锵学习还是像中学时那样勤奋,爱好也和在中学时差不多。不过在学习兴趣上,我们两人有所不同。他比较喜欢语言学方面的课程,我比较喜欢理论方面的课程(包括文艺理论和政治理论),对现代文学也比较喜欢。

1956年2月,国家因高等学校发展很快,需要大批政治教师,高教部从全国综合大学中抽调了200名学生,保送到中国人民大学马列主义研究班去当研究生。北大中文系抽调了我和胡经之两人,胡经之学了半年以后,又要求调回北大当文艺理论研究生,毕业后留校任教。我继续留在人大学习。1957年暑假，又从人大提前半年毕业，被分配到西安建筑工程学院教党史，在西安工作了五年，1962年暑假调到宁波工作。徐通锵和王福堂，他们毕业后，都留在中文系，从事语言学的教学和研究。我和他们以及其他老同学，自从1957年分别以后，直到上世纪70年代，在这20多年中，联系都很少。

我和通锵来往比较多是在上个世纪80年代以后。当时我先后在宁波地委宣传部和宁波市委党校工作。我到中央党校开会、进修的时候，因为离北大比较近，每次都抽时间来看看他和北大的其他老同学。他也从80年代中期以后，利用出差开会或回家探望他老母经过宁波的机会，每次都要来看看我和宁波中学的其他老同学，有两次双方还在各人的家里住宿过。1985年，我的小女儿考取清华大学计算机系后，节假日常到他家里去玩。通锵工作虽忙，总要亲自掌勺为她做点好吃的招待她。后来，我的老伴、我的二女婿陪外甥到北京来旅游，他们也都来参观过北大。通锵都热情接待，陪同参观北大校园，拍照留念。来来往往不仅增进了我和通锵之间的友谊和了解，也增进了我们一家人和通锵之间的友谊和了解。1994年我的小女儿去美国读研究生，毕业后留在美国工作，每年春节她都要打电话来向他拜年。去年暑假，她带着儿子回国来探亲，住在清华老同学家里，专门去看望了他。我问她：徐伯伯情况怎样？身体好吗？她说，他还是老样子，身体还好。因为他儿子徐涛有孩子了，伯母帮助保姆带孙子去了。徐伯伯从星期一到星期五，一个人住在北大宿舍里，还在写书呢！双休日到儿子家去团聚，我听了很高兴。哪知到了去年12月初，我去看老房子，打开信箱，突然看到北大中文系给我寄来的徐通锵去世的讣告，当时我像听到晴天霹雳一样，顿时惊呆了，心里非常难过（因我在去年6月中旬搬迁新居后，通讯处和电话号码都变了，王福堂两次打电话给我都没接通，中文系发来的讣告也未能及时收到）。我的家人知道后也都感到震惊和悲痛。

在我和徐通锵的交往中，特别是最后20多年的交往中，我对他感受最深的有四点。

首先，就是他忠诚于党和人民的教育事业，对语言学理论和汉语教学与研究执著追求，锲而不舍，开拓进取，治学态度一丝不苟，十分严谨。

我最早看到他参与写作的一本著作是《语言学基础》。这本书是在当时教研室主任高名凯教授指导下，由包括徐通锵在内的8位青年教师主要执笔写成的，1959年由高等教育出版社出版，作为高等学校教材使用。我当时在西安，一边教党史，一边在学院为提高工农干部文化水平而开办的夜校教高中语文，所以买书也是既有政治方面的，也有文学、语言方面的。我看了这本书后，觉得比在北大听高先生的《语言学引论》课时有进一步提高。这本书对语言学的一些基本理论问题做了较为系统全面和深入的阐述。它反映了在高先生的领导下，北大语言学教研室青年教师们的长足进步，其中也有徐通锵的努力，可以说是青出于蓝而胜于蓝。此后的20多年中，由于和徐通锵的联系少，对他的教学和科研都不甚了了。

在最后的20多年里，我和他接触多了，了解也就多了一些。我常问起他的教学与科研情况。有一次，我问他：最近有何大作问世？他说，大作谈不上，小作有一点。有篇文章发表后，得到同行的好评，说它是空谷足音，起到了探路的作用。通锵是一个不爱张扬的人，他没有向我介绍是哪篇文章。

他给我印象最深的一次是1987年他来宁海老家探望老母,经过宁波时,为了对宁波方言做调查研究,特地在我家住了3天。他向我提了两点要求:一是要到天一阁去查阅《鄞县通志》;二是要我物色几个一直住在宁波市老三区(海曙区、江东区、江北区)的"老宁波"。我当时对他说,你的第一个要求好办,我家就住在天一阁旁边,不出百米之遥;第二个要求比较难办,要找从未离开过宁波的,还要一直住在一个区里的宁波人,这样的人不好找。因为一则像宁波这样一个经济、文化、交通比较发达的城市,从未离开过宁波,从未迁居过的人已经很少了;二则从我定居宁波以后,对海曙区的人相对比较熟悉,对江东区和江北区的人头就不大熟悉。我问他:难道宁波市三个区的语音还有不同吗?他说:是的。我很快明白了他的意图。他是要用历史与现实相结合,语言学的理论与宁波话的实践相结合,进行纵向和横向的分析比较,来研究宁波方言的发展与变化的规律。于是,我尽最大的努力来满足他的要求。先是陪他去天一阁,接待他的是洪可尧同志,正好他是我们在宁波中学读书时教过我们政治课的林建老师的女婿,他从参加工作以来,一直都在天一阁工作,对天一阁的藏书和文物了如指掌。这对通锵查阅天一阁的地方志提供了最大的方便,他所需要的有关资料,就委托洪可尧请人做了复印。接着,我约请了几个人,有的到我家来,有的他上门去,带了收录机,事先设计了一些字,请他们分别一个字一个字地念,他一边用收录机录下来,一边用手做记录,工作做得非常认真细致。从这件事中,我看到了他治学的严谨态度。

其次,他为人正直,平易近人,诚恳待人,友谊真挚,对人对己都实事求是。

最近,我为写这篇回忆文章,在电话上问过我在美国的小女儿。我说,你和徐伯伯的接触较多,你简单谈点对他的印象好吗?她马上就说,我觉得他人很实在,说话实在,做事实在,不讲假话、大话、空话、套话,他对所从事的工作很专一。她的看法基本和我相似。

近十几年来,我班老同学都相继退休。京、津地区和少数外地的老同学于 1996 年、1998 年、2002 年、2006 年多次聚会,庆贺毕业 40 周年,校庆 100 周年,入学 50 周年和毕业 50 周年。通锵知道我因为各种原因不能前来参加,却又很想念母校和老同学们,每次他都把聚会时拍的照片寄给我。2002 年那次入学 50 周年聚会,他把录像制成光盘,于次年我第二次从美国回来后寄给我,我接连看了两遍,看到老同学们在母校故地重游,共叙离情,倍感亲切。去年那次庆贺毕业 50 周年,王福堂给我寄来了一张精心设计制作的电脑激光照排的纪念照片。这张照片图文并茂,再现了当年我们在北大那段紧张而美好的学习生活,反映了我班同学走过的 50 年历史沧桑。这张照片我已欣赏多次,每看一次,都唤起我许多美好的回忆,在此我也要对王福堂表示深深的谢意。

通锵最后两次到宁波来,都是和王福堂一起到福建和杭州参加学术讨论会后,顺路回老家探亲,经过宁波时来看我的。我和老伴给他准备好了床铺,但他考虑到我和老伴近两年来身体都不是很好,两次都没有住,都是住在他外甥为他预订好的宾馆里。

通锵对家乡宁波、母校宁中的发展也十分关心。2004 年来的那一次,我去看他时,他说,听说宁波这些年的发展很快,三江六岸的绿化搞得很好,我想看看。于是,我叫二女婿开车,陪他登上三江口(余姚江、奉化江汇合后,流入甬江处,是宁波市的商贸中心区) 24 层高的中农信大厦顶层旋转厅,在那里眺望了宁波市区全景,俯瞰了三江六岸的绿化美景。之后,到刚落成的宁波大剧院转了一圈。最后,去参观了搬迁到宁波高教园区(南区)新建的宁波中学。我们没有去惊动新的母校领导人和老师,只是两人一边看,一边谈。在谈到在中学和大学学习情况时,他说:"我的古文基础没打好。"我接着说:"我有同感。"我在北大学习时,一次古典文学考试,口试提问时,游国恩教授问我《滑稽列传》的内容是什么?我答不上来,他给我打了一个"中"。我当时面有愧色,至今记忆犹新。那次游览市容和母校,虽属走马看花,但通锵还比较高兴。

2005年那次来宁波时,我陪他去看望了在宁波的另一位老同学陈诗经。老陈前几年脑子有病动过手术,在家休养康复,看到阔别多年的老同学去看他,非常高兴,谈得时间稍长了些。我们从他家出来时天色已晚,我请他到我家里来吃便饭。他说,不打扰了,我回宾馆去吃。谁知这一别,竟成了永诀。

第三,他对母亲很孝顺。

通锵是老大,还有三个妹妹。他在北大工作,有一个妹妹在上海工作,还有两个妹妹在宁海老家。他和上海的妹妹多次请母亲到北京和上海去走走,住一段时间,但老人家就是哪里都不去,一直和家乡的两个女儿在一起安度晚年。所以,母亲在世时,他除了寄钱赡养外,每隔两年都要来看望她一次。他的老家在宁海大蔡的岭徐,离宁波有140多里路。上个世纪80年代,宁波还没有实现村村通汽车,从宁波乘汽车到深甽镇后,还有十多里路,有时只能转乘拖拉机到老家,山路颠簸不平,他不辞辛苦,直到6年前他母亲去世。近几年来,回老家去时,必到父母墓前祭奠。这一点,给我全家印象都很深,都说他是个孝子。

第四,自来节俭,生活朴素。

通锵衣食住行都不讲究。冬天穿的一件黑呢短大衣不知穿了多少年。吃的是粗茶淡饭。住的房子开始是学校分给的两室一厅,面积恐怕比我当时住的还小,一点也没装修过。他曾对我说,几只书架还是在"文革"期间自己做的。当时我对他开玩笑说,你真不简单,文武双全,既是大教授,又会做木匠。冰箱和彩电是去美国伯克利加州大学当交流学者时,从国家每月补贴他的450美元的生活费中省下的钱买的。在美国13个月,他一场电影也没看过,其他地方也没去玩过。据我小女儿去年回来时对我说起,后来学校分给他的新房子他也仍旧一点也没有装修过。骑的是一辆半新旧的自行车,1987年冬天,我去中央党校开会时向他借用过,为的是到清华去看我的小女儿方便些。

以上,就是徐通锵常在我脑海中萦回思念的形象。他是平凡的,又是不平凡的。在当前汹涌澎湃的社会主义商品经济的大潮中,教育界、科技界、文化界的一些人也受到浮躁之风、拜金主义的侵袭。沽名钓誉,追名逐利者有之;胡编乱造,故意炒作者有之;请人捉刀,弄虚作假者有之;自己不诚实劳动,抄袭剽窃他人劳动成果者也有之……。比起他们,孟二冬、徐通锵就显得难能可贵了。一个病魔缠身,仍坚持在边疆支教;一个退休以后,仍笔耕不止,至死仍在念叨着一部未完成编写的著作。从他们身上,我看到了中国知识分子的优良传统,看到了北京大学的优良传统和作风在继续和发扬。

孟二冬是好样的,徐通锵也是好样的。他们都是值得我们怀念和学习的。

(李志秀:宁波市委党校)

看来朴素无华　实则光彩照人
——悼通锵

王福堂

没想到通锵走得这么快。老觉得他还在似的。一起上大学,一起工作,五十多年了,突然分手,有点转不过弯来。不由得想起一些往事,像是还在不久以前。

通锵是我在北大中文系语文专业念书时的同班同学。念书时接触不是很多,印象里是一个朴素、诚实、说话不多的人。个子不高。因为有几茎白发,得了一个"老头"的外号,同学之间一直叫到真正老年的现在。来自浙江农村,有一些保守的习惯,比如小时候在家没吃过西红柿和茄子,以后就一直不吃了。要求进步,靠近组织。有几个上海同学看不起他是乡下人,背后说他缺乏独立思考能力。

毕业后,我和通锵都留系工作,又都分在语言学教研室。我们先后下放劳动锻炼。通锵是在北京西郊门头沟区的清水上达摩村,劳动极好。回校后我们住一个宿舍。中文系单身的年轻教师都住在十九斋二楼的东半边,我们是在 214 号房间。宿舍里先是还有何耿丰,不久何耿丰调到厦门华侨大学工作,和爱人团聚,就剩下我和通锵两个了。同学,同事,同屋,两人逐渐密切起来,变得无话不谈。不久我就听他说起自己的秘密。比如念书时心仪一位新闻专业的年级稍低的女同学,一直没敢说。那是个很好的女孩子。可惜这时已经分到外地工作,不好联系了。

当时我们两个都是助教,通锵跟着高名凯先生,我跟着袁家骅先生。教学和研究有问题就分头上他们家里去问。没工作时,我们多数时间就在宿舍里两三个人挤在一张方桌上看书写东西,下午还会去棉花地运动场锻炼个把钟头。通锵的家庭出身(小土地出租者)不太好,情绪上有点影响,念书时还给自己起过一个"薄命生"的别号,写文章用的笔名就曾经叫"薄鸣"。但他在毕业工作以后振作起来了,各方面提高都很快,不久就入了党,还得到系里的重点培养。那几个同班的上海同学也留系工作,不再在背后议论他了。

当时我跟通锵上课的任务不同,但有的工作在一起。比如方言课的调查实习,通锵总是参加的。头一次是1959年,去山西的大同和朔县,袁先生带队,通锵去了,我因为还在下放劳动,没有去。第二次是1960年,袁先生、我和陈松岑带一部分学生去江苏无锡,通锵和武彦选带另一部分学生去洛阳,结束后两人各写一个实习的小结,介绍和分析方言的情况。第三次是1964年,我和通锵一起到了山西太谷。这次调查中接触语音问题比较深入,我们商量也比较多。实习的小结由我来写,通锵提了些意见。通锵几次参加调查实习,对汉语方言产生了浓厚的兴趣。这时写文章常常和我商量怎样利用方言材料来说明理论问题,调查实习的材料也常常吸收到他的文章里叙述。

埋头工作和学习没几年,很快就"四清"了。1964年秋,我们到了湖北江陵,下到紧挨长江大堤的冲河公社花台大队。那里因为修堤取土挖了许多大大小小的湖塘。同教研室的通锵、石安石、叶蜚声、贾彦德和我五个人,一个小队一个教师和一个学生,另外还有本地天门县的干部。通锵是北大师生的头头,辛苦地绕着湖走路联系我们。大家努力工作了近一年，才回到学校。

不久就是"文革"。运动一开始，我们在延庆搞"四清"的人赶紧撤回来，学校里已经闹得天翻地覆了。校党委打倒了，被称为"黑帮"。各级干部都成了革命对象。通锵因为当了班主任，也被学生揪出来批判，叫做"黑帮爪牙"。一天早晨我打开房门出去，觉着门边黑黑的有字，原来是贴着对联。对联的上联是"要多坏有多坏"，下联是"要多臭有多臭"，上面还有一个横幅，写着"烂驴一头"。一看就知道是通锵班上的学生写的。通锵受了侮辱很气愤，我也很不高兴。第二天还有同学敲门要进来。通锵以为是班上学生来批判他的，嘟哝了一句。我把门打开，见是一个小个子女同学当门站着低头抹眼泪，一看门打开就跑了。通锵见是那个他平时挺看重的学生，倒有些不忍，觉得她也许不是来为难老师的。回想起来，运动刚开始那时候，人们待人接物还是比较正常的，女孩子被老师嘟哝一句都会委屈得掉眼泪，完全不是后来的那种硬心肠。

运动中很快分成了两派。我和叶蜚声、裘锡圭没有参加派，只参加在"校文革"领导下的日常学习。通锵在运动初期无辜受打击，很自然的参加了跟"校文革"对立的一派，不在一起学习。通锵有派性，我因为经常听另一方面的说法，也有派性，两人常常争论。不过这一点也没有影响我们的友谊，我们仍然能够相互理解，相互帮助。

记得校内武斗开始后，学生宿舍区变成了战场，教工宿舍楼也成了前线，很不安全，我们几个还留在十九斋的教师只好搬到二院系办公室去睡地铺。我先让锡圭帮我一起把衣服箱子提到海淀街里前辛庄老叶家寄存。路上一个老大娘见了，站住脚叹气说："读书人造孽啊！"我们两人没吭声，默默地走了过去。然后我又把别的东西存到系里，通锵的也一起带了过去。旁边站着的新北大公社红卫兵看到有的纸箱上有通锵的名字，就不让动他的东西了，说这时候还讲什么朋友义气！于是有一箱书没能搬出来，后来不知去向了。事后我跟通锵说了，他说人没事就行了。

还记得在极左思潮影响下，中文系很多教师被打成反革命。打派仗时有一种做法是把对方领导下的有问题的人揪出来，证明对方一派的不革命。王理嘉和锡圭来北大前在上海念书时说过错话都记在档案里，"系文革"怕对方来揪，就先把他们抛了出来，打成历史反革命。我是稍后在八届十二中全会开除刘少奇党籍时随意地发表感想，又加上平时说过不满林彪和"四人帮"的话，被打成现行反革命的。我被揪出来以后受到严酷冲击，关进劳改大院，失去了自由。当时是通锵冒险在外头替我通知几个一直有书信往来的好友，并代我按月往家里寄钱。母亲和弟妹们很奇怪那几个月汇款单上怎么不是我的笔迹了。后来我告诉了他们情况，他们一直记着这个"徐老头"。

还记得后来工农兵学员上大学，系里招了生，上了课。方言课居然也开了一次。1973年，汉语专业领导决定方言调查实习去到毛主席的家乡湖南韶山，结合劳动来进行，让我和通锵也去。真没想到连方言的教学研究也必须和政治相结合，而且是这样一种方式的结合。可是大多数工农兵学员没有相关的知识基础，不可能把老湘语记下来，只好由我先去湘潭记回来一些材料，拿来在课上做练习，让他们事先熟悉一下以后要记的方言。下到韶山以后，实习又不按程序进行，劳动，调查，然后"推普"，又调查，断断续续，学员对方言没法有一个完整的印象。而且队伍分在韶山冲、大坪、银田、如意四处，分散了教师的指导力量。再加我和通锵两人，通锵稍早在参加党史编写时曾经有一些"犯忌"的看法，比如认为党内历来路线斗争很多是极左思想占统治，因此被军宣队看做是党内的危险分子，而我是被认为犯有严重政治错误的。因此实习中我们两人都处在警戒的目光下，通锵还有专人注意他，都不能自主地工作。我在辅导学员纠正错误时，当发音人的贫下中农有时站出来指责。按规定向学员提要求时，有的学员还当场骂人。工作不容易，也很难有好的效果。通锵自己很小心，也劝我要想得通。不过我们虽然尽可能在工作中合作，仍然避免有较多的私下接触。实习结束后回到学校，我花了两个月时间按规定写成实习小结分析韶山方言，却被认为是希望发表获取名利，一时气愤就把它烧了。

回校后，我们面对混乱的局面，无所事事，不免感到迷茫，不知道将来还能做些什么。一时间两人在宿舍里当起了小工，利用武斗后宿舍区满地的破木板和空罐头，为本系的年轻教员做台灯、煤油炉什么的，谁都可以来免费订取。房间里成了工场，热闹得很。笑语声中，大家也对这种"不务正业"感到无奈。通锵说，做个能用的东西，总比闲着不干事要好吧。

没过多久，一部分教师又去开门办学了。我去了石家庄河北日报社。正是开春时候，杨树的条状花蕊掉了满地，广播中突然传来陈毅去世的消息。我对这位敢说真话的老帅一直怀有敬意，其实自己当初会说一些不合时宜的话也是受他影响的结果。他去世的消息使我产生了一种强烈的感情。但我只能给在学校里的通锵写个信说说。通锵很快回了信。他的想法跟我一样。

运动中切身的体会使我们对社会政治生活的认识更加深刻了，也更趋一致了。"文革"结束后，通锵的爱人从天津调来北大，一家团聚。通锵离开了十九斋214室。但我们的关系仍然是密切的。

"文革"结束后，中文系恢复了正常的教学研究工作。通锵和我也都脱去了莫须有的罪名。这时我随着方言课调整到现代汉语教研室。1980年去太原进行方言调查实习时,通锵还参加了,但以后两人的合作就不多了。不过我们对教学改革和语言研究中理论联系实际的问题仍然有相同的看法。"文革"前语言学教研室的课程,方言方面的当然是注意联系汉语实际的,因为讲的主要就是汉语方言,问题是局限在材料的整理和描写上,需要向理论层面深入。语言理论方面的课程是另一种情况,理论是西方的,联系的语言也是西方的,或者加上一点俄语的,谈不上和汉语的结合。"文革"初期,老叶、通锵和我经常在一起聊这些问题。通锵痛感语言理论课的空对空,认为今后一定要结合汉语实际来研究。所以"文革"结束后,他先是和老叶合作,写了几篇回顾和总结语言研究的文章,一起编写《语言学纲要》,克服了空对空,也摆脱了苏联教科书的框框。后来又单独写了《历史语言学》,把有关历史比较的理论和汉语方言的实际结合起来,介绍了汉语中语言变异和文白异读等重要的语言现象。这本书对理论语言学和汉语方言学的研究起了很好的作用,得到了学术界的肯定。但通锵并没有就此止步。不久以后,他又提出了"字本位"的理论。他认为汉语有自己的特点,汉语研究也应该有自己的特点。汉语中与西方所说的词相当的应当是"字","字"才是汉语的基本结构单位,汉语语法研究应该建立在这一基础上。不过"字本位"要能确立为一种新的理论,还需要消除本身存在的许多弱点。尽管通锵近年来不断努力在理论和方法上加以完善,还是有许多矛盾难以克服。我对"字本位"的问题并未涉足,但我钦佩通锵的勇气,觉得应该进行这样的探索。

2006年是我们中文系52级同学毕业50周年。5月间,老同学聚会了一次。都是老年人了,不免要谈到健康问题。通锵是老同学中间身体比较好的，一直很少病痛，大家都很放心，也很羡慕。但是聚会后，我和洪君在散步时几次见到他，发现他在不断地瘦下来，又没有什么原因，就提醒他注意，最好去检查一下。他说就是胃有点不舒服，别的倒没什么。后来检查胃部也没发现什么问题。有人提醒他别的部位也检查检查，于是赶在国庆前做了一个 B 超。不想竟然就发现了大问题。通锵得了胰腺癌，是晚期，而且转移到了肝部。他怎么也不能相信，周围的人也都觉得太意外。但事实已是如此，在做了核磁共振以后，更无可怀疑了。通锵非常平静，他说只希望还能有一点时间把未了的事做一做。他所说的未了的事，是一本尚未出版的关于"字本位"的新作和正在编辑的丛书。但病魔来势凶猛，一点时间也不给他了。住院后通锵病情迅速恶化。病痛折磨之下，他还托洪君和我替他看一下另一部新著的校样。11 月 25 日下午，通锵的孩子来电话通知他病危。我们赶去时，他已经陷入昏迷，呼吸困难。晚上 7 点半以后，短短十来分钟的时间里，他的心跳由一百十几下降到十几下，呼吸也停止了。

住院五个星期，通锵就走了。一个正直、善良、智慧、谦逊的人离开了我们。一个 50 多年来一直在一起的、亲近的人离开了我们。在我的印象里，通锵作为一个学者，不断奉献，不断探索，不断创新，看来朴素无华，实则光彩照人。理论语言学在汉语领域的发展，不仅是语言学发展一般趋势的反映，也应该是中华文化复兴的一个方面。通锵最后还惦记着他的"字本位"理论。相信字和词的关系问题，不管今后是否仍然叫做"字本位"，一定是会解决的。

通锵，安息吧！

（王福堂：北京大学中文系教授）

"徐格里",走好

赵世开

20世纪50年代我在北大中文系作为研究生跟徐通锵先生在同一个教研室——语言学教研室。他是浙江宁波人，我出生在宁波,可以算是同乡。当时跟我一同考入中文系的还有叶蜚声,他也是宁波人。我们三个人在一起常常讲宁波话。我就称呼徐通锵为"徐格里",因为在宁波人里(特别是在银行界)称"某格里"就相当于北方话里的"老某"。徐通锵的老家在宁波乡下,我有时候开玩笑也叫他"宁波乡下人"(用宁波话发音)。我们的关系很密切,在一起都很随便。在学术问题上也常争论。争论完了还是好朋友,好同乡。

我从北大毕业以后，跟叶蜚声和徐通锵讨论的最多的话题是中国理论语言学应该走一条什么样的路。我至今还没有想明白。老叶和"徐格里"似乎比较早就走出了一条路。他们两个在上个世纪80年代就一起回顾了中国近几十年在历史语言学和现代汉语语法研究所走过的路。徐通锵有两点很突出,一是强调建立"有中国特色的语言学",另一个是汉语以"字"为本(我理解是以"字"为基本单位)。在这两个问题上,我常常跟他争论,提出各种质疑。他一直很坚持。在我国语言学界,对这两个问题也一直有各种看法和意见。我想这是正常的，也是很好的。学术上没有争论就意味着死亡。从这两个问题的争论可以说明我国的语言学研究还有活力。徐通锵在这方面是作出了努力的,应该说是有贡献的。我虽有不同意见,但还是深表钦佩。他的精神也是值得我学习的。

在我的印象里,徐通锵的性格很倔。据说他在美国加州大学(伯克利)进修时,竟然从来没有吃过一次汉堡包,原因就是他不喜欢。我这个人有时候也很偏激,容易走极端。叶蜚声最随和,他是有名的"老好人"。所以我们三个人相处得很好。争论归争论,开玩笑归开玩笑,过后还是好朋友。

如今徐通锵走了,叶蜚声早几年已经走了,剩下了我。知友渐凋零。在此我祝福他,说一声:"徐格里,走好。"

(赵世开:中国社科院语言所研究员)

斯人已逝　吾失良友
——悼念徐通锵教授

何耿丰

通锵兄逝世，噩耗传来，不胜哀伤。我不只痛惜失去了一位相知故友，更痛惜语言学界失去了一个仍能为语言学事业作贡献的卓有成就的学者。

我和通锵兄在北京大学中文系语言学教研室共事多年，又在十九斋同居一室，朝夕相处，欢谈所见所闻，交流学习心得和工作体会。1957年末，我又和他等几位同志下放门头沟区斋堂公社上达摩村劳动锻炼。1959年初一起回校。多年相处共事，我们结下了诚挚的友谊。在我和他相处的日子里，他良好的思想作风，积极的进取精神，一丝不苟的工作态度，勤奋好学以及在学术研究上表现出来的顽强意志和毅力，都给我留下难以磨灭的印象。我珍藏着他寄赠给我的著作，脑海中时时浮起我和他一起生活、工作的情景。然而，斯人不重见，吾老失知音。回首当年，追寻往事，倍觉伤情。

通锵兄1956年毕业于北京大学中文系，毕业后留在中文系语言学教研室师从高名凯先生从事语言学教学和研究工作。我1957年北京大学中文系毕业，至1962年离开北大，我们两人在语言学教研室共事近五年。我清楚记得，他日常除了协助搞好教研室工作外，就是刻苦勤奋研读各种语言学著作和攻读外语。凭着他的顽强意志和埋头苦干精神,专业知识和外语水平突飞猛进,为他日后的语言学研究工作打下了坚实的基础。他思维敏捷,治学严谨,求真务实,理论联系实际,富有创新精神,因而使他的学术研究富于创造性、开拓性,取得了卓越的成就,尤其是他的《历史语言学》专著,为语言学界同仁所称道。他的逝世,是语言学界的损失。

在下放上达摩村劳动锻炼期间,我们同甘共苦,日出同作,日入同息。其时正是人民公社、"大跃进"搞得热火朝天的年代,我们每天都和当地农民群众一起从事艰苦的体力劳动。白天我们一起干活,晚上同睡一张土炕,三餐同吃一锅玉米粥,生活虽然艰苦,心情却很愉快。他吃苦耐劳,善于向农民群众学习,所以能较快掌握各种劳动技能,称得上是劳动好手。通锵兄阅历较丰富,思想较成熟,意志较坚强,精神较乐观,下放干部在生活上、劳动中遇到困难,他总是热情地关心、帮助、安慰、鼓励,使人感受到他对人诚挚的关爱和友情。

通锵兄思想境界较高。他生活简朴,全神倾注于教学和学术研究工作;他藐视生活上的庸俗追求,在事业上怀有强烈的进取精神;他意志坚定,朝着认准的目标,脚踏实地,埋头苦干;他不因循守旧,以创造性的思维在学术研究中谋发展求创新。这些良好的思想素质,是他取得学术成就的重要因素。通锵兄严以律己,宽厚待人,"其责己也重以周,其待人也轻以约",和他相处过的人,都会感到他为人的宽厚和友善。通锵兄胸怀较为宽广,"己善,亦乐人之善,己能,亦乐人之能",与其相处共事,人皆感其诚。

方以智诗云:"死生容易事,赛痛失知音。"情谊实难忘,悠悠心永怀。

(何耿丰:厦门大学文学院教授)

痛悼老友徐通锵

陈松岑

北大中文系今年真是噩梦连连，从年初到岁末，一连有7位同志去世。其中我们教研室的徐通锵的离去最让人感到意外，他才75岁，身体也一直很好。可在今年9月底10月初确诊为胰腺癌时，病情已是晚期，恶性肿瘤已经转移到肝脏、大脑……

他又是我们语言学理论教研室当年六个"青年教师"中离去的第五个。想到这些，我就有一种深深的切肤之痛，因为他也代表了我们教研室同一代知识分子的过早凋零。[1]

我1958年毕业留校，分在本系语言学教研室时，徐通锵正在京西门头沟斋堂下放劳动。1959年徐通锵下放归来，我才开始认识这位长相老成、话语不多的同事。那时的青年教师，大多还没有成家，住在集体宿舍里。就是已经成家、住在校外的同志，平常日子也都住在学校的集体宿舍里，只有周末才回家。大家一起吃食堂，一起开会，一起参加周六下午的义务劳动，一起度过课余饭后的时光。那时还没有电视、电脑，我们业余时间常互相串门，关系比现在要亲密得多。加上当时语言学教研室只有我一个党员，支部要求我多和群众接触，了解哪些青年同志可以作为党的发展对象，所以我和同事们的接触就更多一些。

徐通锵的生活起居好像很保守，我们那时常常善意地取笑他顽固地坚持冬天不铺床单而睡草席的南方农村习惯,由于不吃茄子而连带不肯吃番茄等等。可有的方面,他又会时尚得令人吃惊。比如,他会跳踢踏舞,踢踏舞可是只有外国才有的艺术形式啊。在欢乐聚会的场合,只要大家再三要求,他就会含笑地给大家跳上一段。他还擅长打篮球,中文系教员中,侯学超是篮球队队长,组织与外系赛球时,徐通锵是当然的队员之一。他投篮的姿势很特别,起跳后,双手举球到嘴边,稍稍一顿,抖手出球,准头还不错。我常常笑他"你好像要把篮球啃上一口才出手似的"。

徐通锵不善与生人交际,但他却是一个很重视友情的人。回想起与他交往的岁月,总有一些事情很难忘却……

1966年"文化大革命"开始不久,徐通锵和我以及系里M、K等好几个同志都因担任学生班级主任而被揪出来,打入黑帮爪牙队。从那时起,在长达八个多月的"爪牙生活"中,共同的命运,使我们成了苦乐和患难与共的"难友"。我们几个人共同经历了困惑、痛苦、屈辱、恐惧等一系列只有被打倒的人才能有的感受。也共同经历了寻求解脱、探索答案,甚至苦中作乐的历程。由于我和徐是同一个教研室的,有什么问题,共同商讨,共同解决的机会就更多一些。那时是"文革"初期,由于《人民日报》公开发表了聂元梓等人的所谓"第一张马列主义大字报",北大成了"革命的发源地",来串联、取经的人整天络绎不绝。他们来后,除了看大字报之外,还会满校园地寻找"黑帮分子"和一切"牛鬼蛇神",看看他们是如何地青面獠牙,如何地可恶可恨。只要看到某个地方有一群人默默不语地蹲在地上拔草,那准是被打倒的黑帮或他们的爪牙,或是地富反坏右等"五类分子"。因为革命群众当时都在忙于革命,是无暇劳动的。有一天下午,我们正在一教北边坡下现生物系实验室西边的草地上拔草,过来了一群天津的中学生。他们逐个叫我们站起来,提出一串几乎是程式化的问题:"什么名字？什么家庭成分？什么罪行？"我们必须逐一清清楚楚地回答。问到徐通锵的家庭成分时,他的回答是:"小土地出租。"问话者马上不耐烦地呵斥说:"什么小土地出租？就是地主。地主才有土地出租。"从此之后,在我们"爪牙队",徐通锵的绰号就成了"小土地"。那天下午,我有意识地记了一下,我们每个人几乎都被叫起来回答问题二十次以上,劳动效率可想而知。那时劳动并不讲求绩效,只是一种惩罚而已。

校园里的草地本来就不多(那时还没有兴起种草皮),成百上千的"黑帮"、"爪牙"、"五类分子"天天不断地拔,不久就拔无可拔了。于是我们"爪牙队"的队长M向系里监督我们的红卫兵请示后,与圆明园农场联系好每天下午去农场的树椿大队劳动,上午则集中学习。开始学习时,还有红卫兵坐在一旁监督;后来他们不来了,就由我们"爪牙队"的队长主持。在农场劳动的强度虽然比在学校拔草大得多,但我们却很高兴这个安排,因为脱离了学校这个杀气腾腾的斗争圈子,大家都可以松一口气。生产队的老乡们虽知现在劳动的都不是"好人",但看我们都还年轻,行动举止也不像坏人,所以对我们并没有歧视,在地里共同劳动时,常常和我们一起说笑。那段时间可以说是我们"苦中作乐"最多的时期。老乡问过我们的名字,戏谑地把M叫做"饼菜得",说是"饼和菜都得了,该开饭了"。于是M的绰号就是"饼菜得"。帮助老乡收获大白菜时,天气已经很凉,菜地边的积肥坑上面覆盖着一层枯黄的菜叶;收工回校时,M没有看清,一脚踩过去,陷进粪坑;只好到井边去打水初步冲洗一下,再回校洗换。我们都笑着对M说:"这下你可真成了臭老九啦。"

记得那时最令我们恐惧的事情之一就是每月(或每周?记不清了)要写一篇思想汇报,而且必须用大字报的形式抄下来,贴到中文系学生所住的32楼墙上,供大家监督批判。在我们贴这份思想汇报时,很可能有学生围上来观看;如果其中某个观点、某件事甚至某个词句不对他们的胃口,就可能被当场揪斗甚至殴打(这种情况在当时是很常见的)。所以我们常常是把思想汇报藏在腋下,拿着糨糊瓶,悄悄地走向32楼;瞅准周围人少的时候,赶快贴好就走。贴好回来,总会互相问讯、慰藉:"总算没出事。"

北大群众后来分成两派武斗,互相找碴、抓人。我们这些头上有"辫子"的人心中最不踏实,随时可能被对方的人揪走。所以当徐通锵去天津探亲要回校时,一般会先向我打听风声。记得有一次徐回天津后,我听说对方准备抓人;赶快写信通知他不要直接回校,我到北京站先接了他出来,介绍情况后让他住到了地质学院(今地质大学)。随后不久,我也住到了那里,我的爱人只能隔一段时间带4岁的小女儿过来看看我。每次送他们回去时,小女儿一看我不和她一起上车回家,都会哭叫妈妈。汽车载着她的哭声渐行渐远,我回到地质学院的避难同志中间,每次都好久平静不下来。

1969年我先是随中文系大多数教员一起前往江西鲤鱼洲农场劳动。刚去几天,我爱人在北大汉中分校胃溃疡出血开刀,三个孩子无人照管,军宣队又将我调到汉中劳动,从此有9年时间脱离了中文系。1976年"四人帮"倒台后,我不愿再搞政宣工作,要求回系搞业务。那时徐通锵是教研室的秘书,他为我多方奔走,终于在1978年暑假以"语言学教研室要求陈速回北京开课"为理由,将我调回中文系。我带着念初中的小女儿回到北京后,由于过去的住房早已交公另分给了别人,暂时住在一间女生宿舍里。当时正值假期，不能及时办理调回的各种手续，没有证件去员工食堂买饭票，到饭馆去吃经济上又负担不起；徐通锵就让我们母女二人到他家去吃饭。那时，他和爱人、孩子住在19楼的一间宿舍里，好几家共用一间屋作厨房。天天都是徐通锵亲自下厨。我要求去做饭，他和他爱人都不让。记不清在他家蹭了多长时间的饭，反正不是一两天。

徐通锵是一个很耿直的人，心口如一，不会讲策略、耍手段，对什么人都不会隐瞒自己的观点。"文革"中凡是被打倒的人都是"做不完的检讨站不完的队"，我都记不清自己写过多少检讨了。在检讨中对自己的"罪行"，好多人都是说小不如说大，一方面是当时的"左"的观念主宰了环境和自己的头脑，另一方面，也不能不承认有讨好群众、逃避挨斗的自私念头作祟。但徐通锵却从不多承认自己的错误，看到我写批判教研室过去教学科研的大字报，也很不以为然。正因为他这种过于直率的性格，加上另外一些原因，他和教研室有的同志相处得不是十分融洽。我曾多次给他提意见，并在他们之间调解，甚至抹稀泥。但徐通锵又绝不是一个不肯自我检讨并改正错误的人。大约是在1989年左右，一次我们因工作上的问题出现分歧争论起来，徐说到激动处竟拍起了桌子。当时我想"你是教研室主任，就对我拍桌子，我才不吃这一套呢"，便也回拍了一下。过了两天，我们在系里相遇，我正准备招呼他时，他却先笑嘻嘻地对我说："你还在生我的气哪？"

徐通锵为人比较低调，不好出头露面；但他对自己认定的事，却坚定不移，很难改变。他在担任教研室秘书和教研室主任的几十年中，始终坚持两条：一、语言学理论的教学和科研必须同汉语的实际相结合；二、教师必须以教学为主，学生的基础课必须由有经验的骨干教师担任讲授。我们教研室能够在教学和科研上取得一些成绩,跟徐通锵坚决贯彻这两条原则是分不开的。他自己就身体力行,在年逾古稀之后,还孜孜以求地完善着他的"字本位"理论。对这个理论本身的是非,我不想说什么,但就一个在语言学界已有一定名声的老人来说,敢于独树一帜,不惧众人的批判乃至有些人的挖苦、讽刺的精神,是令人不得不佩服的。

徐通锵走了,他是带着学术上的遗憾离去的。

他的成就,不但有现在的专家们给予评说,将来的历史也会做出公正的评判。我只想从另一个侧面,再现这位逝去的同事、同志、老朋友,作为对他的悼念。

注　释

①当年把全系的教员区分为老先生和青年教师,并不全是,甚至主要不是根据他们的年龄。而是根据他们大学毕业从教的时间。一般说来,新中国建立前大学毕业而任教的教员被称为"老先生",他们至少已有讲师或讲师以上的职称。而新中国建立以后才毕业从教的则被称为"青年教师",他们是清一色的助教。1958年我分到语言学教研室时,有高名凯、岑麒祥、袁家骅、甘世福四位老先生。青年教师有石安石、徐通锵、王福堂、何耿丰、武彦选、贾彦德和我,后来叶蜚声研究生毕业,也分到了我们教研室。那真是我们教研室的黄金时代呀!后来高先生于上世纪60年代去世,甘先生到丹麦定居,何耿丰调到厦门,袁家骅和王福堂随方言学并入汉语教研室。我们教研室就只剩下了岑麒祥一位老先生和石、徐、武、贾、叶和我6位青年教师("文革"后又调入1963年毕业留校的索振羽,已经不能算在我们这一代青年教师中了)。我们这批青年教师中,老叶最大,武彦选最小,但死得最早的却是武,去世时还未满50岁。接着是贾彦德突发脑溢血去世,石安石患淋巴癌八年后因心脏病去世,叶蜚声脑溢血去世。第五个离去的是徐通锵,剩下我一个人还活着。想到逝去的五位同事,真是痛彻肺腑,无可形容!

(陈松岑:北京大学中文系教授)

悼念徐"老头"通锵兄

唐作藩

去年 10 月 26 日我刚到长沙,住在湖南师大红楼,准备参加第二天开幕的首届湘语国际学术研讨会。是日下午同来长沙与会的福堂兄来我房间,他先告我林焘先生因病住院的情况。然后谈到徐通锵兄新近被发现患有胰腺癌的经过及原因。这令我大吃一惊。因为我一直认为通锵兄的身体是很不错的。他虽然绰号"老头",但他精力旺盛,步履轻快,声音洪亮,犹如一个年轻人。他好几次对我说,中文系的中、老年同事中,我的身体最好,他的数第二。他的话既是对我的鼓励和宽慰,也可以看出他对自己的身体也是很自信的。老徐本来非常勤奋,不断发表学术论文,出版新著。近年来,还不断给自己加压。他给人的印象是精力充沛,宝刀不老。但他毕竟已逾古稀,精力有限,耐不住长期透支。由于没有节制,抵抗力下降,患了不治之症而不自觉。10 月底我到重庆得知林焘先生的噩耗后,心神不定,惦记着老徐的病况,打电话询问系办公室主任杨强同志;他见告徐老师已住进北大肿瘤医院,病情尚稳定。我想起当年石安石兄发现病变后,坚持定期化疗,亦能维持了七八年。估计老徐在医院里治疗一两个月后,也会回到家中休养若干年的。11 月上旬我又从重庆经湖北回到湖南,在衡阳住下来准备参加 12 月在南宁举行的粤方言国际研讨会。我打电话给耿振生,请他抽空上医院去探视徐老师。是月 21 日振生发短信见告他和孙玉文已到肿瘤医院去探视了徐老师,并代我致意问好,还说徐老师只是消瘦了一些,神智尚甚清醒。但没想到数日后,竟传来了噩耗:通锵兄已于 25 日夜里抢救无效走了。终年才 75 岁,太令人痛惜了。他的逝世使我失去了一位老同事、好朋友,中国失去了一位杰出的理论语言学家。

我与老徐相识已有半个多世纪。1955 年暑期老徐还是大三学生的时候,我们一同到西北旺马连洼村搞文化下乡活动,我记得还有他们班的倪其心、陈振寰等。1956 年老徐毕业留校,在语言学教研室工作,而我在汉语教研室。那时候经常搞"运动",所以常在一起开会。1956 年暑期,我们又一起到河北省涿鹿县进行方言普查,我们两人曾合写了《涿鹿人怎样学习普通话》(草稿)。这是我们难得的也是唯一合作的一本小册子。虽未公开出版(当时复写油印了数份),也是值得怀念的。1958 年老徐下放到门头沟斋堂公社清水上达摩村劳动,我与吉常宏兄当年也被派到斋堂,参加法律系的开门办学活动,担任该系 57 级和 58 级的"语法修辞兼写作"课的教学。一个学期结束后,大约是 1959 年春节前,我与常宏兄回校前特地到公社开了介绍信,步行十余里,爬上一个山头,到上达摩村去看望了老徐和其他中文系同事。我们还在山上吃了一顿"共产主义大锅饭",当晚回到斋堂西街住处。1961 年学校进行教学改革,原燕大毕业、留校部社会科学处工作的大向(即向景洁兄)调来中文系担任专职副主任(当时系主任还是杨晦先生,副主任则还有王力先生、游国恩先生和延安来的老干部张仲纯同志。魏建功先生原本也是副系主任之一,不久升任为副校长)。大向一上任就雷厉风行,加强系办公室的工作。找到了赵齐平、徐通锵、沈天佑和我四个人做系秘书。赵齐平负责科学研究,沈天佑和我负责教学,老徐则负责研究生工作。我们定期轮流到燕东园、燕南园或朗润园几位系主任、副系主任家参加系会议,汇报或商讨工作。老徐工作认真、严肃,当时本科毕业经选定留下来当研究生的,虽然也填报志愿,但要根据需要服从分派。一旦定下来一般就不能改变的。所以有的研究生还真有点害怕老徐。"文革"开始后,学校一切党政与教学工作都已停止,我们的系秘书头衔也就自动解除了。

1974年冬老徐和我还有汉语专业其他几位中青年教师被派协助福堂兄带领汉语专业72级同学到湖南韶山进行方言调查实习。1981年夏我们又一道和78级同学到太原参加了方言调查实习。我只是把这项工作当作任务去完成;而通锵兄却从此对汉语方言特别是山西方言发生浓厚兴趣,后来多次到山西闻喜、祁县等地进行方言调查研究。同时他对汉语音韵学做了深入的研究,曾与语言学史家叶蜚声兄合作发表一系列有关论文与专著。不久他又到美国加州大学伯克利分校研习历史语言学理论方法。回国后他进一步利用丰富的汉语方言材料和研究成果,并联系汉语音韵学研究,运用西方历史语言学的理论与方法,着重探讨了语言史研究中的历史比较法、内部拟测法、词汇扩散理论及其他变异理论,并从汉语方言"文白异读"的变异现象的研究中,通过归纳、总结,提出了著名的"叠置式音变"的理论与方法,进而用以解析缘于方言接触所造成的语言演变现象,充实了历史语言学的内容,对中国语言学理论作出了突破性的贡献。十年后即1991年出版的《历史语言学》就是他的代表作。同时集结他的重要论文,出版《徐通锵自选集》(1993),成为当时中国中青年语言学家的优秀代表。数年后又出版了他的另一部巨著《语言论——语义型语言的结构原理和研究方法》(1997)。上世纪90年代中通锵兄又提出了"字本位"理论，见于论文《"字"和汉语的句法结构》(1994)、《核心字和汉语的语义构辞法》(1997)等。尽管遭遇到不少学者的质疑和反对，但他仍然义无反顾地坚持自己的看法，而且研究愈来愈深入。

通锵兄的这些论著已在国内外产生巨大影响，为语言学界所共识。语言学理论界自有公论，用不着我这个外行来赘述。日前他的公子徐涛送给我一本今年1月出版的老徐自己来不及看到的新著《语言学是什么》，据说他还有数本专著有的已脱稿，有的尚未完成。如果假以天年，让老徐多活十年，他肯定还会有更多、更大的创获和贡献。

(唐作藩：北京大学中文系教授)

在语言学领域中辛勤耕耘一生的学者
——悼念通锵

王理嘉

2006年10月4日,林庚先生以97岁的高龄在燕南园家中谢世。

10月28日,林焘先生在北医三院入院(23日)后的第六天谢世。

仅仅隔了三天,11月1日,我的同窗学友褚兄斌杰也接踵去世。

11月25日,共事五十年的挚友徐通锵先生也离我而去,永别人世。

两个月之内,四位教授相继告别,这在系内是前所未有的。

虽然通锵兄因晚期癌症的折磨,将要告别人世,这是大家已有了思想准备的。但是,当他撒手西归一个多小时后,福堂来电相告时,我仍然觉得像是受到了意外、沉重的一击,心头发紧,胸口难受,鼻酸眼热,几乎哽咽失声。放下电话,久已压抑心头的伤痛突然涌发出来,终于潸然泪下。

通锵与我同年(1931)生,但生日要小我半年。他1952年进北大,比我晚两年,但当教师却比我早两年。因为他1956年本科毕业留校在语言学教研室当助教时，我还在系里读研究生，是学生，不是教师。1958年我也留校在汉语教研室当助教。两人就同在中文系，共事五十年。

与通锵交往之初，他给我的印象是一个肯动脑筋，善于钻研，有干劲，有闯劲的人。当时，50年代中，语言学界的首次大讨论——汉语有无词类的争论，方兴未艾。主张汉语实词没有狭义的形态变化，不能分类，因而被称之为"汉语无词类论者"的领军人物，正是系里指定徐通锵跟随的北大语言学教研室主任高名凯先生。按专业性质说，这个争论跟现代汉语关系更为直接，可那时两个教研室（汉语和语言学）的青年教师几乎无人参与讨论。一是学识不够，自己也还闹不清楚争论的实质；二是当时情势复杂。建国之后的头十年，没有真正的学术民主，所谓讨论、学术批评，实际上一展开往往就是上纲上线的大批判，更何况主张汉语有词类的一方，还有苏联学者参与。争论呈一边倒而且兼有"扣帽子"的架势，以致高名凯先生觉得是受"围剿"，与吕叔湘先生的关系也弄得十分紧张。就是在这种形势下通锵却敢于站出来，发表自己的意见。那时候，青年教师写了什么文章，往往都不是急于投稿，而是刻写油印，先在教研室内散发，征求意见。通锵的那篇主张汉语有词类的油印本文章，具体内容我已经完全记不得了。后来，他要下乡劳动锻炼，也没有投稿发表。但我还记得闲聊时，曾问过他："徐老头儿（他当大学生时就有此外号），你不怕高老头儿找你算账？（高名凯先生翻译了巴尔扎克的许多小说，其中有一本书名就是《高老头》）"他却满不在乎，笑嘻嘻地说："那有什么呀，各人发表各人的意见呗！"这是一件小事，是我跟他交往过从中的闲言碎语，但他在做学问上的那股钻劲儿，敢于发表自己意见的闯劲儿，坚持学术民主的思想精神,虽然初出茅庐,却在初出茅庐时就已露出端倪。

通锵是从事理论语言学研究的,但他却很早就认识到不能仅从理论到理论,而应务求结合实际,具体分析,再归纳综合,得出结论。60年代前后,美国描写语言学派的影响在中国语言学语音和语法两方面慢慢透露出来。在当时国际和国内的政治形势下,学界潮流是把它作为资产阶级语言学说痛加批判,全盘否定的。大部分人一是对它不怎么了解,二是不愿招惹非议,所以往往是躲开它,绕着走。但通锵却敢于直面相对。记得那时在北大十九楼集体宿舍,他和福堂同室,我们毗邻而居。晚饭后的一段时间,往往相互串门,侃天说地。他曾跟我讨论过普通话音位处理中运用结构主义分布原则的一些问题,而在认识到结构主义分布分析在方法论上错误的同时,他也认为不能简单的一笔抹煞,分布分析运用在语音分析和语素类的分析中还是有价值的,但对其他研究领域来说,就没有多大作用了。他的这些看法,后来写成一篇《对结构语言学分布原则的几点批判》,发表在《中国语文》(1956年第2期)上。当然,以今天过了四十多年的眼光来看,也许可以指出许多不足之处,但是他的文章是结合汉语的例子具体分析的,并不是抽象笼统地说说再加上几句"反辩证法"、"唯心主义"、"形而上学"的政治帽子,就算进行批判了。像这样的学术性的批判文章,当时在国内学术期刊上总共也找不出几篇来,特别是在我们这一辈年轻人中。他在学术研究上的勇气几乎是与生俱来的。

崇尚实际,结合汉语,具体分析,提升理论是通锵一生治学的特点。他当学生选读历史语言学、理论语言学等方面的课程时,就痛感讲的是西方语言理论,联系的语言也都是印欧语言,一点也不触及汉语实际。因此听课学生都有一种空头理论——轰轰烈烈,空空洞洞——的感觉。所以,他一旦被分配并指定从事理论语言学的教学和研究工作,就下定决心要深入联系汉语实际,并且确实也找到了深入联系汉语发掘材料的途径。那就是抓住从远古汉语一脉相传,遍布中国大地丰富多彩而又蕴藏着历史音变线索的汉语方言。从各种方言音系特别是文白异读的音变现象中,他看到并揭示了语音演变的历史层次以及音变的原因。抓住了汉语方言,犹如汉语音韵研究中抓住了《广韵》,就可以上推古音,下证今音一样。当然他并不止步于此,而是进一步上升到他的本行——语言理论的高度,从汉语方言中发掘到的实际材料中得出新的观点,新的结论,乃至新的研究方法。他的一系列文章,如《历史比较法和切韵音系的研究》、《内部拟测法和汉语上古音系的研究》、《说变异——山西祁县方言音系的特点及其对音变理论研究的启示》、《音系中的变异和内部拟测》、《结构的不平衡性和语言演变的原因》、《山西方言古浊塞音、浊塞擦音今音的三种类型和语言史的研究》等文章,都是汉语方言与语言理论研究紧密结合,具有原创性的研究成果。

通锵密切结合汉语方言调查的语言理论研究成果也惠及现代汉语和汉语方言的研究。在这方面最明显的实例就是《山西平定方言的儿化和晋中的所谓"嵌l词"》,《宁波方言"鸭"[ɛ]类词和儿化的残迹——从残存现象看语言发展》,《百年来宁波音系的演变——附论音变规律的三种方式》等文章。

关于平定方言的儿化,那次方言调查我也参加了,是王福堂老师讲授的课程"汉语方言和调查"的田野实习。由王福堂带队主持调查实习,学生分为三至四人的小组,每组配备一名指导教师,需要七八名教师。通锵在他指导的那一组词汇部分的听音记音中,敏锐地发觉平定方言的儿化跟北京语有点不同，后缀"儿"不是加在韵母之后，而是进展到了声母和韵母之间，如"枣儿"[tsɒ(枣)+ l̩(儿)→tsl̩ɒ]。后缀"儿"([l̩]卷舌边音)这种特殊位置，不仅对韵母而且对声母也发生了影响。当晚，他做了一些准备，把福堂和我也找去，一起听音，加以验证。之后，他就在《中国语文》上发表了那篇文章，打开了学界对儿化韵的视野。此后，就陆续看到了不少"儿化"与声母有密切关系的文章。这些研究成果的获得，不能不说是受了徐通锵那篇文章的启迪和影响。因为在此之前，没有这方面的文献资料。

有关山西平定方言儿化方式的文章发表在1981年。之后，1985年通锵又发表了关于宁波方言儿化残迹的文章。他从宁波方言中"鸭"字的两种读音是否文白异读的讨论入手，结合历史音韵、异地同源成分的比较乃至19世纪西洋传教士记音材料的佐证，论述了宁波方言中儿化的形成、发展和消失的过程，并提升到语言理论的高度，说明不合音变规律的例外现象在语言史研究中具有重要的意义。文章从论述内容、论证材料乃至论述方法等各个方面，都很值得一读。所以《中国语文》以首篇的位置登刊了这篇文章，在学界也获得了一致的好评。我在现代汉语"儿化韵专题课程"的讲授中一直把它作为必读参考文章介绍给学生。

通锵从"文革"前的政治运动和思想桎梏中解放出来之后，在语言学的领域中辛勤耕耘，硕果累累。近十年来他在专著《语言论》的基础上，又提出了汉语"字本位"理论，认为汉语与以词为本位的英语不同，是以"字"为本位的语义型语言，这是由语言基本结构单位的不同决定的。他的汉语"字本位"学说极富原创性，因而在学界引发了很大争议。学术研究有不同的成果，不同的看法，此乃常事，所谓"百花齐放,百家争鸣"是也。就我个人说,因为没有细读过通锵这方面的论著,知之不多,自然不应妄加评论。但从他一生为学严谨,密切结合汉语特点的治学道路、治学方法来看,"字本位"说绝非一时心血来潮,也绝非空穴来风。中国现代语言学的开拓者和奠基人赵元任先生也提到过:"汉语没有与印欧语言里词相当的东西"。而一种富于原创性的学说,其完善和成熟,也必然要经过不断的探索和修正,应该假以时日。我相信通锵的汉语"字本位"理论,留在语言学领域里的一定是一笔财富,绝非一团糟粕。

通锵为学如此,为师也如此。他指导过许多硕士生、博士生和进修教师的研究深造,对学生他是认真负责,严格要求的。该精读的文献资料和参考书一定要仔细去读,写出读书报告。如果结合汉语实际不够,他会觉得文章干巴巴的,没有内容,要求学生务必下去参加方言调查,接触实际,发现问题,搜集材料,解决问题。当学生有了一点新的看法,独到的见解,他又会极力支持,倍加爱护、鼓励。他的研究生都与他相处得十分融洽、亲近,而且很有感情。在师生日常交往闲谈中,我曾"怂恿"那些我也十分熟稔的学生,对他们说,你们要想得到徐老师的赞许、夸奖,最好跟他"对着干",特立独行,发表跟他不同的意见。照猫画虎,亦步亦趋,那是要挨剋的。这虽然是半开玩笑的话,但也不是毫无道理。他指导培养的从事理论语言学研究的学生,没有脱离实际,空谈理论的。通锵在语言理论研究领域中为大家树立了良好的风范。

在我与通锵 50 年的交往过从中,我觉得他为人朴实真诚,坦荡正直。他自小生长在农村,艰苦朴素,劳动不仅出色,而且手巧,会干技术性较强的木工活儿,所以又有"徐木匠"的称号。劳动好这一点在"文革"结束前的二十多年中是非常重要的,劳动不好是"四体不勤,五谷不分"的知识分子的致命弱点。许多人当然包括我,因不善劳动,干活不行而经常受到批评、申斥。而通锵在这方面却是非常能干,即使在门头沟斋堂山区十分艰苦的劳动锻炼中,他得到的也是一致的好评,没有批评。

通锵为人正直,一种带有公牛般犟劲儿的正直。他当学生时是三好生——思想好、学习好、身体好。留系当助教则是政治好、业务好、又红又专的双肩挑干部,被委任为"管教"学生的班主任。正因为如此,在以"打倒党内资产阶级黑帮分子"的"文革"首发式中,他才有"资格"被打成"黑帮爪牙"。而像我和王福堂自来就被看成是思想差劲、走白专道路的落后分子,那是没有资格当"黑帮爪牙"的,只能是另一类打倒对象。果不其然,在清理阶级队伍中,我们俩就先后被打成"反革命分子",关进"牛棚",这时才受到冲击。而通锵则是一开始就突然受到了侮辱人身人格的冲击。在狂风暴雨的群众运动中,当然也只能忍气吞声,逆来顺受。但当初我们在集体宿舍毗邻而居,我看得出来。他在心理上、精神上从来也没有屈服过。他思想上没想通的事情,就不接受。

"文革"中期,军宣队、工宣队奉命进驻高校,制止武斗,两派一碗水端平,搞清理阶级队伍。打击对象变了,通锵反而没事了。其后,全校大部分教职工由军宣队、工宣队率领去江西鄱阳湖大堤边的鲤鱼洲劳动时,通锵又成为被委以重任的革命干部。因江西井冈山是老革命根据地,红军时代的文献资料多,散落在工农革命群众中活生生的宝贵事例多。当时学校不知道受何方神圣下达的命令,要编什么"党史"。通锵从劳动大军中被抽调出来成为"党史编写小组"的成员。他与系工宣队领导发生冲突也由此而来。因为在"四人帮"统治、工宣队领导下的编写党史，那是必然是要颠倒黑白、弄虚作假、混淆是非的，这样才可以贪天之功以为己有。徐通锵却"不识时务"、"不懂大局"，听说在许多问题上，耿直地坚持了自己的不同看法，与工宣队顶撞争吵，局面不可收拾，以致被工宣队领导定为"党内危险分子"。工宣队对他极为恼火，却又无可奈何：他历史清白，无辫子可抓，无尾巴可揪；他为人正直，作风正派，又没有什么反动言行或生活作风上的问题可上纲上线；他艰苦朴素，劳动出色，连常戴在我头上的"资产阶级好逸恶劳，贪图享受"的这一类软帽子也按不到他头上去。于是，工宣队只好怒气冲冲，横眉立目地直言相告："你走吧，别在北大待着了！"通锵毫不示弱，针锋相对："北大我早就不想待了，但我现在不走，等把我的问题说清楚了，马上就走！你说我的问题在哪儿？"在那种时期敢与工宣队领导这么顶撞对抗的，为数实在不多。这块让人头疼的烫手山芋始终也扔不出去。最后灰溜溜悄悄走出北大的，还是现在让人嗤之以鼻的所谓"工宣队"。

通锵得癌症，我是很晚才从林焘先生的电话中得知的。当时林先生说话显然有点惊慌，我更如晴天霹雳。因他每周爬山，每次都直登"鬼见愁"，身体很好，在系里是人人皆知的。一拨福堂家的电话，立刻得到了证实，追问何以不相告，说是他不让说，不愿惊动大家。当时我当然更没想到通锵进北京肿瘤医院（10月20日）后的第三天（10月23日），林焘先生也进了北医三院，几天后竟先告别了人世。此后，我凄凄切切，心神不安，言语失态，常常惶惶然不可终日。我自己倒还没觉察什么，不少人却看出来我有点"不对劲"，后来连系里都知道了。以致王洪君在电话里几次三番好言劝慰,并极力劝阻我去医院探望,怕我受不了刺激。但我仍然按捺不住自己,让孩子季达开车送我去肿瘤医院。第二次去的时候,在他呻吟唤痛时俯身轻语:"通锵,拿出学术攻坚的毅力,'文革'中不屈不挠的抗争劲头来,跟病魔作斗争。你健康地活着,对我们也是一种鼓舞、支持!"通锵竟然露出了一丝笑容,清楚地吐出两个字:"谢谢。"这跟林焘先生告别人世前最后留在我耳边的话是一样的。之后,通锵在病榻上令人伤心难受的模样,在我脑中始终拂之不去,午夜梦回,或清晨觉醒时,往往猛然浮现在眼前。而每当与我前后楼毗邻居住、时时去探望陪护通锵的李娟,看到自己的老师病痛稍有好转,能喝下她榨的葡萄汁等,兴冲冲地上门相告的时候,我就会跟她一起高兴、宽慰地笑出声来。其实,我们跟大家一样心里十分清楚,通锵的病已经回天乏术了。通锵要走,我在感情上实在难以接受。

通锵走了。我有哀怨:人,生也有涯,固不能求其不死。但为什么不能让他走得安宁、幸福一点。

通锵走了。我有痛惜:倘若上苍有灵,能再假以十年,那么他一定会在芳草萋萋的百花园中,栽培出更多光彩夺目的奇葩!

愿通锵在天国安宁幸福。

2007 年元月 12 日夜于西二旗北大智学苑寓所
(王理嘉:北京大学中文系教授)

悼通锵兄并追忆几位学长

张清源

通锵兄去世已三个多月了,我一直处在惋叹、讶异之中,这不仅因为他在我印象中身体健朗,性格温和,不应该走得这么突然、匆促;还因为北大几位从事理论语言学研究的学长——老贾(彦德)、老叶(蜚声)、石头(安石)——都在不长的时间里先后辞世,更早些还有武彦选学长,如今又加上通锵兄,他们的事业正值盛年,竟过早离去,怎不令人惋惜感叹!

我与通锵兄交往不多,但所受教益不少。1980年我去北大,已故挚友梁惠陵当时陪我去看望诸位师友,包括前面所说的几位。那时,他们都向我介绍改革开放后学术界的新气象、新信息,介绍他们正在做、打算做什么,那种兴奋、欣喜的神情深深感染着我。老叶说:他和通锵为了解这些年来国外语言学的动态,吸收新的学术成果,推进自己的研究和教学,阅读了一些国外语言学著作。老叶随即把他的笔记和摘译稿借给我,并说通锵那里还有不少,让我借去看。于是我和惠陵第一次去拜访了通锵。他热情地接待了我们,也慷慨地借给我好些笔记。这些都是他们二人边看边译的手抄本,没有加工,老叶连"语言"二字都用俄语字母"Я"代替。他们看的大都是70年代的也是当时最新的著作,记得有 W. Lehmann 的《描写语言学引论》,V. Fromkin 和 R. Rodman 的《语言学导论》,还有

S. Ullmann、赵元任、D. Bolinger 的书，以及 Б. Н. Головин 和 Ю. С. Маслов 的两本《语言学概论》等等。要说的是，阅读新书，整理旧知，重振旗鼓，是他们几位共同的旨趣，就在那时，石头也把他摘译的 J. Lyons 和 G. Leech 的两部《语义学》借给我，他当时已决定要继续以前对语义的研究，需要了解这方面的学术发展。而老贾正要去日本讲学，他也把他在北大讲课的语义学讲稿给我看，那里面也吸取了当时认为较新的理论，如"义素分析""语义场"等等。以上有些著作在 80 年代以后陆续由别的学者译出并出版。这只是我在 1980 年夏天的际遇的一部分，仅就这些，已使我获益匪浅，久居相对闭塞的四川，我一下子开了眼界，在语言观念和语言学的方法上都有了新的认识，更感受到诸位学长的关心鼓励。

往后，大家都知道，他们的著作里远远不是对国外理论一般地引进和介绍，他们几位都特别强调：吸收国外语言学理论必须以汉语研究为基础，理论要与汉语实际结合。他们非常注意汉语标准语、方言、古代汉语的研究，通锵兄在这方面尤为突出。

1990 年 8 月，我再次去北京，参加王力先生 90 诞辰语言学研究会，还有一个主要目的是去看望石头，他当时在西单大红罗厂肿瘤医院治疗。我去看过他几次，他很多时候都是谈学术上的事，还说到很后悔以前没有多向高名凯先生学习。记得一天下午，我和石头在医院花园中谈话，恰好碰上通锵也来看石头。这是我十年后再次见到他。交谈中他告诉我们："朱（德熙）先生对王洪君说：（标准语）语法研究光搞共时的不行，要结合历时，结合方言。"朱先生的这句话以后我又听福堂、老叶谈起过；次年，在中国语言学会第六届学术年会的书面发言中，朱先生又正式发表了他这个意见。我想，通锵兄等一定从朱先生那儿受到鼓励，更坚定了从汉语实际出发的研究方向。当时,老叶也语重心长地对我说:"国外语言学变化很快,像汽车尘尾,呼啸而起,过后落定寂然,我们不能只是跟着跑,要搞自己的东西。"

上世纪70年代末开始,他们几位的很多专著和论文陆续发表,我也一再蒙他们惠赐大作。每每翻开扉页,看见通锵兄的毛笔题字和石头的随意签名,他们几位的音容笑貌就宛然再现。他们也可说是英年早逝,留下了还来不及做的工作,他们研究的方向有别,范围各异,成果不同,但他们的建树有目共睹,毋庸赘说。现在追忆他们,我深受感动的是:当年语言学理论遭到禁锢、冰封,一旦解冻,他们没有舔舐伤痕,没有咀嚼恩怨,没有陷于浮躁的世风,没有汲汲于功名利禄,而是抓住学术机遇,奋起直追。这对于刚刚走出十年阴影的知识分子来说,实在难能可贵。石头1988年曾引马学良先生的话对四川大学研究生说:"抗战胜利后,有些人急于发国难财,有些人却甘守清贫,潜心治学,几十年过去了,谁有价值?这是很清楚的。"这些话无疑也反映了石头他们的心迹。难怪石头后来在重病中还在整理他的书稿《语义论》。精通几门外语的老叶,"文革"中在干校管账目,他无奈地说他今后只好做会计了。谁知后来又碰上了好机遇,他们怎么不珍惜呢!这就是他们,当然也是很多知识分子所怀有的强烈的事业心和责任感。几位学长正是怀着这种拳拳之忱,接过了老一辈语言学家的接力棒,为北大,也为中国的理论语言学呕心沥血,作出了应有的贡献。

从事理论研究的人,不愿人云亦云,常会直接或间接地提出新观点、新见解,从而引起辩论或质疑,这都很正常;当然有时也会受到责难。半个世纪前高名凯先生的"汉语无词类论"可以说受到"围歼",就是一个例子。通锵兄的很多研究得到学术界的肯定,而他的

"汉语字本位说",学界则有不同看法,他自己也说这"基本上是一家之言","似乎有点冒险"。但我想,他留给人们这个问题,使人思考,探索,这就是他的另一大贡献。理论总是在正常的、善意的辩论中发展、完善的。学者们那种理论的勇气、创新的精神更应受到肯定和尊重。

几位学长没有在地下安眠,他们,还有我们去世的老师、朋友,正在星空中闪烁,注视着期望着留在世上的人。

(张清源:四川大学文学院教授)

怀念通锵兄

裘锡圭

通锵兄匆匆离我们而去了。

我跟通锵兄曾在北京大学中文系共事四十余年。我是宁波人，通锵兄是宁海人。两地相距不远，通锵兄又是在宁波念的中学，所以彼此都把对方当作同乡。通锵兄为人耿直而忠厚。我一认识他，就感到他很可亲。四十多年来，过从虽然并不很密，感情很好，相知颇深。

1982 年至 1983 年间，我在美国西雅图华盛顿大学东亚系教了五个月书。1983 年春回国时，在旧金山停留了几天。那时通锵兄正在伯克利分校加利福尼亚大学当访问学者，进修语言学。他为我妥善安排食宿，还陪我外出，给了我很大帮助。他的进修期限只有一年，每个小时都必须好好利用。我耗费了他不少极为宝贵的时间。

我们虽然都在中文系，各自从事的专业却相距颇远。不过彼此对对方在学术上的进展还是很关心的。他出版的著作大都送了我，我的也大都送了他。知道他在语言学理论和方法跟汉语实际相结合的研究道路上取得了突出成绩，并且在理论上有创新，为语言学界所称许，我是很为他高兴的。

通锵兄数十年如一日，一心在他的语言学园地上辛勤耕耘，不慕荣利，与世无争，平素身体又很不错，朋友们都认为他必享高寿。他享年七十五，不可谓不寿，但是与大家的期望仍远不相副。我在前年离开北京，通锵兄的病发现后，未能前往探望慰问，只能以此小文寄托哀思了。

(裘锡圭：复旦大学教授)

勤力垦拓　著有实绩
——追怀师兄徐通锵教授

向光忠

在我国当代的语言学坛中，徐通锵教授堪称从事语言理论研究之翘楚。执著致力专攻，从未驰心旁骛。春耕、夏耘、秋收、冬藏，兢兢业业，孜孜矻矻，时有创获，卓有成效。

杜甫诗云："人生七十古来稀"，现今社会条件改善，人们大都延年益寿，"人生九十不为稀"，已非虚辞。然而，徐通锵教授年稔甫度七秩有五，以学术人生言，正是渐臻炉火纯青之时，却驾鹤西去而永离人寰，这实在是我国语言学界的损失，让人深感痛惜！

去岁初冬，我远行在外，从重庆至武汉的旅次中，耳闻徐通锵兄体检发现身患重症，住进医院，便为之担忧，但还是以为医生药物有灵，将会使他转危为安，延长寿数的。可是，事与愿违，未出十一月，却传来讣闻！惊悉噩耗，木然甚久。故人永诀，黯然神伤！从讣告得悉："丧事从简，不举行遗体告别仪式。"我想，赶赴燕园，已不及瞻仰遗容，便即刻打电话，拜托耿振生教授代为购置花篮，祭奠于灵前，以寄托哀思。

徐通锵兄是我的学长，当年求学于母校北京大学时，他高于我一个年级。在学期间，他似乎不大外向，我交接不甚宽广，我们只是集体活动时才走到一起，平时未曾单独接触，我对他便无甚了解。

我结业前一年,他毕业留校做助教,我们也未交往。有一天下课之后,我在校园里遇到另一位留校的师兄,他对我说:"你看,我连ㄅㄆㄇㄈ都不会,却将我分配到了汉语教研室……"那时还没有现行的拉丁字母"汉语拼音方案",而是仍沿用传统的民族形式"注音符号"。他的意思是说,对"语言学"原来没有兴趣,起码的基础知识都不大熟悉,简单的基本技能都未能掌握,却被分配搞语言,他难以接受。北京大学中文系是从我们的年级开始,才在原有的"语文专业"与"新闻专业"之外另增设"语言学专业"(即今"汉语专业"),那是将王力先生于20世纪40年代在中山大学创办的"语言学系"调整到北京大学的。这位师兄与徐通锵师兄所在的"语文专业",名称含"语"(语言)与"文"(文学),可同学们的志趣却大都偏向于"文"(文学),学这个专业就是要循着"文学"的道路前行,而后来也就更名为"文学专业"。这位师兄的话,使我意识到:让"语文专业"的同学转攻"语言学",思想是很难转弯的。徐通锵师兄大概也不外乎此。1957年秋我被狂风怒涛从未名湖畔卷到了海河之滨,彼此音信杳然。直到1975年夏,徐通锵兄到天津,我们才在李行健兄家里相会。听他说一直在语言学教研室,我笑着说:"你终于在语言学的冷板凳上一直坐下来了!"他也莞尔而笑。那天我们三个师兄弟在一起,从上午到下午叙谈了很长时间。不过,"文革"劫难尚在,学术荒废已久,环境气氛窒息,我们的谈话则很少涉及做学问,我也没有向他问及治学情况。及至"四人帮"垮台,迎来了科学的春天,1981年,叶蜚声、徐通锵合著的《语言学纲要》一书应运而出了。此书面世,不胫而走,我国沉寂多时的语言学开始激起了浪花!叶蜚声师兄当年报考北京大学中文系研究生就是攻语言学来的,岑麒祥先生将他录取了,我曾听岑先生讲到他。上世纪80年代,叶蜚声兄与陆俭明兄应邀到南开讲学,在舍下做客时,席间叶兄谈道:"我宁可放弃较好的待遇和提拔的机会,谢绝单位领导挽留,铁了心,哪怕生活很窘,就是要考研究生,从财经工作转向语言学,老婆也支持我。"所以,他撰写语言学的专著,不出意想。徐通锵师兄原本是"语文专业"的,毕业后被指派从事语言学教学与研究,未必合于个人原先的意向,也写出语言学的专著,令人惊叹!从此,我对他的治学才有了一定的了解。尤其是他接连发表了一些有独到见地的语言学论著,显然不是一日之功,自必出于厚积之效,则使我揣摩出,他从"文学"转到"语言",并未经久踟躇,乃是立即从新起点向前奋进,"日就月将,学有缉熙于光明"。而与他同时或在他之前的另几位学长,也都是留校后即投入语言学教学与研究,专心致志,成绩斐然。上文提到的那位师兄也同样长期坚守汉语教学岗位,劳绩显著。

自从改革开放以来,在日趋活跃的学术氛围中,我与徐通锵师兄时相过从。在学术刊物上,我咀嚼他阐发的创意;在学术会议中,我琢磨他论说的新见。1993年10月,中国语言学会举行第七届学术年会,我与通锵兄都参加了。在研讨会上,他讲述了"'字'是汉语的基本结构单位"的观点。我们两人分属不同组,他将特意留下的论文打印本给我,虚心征求意见。我阅读后,认为他论证的这一命题值得深入研究。会后返回南开,特将其论文复印传寄,推荐给青年学者钻研。

徐通锵教授潜心撰著,勤勉有加,锲而不舍,笔耕不辍,上世纪,继80年代后,从90年代起,倏然十年光景,他接连刊行了《历史语言学》(1991)、《徐通锵自选集》(1993)、《语言论》(1997)、《基础语言学教程》(2001)等有分量、有影响的著作。承蒙不弃,每当刊印成书,他都寄赠与我。而阅读他的著述渐多,对他的学识则进而有所领会。

徐通锵师兄的为学与为人,可称道者多,这里,疏略叙说三点如次:

(一) 勤于探索,敏于思考　我国的语文学,具有悠久的历史,富有优良的传统。清季以来,西学东渐,则形成了现代语言学。这样,关于汉语的研究,便涉及两种关系须妥实进行处理:一为印欧语言理论与我国汉语实际之间的关系,一为现代中国语言学与传统中国语文学之间的关系。在前辈语言学家中,睿智的学者曾属意于此,其实践经验与理论认识,都给人以启示,推动了研究的进展。然而,从整个语言学界看,就客观研究状况言,两种关系究竟如何处理,并非尽如人意;两种关系究竟怎样对待,亦有失之偏颇。譬如:或空谈语言理论,不联系汉语实际;或滞目汉语实际,不运用语言理论。或囿于传统语文学而漠视现代语言学,乃至抱残守缺;或偏重现代语言学而轻视传统语文学,疏于继承发扬。即或试图做到结合,亦难免有"生搬硬套"、"生拉硬扯"之弊。徐通锵有鉴于此,便致力于寻觅有效的途径,推进我国的汉语研究实际与西方的语言科学理论恰当结合,促使新兴的现代语言学与传统的古代语文学紧密联系。发轫之初,叶蜚声、徐通锵合著《语言学纲要》,运用索绪尔语言理论的组合关系与聚合关系,剖析汉语的结构现象,解释汉语的结构法则。斯书之作,由于打开禁锢枷锁,引进西方结构主义,人们曾感到耳目一新。但是,随着研究的趋向深入,当觉察到这一理论有其局限性时,徐通锵断然放弃,并不拘泥成说,故步自封,而是改弦易辙,另辟蹊径。继而探究,当认识到立足于印欧语言理论审视汉语结构现象而寻求汉语研究实际与西方语言理论相结合的路径之不可取时,则转向于以汉语研究为基础而适当汲取西方语言学说的切合于汉语实际的理论与方法。自此之后,悉心摸索,历时近二十年之久。从1978年至1981年,徐通锵再度同叶蜚声携手,追寻我国现代语言学的行迹,对汉语语法学研究与汉语音韵史研究的理论与方法全面考察,以了解中国语言学与西方语言学相"结合"所取得的成效与存在的局限,由此观察到,承续传统的音韵学之"结合"胜于新起炉灶的语法学之"结合"。从1982年至1986年,徐通锵联系汉语方言研究与汉语音韵研究,吸收西方历史语言学的理论与方法,着重探讨语言史研究中的历史比较法、结构分析法、扩散理论、变异理论,并从文白异读之变易现象的研究中,归结出所谓"叠置式音变"的理论与方法,用以解析缘于方言接触所造成的语言演变现象,充实了历史语言学的内容,填补了我国历史语言学研究的空白。从1987年至1997年,起先意欲突破索绪尔的静态语言系统学说,置足于语言变异研究,以探索语言系统的动态运转规律,而后感到以汉语方言变异研究为基础进行语言理论建设,难以建立一种全面适合于汉语研究的理论框架,于是进而探寻汉语结构的基点,提出了"'字'是汉语的基本结构单位"的论断,从而指出汉语研究重点与印欧语言研究重点的区别所在,即印欧语言以"词"为基本结构单位,其研究重点为"语法",而汉语以"字"为基本结构单位,其研究重点为"语义"。然后进一步提炼出"向心"与"离心"的概念,从"向"纵"离"横的不同角度,观察汉语纵横交叉的语义结构网络,建立语义句法的框架。于此可见,数十年来,徐通锵的探索之勤,思考之敏。正是如此的"求索复求索"的踏实行程,其间经过了"肯定——否定——肯定"的反复认知,逐步推动认识得以飞跃,从而促使认识得到升华,跳出旧知,获取新知。

(二)视野开阔,根柢深厚 徐通锵之研究理论语言学,具有开阔的视野,拥有深厚的根柢。荀子云:"吾尝跂而望矣,不如登高之博见也。"(《劝学》)徐通锵登高望远,立足于前瞻的相应高度,纵目于博览的相应视阈,其治学之所及,从空间看,涉及中外;从时间看,贯串今古。如是,在探索过程中,观察、分析、归纳、综合,便达到了一定广度。孟子曰:"君子深造之以道,欲其自得之也。自得之,则居之安;居之安,则资之深;资之深,则取之左右逢其原,故君子欲其自得之也。"(《离娄下》)徐通锵正是循着可行的途径,以求造诣之高,从而有所获得,切实把握,充实积蓄。人所共知,从事学术研究而欲求有所作为,必须富涵学养。李斯有言:"太山不让土壤,故能成其大;河海不择细流,故能就其深。"(《谏逐客书》)为学之道,是之谓也。从徐通锵的行世著述中,我们看到,他多年来都是如此奋勉自励,广泛领略古往今来的百家学说,普遍披览相关领域的诸多著作,兼收并蓄,融会贯通。如是,在探索过程中,观察、分析、归纳、综合,也达到了一定深度。孟子说道:"博学而详说之,将以反说约也。"(《离娄下》)就徐通锵的治学道路言,我们觉得,亦入"由'博'反'约'"境地。徐通锵度过了短暂的一生,以其有限的学术生涯,留下不少的学术论著。而其所以能够"多产",自然是基于"厚积",凭着"资之深,则取之左右逢其原"。不然,览之未博,知之未详,岂能"左右逢源"?

(三)笃志学术,淡泊名利 徐通锵将自己的宝贵的一生,献给了我国的语言学事业。志在高山,专注学问,惨淡经营,甘愿寂寞。不斤斤计较,不沾沾自喜。勇于修正己见,敢于破除陈说。惟其淡泊明志,故能宁静致远。在学术考察中,他独具只眼,见人之所未见;在学术论证中,他别有识断,言人之所未言。他积极摸索,毫不畏缩地探寻新路。他恪守信念地表白:"根据百年来的'结合'的经验教训,我们想转移'结合'的立脚点,就是以汉语的研究为基础吸收西方语言学的立论精神,阐释汉语的结构规律和演变规律,为语言理论研究开拓一条新的途径。这一设想实在是'雄心可嘉,壮志难酬',不自量力。但是,'中国没有自己的语言学理论'的状况总得设法改变,总得有人迈出第一步,哪怕摔倒了,碰得头破血流,也可以给后人做一块'此路难行,过往行人,小心在意'的路标。鉴于此,我们也就不自量力地去走这艰难的第一步。"(《语言论》自序)应该说,这是可喜的一步,可贵的一步!徐通锵表现出学术赤忱,学术勇气,学术恒心,学术毅力!而其所以无所顾忌地勉力为之,则自然是缘于他献身中国语言学事业的"志"之"笃"、"意"之"专",不计个人之得失,不图一己之名利。显然,相形之下,瞻前顾后、患得患失者流,趋名逐利、沽名钓誉之徒,真可谓"霄壤之别"!

关于理论语言学的研究,前贤曾寄厚望于后学。五十年前,我们临毕业时,王力先生特邀请罗常培先生给我们讲话,在我们即将踏上语言学研究道路时给我们以指导。罗先生向我们指点路径说:"现在的普通语言学理论,是西方的语言学家研究印欧语系语言结构,根据印欧语系语言特点建立起来的,要是你们有人将来研究汉藏语系语言结构,根据汉藏语系语言特点建立新的理论,写出一本新的《普通语言学》,那一定会受到学者们的重视,引起西方语言学家的兴趣的。"徐通锵当时虽没有跟我们班的同学一起聆听罗先生讲话,他后来却正是朝着前辈所指引的方向进行开拓,将汉语研究实际同西方语言理论密切结合,发掘汉语的结构特点与演变特点,试图形成新观念,尝试建立新理论。

当然,徐通锵所发表的见解,仁者见仁,智者见智。或有赞语,或有异言；或视为一种假说而尚须科学求证，或视为一家之言而尚待形成共识。但是，徐通锵探索新途已经着力地迈出新步，其论旨大多有创意，富于启示性、开拓性，是值得重视的。

在中国语言学史上，徐通锵的足迹自将留下印痕。我们将永远缅怀徐通锵——奋力推动中国语言学的理论建设而极力促使中国理论语言学求得长足进展的学者，而后来者亦将沿着徐通锵所探索的道路继续向前行进。

为我国的语言学事业呕心沥血而鞠躬尽瘁的可敬的徐通锵教授，天国含笑！九泉安息！

(向光忠：南开大学文学院教授)

哭 通 锵

曹先擢

质朴无华出众才,
神思卓见笔端来。
与兄相识卅余载,
往事回眸不胜①哀。

①胜,这里的意思本读平声,今审音统读去声。从今读。

附记:

1959年我与徐通锵同志同住北大19楼(筒子楼),为邻居,过从较多,无话不谈。那时生活艰苦,一天晚餐,我见他仅吃咸菜,便问他:"怎么不买个炒菜?"他一本正经回答说:"中午吃过啦。"当时粮票,一般要按计划用,每天一般为1斤,一天三餐,按两计,或2、4、4;或3、3、4;或3、4、3,但是买菜,似乎随便,搞计划的不多,当然,阮囊羞涩,谁也不敢从心所欲用菜票。通锵的回答让我感到他"克己"之严。那真是一个物资极度匮乏的年代。后来他下放斋堂,吃苦更多了。但是他勤奋好学,营养差,学习可不含糊,完全是全力以赴。粉碎"四人帮"后,祖国迎来了科学的春天,他的学问才华像火山一样迸发了。他被公派去美国进修,他的学问大大长进,他是玩命努力利用这难得的机会。每月仅400来美金的生活费(包括房租),国家穷呀。他省吃俭用,还买了些小礼品带回来,给了我一支圆珠笔,我联想到他以前晚餐吃咸菜事,猜想这是"计划花费"省的"伙食尾子"(红军时代用语),其中所含的情谊我难以忘怀。后来大家生活都富裕了,我一直记得他的赠与,而"投桃报李"没有做到。徐通锵先生是一位卓有成就的理论语言学家,语言学事业需要他的智慧和经验,而他身体一直很好,完全可以有更多的建树。然而天有不测风云,2006年秋,他突然得了一种发病快、无法有效医治的癌症,不幸于2006年11月25日溘然辞世,享年75岁。太令人惋叹了。从他一生看,他生命的透支太多,像鲁迅先生说的吃的是草,挤出的是奶。我为失去一位我敬重的学长而哭。

挥泪谨记于2007年2月15日

(曹先擢:国家语委前秘书长、副主任)

痛悼挚友通锵

李行健

通锵是我一生中难得的挚友。他治学勤奋，为人正直，干事勇敢。一个知识分子能同时具备这三点，是十分难能可贵的。我为有一位这样的学长感到很幸运，从他那里一生获益良多。对他遽然离去，心中的悲痛非言语所能表达。2006年4月我老伴突然去世，通锵夫妇和郝斌夫妇，为了劝慰我，五一节在香山整整陪了我一天多。他们真诚的友谊，温馨的话语，至今记忆犹新，极大地温润了我当时惨痛的心田。当时通锵还很健康的样子，我们在香山静翠湖照的照片，特别是他和宁真同志的合影，他还是神彩奕奕的形象。万万没有想到，当我把这些照片送给他看时，他却已经躺在医院的病床上，说话已经十分困难，同照片中的通锵真是判若两人。他看到这些照片时，脸上露出难得的笑容，我的心情却有如刀割一样，特别是看到他被疾病折磨成那个样子，而我们又不能给他一点点帮助以减轻他的痛苦。在回来的路上，我深深地感叹，人生苦短、人生无常。常说的好人有好报，是否也是一些不实之词，老天怎么就不给这样一位优秀的、给国家作出重大贡献的大好人长寿呢？这使我感到苍天无眼，苍天无情！

我认识通锵是在1953年考入北京大学中文系时，当时他比我高一个年级。他们班出才子，有不少出类拔萃的人。我这个从边远穷乡来的学生,对他们有一种羡慕和崇拜的情怀。但通锵当时却不属于出众的人,我同他有一种亲近感是出于我们都是默默读书,少有声息的学生。我后来因病休学半年,他就比我高两个年级了。他毕业留校当助教,成了我们的老师。1958年我毕业前,他还带领我们调查张家口、张北等地的方言。当时同行的有一位研究生,本科班次就比通锵高,不大服通锵的安排,但通锵还是敢于严格要求,对那位学长进行批评。这是我第一次感到通锵是一个正直敢于负责任的人,由衷地敬佩他。

通锵给高名凯先生做助教后,我和通锵又多了一份亲近感。名凯先生是我十分崇敬的老师,我经常去先生家请教问题、谈天,先生的学问和人品给我很深的影响。毕业后我到外地工作,不久又担任"语言学概论"课,所以在回北大时,常常去19楼通锵住的单身教师宿舍看看,问一些教学中的问题。当他和丁宁真同志结婚后,接触就更多了。宁真同志当时在天津工作,"文革"中没有人去关心知识分子的问题,只能长期两地分居。逢年过节通锵会来天津探亲,每次也必定到我家来聚会畅谈。当时我住的房子不大,但比他们那间12平米大小的屋子就显得宽绰了许多。

通锵是一个是非分明、嫉恶如仇的人。"文革"中许多事情是非颠倒,可以想象他心中有许多愤懑和不满,而当时又没有言论自由,我们见面时才可以说说心里话。他去天津到我家聚会后,大多会留出时间我们两人再见面,畅谈国家和北大以及天南海北的事情。"文革"开始他就挨整,但从未向我说起,这件事是我后来间接知道的。他同我说到的是聂元梓等人在校倒行逆施的行为,比如对我们心中崇敬的王力等一大批老师的批判斗争,挑动学生斗学生,搞打砸抢等事。令他特别气愤的是,在刘少奇从国家主席一下变成叛徒、内奸、工贼的公报发布时,他和我共同的一位好友,因说了一句感慨人际关系无常的话,立即被工宣队打成现行反革命。这件事他说得十分激动,我也感到惊心,不禁质问社会是非何在,天理何在?这样下去,我们国家、民族会怎么样呢?对"四人帮"及其爪牙们诅咒一通后,预言他们绝不会有好下场。在当时情况下,能说心里话,抨击"文革"中的黑暗,不是贴心的朋友是不敢说的。也正因为这样,所以很难有一吐心中不满和郁闷的机会,而一经倾倒出来后就会感到一种难得的轻松和畅快。这种心境现在年轻人是难以想象得到的。

"文革"结束后,通锵才有机会结束一家两地分居的生活。他搬到34楼有一间属于自己的屋子后,高兴地写信给我,让我到北京时务必去他"新居"做客。我曾专程到北大去他的新居。夫妻团聚、喜得斗室,他喜悦的心情溢于言表,特别给我做了家乡名菜梅干菜烧肉。那顿饭虽没有更多的美味佳肴,但我们大家吃得非常高兴,因为那是在庆贺一个苦难岁月的结束,展望祖国的新生,这种心情是什么美味也无法比拟的。后来他搬到畅春园,有了一个真正的"家",希望我去看他的新家。我为他高兴,也真诚地向他和宁真祝贺。我记得一个周日,我如约到他新家。他陪我在周边转了半天,畅春园真是大变了,往日破败的景象已被一幢幢新建的宿舍楼所代替。从他的言谈话语中,我体会到他心情的满足,终于有了一个可以读书写作的地方了。当晚他非留我住下,并且一定要同我抵足长谈。他把被褥搬到书房,我们两人相向而睡。我告诉他我一个人睡就得了,我打呼噜很有水平,他会睡不好。他说不怕。结果当晚也不知天南海北扯到什么时候,我迷迷糊糊睡着了。第二天早上醒来已经很晚,我看他的被子早已不见了。原来我的呼噜厉害,夜里把他打跑了。

1983年,我调北京国家语委语言文字应用研究所工作,我们见面的机会就多了。但我很快调语文出版社主要搞行政工作,学问上交流却少了。对他学术上不断取得的成就,我是既高兴又敬佩,他每出书必送我一本,我也只草草看看,没有机会认真拜读了。但他在学术上的创新精神却给我们树立了一个榜样。出于历史的责任感,通锵长期感到我国语言学发展缓慢,同我国改革开放的形势很不适应,自觉地担负起探索发展我国语言学创新之路。这是一条荆棘丛生的艰难之路,可敬可佩的是他艰苦奋斗,在不少有识之士的支持下,终于取得了丰硕的成果,为我国语言学发展闯出了一条具有重大意义的新路。他从总结我国百年来语言学发展的历史经验和教训开始,找出由于我们未能使西方有用的理论真正结合汉语的实际和特点,以致走了弯路的原因。因此,他努力去挖掘汉语的实际和特点,以期克服前人的失误,真正使汉语同西方语言理论的结合,从这个过程中吸收有用的理论,扬弃不适合汉语的理论。为了更好地探寻汉语的特点,他下苦功调查了不少有特点的方言。日本著名语言学家桥本万太郎生前就十分羡慕地说过,中国方言非常丰富,是研究语言发展变化的大宝库。果如所言,通锵通过对多种方言的深入调查,将这些实际的活生生的材料进行历时和共时的相互比较后,取得了有创见的成果。比如从方言的文白异读研究中提出的叠置式音变理论,不仅突破了西方人关于音变和语言同质系统认识的成见,同时也给我国语言学的研究很大启发。根据通锵研究的结果,我认为对我国语言的规范也有很重要的现实意义。比如普通话异读中的文白异读处理问题,就会有一个新的视角,按照语音发展趋势,尽量选择文读音,逐步减少白读音,这对于促进语音的规范统一有积极的意义。像他这样突破并发展西方的语言学理论,在我国语言学界是很少见的重大贡献。他的《历史语言学》是他探寻汉语同西方语言理论有机结合道路的宝贵总结,也是他在"结合"道路上迈出的具有历史意义的一步。

众所周知,"字本位"理论是通锵独树一帜的创新学说。当我们顺着通锵学术思想发展道路走下去,就会发现他提出"字本位"理论是事所必然、理所必至之举。他认为要从根本上解决"结合"的问题,必然要从汉语的基本结构探索开始,才能真正在语言理论的体系上有所突破,才能真正使"以汉语的研究为基础"落到实处。他发现汉语中以字为结构的基点,汉语中没有与西方对应的"词"。这一想法也暗合了著名语言学家赵元任的认识,可谓两者不谋而合。我们在编写《现代汉语规范字典》时,对每个字,除单纯音节字(本身没有任何意义)外,不管是成词或不成词的语素字都标注了词性,实际上也就是承认了它们是汉语中的基本结构单位。这一做法虽然受到一些同行的质疑,但我们还是坚持把它贯彻下去了。我们感到汉语中的"字"的确不同一般,可以看到,在古代汉语中"字"就是我们现在一般所理解的词,由于汉语词的双音和多音化,才使一些字不再单独成词。但一个字是否单独成词是很难完全区分清楚的,因为一个"字"在某些场合不能单用,但在另一些场合却可以单用,即使到今天,真正不能单用的字也不多。退一步说,不能单用的处于复合词中的"字",它同别的字也存在一种同汉语语法结构中一致的关系,如主谓、动宾等。可以看出,单个"字"和复合词中的字,它们在造句中有一脉相承的结构关系,只不过过去叫"字"(词),而今天人们才有了"字"和词区分的概念。因此,从汉语的本质上说,"字本位"还是很有一些道理的,当然它本身还需要完善和提高。

"字本位"理论常常受到一些研究者的误解,这也是让通锵感到遗憾的事。一些同志认为字就是书写的符号,而词才是语言中可以独立运用的有意义的最小的单位。这样去看问题,自然字和词就完全是两种不同的东西了。殊不知汉字不同于西文中的字母等单纯的书写符号,而是一种特殊的东西。它是单音节的语素文字,即一个字在创制时它就代表了一个语素,因此,不宜把汉字看作单纯的书写符号。就从我国著名的语言学大师王力、吕叔湘等先生的著作看,他们讲汉字时都同时讲到汉字的形、音、义三个要素。这同西文的文字是完全不同的。如果汉字只是单纯的书写符号,何来意义可讲?为什么我国有"字典",有独特的"文字学"?说明汉字同拼音文字完全是两种不同的记录语言的符号体系,必需注意区分二者的不同特质。通锵的《语言论——语义型语言的结构原理和研究方法》就已经回答了这类问题。

通锵并不属于很"聪明"的一类特殊的人,他能做出这样的成绩,获得很大的声誉,在语言学界产生重大的影响,主要在于他治学勤奋,在学术上保持着奋勇前进和可贵的学术良心。在上世纪50年代讨论词类问题时,他写文章可以不同意导师高名凯先生的意见,恰恰同我写一篇支持高名凯先生的意见(见《汉语词类问题》第二集)相反。也就是说,他是按学术的真诚来发表自己意见的。我还记得2004年《现代汉语规范词典》出版后,有同志认为不能随便用"规范"冠名,引起学术界一场轩然大波。本来在这之前他们自己用过,我们《现代汉语规范字典》(1998年出版)等也用过,都没有引起什么异议,因为当时吕叔湘先生还健在。现在这个仍然由吕叔湘先生敲定并书写名字的词典出版就好像大错了似的。所以通锵就直截了当地问那位同志,如果吕叔湘先生今天健在,你还会这样挑问题吗?问得对方很不自然,也无法回答。这样的问话,恐怕也只有通锵这种正直无私的人才能发出。真有点"此曲只应天上有,人间那得几回闻"的味道。

说到通锵的正直,我是心中永远充满着敬意的。光正直还不够,它只能正确无偏判断是非曲直,还需要无私无畏的勇气才能在应该表态的场合说出来,通锵就是这样的人。我的这种认识绝非是对通锵的偏爱。大家都能感受到现今的环境下,评职称、审论文、选先进等,不易再找到像通锵这样秉公直言的人。北京大学中文系陈平原教授在评价通锵时,认为他能超越部门、专业的利益,对所评审的对象"作持平之论"。并且"其学术判断——包括对本专业以及外专业——平正通达,完全值得信任"。所以这位同志就决定:"以后,我认定,凡是语言学方面的,我听徐先生的。"并且这样做还"从没出过纰漏"。(《中华读书报》2007年1月31日)

上面说的是通锵对人对事表现出的高尚品质。在对己上,通锵也有同样的原则。上世纪90年代初,一家出版社找到我和曹先擢同志,希望我们将自己的文章编一本集子出版。我和先擢都感到我们的论文卑之无甚高论,于是建议他们可否为语言学界的中年语言学家各出一本专集,因为老年的学者大多已有文集问世,而青年学者还来日方长,中年的应优先考虑。这个建议被他们接受,提出要先擢和我来主持其事,为了能为大家办点实事,我和先擢也就勉为其难接受了。于是我们草拟了一个40多人的名单,计划分四集出版,每集出10本。这就是包括通锵在内的那套《中年语言学家自选集》。开始实际运作就遇到一个难题,谁先上,谁后上,凭我和先擢的见识和声望,自然难当此选择的重任,只好去向吕叔湘先生汇报。先生十分支持,并同意出任顾问。当我们向吕先生汇报第一集10本如何出时,先生也为难地说的确不好定,我们请先生按专业和代表性在 40 多人名单中先划出 10 人。不久先生圈定了一个 10 人名单，先征求我们意见。吕先生说，有的同志这次没有上会不高兴的，告诉大家还陆续出嘛！为了让大家信服这是吕先生选定的，先擢和我请先生一一题写书名。第一套选集 10 本出版后，反响很大，得了国家图书奖（当时我国图书最高奖）。非常遗憾的是出版社得了奖后，不愿再出下去，以致招来某些不明真相的朋友的不满。可在这件事上通锵表现很谦虚，他一再说如有别的更适合的，先不要出他的选集。在汇集文章时，他只收入 1979 年后的重要论文，这之前的文章一概砍去。他认为过去写的论文不重视实际的语言研究，在概念中兜圈子。他这种大胆的自我否定精神，也是很需要学术勇气和学术良心的。

通锵走了，给我们留下了无限的思念。对逝者最好的纪念当然是继承发展他的未竟事业。作为一位优秀的教育家，通锵堪称桃李满天下。他的弟子们当会沿着他开辟的道路去完善、发展我国新的语言学理论。这一点我是深信不疑的。他众多弟子中，仅就我接触的王洪君、靳光瑾和陈保亚等同志，都是语言学界年富力强的精英。通锵，你就放心地安息吧！

新年的鞭炮在窗外不断鸣响，我的心却因失去故人而愈加悲怆。通锵呀，我的兄弟与学长，就让这声声的炮竹伴你远行，而你的品格和成果将永远被人们珍藏。现谨将送别通锵时曹先擢等同志和我写的挽联作为对他永远的怀念：永攀登，累累科研果，三论确为大突破，成就耀后世；善教诲，欣欣桃李枝，诸生当能绍箕裘，燕园哭良师。通锵学长千古。

（李行健：国家语委委员、语文出版社前社长）

一位真正的学者
——长念通锵

史有为

徐通锵先生长我六岁,当然是我的学长。我入北大的时候,好像他也刚毕业。我一直以为他那时正在做高名凯先生的研究生,却不料,他已经是高先生的助教。那时候辅导我们的是石安石先生,如果早知道他当年也担任此职,那就把"徐先生"或"徐老师"叫到今天了。当然,从学问上看,他也确实可以当此一名。

我和通锵兄是在不言不语间认识的。1955年那会儿是五年制学生的第一次招生,学生多,可阅览室的座位少,基础建设没跟上。于是学生们就流行抢占座位的把戏,早早儿地把书包放在座位上,然后再回食堂去吃饭。我几次见到通锵都是在文史楼四楼的阅览室,有时很巧,两个人就坐在斜对面,知道是一个系的,但不知道彼此姓甚名谁,几乎就没有打过招呼。冬天的时候他总披着件老棉袄。有时他不在,偷瞥一眼,书不但厚,有的是外文原版,旁边常放着一个饭盒。有时他回去吃晚饭,就把书本放在桌上,省得回来以后找不到座儿。只要我去阅览室,几乎总能见到他。我由此推想,他是个三点一直线的"研究生",宿舍—图书阅览室—食堂。那时我就很佩服他,能做"研究生",以后又是高先生的助教,在我这个初入门的学生看来,这些帽子已觉得高不可攀。而他的勤勉与艰苦,更在这佩服之上添加了某种感情色彩。这就是我们之间的认识的起点。而他学问的基础大概也就是从文史楼苦读筑成的。

真正跟徐通锵先生熟悉,那是我毕业以后,而且跟叶蜚声先生有关。当初我因为想从事汉藏语言比较,就主动要求到中央民族学院任教,可是去了之后却是让我教现代汉语一类课程,于是就感到需要进修提高。然而"四清"、"文革"的相继迅速光临,使我这个愿望破灭了。"文革"后期,"复课闹革命"给了我一点安慰,那时正好朱德熙先生开"现代汉语语法(2)"的课,于是每个星期我都骑车去母校旁听。朱先生开了两遍,我也旁听了两遍。之后,又陆续听学长郭锡良的汉语史和马希文的人工智能,还有一些外请的讲座。那时候,差不多隔三差五地我就去拜访叶蜚声先生。叶先生虽然比我大很多,又早就留校担任北大的教员,但我总称呼他为老叶。一来是同乡,同是来自上海,就如同跟赵世开先生的交往那样,用上海话天南海北,痛快淋漓;二来很谈得来,许多语言学理论问题我总第一个请教他,他见识广积淀厚,人又宽容厚道,许多观点都很一致,有些更是有烛照之感。就这样,一来二去的就没了界限,成了忘年之交。也因为老叶的关系,我和通锵兄才慢慢熟悉。在叶先生那里常常可以见到通锵,因为同是一个教研室,又是教材的共同作者,他们之间的关系当然就非同一般。在我印象中,通锵总是穿着落后于时代的服装,一进门,那一脸的笑容,在一副旧式眼镜之下,显得真诚随和而有趣,一口宁波底层的普通话,颇有点特色,可也立刻冲垮了许多门槛。有一次,通锵先来老叶家,我也正好在座,不久王理嘉先生来了,见着通锵就"老头、老头"地称呼。那时我很奇怪,还以为听错了。后来才知道确有这一雅号。由此可知,他为人的随和,以及在同事中的人缘。但是,我们的交往还是不多的,原因可能是我所弄的现代汉语跟他研究的历史比较总有些距离，没有真切感到求教的需要吧。现在想来，真有些后悔，错失了学和问的机会。

　　大概是20世纪80年代末，有一次，吕必松先生主办了一个十人左右的小型现代汉语语法讨论会，地点是在小小的清华园饭店，谈80年代的现代汉语研究。通锵和我都是在邀。在那次会上他做了一个惊人的发言，提出汉语是语义型的语法。一下子把不少人都打晕了：你这是说什么呀？是不是在讲外行话？具体论据到底是什么？站得住站不住？当时很多在座的同道似乎对此都有所保留，而他似乎也没有说得很清楚。至少我就是这么想的。说实在，在我们这些搞现代汉语语法的人看来，通锵只是客串，不必认真。没想到，一两年之后，他就明确以"字本位"命名发表了陈述更为清楚的论文，引起了一片轰动。许多人纷纷表示反对，而当时我对此也曾表示不甚赞同，觉得汉语中语素是的确重要，但何必把原本是文字单位的"字"扯进来。对他这个理论的认识，还是到了国外。

　　说来话长，80年代正是文化语言学的高潮，很多人都从词汇和语法角度去论述。我当时却总觉得这些角度太传统，应该发掘一下词汇和语法背后的东西。那背后是什么呢？在经过多年语法教学之后，传统的英语语法学习必须先从语音学习开始这一习惯做法某一天突然触动了我，启发了我：印欧语的语法因为有丰富的形态变化，所以必须从语音开始，那汉语呢？是不是也该如此？于是我从汉语语音的文化性开始入手，越思考越觉得语音的重要性。几年以后，我终于理出了头绪，也终于大着胆子提出这样的观点："语言中最有关键意义的是音节构造，在汉语中尤其是音节的声调。音节构造是整个语言文化的生长点。""……汉语的孤立特点或非形态特点的根源或许可以归结为区别意义的声韵调音节结构。""也许可以说,汉语的音节、汉语的声调在语言文化中是最具有意义的。汉语汉字在形式上甚至是可以说是一种声调文化及其衍生。(具有声调的音节)是汉语的'根'。"(《汉语文化语音学虚实谈》,载《世界汉语教学》1992年第4期)这个思想诞生于国内,这篇文章也是我赴日本任教之前完成的。我至今后悔,当时怎么没有想到这个想法跟"字本位"是相通的,怎么没想到去向通锵请教,跟他长谈?那时候只是满脑子的想着"文化"一词,没有更多地联系语法和周围同行的相关观点,从而错失了及时深化的机会。可见,还是在理论修养上与他有不小的距离。

到了日本,远离漩涡中心,没有了国内那种剑拔弩张的压力,倒是可以在繁忙的教学之后静静思索。由于我的原点和通锵的原点几乎同一,又由于我正在思考汉语内部的相关性,因此就容易体认到字本位理论的价值。就在20世纪即将告别的时候,我在一篇回顾百年语法研究的文章中把"字本位"理论作为20世纪中国学者的一大创造。(发表于香港)这个观点大概很冒犯了一些人,可是,我觉得公正地而不功利地评价被传统或多数所忽视的一切,这应该是我们在汉语学评论上应有的责任。如果通锵敢于冒大不韪、敢于为天下先,我为他说几句公道话又算得了什么!随便别人说去吧!

前年,我在人民大学做了一次关于汉语内部相关性的报告,这个报告其实是跟通锵的理论有许多很接近。在回答提问时,我明确地表明:在中国语言学家中我最佩服的有两位,一位是我的老师朱德熙先生,他开创了词组本位的学说,这个学说在他的周严逻辑下,把汉语的特点发掘并组织得让人叹为观止;另一位就是通锵。因为他提出的"字本位"学说实际上提出了两个根本,一是作为三个交汇点单位的字,一是话题结构,这从根本上打乱了几乎凝固了的汉语语法学框架,开始了从汉语自身构建汉语语法学的另一进程。这个思想不但承续了赵元任,其实也承续了高名凯,但是在更耐人寻味的项目下融合并推进了。这个理论离开汉语实际面目应该是越来越近了。当然,我得承认,我们在一些具体方面还是有差异的,但这并不妨碍我对他的敬佩与评价。

1998 年,在日本的一些中国学者共同发起创办《现代中国语研究》杂志,公推我主持并筹备创刊。为此,我给通锵去信,请他担任特约编委为我们审稿,并为创刊号约稿。可惜他因为忙而没有成功。这之后我们就一直各忙各的,没有太多接触。

去秋,潘文国兄来信为他所主持的一个项目和一份刊物约稿,也就顺便谈到了字本位,谈到了我对这个理论的看法。大概就是文国的"通风报信",9 月 28 日我突然接到通锵兄给我发来的一封电邮。在信中他跟我谈到了他正在主编的一套"字本位"丛书,在列举了已经出版或敲定的一些书目后,推心置腹地说:"字本位理论的提出已有若干年,但影响不是很理想,究其原因,大家觉得原因之一是理论讨论得多,而解决实际问题少。"他很希望有人来弥补这个缺憾。我知道,他很希望我也参与此事,并能够在理论上有所推进。这封伊妹儿还特地附了一个附件,把他为丛书写的题为《"字本位"和语言研究》的总序发给我,让我看看。这就是发表在《语言教学与研究》2005 年第 6 期上的那篇文章。这篇文章在日本获得了很好的反响。我所主持的杂志《现代中国语研究》也希望能约请通锵写一篇类似的文章。但是很可惜,我这个愿望刚刚在信中跟他谈及,他就住院了,从此就成为了遗憾。

我在那几次的通信中坦率地表达了自己多年来研究汉语后对

汉语的认识:"经过我这几年对汉语和语言学理论探讨和思考,我突然发现,现在和我最接近的理论就是您的理论。我主张没有汉语和汉语言学的个性就没有语言和语言学的共性,现在的一些理论都是建基于西方语言的,而那种认为一种语言就可以包打天下共性的认识,我是不能苟同的。"我认为:"话题结构是汉语的基础结构,我还认为汉语的音节特点是汉语的一个核心。最近我的课题基本上也集中在这个方面。"这些观点与"字本位"很接近,但又不完全相同。我还说:"我很佩服您在重重反对声中的傲然独立。这使我想起了高名凯先生,高先生的许多论断其实大体是正确的。"通锵在10月4日给我回了信,他看到"对外汉语教学现在是热门,但理论、方法没有什么创新",显然他对此很感忧虑,他很希望这方面有经验的人"能在这方面有所建树"。他还针对我信中所说的"音节是汉语的核心"这一观点说:"至于'字本位'的提法是否恰当,这可以讨论。音节在汉语中有重要的地位,我也是通过音节才找到'字'的,因为音节只有音,无法成为语言的基本结构单位。"这番话让人感到一种豁达宽容,这表现了一个学者应有的气度。这封信离他躺倒住院已经不远,可是他心中依然装着11月份的丛书编委会会议,放不下他的事业。我想回北京时再与他长谈,可没有等我来得及去拜访,就再也听不到他的声音了。几天以后,他就住院了。11月25日,一颗亮星在中国的天空突然陨落。我渴望与他当面长谈,然而却再也不可能了,从此成为了我永远的遗憾!

  通锵的苦读,苦思,苦研,他毅然决然的变革,永远的探求而无止境,以及他的朴实真诚与豁达随和,都证明了他是一位真正的学者,一位历史上永记而很难再现的学者。历史将证明他的志向,证明他的学说的价值。

谨以下面藏尾八句结束这篇短文,也以此纪念通锵学长:

南腔北调论短**长**　苦索真谛为公**益**
字有来历创新**念**　独立寒秋志愈**坚**
一心语学探共**通**　老来变法承先**志**
鸭儿字儿成铿**锵**　放眼环宇一潮**向**

(史有为:日本明海大学外国语学部／大学院教授)

春蚕到死丝未尽
——怀念徐通锵老师

蒋绍愚

不久前徐涛把《语言学是什么》一书给了我,拿在手里,觉得沉甸甸的。这本书是徐通锵老师去世后出版的,但不是他的最后一部著作,他还有一部书即将出版。人们常用"春蚕到死丝方尽"这句诗来称颂学者为学术献身的精神,对徐通锵老师来说,应该是"春蚕到死丝未尽"。这不仅是说他在身后还有著作出版,而且是说他对学术的贡献影响深远,泽被后人。

我称他为"老师"是理所应当的。1957年我进入北大,第一学期就有语言学概论这门课,徐通锵老师和殷德厚老师一起给我们上课。那时徐老师是年轻教员,我们班上有的同学年龄比他还大。1962年我毕业留校,第一年在写作组,后来到古代汉语组,和徐老师不是一个教研室,接触不太多。后来汉语专业的教员经常在一起活动,接触得比较多,特别是90年代住到畅春园以后,我住一单元,他住三单元,晚饭后散步时经常能碰到,有时也上他家去聊聊,关系就更近了。我觉得徐老师是一个有见解的人,很多事都比我看得深,也是一个坦诚的人,从不隐瞒自己的看法,所以无论是学术问题还是其他问题都愿意和他谈谈,听听他的意见。至于他治学的严谨和勤奋,创新和执着,更是我学习的榜样。

徐老师对年轻人是非常热情的。我们古汉语教研室的一位年轻教员胡敕瑞，对汉语词汇的演变有一些新的想法，写了一个初稿，请徐老师看。徐老师很鼓励他的创新精神，同时，在他初稿上写了不少指导性的意见。去年夏天，胡敕瑞申请去哈佛，需要三个推荐人，但胡敕瑞那时还在韩国，而材料要得很急，所以由我替他代办。我想借助徐老师的大名，就请他写一封。徐老师一口答应，而且很快地就把推荐信写好。那时他住在徐涛那里，还特意回畅春园一趟，约我去取。我去了以后，他说："你还为你的学生跑腿啊？"我说："你不是一样，特意为他跑一趟吗？"他说："只要年轻人有出息，老头子为他们做些事是应该的。"那次见面，我觉得徐老师有些清瘦，但精神仍很好。没想到过不了几个月他就住院，而且一病不起。按照他的年龄和一贯的精力，他还能做好多创造性的工作，可惜天不假年，真让人感慨！

徐老师在学术方面的贡献自有定论，无须我在这里多说。我自己感受最深的有两点。一是徐老师为扭转语言理论研究脱离汉语实际的趋向所做的努力。20世纪60年代以前的语言理论研究，主要是介绍一些西方的语言理论，或对这些理论进行研究，而很少结合汉语实际。介绍和研究西方语言理论也有必要，尤其是在20世纪上半叶，在汉语语言学的创建时期，但是，如果长此下去，都只是停留在从理论到理论的研究路子上，那么语言理论的作为就太少了。语言理论要解决问题，就必须和汉语实际相结合，语言理论要有所创新，更必须从研究汉语做起。徐老师很早就看到了这个问题，从20世纪70年代起，他努力改变语言理论脱离实际的研究趋向，努力从汉语研究中总结出新的理论。比如他提出的"叠置式音变"，就是很好的一个例子。他不但自己这样做，而且也引导语言理论教研室的年轻人这样做。我在和徐老师的接触中,最常听到他说的一句话就是"花了好大力气才把这个方向扭过来",确实,在这个问题上,徐老师是花了很大力气,而且取得了很大成效的。二是徐老师为中西语言学的结合所做的努力。在他的《汉语研究方法论初探》一书的《序言》中,有一些话集中地代表了徐老师的想法:"'结合',这是中国语言学发展的必由之路。这一点学界没有争论,问题是如何'结合'?以什么为基础去实现'结合'?……我们实现中西语言学的'结合'不应以印欧语的理论、方法为立足点,而应立足于汉语的研究,吸收印欧语理论的立论精神,即它如何从材料的梳理中提炼出相应理论的思维方法和论证方法,对汉语的特点作出理论解释,进行我们自己的语言理论建设,摆脱'跟着转'的研究思路。汉语的特点集中表现在哪儿?一言以蔽之,就是'字'。……要立足汉语的研究,就应该紧紧抓住字,使其成为'结合'的立足点,以实现中西语言学的有效结合和现代语言学与汉语研究传统的有效结合。"中西语言学的结合,应当吸取西方语言学的理论方法,但其立足点必须是汉语的研究,徐老师的这种看法是完全正确的,他自己身体力行,取得了不少有价值、有影响的成果,这已经载入了当代中国语言学史的史册。至于汉语的特点集中表现在"字"上,这是徐老师十多年来一贯的主张,学术界对此有不同的意见,这也是完全正常的。"结合二字谈何容易!"(这是徐老师《序言》中引用的吕叔湘先生的话)要做到很好的结合,道路是漫长的。"结合"成为学界的共识,这是第一步。"结合"要立足于汉语,这在当前也可以说已经成为共识,这是第二步。走出这两步,都经过了曲折,花费了时日。下面要走的第三步是:汉语的特点究竟是什么?对这个问题的回答要取得共识,恐怕还要经过更多的探索,作更深入的讨论。没有探索,就不会有结论;没有讨论,就不会有共识。那些为探求真理而提出各种不同主张的学者,都是在为这个问题的解决作出贡献。徐老师就是这样一位学者,历史是会记住他的。

(蒋绍愚:北京大学中文系教授)

记徐通锵先生二三事

邵敬敏

徐通锵先生是宁波人,跟我是老乡。他在老家一直念到高中毕业,1952年才来到北京大学;而我则刚刚踏进小学的门槛就全家迁到了上海,一直到1961年也才进了北京大学,前后相差9年。他在北京生活了50多年,不过,乡音难改,说话时还可以听出一点点家乡的口音,在我听来,就觉得特别亲切。

徐先生特别平易近人,一点儿架子也没有,为人厚道,待人诚恳,同事、学生都喜欢跟他接近。所以他就获得了两个"雅号":一个叫做"老头儿",据说在中学时,就叫开了。记得他专门跟我解释过,说是因为自己举止行为有点儿老气横秋,不过据我私下观察,更主要的可能是他的言语行为比较老成、稳健的缘故。另外一个叫做"通通锵",这多数是在背后善意的说说,可能觉得比较诙谐,即使在自己的名字上面开个小小的玩笑,徐先生听见了,也从来没有因此而不高兴过,他是那么的豁达、那么的宽容,往往一笑了之。这虽然只是小事,但是徐先生的人格、品性可见一斑。

我进了北京大学,而且是梦寐以求的中文系,别提有多高兴了!可是,万万没想到的,却被分配去读语言专业。世界上的事情就是那么巧,你明明想进这个房间,却偏偏进了那个房间,不过被动的开端却换来主动的结局,结果语言研究居然成了我终身为之奋斗的事业,这里确实离不开我们专业老师们的言传身教。现在想起来,总觉得仿佛冥冥之中,早就有了安排。那时,老师们常常跟着我们一起下厂、下乡劳动锻炼,到了下面,我们跟老师,尤其是跟青年教师的距离一下子缩短了,"老徐、老六"的乱喊一气,师生关系,变成了兄弟情谊。所以当我们一回到学校,我们跟老师们的关系就显得亲密无间了。这可便宜了我们,徐先生有一辆很旧很旧的自行车,除了铃不响,其他的几乎都响。不管如何,总归还是一辆可以骑骑的代步工具。很快它就变成我们学生的"公车"了。他的车其实很不好使唤,而且是特殊的"脚煞车",我们用惯的是手煞车,但是好歹是辆车,于是你刚借来,我就接手。那天,不知怎么的,车居然转到了我的手里,我骑着骑着,为了躲人,一不小心就撞上了大树,前轮顿时像麻花似的扭曲了。我狼狈不堪地拖着伤痕累累的坏车去还给徐先生,心想这一下可惨了,少不了挨一顿批评,没想到反倒是他先问伤着人没有,还安慰了我半天,最后是他自己去把车修好了。过了好多年,他还直笑话我的骑车水平"高"呢。

很多人只知道徐先生的学问做得出色,却很少人知道他的厨艺高明,尤其是烧鱼,这是他最拿手的了。记得90年代初,有一次中午我在袁行霈先生家里吃午饭,徐先生来了,他说要请我去他家吃晚饭,而且答应亲自烧鱼招待。果然,他烧的鱼与众不同,特别入味。我至今还记得徐先生系着围裙在厨房里忙忙碌碌的模样,记得那碧绿的葱花、浓浓的香味、可口的鱼肉……饭吃得滋润,我的心更滋润。徐先生详细地询问我的研究状况,研究课题,研究心得,研究中的困惑以及对一些理论问题的思考。那时我的《汉语语法学史稿》以及跟方经民君合著的《中国理论语言学史》出版不久,徐先生对这两本书特别感兴趣,他对自己专业的热爱,对语言学理论的钟情是无与伦比的。其实,我们史书的某些观点是受到徐先生启发的,他跟叶蜚声先生合写的《"五四"以来汉语语法研究述评》(《中国语文》1979年第3期),打开了我们的思路,我觉得,两位先生很有独到的眼光,理论概括能力也特别强。老师的精彩研究为我们树立了无声的榜样。

徐先生主要从事语言学理论的研究,他的研究往往具有独创性。坦率地说,徐通锵先生的研究,在中国语言学界是独树一帜的。可能有的人觉得有点儿"怪",因为他不随波逐流;也有的人觉得他有点儿"土",因为他的研究深深扎根于汉语。徐先生的有关研究,产生影响比较深远的主要有三个方面:

第一,语言学理论教材的编撰,他跟叶蜚声先生合编的《语言学纲要》,是继高名凯、石安石两位先生的《语言学概论》之后,在全国最有影响的一部语言学入门教材,观点新颖,准确到位,紧扣汉语,条理清晰。出版20多年后的今天,还没有一本同样类型的教材能够替代。

第二,历史语言学的研究。他将语言变异的理论和汉语的实际情况,尤其是方言和音韵的研究结合起来,探索有序和无序之间的相互转化和规律,例如《百年来宁波音系的演变——附论音变规律的三种方式》、《宁波方言的"鸭"[ɛ]类词和"儿化"的残迹——从残存现象看语言的发展》、《山西方言古浊塞音、浊塞擦音今音的三种类型和语言史的研究》等,在发表一系列专题论文的基础上,还出版了专著《历史语言学》。这一研究奠定了徐先生在中国理论语言学界不可动摇的地位。

第三,字本位的理论研究。在1991年国家汉办召开的汉语语法研究座谈会(清华园)上,徐先生第一次阐述了他对"字本位"的看法。我有幸也参加了这一座谈会,亲耳听到了徐先生的高论。在以后的岁月里,他的主要研究就是不断地阐述、丰富、发展这一理论,而且获得了一部分学者的全力支持。虽然这一理论在语言学界还有相当的争议,对这一理论的解释力还有不同看法。但是,徐先生的出发点是非常明确的,那就是要摆脱主要建立在印欧语基础上的西方语言学理论,创建具有中国特色的语言学理论。对这样的尝试,我们都应该理解和支持。

2006年,对北京大学中文系来说,可以说是损失惨重的一年。据说先后走了好几位著名学者,语言学方面,先是林焘先生走了,接着就是徐通锵先生病逝。两位都是我的授业恩师,我从他们那里不仅学到了做语言研究的理论和方法,而且学到了做人的道理和处世的信念。2002年夏天,在华东师大举办的中国英汉对比研究会年会上,正巧是我做大会报告的主持人,而徐先生正好是主讲嘉宾。那次,徐先生讲的就是字本位理论,这也是我最后一次听到徐先生侃侃而谈,那次给我的印象好像有点气急,是不是身体已经出了点毛病了?至于我跟徐先生最后一次的见面,应该是2004年的九九重阳节,我正巧在北京语言大学为《语言教学与研究》编辑部做"执行主编",北京市语言学会邀请在京的退休的老语言学家聚会,师兄赵金铭也请我"列席"。在会上我有一个即兴发言,第一层意思,就是真诚地感谢北京大学的老师们对我们的培养和教诲。我们这些年来所取得的点点滴滴成绩都离不开老师们的心血,所以,我衷心祝愿老师们身体健康、万事如意。我记得徐先生当时也在座,他感到欣慰的,一定是自己那么多的学生已经成材。

往事如烟,几十年了,回忆起来,也许不是那么清晰,不是那么完整了,但是,缘分和情谊是永存的,时间这把刀再锋利,也割不断,斩不绝。徐先生走得快了一点,我知道他还有许多计划要做,还有许多论文要写,还有许多新鲜的想法要完善……可是,他匆匆地走了,留给我们无穷的思念……

(邵敬敏:华东师范大学文学院教授、

暨南大学文学院教授)

徐通锵老师，安息吧！

王若江

徐通锵先生如此匆匆地离去，太出乎意料了，以至于让人无法接受。先生生病住院的消息，我是在国外听到的，当赶到医院去看望时已经是11月23日了，先生处于昏睡状态，他女儿伏在耳边呼唤了好一阵，他才微微睁开眼睛，但是似乎什么也没有看见，转瞬又昏睡过去，看着这情景，我的泪水不由自主地流了下来。据说前一天下午先生还在兴奋地聊天儿，夜里几乎没有睡觉，到清晨便开始昏睡了。我想，先生是说话说累了，需要休息，便不敢继续打搅，悄然离开，希望下次再来看望时，可以和先生说几句话。没有想到，这竟是最后的告别。现在一闭上眼睛就能看到徐先生躺在病榻上瘦骨嶙峋的样子，和先生长久以来的形象完全不能重合在一起，心中感到无限的伤痛。

我们进大学的时候是一个特殊的时代，老师们对于希望学习知识的学生，都给予了特别的关爱，因此，我们也和老师建立了非同一般的亦师亦友的关系。几十年来我们一直称各位先生为老师，当面从不改口叫"先生"，并非不尊重，而是感到其中有那么几分特别的亲近。

徐通锵老师教我们语言学概论课，课上的内容对我们来说有一定的难度，当时我们最佩服徐老师的是，他在讲课中引证举例居然能说出那么多种语言。记得有一次课后徐老师留的作业是让画舌位图,因为没有教材,大家都很茫然,不知怎么画。我就跑到图书馆借了一本书,照葫芦画瓢,完成了作业。徐老师接到我的作业,对我笑笑说:"就是要学会自己找材料,画得不错嘛!"他明知道我是"学画来的",但肯定了我"还能自己找材料",紧张之余,心中还是特别高兴。现在想起来觉得自己真是幼稚可笑。那时,徐老师每周都会到我们的宿舍来辅导,提问的人不多,聊天儿的时候多,因此便和老师熟悉起来了。今天我能体会到这种辅导给予老师的负担有多沉重,但是年轻时我们并不感觉。

毕业留校后,明显感到徐老师的心情总是不好,有时在会上看到徐老师与人激烈地争论,具体是什么内容已经忘记了,当时似乎也没有搞明白。但是徐老师对我们这些学生辈的总是很和气、很关心,所以我对徐老师从来就没有惧怕的感觉,有问题时会毫无顾忌地和老师谈。在我决定专业方向的时候,徐老师和王福堂老师曾苦口婆心地和我长谈了几次,几十年过去了,而当时的情景却记忆犹新,也使我终生怀有感激之情。

《语言论》是一部凝聚先生心血的厚重的学术著作。我在认真研读后有一种兴奋感。徐先生力图建立一套植根于汉语言基础之上的语言理论,尽管对于先生的整体思想并没有完全把握,但是我非常赞赏先生所主张的从汉语本身特点出发研究汉语规律、总结语言理论的观点,而且由衷地敬佩先生那种献身精神和勇气:"哪怕跌倒了,碰得头破血流,也可以给后人作一块'此路难行,过往行人小心在意'的路标"(《语言论·自序》)。语言的理论建设和汉语结构框架建设,是需要不断探索和研究的,研究成果也需要有一个验证的过程,也许这成果只是一种假说,会被新的研究成果所否定,更大的可能是它在争论和深入的研究中不断发展、完善,形成真正的理论体系。

90年代末我在法国教汉语时,看到一本在法国使用量非常大的汉语教材——《汉语言文字启蒙》。作者白乐桑和张朋朋在教材封底的简介上赫然印出"本教材在总体设计上力图体现汉语字与词关系这一特点,循汉语本来面目进行教学,故本教材可称为'字本位'教学法。作者使用本法曾有多年的教学实践,教学效果事半功倍"。这个"字本位教学法"打动了我,而且很自然地和徐通锵老师的"字本位"理论联系在一起。尽管在深入研究教材之后,发现二者不尽相同,但是他们提出的问题,解决问题的基本思路,在很大程度上表现出了同质性:白乐桑主张"循汉语本来之面目进行教学",徐老师主张"以汉语研究为基础,吸收西方语言学的理论精神,阐释汉语的结构规律和演变规律";白乐桑主张从字出发"层层构词",徐老师主张以"字"为基点,建立"字-辞-块-句"语义构辞法。我把对法国教材的分析写成了文章拿给徐老师看,先生没想到法国汉语教学界竟有人明确出版了"字本位教学法"的教材,而且取得了"教学效果事半功倍"。对于这一事实,先生非常高兴,马上推荐我到民族学院召开的国际双语教学研讨会大会上去宣读论文。后来在青岛海洋大学召开的字本位教学会上,又与徐老师一起深入探讨字本位问题,受益匪浅。我觉得徐老师并不在意你的研究是否深入,而是希望大家关注这个问题,愿意推进这项研究。记得一次聊天时,先生曾经扳着手指历数同意他的观点的学者,然后笑着对我说:全国同意我的观点的人不多,但是搞计算机语言的人很认同。先生那种由衷的笑容和坦然的态度,深深地打动了我。我佩服先生在学术追求上的执着精神。我相信,学术问题永远可以讨论,否则怎么发展?尽管我知道,目前语言教学中讲的字本位与徐先生的理论存在很大距离;尽管我知道,自己不可能在理论层面上深入研究字本位问题,但是有条件从语言教学和应用的角度,进一步深入探讨。我想,如果我努力去做了,先生在天之灵会感到欣慰的,这或许是一个学生对老师的最好的祭奠。

徐老师,安息吧!

(王若江:北京大学对外汉语教学学院教授)

回忆跟徐通锵老师的点滴交往

袁毓林

2006年岁末隆冬之时、天地肃杀之际,电子邮箱中收到了徐通锵老师逝世的噩耗,不禁让人心里沉甸甸的。随后的两个月中,徐老师的音容笑貌不断地浮现在我的眼前;我跟徐老师虽然不多但是弥足珍贵的点滴交往,也逐渐地连成一线。

最早知道徐老师是1981年,那时我在江南水乡一个小镇当中学教师。我在《中国语文》(1979年第3期)上读到他和叶蜚声老师合写的《"五四"以来汉语语法研究述评》,那种理论分析的深度和高屋建瓴的气势给人的震撼,至今还记忆犹新。随后是1982年,大概是在《光明日报》上,看到两位先生合写的《语言学纲要》的邮购消息,就把钱寄往北京大学出版社邮购部,经过漫长的等待,终于得到了一册薄薄的淡色封面的《语言学纲要》。那时候,我已经比较仔细地阅读了高名凯、石安石先生合著的《语言学概论》,并且读了不止一遍,还对照阅读了宋振华、王今铮先生合著的《语言学概论》等教材,觉得语言学理论比较艰深、比较晦涩,也比较沉闷,甚至还有点避重就轻和隔靴搔痒。比如,关于语言的起源,我想知道的是最早的人类怎样发明了有声语言这种交际工具;但是,一般《语言学概论》书上讲的较多的是劳动创造了语言。《语言学纲要》则是别开生面,打开它,一股新鲜的空气扑面而来,引领我看到了语言和语言学的神奇景观:语言是一个符号系统、符号有声音和意义两重性、人脑分为左右两半球、人类的语言活动由左半球掌管、语言是一个层级系统、它的运转方式是组合和替换、组合关系和聚合关系是理解各种复杂的语言现象的一把总钥匙……经过他们如此这般一说,语言学就不再是云山雾罩、镜花水月了,倒是显得山清水秀、柳暗花明。有了这本书的铺垫,再读索绪尔的《普通语言学教程》,就不像原来那么困难了。

到了1984年,我考上杭州大学倪宝元和王维贤教授的研究生,因为主修语法学和修辞学,所以对于历史语言学兴趣不大。但是,徐老师的《宁波方言"鸭"[ɛ]类词和"儿化"残迹——从残存现象看语言的发展》(《中国语文》1985年第3期),还是激起了我极大的兴趣。一则在材料方面,我们苏州、上海一带也有鼻音尾的儿化残迹,还在方言研究课上听傅国通老师讲过浙江义乌一带"梨(儿)"读作 lin;二则在理论方面,在我的头脑中有一种十分狭隘的观念,那差不多就是:语言学就是共时语言学,共时语言学就是语法学。现在,徐老师的文章所展示的历史语言学的魅力,再加上徐老师后来几篇关于"语言研究方法论的转折"的文章,相当程度上对我的观念进行了反拨和校正。当然,那时候我心里也犯过一些小小的嘀咕:语言学可不光是历史语言学,历史语言学也不只是语音演变研究啊。

到了1987年,我考上北京大学朱德熙和陆俭明教授的博士研究生,终于能实现聆听徐老师讲课的愿望了。但是,好事多磨,因为忙于应付一周十几节的英语课,一直到第二学年,才得以去听徐老师讲授《历史语言学》。在闷热的俄文楼大教室中,坐在最后一排听徐老师不拖泥、不带水、干干净净地讲语言的谱系关系。徐老师声音不高,但比较清脆;讲课内容非常实在,线索十分清晰,并不穿插什么轶事或花絮,所以也谈不上生动有趣。课间休息时,跟徐老师自报家门,并要了一份讲课提纲之类的材料。徐老师说:"这是本科生的课程,你不必来听。"我也顺着梯子往下爬,既然徐老师说不用听,那就算了。反正,看他的文章比听他的课要有趣得多。这期间,徐老师的《变异中的时间和语言研究》和《结构的不平衡性和语言演变的原因》连续在《中国语文》1989 年第 2 期和 1990 年第 1 期上发表,标志着他在语言学理论和汉语事实结合的道路上摸索前进,已经达到一种新的境界;甚至可以说是开创了一种以丰富的汉语方言材料的挖掘和分析为事实依据的语言理论研究的范式,终结了 20 世纪 50 年代以来国内的语言理论研究等于介绍和评述国外语言学理论、方法和流派的旧模式。

毕业后,我分配到清华大学中文系工作。因为文章《准双向动词研究》要申报评奖,需要两个专家推荐。除了请我的老师陆俭明教授外,还得找一个名家。于是,硬着头皮去找一般不愿意随便给人写推荐的徐老师。没想到徐老师很爽快地答应了,但是补充说"至于怎么写,得看了你的文章后才能决定"。我自然是千恩万谢。过了几天去拿推荐书,徐老师对我的文章基本肯定,推荐书上则写得更好。他还兴致勃勃地跟我讲起他对汉语语法研究的新思路,即他的"字本位"理论。原来,在我们沉浸在欢呼徐老师的语音演变研究的成就的时候,他却早已悄悄地开始从全新的视角出发来研究汉语语法。他告诉我,他以前对语法学著作读得不多,所以没有什么框框,也不受既有的理论的束缚。从谈话中知道,徐老师对通行的语法研究路子不太赞成,希望开拓更加符合汉语特点的具有中国特色的汉语语法学。这促使我对自己信守的语法研究方法进行了反思。他还告诉我,他的这些想法和研究,将有一系列的文章发表。事实也正是这样,1994年以后,徐老师关于"字本位"和语义语法的文章陆续发表,并有《语言论——语义型语言的结构原理和研究方法》(东北师大出版社,1997)这本集中反映他的语法学思想的专著的出版。

有一件事使得我跟徐老师走得更近,那是1992年,适逢赵元任先生100周年诞辰,清华大学要举行纪念会,并出版纪念文集;我受命主其事,并聘请季羡林先生任纪念会组委会主任。大家知道赵元任先生是一位学识渊博、融会古今、贯通中西的大学者,具体怎样组织纪念他老人家的学术会议、编辑纪念文集等工作,我有许多疑问。但是,季羡林先生事务繁忙,我不便事无巨细地去打扰。想来想去,以徐老师的学识,问他可能比较合适。就这样多次去徐府讨教。徐老师对此很热情,告诉我如果有可能,可以请美国加州大学伯克利分校的张琨先生,因为他接任了赵先生在加州大学伯克利分校的职位;在国内,一定要请到李荣先生。后来,李荣先生说他可能要去南京开会,不能参加清华的会议。徐老师就反复地叮嘱我,想办法请李先生一定要参加这个纪念会。我问他为什么不能缺少李先生。徐老师说:"现在,朱(德熙)先生不在了,李荣就是语言学界的头儿了,他对赵先生的学问了解得比较清楚。"我这才想起,赵先生去世后,李荣先生在自己主编的《方言》杂志上发表过一篇题为《赵元任》的评传性文章,开篇第一句就是:"赵元任先生,语言学界的前辈,也是方言研究的前辈。"并且,在把该文收入其文集《语文论衡》(商务印书馆,1985)时,李先生在后记中写了这几句颇为得意的话:"《方言》季刊纪念赵先生,合适的刊物纪念合适的对象,人地相宜,作者力求写出合适的文章"(241页)。后来,在多方的努力下,李荣先生参加了清华的纪念会,并且作了简短而精彩的发言。对此,徐老师十分满意,会议休息的间隙,他对我说:"这样不是挺好嘛?"更有意思的是,为了这个纪念会,我约请了一批师友翻译赵元任先生的几篇英文的文章,其中,王洪君老师翻译了赵先生的《汉语词的概念及其结构和节奏》。在这篇文章中,赵先生明确地说:"我想,'字'这个名称将和 word 这个词在英语中的角色相当"(袁毓林编《中国现代语言学的开拓和发展——赵元任语言学论文选》233页,清华大学出版社,1992年)。这给了徐老师莫大的鼓舞,因为"字本位"理论备受质疑,而"字"作为一种语言单位更是饱受非议;现在,有了赵先生这位前辈的导乎先路,徐老师就可以腰杆挺得更直了。他曾经跟我说:"赵先生、我、汪平三代人都做过长期的汉语方言调查工作,我们都相信'字'是汉语的一种基本的语法单位,这不是偶然的。"尽管正如有人所指出的那样,赵先生在不同的著作中,对汉语相当于英语 word 的语法单位有不同的表述;但是,毕竟在这篇晚年(1975)的论文中,他老人家做出了这种表述,这应该引起我们深思。

1996年底,我调入北大中文系,跟徐老师的见面机会就更多了:在暮色苍茫的未名湖边,远望着徐老师踽踽独行;在阳光灿烂的五院门口,碰见徐老师拎着小黑包从系里悠闲地走出来;在青翠掩映的香山石级上,看见徐老师瘦小的身影正从容地向着顶峰攀登。

没想到,倏忽之间,徐老师遽然仙逝,留给我们的是绵绵不尽的怀念和无比丰厚的学术成果和精神财富。的确,无论是为人还是治学,徐老师都永远是我们的榜样。

(袁毓林:北京大学中文系教授)

一位实实在在的老师

胡敕瑞

初次知道徐老师的名字,是因为他和叶蜚声老师合著的《语言学纲要》,这本书曾经帮助我考上了硕士。1995年考博士的时候,必须参考的书目又有徐老师的书,不过这次是他的《历史语言学》,当时我在江西师大工作,苦于买不到也借不到这本书,急时抱佛脚,最后冒昧地给徐老师写了封信,徐老师很快写来了回信,大意是他手头也只有一本,非常抱歉不能帮上忙,他建议我能否找同学在北大图书馆借一本。后来我请同学帮忙,果然在北大图书馆借到了一本,这本《历史语言学》帮助我考上了博士。那时虽然还没有见过徐老师,但徐老师的两本书已帮助我过了两关,从那时起对徐老师的学问自然就肃然起敬。徐老师那时给我的那封回信,真切而实在,虽然未见其人,但从他回信的言辞中已感觉到徐老师的为人实在。

在北大读博士的时候,业师蒋绍愚先生当时推荐我选听的课程中,有一门就是徐老师的"语言学方法论"。这门课是两个学期,记得第一个学期(1997年下半年)还没有书,后来徐老师的《语言论》出版了,徐老师在课堂上说,需要书的同学可以登记一下,他那里的书只要七折就可以买到,而当时书店的新书一般不打折(即便打折也不会低于九折),徐老师实实在在地为同学着想,让我再一次感觉到他为人的实在,因为这样可以为同学多少节约一点钱。徐老师的这门课,系统介绍了他有关字本位的核心理论,我当时听了很是兴奋,也常引发一些想法,期末要交一篇论文,当时就把那些零星的想法拉拉杂杂写了一篇,不料却得到徐老师的表扬,因为徐老师平常说话都中肯实在,所以从他的表扬中,我也增加了做学问的信心。

1998年春节,我爱人小钟来北京看我,有一次在畅春园门口与徐老师邂逅,我和徐老师打了一个招呼并介绍了一下小钟,徐老师便非常和蔼地和小钟拉起了家常,大概问了她老家是哪里的,现在在做什么工作等等。过后,小钟非常感动,她当然早听我说过徐老师的学问大,但是她没有想到学问大的人这样平易近人,没有半点架子。当时小钟还据此推断在这样的老师身边,不好的人一定也会成为一个好人,我告诉她其实我的很多老师都跟徐老师一样好。

毕业以后,留在系里工作,和徐老师接触的机会仍不多,我也很少和徐老师联系,主要是怕过多地打搅他。但每个学期总能在系里见上几次,每次都是匆匆忙忙地打声招呼。2002年的一天,照例在中文系门口看到他,这次除了跟他打招呼,我还请他帮我看一篇题名为《从隐含到呈现》的初稿,他欣然答应了。事后我把打印好的初稿放在他信箱,大约一个星期后,徐老师就把意见放回了我的信箱,至今我还保存着他的意见,抄录如下,以资纪念:

敏瑞:

　　此文很好,把原来一些笼统的说法条理化、规律化了。全文的第二部分比较成熟,条理和线索都比较清楚。第三部分对因果关系的分析提出了一些重要而值得研究的问题，但写作上似乎显得有点零散，也许谈的问题过多，结果都说得不甚清楚透彻。建议你分析若干个语义场，看场中"从隐含到呈现"的表现和规律，更重要的是借此对这若干个语义场进行横向的比较分析，进一步观察"从隐含到呈现"平行的演变情况。如果从平行的演变中能抽出几条规律，对因果关系的分析恐怕是会有所帮助。

另外，语言是一种自组织系统，这一点文中已作强调，很好。我感到不足的，似乎还应对先秦"隐含"的形式和"呈现"的形式（如"手纹、大人、黄裳"之类）的关系进行一些考察，竞争？类推？字义的影响？等等。看来第三部分提出的问题好像很难在一篇文章中说清楚。看得不仔细，感想式的意见，仅供参考。

徐通锵

遵从徐老师的意见，我把初稿的前半部分整理为《从隐含到呈现(上)》发表在《语言学论丛》第 31 辑，但初稿的后一部分还没有来得及整理好给徐老师寓目，他已经永远地闭上眼睛了。

虽然我和徐老师的接触并不多，但我得到徐老师的帮助和关心却不少。2006 年上半年，当时我在韩国讲学，他还为我去哈佛访学撰写推荐信，我想他那时恐怕已经是病痛缠身了，可是当时我们谁也不知道。2006 年暑假从韩国回来，我特地给他打了一通电话，感谢他百忙之中为我写推荐信，而徐老师除了几句勉励的话外，没有过多的客套话，他说话就像他的文章，非常实在。

最后一次见到徐老师，是 2006 年 9 月，仍就是在中文系门口，我和他打了一声招呼,看到他明显消瘦的样子,我问他身体怎么样,他只说了一句"马马虎虎"。一个月以后,就听到他住院的消息,开始我还以为不要紧,后来听说病情很严重,我打电话给文曦兄,希望同他一起去医院看望一下徐老师,文曦兄叫我等他的通知。没有料到没过几天,就传来了噩耗,徐老师永远地离开了我们。

有人曾经问子贡:"你拜谁为老师?"子贡说:"我拜仲尼为老师。"别人问:"仲尼有贤德吗?"子贡说:"有。"别人又问:"他有什么贤德?"子贡摇头说:"不知道。"我与徐老师虽然接触并不多,但徐老师是我景仰的一位老师,他的道德文章都让我敬佩。如果有人问及徐老师,我也会告诉他,徐老师是一位贤者。如果他还要具体问我:"徐老师有什么贤德?"我则不会像子贡那样摇头,我会告诉他:"无论为人和为学,徐老师都是一个实实在在的人。"

(胡敕瑞:北京大学中文系副教授)

徐老莞尔在安息

张光宇

徐通锵教授于 2006 年 11 月 25 日因胰脏癌逝世。噩耗传来，不胜感喟：斯人也，而有斯疾耶？哲人日远，空怀可作，但他的学术丰碑将继续照耀 21 世纪的中国语言学界。

1982 年秋天，美国柏克莱加州大学校园出现了一位从北京大学中文系来的访问学人。徐老刚过五十，自我介绍时不忘提示从小别人给取的绰号——老头儿。这三个字对 thirtysomething 的我而言，意同"长者风范"，倍觉亲切。我们由此结识，相谈甚欢——徐老尝与我分享其历练有得的写作经验曰："复杂的问题简单化，简单的问题深刻化"——现在执笔犹回荡于脑际。我珍惜这种机缘，因为在异国他乡，读中文出身的极少（当时还有厦门大学的张次曼教授）。我们一起上过欧哈勒（John Ohala）先生的语音学、张琨先生的汉语历史音韵。他那时正在为历史语言学做积极准备，访谈了校中四位名师：张琨、王士元、Malkiel、Matisoff，二中二西，收获甚丰。返国之后，奋力著述，不久稿成。

徐老的《历史语言学》由北京商务印书馆出版，都 34 万言，煌煌巨册。自 1991 年以来已出三版，影响广被，嘉惠学界。这部著作在中国学术史的意义非凡：首先，这是用中文写的介绍西方理论的第一部历史语言学作品，涵盖面之广、思虑之深，鲜有能及。其次，这是第一部把汉语方言文白异读层次问题纳入历史语言学架构的作品,在国际学术界可说是初试啼声,允为首创。第三,这部书的引航作用不仅在一般的历史语言学,在汉语历史音韵学的研究上,在汉语方言学的深入探讨上也同样富于启发。

徐老这部书出版前后正是汉语方言调查研究蓬勃开展,出土材料泉如潮涌的光辉时刻。我曾在畅春园与徐老谈道:"面对浩如烟海的方言材料,只有背后有点理论的人才可能充分利用。"徐老莞尔,以为知音。的确,徐老熟悉的材料有二:其一,家乡宁波话;其二,田野调查所得山西闻喜方言。围绕这两方言,而能发挥得如许淋漓尽致,徐老之外,恐怕不多。

徐老与王洪君教授所提"叠置式音变"表面上看似平凡无奇,实际上给国际历史语言学界增砖加瓦,扫除迷雾,有如上了一课。最近读 Lyle Campbell (1999) *Historical Linguistics— An Introduction* (The MIT Press),书中223页谈道:"…the extent of borrowing from literary Chinese into the varieties of Chinese studied was vastly more than originally thought."(文读借进汉语方言的幅度比原来人们设想的情况还要广泛得多) Prof. Campbell 所述正是徐老遗意:"文胜白败"。果尔地下有知,想来徐老不免再度莞尔颔首且顾盼自雄:吾道不孤!

(张光宇:台湾清华大学语言研究所教授)

像徐通锵先生那样
探索中国语言学的新路

汪 平

徐通锵先生走了,这消息让我惊愕,更让我怅惋!

我没在北大学习过,跟徐先生并无师生之谊,我们间的直接交往很少,总共就是我去他家拜访过一次,后来一起参加了一次字本位讨论会。现在纪念他,执笔之初,一时觉得简直说不出多少他的行状,不免愧对先生。但是,再一想,"君子之交淡如水",又何必一定要多少物质性的交往呢?只要心灵相通,就足够了。

对徐先生的最早了解,始于影响遍及全国高校的《语言学纲要》。当时我印象中的徐先生是一位语言学理论专家,他和叶蜚声先生的这部著名教材当然非常出色和影响巨大,我也曾认真拜读过,但我们没有特别的关系。

徐先生和我的情谊完全系于字本位。按中国语言学界的通常理解,语言学理论专家多倚重西方语言学,而对汉语关注有限。这应是可以理解的。因为中国自古形成的数千年历史文化传统和汉语的特点,汉语语言学不注重纯理论的研究,语言学理论多来自西方。这就出现了汉语研究和理论研究及其研究者的一定程度的脱节。正是在这样的背景下,徐先生成为最早公开发布字本位的观点的学者,就不免令人意外,也更显出其难能可贵。

可贵之处有多处。首先是在方法上,他能跳出自己熟悉的西方理论的窠臼,不为"印欧语眼光"所拘束,深入汉语的事实,探索汉语自身的规律;其次是在利害上,他不怕砸自己的饭碗,在功成名就之后,走出熟悉的领地,去探索全新的领域;第三,从来只做汉语的人倡言字本位,人家可以说你不懂西方理论,没有说三道四的资格,徐先生本来就研究西方理论,就更令人信服了。

还在1991年,当我喜不自胜地发现徐先生主张字本位后,将自己不成熟的字本位语法稿寄给了从未交往过的徐先生。徐先生看过后也高兴地说,不同背景的人不约而同地走到一起来了。

此后不久,我借去北京的机会,第一次到北大拜访了徐先生。他给我的主要印象是不健谈,不善辞令,跟从他的文章中所获得的印象判若两人。普通话中带着明显的吴语口音,随和而朴实,没有丝毫理论家想当然有的"洋气"。我们也没有像故事里常有的"酒逢知己千杯少",但是,我们在心灵上的沟通却是从此顺畅了。

之后,他还曾多次对人说起,与我"几乎在同一时期,在相互没有任何联系的情况下,独立地得出字本位的思想"。我们可算是忘年的知交,但这种交情纯粹是文字之交。多年来,我读到了他一篇又一篇,一本又一本论著,看到他在建立中国语言学理论的道路上所走的艰难而又坚实的脚步,令人钦佩不已。特别是字本位丛书的筹划,更看出他的决心和壮心。我们正期待他更杰出的成就,完全没想到过什么意外。

岂知天不假寿于智者,噩耗无情传来,令人扼腕痛惜!

对于徐先生来说,我想,最好的纪念还是学习他的探索精神,继承他的语言学创新事业。对我这个跟他有共同思路的后学来说,更应该在字本位理论方面多做努力。我以为,这样一项全新的理论探索,不可能一蹴而就,我们应该有耐心和韧心。不仅因为让人们接受新思维会有漫长的过程,而且,一个新理论的完善本身也要漫长的过程。别人不接受,首先不要怪人家保守,还是要对自己的论述多改进,使其有更大的说服力。

中国现代语言学的历史虽然不长,但是,我们拥有众多执着而成就卓著的语言学家,徐通锵先生就是一位。中国语言学正是因为有这样的学者,才取得了巨大的成就。我们后来者都应该发扬他们的精神,继续努力。相信一个具有中国特色的语言学一定会更加发展、完善,并且也一定会对普世语言学作出必不可少的贡献。

让我们像徐通锵先生那样不懈地探索中国语言学的新路吧。

(汪平:苏州大学文学院教授)

治学大道　永垂不朽

李葆嘉

丙子年秋,余负笈追师于北大研习理论语言学。未名湖畔,聆听先生之教诲,畅春园中,沐浴大师之春风。先生非唯思维深邃、学识富弘,兼秉具虚怀若谷、平易近人。

治学探赜之曲折,先生尝曰:《语言学纲要》(1981)主结构主义一家之说,为本科教材以引介西洋理论和方法为主,此第一阶段;自1982年赴美访学于柏克莱进入第二阶段,《历史语言学》(1991)结合汉语事实深化理论与方法,揭出叠置式音变之规律;从《语义句法刍议》(1991)与《在"结合"的道路上摸索前进》(1992)始渐入第三阶段,《语言论》(1997)其旨趣在语义型语言之结构原理和研究方法。《在"结合"的道路上摸索前进》刊于香江,大陆寻找不易,先生即惠赐一份。

先生之教,振聋发聩,每每引人深思,任何复杂问题皆有一线索,后学受益尤深。至于复杂问题之简单化、简单问题之深刻化,非融会贯通、高瞻远瞩不能至也。以此谕人,则茅塞顿开。遵此精髓,后学回溯20世纪汉语转型语法学之沿革,揭出贯穿其中主线即泰西框架与汉语事实之矛盾。无论模仿抑或借鉴,无论保守抑或反思,质而言之,皆中国学者化解龃龉之不懈。以先生之说为导,遑立语义语法学和语义统一场之说,以彰显人类语言之本质个性与汉语之鲜明个性。

后学习作《荀子的王者制名论与约定俗成说》(《徐州师范学院学报》1986年第4期)质疑"公理",以《正名》上下文之诠释与"王者制名"论之贯通,"(王者)约定(民众)俗成"之意蕴豁然开朗。唯此拙文刊于母校学报亦未有转载,然不意引起前辈学者之关注。丙子秋冬,先生开课讲至语言符号任意性之时,以"约定俗成"说嘱后学讲授。此后,《语言论》中指出:"过去一直引用荀子的'约定俗成'的观点,以此证明我们早在两千多年前的这种音义结合任意性的论述,远远早于索绪尔的语言符号任意性的学说……我们需要从这种理论体系中去考察荀子关于'约定俗成'理论的真实含义,而不能望文生义,以今人的理解代替古人的认识。……李葆嘉根据荀子的思想理论和语辞结构对此作过具体的分析……这一解释比较符合荀子正名论的原意。"予后生之激励略见一斑。

乙酉春,后学应邀至清华大学讲学,赴畅春园向老师与师母请安。本意请二老用膳,然老师坚持款待学生。席间,先生精神矍铄、谈笑风生,不意如今却驾鹤远游……

20世纪之中国语言学,最为紧缺者,乃理论与方法之探索创造。先生之语义句法理论及其研究方法,于理论语言学建设之贡献无出其右者。治学大道,永垂不朽!"圣人不死",此之谓也!

(李葆嘉:南京师范大学教授、
语言科学及技术系主任)

纪念徐通锵先生

岑运强

1954年我随父亲岑麒祥先生及王力伯伯一家从中山大学来到北京住进北大时才刚刚7岁。从那以后，我对父亲身边常来常往的同事的名字渐渐熟悉起来。老一些的有高名凯、袁家骅、甘世福等先生；年轻一些的有石安石、徐通锵、叶蜚声、贾彦德、陈松岑、索振羽、武彦选等先生。年老一些的除了甘世福迁居国外，个个都是我国的大学者；年轻一些的也个个都是好样的，除了武彦选不幸英年早逝外，他们后来都在自己的研究领域作出很大的成绩。相比来说，徐通锵先生更加突出。他在语言学概论教材建设、历史比较语言学，特别是结合中国语言实际所进行的艰辛的语言理论探讨方面所取得的业绩是有目共睹的。

20世纪80年代初，以胡明扬先生为会长的北京市语言理论研究会成立，我担任秘书，和各位搞语言理论的先生们接触多了起来。记得当时电话、电脑、汽车还不普及，每次开会，都是我写信通知，各位会员自己乘公共汽车来，开完会各自坐车回去，没有专车，没有"饭辄"，但徐先生每次都按时参加，积极发表意见，献计献策。徐先生对我这样的小字辈一贯平等对待，呵护有加，每次出版新书或教材修改都不忘记送我一本，并在书的扉页上用毛笔写着："运强兄正之"。现在当我看到他的字迹犹在，而人已远行时，心中感到无比悲痛。特别是看到 2003 年北京大学召开家父和袁家骅先生百年诞辰纪念会上他发表的《岑麒祥先生生平》的文章，声称自己是家父的学生时更是为徐先生的谦虚与真诚所感动。

我自从 1981 年在北师大毕业后曾到北大聆听过徐先生的讲课，从中学到许多知识，但更多的知识是从先生的文章与专著中学到的，先生不少独到的见解给我极大的启发。例如先生发展了罗宾斯的思想，提出："整齐论强调语言编码的规则性，参差论强调语言编码的不规则性。编码的这种规则与不规则的争论，在语言学史上构成不同流派相互竞争的一条主轴，不同的理解大体上都围绕着这一主轴而展开自己的论述。"我根据罗宾斯和徐先生的论断写出了《把握语言学发展史的总脉络——试论"五段两线三解放"》的论文，试图以点、线、面多角度研究语言学史，该文在北师大学报和北京语言学会论文集上发表。记得在北京语言学年会上我曾问他有什么意见，他说："没有，挺好。就是有些问题太大不容易谈清，要再具体深入些更好。"

人总是要死的，但有些人死去时没有给后人留下些什么有价值的东西，而有些人则给后人以无穷的精神财富。徐先生就是后面这样的人，我们永远怀念他！

（岑运强：北京师范大学文学院教授）

一介书生　清清爽爽

——追怀徐通锵先生

姚小平

二十年前的某个小会上，我有幸与徐通锵先生结识，以后在各类研讨、座谈、答辩会上，多次听到他的发言，也常有机会当面请益。他是一位宽厚平和的长者，我们晚辈与他交往丝毫不觉得拘束，也感觉不到代沟，谈笑之间便能学到很多。2000年北外与社科院语言所、北大中文系等联合举办"首届中国语言学史研讨会"，徐先生欣然与会致辞，以他那不紧不慢、温文诚朴的惯常风格力陈治史的必要。他既熟通中国语言学，对西方语言学也相当了解，能把握宏观理论又擅长微观分析，所以申论每有特独之见。

徐先生虽然为人随和，事关学术却极上心。有一件事情印象尚鲜。去年初夏，此间正与法国一家出版社洽谈，拟购索绪尔《普通语言学手稿》(2002)版权。某日徐先生托人捎来一信，称有学者甫自海外归来，很怀疑此稿的真实性，提醒我们不急签约，宜先着手调查。经多方询索，排除了造假可能。事后我向先生报告调查结果，先生说：这就像反恐，宁可疑其有事而严格查证，不可以为无事而疏懈轻心。

徐先生很关注我的研究，一次交谈中，他对我说：你做中西语言学史，研究洪堡特和《马氏文通》，选的两个点很好。而我自己感到这只是一个巧合,且深知自己学养有限,于洪堡特研究虽略有所得,近年来却并无新获;至于对《马氏文通》,更是只识得局部,谈不上全面深究。如今与先生痛别,自叹为学未能精进,持己又嫌不足,回想起先生的勉励与示范,便很觉愧怍。学到中年,不免苦于摊子越搭越大,而精神体能两不济,不知更应作横向拓展,还是多朝纵深推进。几年前的一个岁末,徐先生来参加外研社的新年聚会,我向他倾吐这一困惑,他感慨道:中年一似青春,转眼就成过去,步入老年才会发现,往日所获其实多非刻意求来,而是率性而为、自然积得的果实。我想,先生为学一生之能有大成就,大概就是因为早已能够从心所欲,每天做的是理当如此的事。

芸芸学界,著述万千,而领风气之先、言人所未言者能有几人?徐先生早年中西兼学,壮年以一部《历史语言学》为学坛增添气象,晚年更以"字本位"独创一说。先生之说固有争议,然而无争议则无思想,无思想断无学术,所以先生之说实在重要过许多"无疑""不争"之说。而我敬慕徐先生,又因与他相识多年,每遇只谈本业,从不多议人事。所以先生虽去,留给我的永远是一介书生形象,敬守本业,清清爽爽。

(姚小平:北京外国语大学外国语言研究所教授、所长)

感念徐通锵先生对我的教诲

张 博

我有幸拜识徐通锵先生是在1985年。那一年11月，我的硕士导师刘又辛先生带我和师兄胡运彪到贵阳参加第五届中国少数民族双语教学研究会第五届学术讨论会。刘先生和徐通锵先生都是应大会邀请去做学术报告。徐先生报告的题目是"说'变异'"。那时我刚读研究生一年多，研究方向是训诂学，对语言学理论知之甚少，听徐先生的报告非常吃力，不少内容没听懂，但觉得很高深，心中十分向往这种理论研究。会后，刘先生多次跟我们说徐先生的报告很有新意，理论水平很高，这加深了我们对徐先生的敬佩。

那次会议安排代表们到黔东南苗族侗族自治州一个有千余户人家的大苗寨去考察。那里的苗家极为热情，把本该第二天过的苗年提前了一天。看完苗家歌舞后，考察团分成小组，到苗家去吃饭、喝米酒，和苗家欢度节日。我们那一组大约有十位，组长是王均先生，其他人已记不清了，只记得有徐先生和新疆喀什一位姓蔡的女老师。苗家太好客了，不停地为我们夹菜，站在我们身边唱劝酒歌，给我们敬酒。王均先生应付裕如，徐先生则不善应酬，一劝就喝。酒过几巡，徐先生已是满面通红。我和蔡老师既担心徐先生喝醉，也怕自己被灌倒，于是，借故扶徐先生出去休息一下，仓皇逃离。那一天，有好多代表醉酒，其中还有两位是用担架抬上车的。徐先生很感谢我和蔡老师的救助,我们也深深感受到徐先生不仅是一位严谨睿智的专家,在生活中他又是那么实诚、那么可亲。

1987年4月,我完成硕士学位论文《〈广雅疏证〉同源词研究述评》,我的导师刘又辛先生聘请徐先生担任论文评审专家。徐先生在百忙之中认真审读了我的论文,写了一份长评语,评审表近两页的地方都写满了。徐先生充分肯定了论文的选题,认为论文"紧紧扣住《疏证》中'声近义同'的理论原则展开论述,材料详实,思路清楚,并能联系古今和同时代的有关论述评述这一理论的价值和局限,有见地。有些章节的总结很有特色,其中分化语系列和转语系列两部分所分析的音义关系和词义的结构关系尤为突出"。同时,徐先生也指出了论文的不足,"第一,音义结合的任意性是构成语言符号的基本原则,但汉语中为什么有'声近义同'的现象?这是语言理论和汉语史研究中的重要问题。文章在这一方面的分析太薄弱。第二,文章着眼于现代语言学的理论和方法去总结《疏证》的成就和局限,从这一角度衡量,如何用现代方言的材料去补充书面材料的不足就成为一个重要的问题。文章提到了这方面的问题,但没有结合典型的例子进行一些具体的分析。总的看来,方言的观念比较薄弱,有些问题似应从方言的角度进行分析,例如第51—52页的'蛞蝼'条似是同一个词在不同方言中的分化。不必说成'多向变转孳生'。第三,'同源词'和'同族词'两个概念宜分开,前者指亲属语言之间具有语言对应关系的同源成分,后者指一个语言内部因语音交替而形成的词族。"我反复理解徐先生的三条意见,深受启发。第一条意见,促使我逐渐超越对同族词音义关系本身的关注,从上古汉语单语素词孳衍途径和规律的角度思考并解释汉语词汇系统中"声近义同"的普遍性。第二条意见指出的不足,我一直没能克服,始终没有勇气和能力把研究的范围扩展到方言;但这条意见对我也有启发,使我逐步认识到,汉语音转同族词的生成,大概主要是来自方言词的吸收或文白异读,自己过去不区分时空地分析音转同族词的孳衍路径是不合适的。第三条意见给我的震动和启发最直接,促使我开始关注亲属语言同源词的研究和历史比较语言学,并且思考同族词和同源词的关系。1991年,我把思考的心得写成一篇小文章《同源词·同族词·词族》(刊于《固原师专学报》1991年第3期,人大复印资料《语言文字学》1991年第10期转载),初步界定了这三个概念,阐述了其间的异同和关系。王宁先生在《1991年的训诂学研究》(《语文建设》1992年第11期)中肯定了我对这组概念意义的探讨,戴庆厦师也曾跟我说起,他和徐悉艰先生研究景颇语同族词时,参考了我有关同族词的界定。还有一些师长同道在术语的使用上开始注意区分同族词和同源词,如果说这跟我的工作有关的话,那应该归功于徐先生对我的批评。

攻读博士学位期间,我再次研读徐通锵先生的《历史语言学》,这部巨著对我了解语言演变的原理、借鉴历史比较语言学的理论和方法研究汉语同族词有重要的启示。我在博士学位论文《汉语同族词验证机制研究》(1999)和2003年出版的《汉语同族词的系统性与验证方法》中,多次征引徐先生的观点和学说。随着对徐先生学术思想和学术风格的理解不断加深,对先生的崇敬与日俱增,常常萌生去拜望先生的念头。但由于生性拘谨,一直不好意思去贸然打扰。直到1998年底,徐先生应戴庆厦师的邀请,来中央民族大学主持一位师兄的答辩,我才有幸又见到先生。让我没想到的是,徐先生不仅记得我,还记得我的硕士论文,他详细地询问了我的博士论文选题,鼓励我好好做,并再三嘱咐我,论文完成后一定要送给他一份。这件事令我十分感动。

毕业以后,我到北京语言大学工作,经常能在一些会上见到徐先生。每次见面,徐先生都很关心我的工作,给我不少鼓励和重要的建议。我也偶尔给徐先生打电话请安或请教问题,每次都能得到启发和帮助,其中有一次印象非常深。大约是在2001年春天,我给徐先生打电话,向他汇报自己的一个想法。我在做博士论文时发现,以往研究把亲属语言构形手段类推到汉语,仅从"使动:自动"范畴这个单一的角度观察上古汉语的清浊对立,用简单枚举的方法寻求例证去比附亲属语言的构形特征,既回避反例,也缺乏对所举例证的精密审辨与验证。而我经过初步观察,感觉古汉语清浊对立似乎是一种构词手段而不是构形手段,清浊变换的基本方向是由清到浊,即源词多为清声母字,孳生词多为浊声母字。我想对有关文献材料进行系统调查,弄清楚这个问题。徐先生认真听了我的想法,详细地询问了我的研究路线、材料,甚至还问到我的一些典型例证,然后,徐先生对我说,仅据文献材料很难弄清清浊对立词的时间和地域分布,他认为这个问题必须结合方言研究。徐先生的意见非常重要,使我冷静下来,考虑到自己尚不具备解决这个问题的条件,于是放弃了这个选题,避免了一段弯路。

追忆徐先生对我的教诲,感铭至深。徐先生的弟子高足,众多的晚生后学,想来都蒙受过先生无私的关爱和毫无保留的指导,都得到过足以受益终生的启迪和激励,也都会对先生心存永恒的怀念和感激。

2004年重阳节,在北京市语言学会举办的敬老会上,我又见到徐先生,徐先生约我参加同年12月将在青岛举行的"全国首届汉语'字本位'理论专题研讨会"。我跟徐先生说,先生的大著《语言论——语义型语言的结构原理和研究方法》已经读过,受到不少启发,但因时间和水平有限,对先生构建的新的理论体系还不能完全把握,有些地方理解不透,暂时还写不出有关论文,还得继续钻研。徐先生听后连连说:"这不是你的问题,是我的问题,那本书写得不好,我最近又新写了一本,将来你可以看这一本。"徐先生的谦逊和他不断地超越自我、求实创新的学术精神令我敬佩不已,在他身上体现出的是真正的学人的人格魅力。前些天,收到徐先生之子徐涛代赠的先生的新著《语言学是什么》,凝望着封面内侧徐先生的照片,我心里有说不出的悲伤和感动。我想,我们不仅要汲取先生留下的学术食粮,更重要的是,要学习先生为学为师的品格和精神。

(张博:北京语言大学教授、北京语言大学对外汉语研究中心主任)

真正的学者徐通锵先生

石毓智

惊闻徐通锵先生仙逝的噩耗,不胜悲伤。我从此失去了一位忘年交,一位学术上的知音,一位最敬重的学者。

徐先生执著于学术,淡泊于名利,爱护年轻一代。我们这个时代正需要徐先生这样的人,他不该走得这么早!

回忆徐通锵先生之一

我跟徐先生相识已经近 20 年了,其间我多次到北京拜访过他,还有很多的书信往来。我下面回忆我个人与徐先生的交往经历,作为对这位前辈的缅怀。

学界的朋友一般都是从读徐先生的书开始了解他的,我也是一样。这里只谈我跟徐先生直接的交往。

1986 年我考取华中理工大学汉语史研究生,导师为严学宭先生(后来转师黄国营教授学习现代汉语)。第一次见到严先生,严先生指着桌子上厚厚的一摞稿子,说这是徐通锵的《历史语言学》的手稿,要在商务印书馆出版,让他来审阅。我现在仍然清楚地记得严先生的一句评价是"中国目前真正做理论语言学研究的只有徐通锵一个人"。

严先生的审阅还引出一段佳话。比我高两届的一位师兄张振江有幸拜读徐先生的书稿，他还为徐先生的书的前言改动了几处文字表达。振江告诉我，他开始很担心徐先生生气，可是万万没有想到，徐先生看后大加赞赏，认为改得好。不仅徐先生的这本书出来以后签名送给了振江一本，后来徐先生出的书也都不忘送给振江一本，而且还邀请振江到北京家里做客。

不耻下问已是美德，不耻下学更是难得，下学而乐之则罕见矣！徐先生就是这种罕见的学者。

回忆徐通锵先生之二

我真正直接跟徐先生打交道是1992年的事。那时申请出国读博士，严学宭先生建议我请徐通锵先生写推荐信。我自己写信询问徐先生，不久就得到徐先生的答复，欣然同意。我就把当时在台湾学生书局刚出版的《肯定和否定的对称与不对称》及其他文章送给了徐先生。徐先生告诉我，为了给我写推荐信他请了叶蜚声先生帮忙，因为他的英文不够好；同时还说，他的推荐信有两点精神：一是要实事求是，不夸饰，二是要抱着向人家学习的态度。

徐先生看了我的材料后也很欣赏，并告诉我如果想读北大的博士，他将召集有关教授开会讨论。但是徐先生补充道："当然还是去国外读书好，能去国外就去国外。"后来我到国外读书去了，徐先生十分高兴，我在美国学习期间经常跟徐先生联系。

坦诚和不虚美，对一个学者来说不容易做到，徐先生做到了，而且处处做到了。徐先生对汉语有许多独到的理论思考，但是对国外的语言学理论仍然抱着一种宽容的态度，不仅如此，还坦承我们的理论语言学与人家还存在着差距,需要向人家学习。

回忆徐通锵先生之三

徐先生告诉我,当我把《肯定和否定的对称与不对称》一书送给他的时候,也没有很在意。后来备理论语言学课时,翻阅此书,觉得很有创意,适合于分析汉语的现象。因此他就在课上大量引用此书的内容,并在其《语言论》和《基础语言学教程》中比较系统引用拙著的思想观点。徐先生还多次开会、写文章加以推荐介绍。我那时还是一个二十几岁的年轻人,徐先生则是一个国内资深的理论语言学家,他能够这样对待一个后学,不仅反映了一个学者的高贵品质,而且对一个后学是一种莫大的鼓励。我能有信心沿着原来的路子走到今天,是与徐先生的鼓励分不开的。

徐先生这种摒弃门户之见、关爱年轻人的精神,堪称学界的楷模!我承蒙徐先生的错爱,才有了献身汉语言学的信心。优秀的年轻人很多很多,但是徐先生这样的学者却太少太少。

回忆徐通锵先生之四

我多次到徐先生家拜访。回想起那时与先生品茗谈学的欢乐时光,忽感人各异世,令人伤感。记得90年代初一次我去拜访徐先生,到的时候已快中午,徐先生热情地留我一起吃饭。师母做的是面条,上午买了一只鸡腿,徐先生就把整只鸡腿给了我这个不速之客,说年轻人能吃,应该多吃一些。结果徐先生和师母就只能吃豆芽面条了。那时候的生活还比较艰苦,吃鸡腿算是生活的改善,所以现在想起来还有点儿内疚。每次离开徐先生家时,徐先生不仅要送下楼,还要送到畅春园家属区的铁门外。

徐先生是一位敦厚的长者,想起他就感觉到一阵温暖。

回忆徐通锵先生之五

圣人曰"君子谋道不谋贫"。徐通锵先生是一位真正的君子!

虽然徐先生的学术成就罕有其比,但是生活一直非常俭朴。就在我前几年去拜访徐先生时,他还是住在畅春园的老式楼房里,只有小三室,厅其实就是过道,面积不大,家具也是旧式的,远不及一个刚刚工作的年轻人的居住条件。然而见到徐先生时,他兴致勃勃谈论的都是学术,似乎从没有觉察出自己的生活条件已经落后时代了。徐先生的衣着也很朴素,最常见他穿的总是那身中山装。徐先生做出了很大的成就,但他始终还在孜孜不倦追求学术,而无暇顾及如何把这些转换为经济效益。

回忆徐通锵先生之六

古人云:无偏无党,王道荡荡。

我在美国读书快要毕业的前一年,收到徐先生的来信,问我毕业以后如果有意到北大中文系语言学理论教研室工作,他将向学校申请一个进人名额。此事至今让我感激不尽,同时也觉得十分惭愧,辜负了先生的厚爱。这是一件简单的事,但是看看现实就知道徐先生的高风亮节。尽管从道理上都知道学术上必须"嫁接"才能有发展,但内心中只认可自己弟子、实际上只为自己弟子开道的学者似乎更多。徐先生跟这些人相比,简直就是一个圣人!学术界多一些徐先生这样的学者,汉语言学界的学术空气一定会健康得多。

回忆徐通锵先生之七

士不可以不弘毅,任重而道远,死而后已。

徐先生具有宽广的胸怀,坚毅的求真精神。我 90 年代初见到徐先生时,徐先生坦然地告诉我,他不赞同结构主义研究汉语那一套,也对朱德熙先生的研究有保留意见。我当时听了感到很吃惊,当时是结构主义最流行的年代,而朱先生又是那个时代的宗师,几乎是一呼百应,而徐先生坚持自己的学术理念会陷自己于什么境地可想而知。

徐先生虽然非常坚持自己的学术理念,但是对反对他的人则持一种非常宽容的态度。他提出的字本位说,反对的人远远比赞同的人多,还有很多可以说是讽刺挖苦性质的批评,徐先生总是淡淡的一句话:"让人家说去吧。"而让他兴奋不已的则是,"搞方言的汪平跟他的想法不谋而合"、"香港大学的心理实验支持他的观点"等诸如此类的消息。徐先生是一个思想者,而思想者则往往是孤独的。到底有多少人能够理解徐先生的思想精髓呢?

(石毓智:新加坡国立大学文学院副教授)

怀念徐先生

曾晓渝

去年初冬的一个清晨,按通常习惯打开电脑邮箱,收到王洪君老师的邮件——"徐通锵教授因病逝世"的字样赫然映入眼帘,这对我来说太突然了,顿时心里一紧,然后是一阵哀痛!多想赶到北大中文系开设的悼念室去悼念先生,可是,我正在美国堪萨斯大学做访问学者,远隔重洋,身不由己。于是,我只能步出房门,面朝太阳升起的方向,为徐先生默默致哀。两个多月来,心中常会隐隐地悲叹着先生的离去,这么好的一位学者,怎么走得这么早、这么急?!

记得我与先生只见过四次面,三次在学术会议上,一次是他来南开大学主持博士研究生学位论文的答辩。而且,每次见面几乎都没有交谈。作为学生晚辈,我只会腼腆的一句"徐先生好"。他呢,则以微笑点头作答。尽管如此,先生谦和、慈祥的面容给我留下了难以忘怀的深刻印象。多年来,我备受徐先生的关心厚爱,每当他的新著出版,我总会收到他亲笔签名的赠书,《历史语言学》、《语言论》、《基础语言学教程》,一次次令我感动,并受到很大的鼓励。可是,对徐先生我却无以回报,只是年年岁末给他寄上一张新年贺卡。先生的著作是我常读的重要书籍,也是我的研究生们的必读书。一次,我一时找不到徐先生签名的那本《历史语言学》,急了,立即给每位硕士博士生群发"鸡毛信"电子邮件:"谁借了我的《历史语言学》,请速还!"一位学生接到邮件后到我办公室来说明,见我桌上正放着一本《历史语言学》,对于他的疑惑,我解释道:"我找的是徐先生签名的那本。平时我是把我自己买的这本借出。"不久,书终于找到,我才释然了。如今,先生亲笔签名的赠书更成了我的珍藏。

在当今中国语言学界,徐先生的学术成就无疑达到了顶峰。徐先生生前致力于中西结合、建立以汉语研究为基础的语言理论,这一学术之路非常值得我们继续努力走下去。以我目前的经历体会而言,半年多来,我在堪萨斯大学专心选修西方经典音系学理论的课程,很希望通过这系统的学习解决我以往研究中所遇到的疑难问题。可是,我注意到,西方经典著作中所引用的语言材料虽然比较丰富,但均极少提及中国语言(汉语或少数民族语言)的材料,也就是说,西方理论一般是建立在非中国语言材料基础之上的,往往并不适于解释中国语言的特点。因此,对于中国语言许多复杂现象的解释,不宜,也无法直接照搬西方理论。但是,学习借鉴西方理论又是非常必要和重要的,因为人类语言存在着共性,而且西方语言学著述中的科学方法和思路会给我们许多可贵的启示,这对总结发现中国语言的种种特殊规则,并使中国语言学研究更具科学性有极大的帮助。作为中国语言学者,建立中国特色的语言理论,让中国语言理论在世界语言学领域占据不可忽视的地位,是我们的责任,而要实现这一目标,就必须走中西结合研究之路。在这方面,徐先生是我们的楷模。

当然,要真正做到像徐先生那样中西语言学理论融会贯通是很不容易的。像我现在访学于美国,英语、专业知识背景、生活、角色转换等等一关又一关地过,天天背着大书包行走于教室、图书馆、宿舍之间,尝着这"老留学生"的辛苦,我常常会想到当年徐先生年过半百时到美国访学一年,那也是不轻松的呀。虽然不敢在学术上、学校环境等方面与先生相比,但我却从中得到了坚持的动力。我想,不管能力大小,只要努力学习,切实走中西语言学结合研究之路,为中国语言学的发展尽心尽力,就能告慰徐先生的在天之灵。

敬爱的徐先生,永远怀念您!

(曾晓渝:南开大学文学院教授)

一米温暖的夕阳

——我所知道的徐通锵先生

张振江

一

晚上 7 点回来,看到落款是"徐通锵先生治丧办公室"的信。无法明白到底是什么意思,直觉得莫名其妙、不可思议。

治丧?治什么丧?您给谁治丧?

本能地想给您打电话。不知道为什么、不记得什么时候上了这个网,稀里糊涂地看到现在。

李倩、毓智、大家都说您走了。

先生,您这样就走了,叫我说什么?

似乎明白发生了什么。可还是稀里糊涂。不知道说什么,整晚脑袋都是空白。

这是我深夜在北大中文论坛上糊里糊涂写下的杂乱文字。20年教诲,点滴心头。方希说先生辞世让她痛彻心腑,我也是第一次真切体验到了痛彻心腑的确切含义。

至今还是只能一段、一段地杂乱写。如今先生一定是在天堂安详、从容地坐着,身上沐浴着温暖的阳光,先生一定不会计较我只能写零散的片段。

二

第一次见到先生是在1985年夏举办的音韵学高级研究班上，先生主要结合闻喜方言讲语言变异理论。课讲得极简洁、谨严，理论与实际结合得极好，不愧是大国手。但给我印象最深的，却是他的土气。那天很热，先生穿了件半旧短袖衬衣，扣子却一直扣到颈。手里拎着个五六十年代可能时兴过的双梁黑油布包，脚上的旧皮鞋最少十年没有擦过油吧？不恭敬地说，先生身材瘦小，本就其貌不扬、声音不洪亮，更糟糕的是，先生似乎开始时还有些拘谨，毫无名校的名家习见的衣裳笔挺、器宇轩昂。说实话，我那天总觉得先生土得像位乡间小学老师，而且还是偏僻乡间的。这让我大为失望，实在无法跟哺育了多少后学、至今难有出其右的精彩的《语言学纲要》联系起来。

后来跟先生熟悉了，第一印象有了许多改变，先生其实也有了许多改变。但是，说先生始终不讲究衣着修饰，外表远非风流倜傥，恐怕没有多少人会反对吧？据我的观察，似乎90年代后先生衣着比以前先进了一些，甚至还看过他穿西装，但他似乎从来没有进步到讲究的阶段。我穿着也极其随便，省事第一，因此几次被人当成进城找工无着的民工，这方面倒是很有心得地跟先生交流过。我的硕士导师严老（讳学宭）曾说："吃得好是自己舒服，穿得好是别人舒服。西装革履，折腾自己。"告诉先生，先生大乐，说："前辈学者上升到了理论总结水平。"2004年忆起第一次见到他拎着那个土气包讲课，先生作认真状："惭愧，让你们失望。"不过听上去很有些假。他的遗憾倒是很真诚:"那种包现在到处都买不到了。真实用。"先生追求的是内在,外在多半于他是浮云。

三

真正认识先生是 1986 年。那年先生名著《历史语言学》书稿初成,寄给严老。老人家已经癌症晚期,卧床多月,实在无力细看。但严老非常器重先生,公开、私下都认为他是目前国内最好、最有前途的理论语言学家。我那时正是胆大包天的年龄,又刚刚仔细读过 Lehiste、Byne、Anttilla、Herzog、Weinreich 等人的论著,就自命不凡地跟严老借来研读。事实证明,《历史语言学》体大思精,虽写于上世纪 80 年代,但比之 21 世纪初国内外出版的同类著作并不逊色。但可能是由于字数太多,又是手写,稿本偶然处似乎有笔误。经过一个多月对书稿各章节反复拜读、参证比较,我积累了大概 5 万字的体会,上交严老充当课程作业。

其实严老本来没打算让我拜读,突然见这一大叠纸,颇有些出乎意料。老人家没想到我这么能乱写,更没想到我偶尔也有写对的字,不知怎么考虑的,多半出于是长辈纵容小孩子的胡作非为吧,一时高兴自作主张把这份乱糟糟的东西径直寄给了先生。这可把我吓坏了。我虽然胆大包天,可那时对北大迷信到了荒谬的程度,固执地认为北大是在天之上;而且我的字我自己都不太认识,如何敢为难先生猜谜?赶紧给王洪君写信,请她务必在先生处多多美言。王洪君见我这么紧张,颇不以为然,回信说先生不仅不以为忤,还挺高兴,出版时还会专门提及致谢,出版后还会送我一本。大概是王洪君又跟先生说起吧,先生稍后也写了一封信给我,言辞极其客气,内容颇多鼓励。这也成了我真正认识先生的开始。

久经奇奇怪怪的延宕之后,《历史语言学》终于问世。1991年12月11日,果然收到了先生的惠赠,书中果然提及致谢。除我之外被谢的,都已是或将是声名赫赫,只我一个是还在晃荡的学生。而那时和现在,我都既一无所成,又寂寂无名。

一位名学者对这样的学生偶尔莫名其妙蒙对的个别字朴实地致谢,恐不多见吧。据说陈寅恪对学者的最高评价是"念书人",先生就是"念书人"。

这本书有许多后话,说两个。

其一是这本书出版后的十几年中,多次有人跟我说过类似这样的话:"什么地方见过你的名字……对,徐先生的《历史语言学》。"惭愧地跟先生说起托了他的福,先生仍只有朴实的一句:"你做了工作。"这话我绝不敢当,更绝不敢忘。

其二从没跟先生说过。有人不知为什么居然会认为《历史语言学》有抄袭嫌疑。这实在太过分。几次解释过我所知道的先生思想演变过程、书的内容变化过程,因此得罪了些人、吃了些苦头。听说学人以求真为唯一目的。但不是所有人都如此。

说远些。其实我所知道的先生对抄袭发自内心地深恶痛绝。我嘴坏,在先生家中经常信口雌黄,但极少见先生臧否人物,而冒点险说,我算是先生信得过的晚辈之一。听到过先生几次非议,基本上全因抄袭或轻率成文而起。陈保亚的大作被抄,先生愤怒,这并非因保亚是他的学生。张洪年的大作被抄,先生同样愤怒。其实先生对不慎重为文都深恶痛绝。先生的某位学生高产而严谨似略不足,先生拿他作反面典型教育我;某位跟先生进修过,日后走的似是"胆大为文"路线,先生不仅到那人所在城市讲学时刻意避开他,连那人来京请先生吃饭,先生也坚持自己付账,够绝的吧?

四

以后先生的著作都送过我,每本都写"振江正之"。我当然根本没这个能力,但逐渐明白先生其实就是希望听不同意见。说实话,先生对信奉他理论的当然高兴,但他与王福堂先生一样,更尊重不同意见、留心吸取不同意见。这方面我知道不少。

刘叔新先生语言学成就巨大,但他不认同字本位,讲学时曾经专门公开批评过。先生问我刘先生讲了什么,我没有听讲,答不上来。先生非常遗憾,说刘先生的批评意见尤其要认真考虑,对以后改进理论很重要。又说起刘先生的成就、坎坷,对刘先生身体的担心溢于言表。(有次在刘先生家,刘先生批评某名家,说:"徐先生非常听得进批评意见,但你总不能连字本位的意思都没弄明白就乱批。"而依我看,两位先生间似乎说不上有多少私交。)

先生的学生可能体会更深,先生绝不是强迫学生接受他的看法盲从他的人。据我的观察,王洪君和陈保亚大概是先生最看重的学生,跟他们讨论学问大概也最多,但他们就是不同意先生的某些观点。保亚的追忆文中坦承跟先生的意见有不一,王洪君许多时候也有自己的看法。有次去她家,她第一句话就是先生《声母语音特征的变化和声调的起源》"又惹祸啦",认为先生的理论根据不存在,结论不成立。私下的王洪君可不是时时都那么沉稳的,那天也说得上是言辞激烈吧?先生毫不为异,"这很正常啊,学术嘛。"还补充了王洪君跟他辩论的细节,补出了各自的根据。

我接触过一点点相关研究,也不相信先生关于声调的说法。先生找出刊有那篇文章的杂志送我,说:"那你回去好好批我。"其实我当面说到先生的论著时,基本上都是这里不好、那里不对地乱说一气。至今我的语言学最多只是还处于入门阶段,能说出什么道道来?但从没见先生斥责过。先生写《基础语言学教程》和《语言学是什么》时垂询过我,而我有不同想法。当然这两本书最终都还是按字本位思路写的,前者出版后我在先生家重复以前的话:坚决支持讲字本位的权利,坚决反对在入门书、普及书中这样写;当讲学界普遍接受的,个人见解当写在研究性论著中;这本书一定不如《语言学纲要》受欢迎。我有爱激动的坏习惯,那天讲得吐沫四飞时不知道怎么居然拍了先生的书桌。我自己吓了一大跳,先生却只是把茶杯从书桌上拿过去,笑眯眯地继续听。后者出版是在先生身后,蒙先生公子徐涛兄代赠。"后记"只是平和地说,现在的写法"一家言"色彩很浓重、利弊优劣由读者评说,也没有什么责备吧?当时情景,油然心头。所谓学术伦理,就是这样具体而微的吧?

  印象最深的是先生饱受争议、集中体现字本位理论的《语言论》。这本书的思想与习见的同类书截然不同,加之可能确实还有许多不完善,因此反对声浪四起。先生很注意这些意见,很注意思考别人的见解。有次先生问我是否认识广州某大学的某位女士,说他不认识,但她有一篇批评字本位的文章写得很好,叫我看看能否请她参加青岛的字本位讨论会。我根本不懂语法,最多只有朴素的认识,而且对字本位采取的是原则上坚决支持、具体上却常常大不敬的阳奉阴违办法。先生抬举我说"《语言论》寄出的第一本就是给你的",结果我仔细地读了三遍,书上密密麻麻地写满了我的胡乱想法。1998 年初带去给先生,先生居然坚持看到了第 39 页才彻底绝望:"你的字实在难认。"真是毅力惊人,我自己绝对看不到第10

页。那天跟先生汇报我的心得：先生绝对有讲字本位、走新路的权利；《语言论》上半部好，下半部粗糙；字本位理论论证还难说周全，只取对己有利的规定说，而且讲得不服人；印欧语的核心词也基本都是单音节……先生逐一答疑：下半部涉及的研究少，归纳不易；北大英语系某同事已指出核心词问题……先生那天被我给诡辩糊涂了，晚上带我去风入松书店都想不起要买什么书了，但先生始终平等论道。其实先生不是对牛弹琴也是对马弹琴吧？李倩说"清风徐来"，有这感受的恐怕并不只有那三只小蚂蚱，至少还有我。字本位确实给先生带来了空前的沉重，对不是出于学术的风言风语先生似乎确实也很愤怒，但据我所知，对出于学术的批评以致批判，先生始终只是报以清风。

或许先生觉得我唯一可取之处就是敢胡说八道？2004 年吧，先生亲笔写邀请函，叫我参加青岛字本位讨论会。我因故没去成，还麻烦了孟华先生许多。2007 年 9 月 2 日，先生又嘱我一定要参加将要开的第二届会议。其实就算我都去了，除了瞎嚷嚷，又能说个什么？《语言论》的讨论使我重新认识先生，其一是，所谓前辈风范，不外乎此吧？

五

《语言论》、字本位使我在其他方面也重新认识先生。王洪君说先生是特别认真、不太通融、有些固执的。我所认识的先生确实如此。先生自有风骨。

作为一位名学者，功成名就、退了休之后的晚年大变法，事实上等于学术上否定自我、否定众人，另开新路，而且这条路不知通向什么前景,只知眼前举目所见都是荆棘。这还未计随之而来的沸沸扬扬。先生几次跟我说起《语言论》、字本位弄得他"众叛亲离,非常孤单",这当是先生真实的内心。先生多次说他反复写上赵元任、吕叔湘的金句,更多地是为了对抗这些他快扛不住了的压力。

但先生最终是一直走下去,而且一直走到生命的终点。我不知道这需要多少勇气,需要多少"特别认真"、"不太通融"。我不知道又有多少人真正做得到。

其实他原本大可以不如此。多少人一本书守一辈子。《历史语言学》守一辈子,那是绰绰有余吧?但那就不是先生了。先生的学术水准,可能并不在于他知道多少理论?先生的学术精华,其实不是《历史语言学》或者《语言论》或者其他,而在于根据语言事实勇于创新?《字本位》丛书编委会说先生由此完成了从著名语言学家到伟人语言学家的飞跃,我想两顶桂冠都不是先生所追求的。其实先生最后几年常说的倒是他"不读书、不看报。争取当一个好保爹"。(我曾说"您老头一个,怎么能是保姆?")

但先生实至名归。公道自在人心。

保亚说,先生是靠自己的成就而不是社会活动赢得自己的学术地位的学者,这恐怕不会有人反对吧?

六

作为学者,先生老实、虚怀,朴实地像学生一样随时不耻下问。也因为字本位,我对先生的这些品质有了更深入的了解。

念语言学史始终让我困惑。西方很早就语法成就卓然,中国极早就在语音等方面取得了杰出成就,但古代语法研究始终极不发达。找到的解答不少,连说中国古人思维和表达都不严密因此不太需要语法的都有,却没有能释惑。1997年吧,请教先生,先生说,这个问题问到了点子上了,《语言论》其实也想解决,他的博士生李娟研究类似问题。先生详细介绍李娟想了什么、正在想什么,并把李娟的博士论文开题报告送了我。先生最后强调,这个问题意义重大,他还不完全知道答案,希望李娟有最终答案。至今未能拜读李娟的大作,不知道她的一定精彩的结论,至今清楚记得的是先生说:"我现在还不完全懂这个,今天讲的部分是根据李娟。"先生没有能最终给我答案,但让我明白了什么叫学术老实。

2000年,我在港大,得知港大的谭力海老师的语言心理试验取得了惊人的结果,证明汉语语法处理的脑机制与语音、语义部分合一,而与英语语法单独分区的脑处理机制不同。想起古代的语法研究不发达,当即禀报先生。先生非常重视,把他的《语言论》等著作签名赠送谭力海,嘱咐我向谭力海详细请教,吩咐我请谭力海便时过访北大,吩咐把文章找给他以便借鉴。谭力海把他的所有文章都托我带给了先生,先生得到后,谦虚地说他英文不好,又没有心理学基础,要我先把讨论语言的脑处理机制的那些文章找出来,其他的他以后再慢慢读。先生其实把这些文章都读了,还找了人把其中的一些翻译成了中文。2004年,先生嘱咐我转告谭力海,说他从中深受启发,但好些他还是看不懂,怕引用错了,一直没敢用;说他请人做的翻译可能失真,希望谭力海最好找心理学和语言学出身的人通力合作,准确译成中文以嘉惠学人;出版后定会极大地推动对汉语的认识和研究,并主动表示他要根据自己的体会写序推介。2006年9月最后一次跟先生通电话时,先生又问我翻译进行得如何了,再次嘱咐我转告谭力海:这项研究意义重大;抓紧翻译、出版工作,他写序。谭力海是整个港大近几年来表现最出色的学者之一,从心理学进行的汉语、汉字研究应该说是国际领先,但实事求是地说,论名气、资历、整体成就,现在确实还是先生的后辈。

顺便说起。谭力海非常敬重先生,叫我恭请先生去港大进行学术访问、研究,何时去、停留多久,悉听先生便。谭力海周到、仔细地做了特别安排,给先生的报酬恐怕也是港大给大陆学者最高的。我以每天陪爬山相诱:"比爬香山方便多了,也有意思多了。"先生因此而有点心动,但最终婉言谢绝。很久我才知道原因:北大某学者曾不合身份地赴港某校而招非议,先生怕给北大添负面。其实根本不会。保亚说先生挣钱不积极,我知道是的。

七

治学是先生生活的主要部分,但却绝不是全部。王洪君写到的唱京剧的多面体的先生是真实的先生,我也有幸知道一些先生治学以外的生活,其实就是一个可爱的老头。

先生给我起过外号,这恐怕会让很多人吃惊,不是先生吧?2000年我混入港大后严重缺乏运动,结果学问没混到,却把肚子混大了。再见面时先生吃惊地发现我胖了这么多,"赖昌星!"从此不时叫我赖昌星。自己偷偷照照镜子,发现真的很像,只好认了。以后跟先生通电话,常自报"赖昌星"。有次饭局,请保亚猜我像谁,谜底是赖昌星。举座合欢。

先生请我吃过鱼,但不是他自己煮的,结果我婉转地请保亚的高足胡斌转告先生请我再吃鱼。先生的鱼做得很出名,不少人享受过,我不能没有份。先生很高兴答应了。2002年我在北京时想起这事来，就说第二天要去他家兑现。没想到第二天大塞车，害得先生焦急地等了好久。一见面先生就拿出两个剥好了皮的大久保桃子："怎么这么久？快吃。过了季，跑遍了海淀区只买到这两个。"先生急急忙忙表功似地说。先生的神情根本不像什么名教授，却像极了觉得做对了事情急等着大人表扬、夸奖的小朋友。先生骑着那辆著名的破车为我冒险，这让我非常感动，决定鱼暂时不兑现了，连带阿姨（我不敢叫先生的太太为师母）的打卤面也不兑现了，声称便于到处宣扬"著名语言学家徐通锵先生欠我一条鱼"。阿姨大乐："你是要留话把儿。"先生大无畏："你说去，你说去！"

似乎还没有人说到先生其实有时候很要面子，我知道一点，这时的先生特有意思。有次先生跟王福堂先生、王洪君一起到暨南大学参加博士论文答辩，离开广州时不慎在街头失窃。忘记了为什么，先生后来有一次心有余悸地跟我提起此事。可能他觉得不光彩，开头说得很含混，等到发现我其实一点都不知道，顿时就来了精神：小偷如何把王洪君夫妇偷了个精光；他们如何狼狈万分；他如何帮助渡过难关。当晚我去王洪君家，责问怎么被偷了都不告诉我，王洪君莫名其妙。听说是先生说的，她大为不平，当即请王福堂先生出来作证，指手画脚就把被偷的人是先生这个老底揭了个一干二净，"只剩一个相机，还是死乞白赖地塞在我的箱子中才幸免的。"有了真实的证据在手，我也就不跟先生客气了，第二天笑嘻嘻地问他相机怎么没被偷，先生顺口说是因为放在王洪君的箱子里。等到明白上了当，现场直播了一把目瞪口呆兼张惶失措。我幸灾乐祸地说，"说谎话的秘诀是至少不能轻易对证。我到了您家，如何会不去王洪君家？"从此没有听先生再说过此事。

八

我认识先生时,先生已经是老年人。慈祥和蔼笑嘻嘻的,人生智慧丰富,这大概是晚年的先生在许多人心目中的形象。我在港大时,有次王洪君把给我的邮件发到了我的小师姐梁源的信箱中去了。梁源转发这封致"小张弟"的信给我时说,"你是王洪君的弟?!"偶然跟先生提及,先生只是微微一笑,转头说别的,这让我觉得算是怎么回事啊?很久才体会出王洪君的聪颖、关心,很久才体会出先生的智慧。

不过,依我看,先生更带有深深的读书人烙印,其实许多时候对生活小世故不太敏感,这些时候说不上多少人生智慧。我几次因此深受先生害,这远比对先生的人生智慧印象深。

有时难说是不是他不敏感。一次先生问我在看什么书,我说"董秀芳前途无量",其实我至今不认识她。先生似乎很奇怪,也很有兴趣,问我为什么。我不知道先生其实很了解董秀芳,但我刚看过她的《词汇化:汉语双音词的衍生和发展》。书似乎还不宜说已经尽善尽美,但反映出作者极难得的视野、素养、潜力。先生静静地听了十来分钟,才笑嘻嘻地说她跟王洪君读完博士后,"我们已把她留下了"。我后怕,一般人也都会以为先生这是在故意测试吧?先生接着说的语法化、词汇化什么的,我都没听清楚。后来有次跟沈家煊先生说起董秀芳,只有一句"前途无量",再也不敢多说。生怕再被考。

第一次体会到先生有时并不那么人生智慧丰富是 1995 年。先生离开广州去台湾前好不容易联系上我时,我正在跟深圳来的一位美貌姑娘聊天。那姑娘没见过北大教授,就跟我一起急急忙忙赶去开眼。先生错当成了我的女友,也不先问一问,端详了一阵直接就是"很好!很好!日后互相体贴!"搞得那女孩即刻上演扭扭捏捏,先生居然也没看出不对劲。为了解围,我把匆匆忙忙买的西瓜拿出来。瓜味道确实一般,不过确实也想不到先生只尝了一口就说"不好吃!"居然自然而然地放下,再也不吃了。天哪!这可不是当着美女的面要我好看?先生这么一下,就算那女孩真是我的女友,多半也立马吹灯拔蜡吧?哪还会有什么日后、体贴。(那天中午先生请客。先生自选集面世,出版社给书充当稿费,一堆书弄得先生很烦。我买了60本分送学人,先生说出版社是按8折给他的,那天坚持要退2折给我。但先生算不清60本、8折、2折到底是多少,只好任我拿,外加他请客:"你工资低,需要钱的地方又多。"先生始终不知道是我自己买的,我也从没跟任何人说起。让先生请我只有这一回,先生的这两句话至今让我温暖。)

2002年我又深深体验了一次先生的不敏感,这次成为了名副其实的受害者。在北京开会时逃会去了先生家,一上午居然讨论的是有的大将比元帅能打仗,跟语言学完全风马牛。中午跟先生和阿姨一起去北大内的淮阳坊吃饭。先生和阿姨怕我买单,看得我很紧。老人家请我成何体统?只好动脑筋。饭吃到一多半时,做烟瘾想耐但实在难耐状,请假到外面抽烟(先生很奇怪怎么就一直没看出我是烟民,只好承认我"隐藏得非常深"),就在饭店外面偷偷把服务员叫出去悄悄地买了单。但我不知道该怎么收场,只好吃完饭任由先生掏钱,服务员当然指着说我结过了。先生先是惊愕,继而拍案,继而顿起,继而指着我的鼻子,大声怒斥,"你太不像话了!"那次发现先生其实还是中气十足、声音响亮的。满场吃饭的人,少数也有一百个吧,包括男女,包括中外,闻声齐刷刷静了下来,当即对我行注目礼。说实话,我还真从来没有过这样高的注视率,本当高兴才是。不过自知之明还有一点,准确地估计出不是敬仰之类的注视,只好把头向桌子下藏,努力研究地上会不会突然长出鲜花来。那一刻真实地体验到了相对论,几秒钟真的会长过几年,爱因斯坦真不骗人。

九

先生自己的生活过得也不过是马马虎虎,却很关心我的生活,这方面很多。说一件吧。

我自己也搞不明白是怎么回事,稀里糊涂就大到连说是大龄青年都不好意思了。不少人催我成家,其中就有先生。说多了,弄得我觉得罪恶深重,却也起了叛逆心:谁谁谁也结婚挺晚。先生说人家是忙着读书,你不同。不过先生此后说少了很多,而且很讲究方式。有年张振兴先生帮我揽活,我用个普通的塑料袋提着好几万现金周游了大半个中国,去了先生家,晚上中文系几家赏光一起吃饭。席上先生兴致很好,饭后齐去保亚家,保亚的房子好像是刚装修完不久。房子不是很大,但保亚的夫人很贤惠,不仅充分利用了空间,还使空间看起来比实际的要大得多。回去时先生问我,我说特别喜欢房间的色彩搭配,清新、温馨,很见艺术功底。先生轻声说:"有个家不错吧?"这才知道先生的意思,原来不只是认个门。2005年打电话给先生拜年,无意中说我太太在煮饭。先生就声音一下子高了八度;就要我太太跟他通话;就告诉阿姨我结了婚;就要我带去他家;就许诺他来广州时住我家⋯⋯

不知是不是可以再说一件不太有把握的,保亚说不知道为什么2006年上半年先生突然推荐保健文章,我知道原因。2005年底,我总感觉头疼,总是难以集中精神,实际上对什么事物都缺乏兴趣。开始以为是劳累,检查后发现血压、血脂都高,原来是它们惹的祸。2006年五一节无意中跟先生提及,先生很奇怪我这个年龄就有这些毛病;叮嘱千万不可大意;又叮嘱千万别紧张,"你才两高,我是三高(血压、血脂、血糖都高)"。先生还具体介绍了他知道的一些中西药及其效果,叮嘱药效可能因人而异,人有个体差异,因此要注意选择适合自己的药。此后每次跟先生通话,先生都会问及吃什么药、药效如何、血压和血脂现在是多少。

5月13日,突然收到先生转发的保健文章。邮件当是徐涛兄5月11日转发给先生的,先生转发给了五个人。蒋以亮可能是北语的,除我之外的另三位(王洪君、保亚、叶文曦)确实都是北大语言学教研室的,如保亚所说。

但是,不论我是否知道原因,仅仅是这时记得我已经让我深感莫大荣幸。先生不是势利者,不忘一无所成、寂寂无名草根辈如我。

十

2007年元旦跟何明先生说到先生西去,何先生误以为我是先生的学生。我不敢冒充。

2004年秋去先生家,那也是最后一次亲见先生。忘了为什么先生对我总是称他先生而不是老师感到奇怪,我说:"没有福气跟您读书,不敢冒充是您的学生。更不敢攀名人以自重。"先生认真盯了我好一会,慢慢地说了两句:"我哪是什么名人。你可以叫老师。"

我没敢应答。先生的学生不是随便什么人都可以做的。我努力过,1998年去北大考先生的博士,但失败了。那时为免瓜田李下,好几个月没问安,面试时才见到先生。我想面试还是答周全些好,于是东啊西啊地乱讲。后来去先生家辞行,先生说:"没抓住主题,三言两语就可以了。"我顶嘴:"考生怕漏不怕多。"先生说:"也是。英语得过。"我对专业没信心,对英语倒很有信心,觉得题目很怪,但没觉得非常难,还提前很多交的卷呢。不料后来同时收到了先生和王洪君的信,当时就知道坏了:他们分头同时写信,一定是事先商量分好了工的,一定不是好事。先生信中全是鼓励,王洪君则说是英语拖累,先生正在以专业课超出第二名很多为由打报告要求破格,但希望渺茫。没想到先生和王洪君会为我考虑这么周到,明白专业课其实也是托先师福荫。先生是感念旧恩的人。

2004年秋临离开先生家的时候,夕阳刚好照进先生的书房。先生静静地斜坐在他那出奇地宽大的书桌前,沐浴在大概一米宽的夕阳中。我一直不知如何概括先生,那一刹那明白了,先生就是一米夕阳,安详、从容、温暖。

十一

2006年9月2日上午,打电话给先生。断没想到那是最后一次跟先生通话。

先生说近来瘦了很多。催他下午就去检查。说查过,没问题。突然变瘦让我疑惑,但先生笑声依旧,听上去精神依旧。应该是自己疑心,于是就没多想。预定11月底去北京。没说,只说去北京一定去他家。先生说:"你来北京不来我家像话吗?"我说:"您得兑现那条鱼。"先生说:"那得拍照为证,免得你再宣扬。"这让我想起从没跟先生一起照过相,先生说:"你会没有?不可能!"想想发现是真的,"真奇怪。"我说:"那有什么奇怪啊!那有什么奇怪啊!您怕我攀名人自重,不跟我拍呗。"先生笑嘻嘻:"你下次拍个够,让你多多自重。"

想给先生惊喜。没再跟先生问安,等着11月。

11月,突然接通知,课题必须结项,匆忙去了贵州。

回来就看到讣告信。整晚脑袋都是空白。

算算先生西行已十五天。

永远不能跟先生合照了。

十二

先生对自己身体很有信心,说今年春给我写序。

先生,"序"一定有。正文就全空白无字吧。无字是天书,正合乎现在的您:您一定在天堂安详、从容地坐着,身上沐浴着那温暖的一米阳光。

(张振江:中山大学人类学系副教授)

大家风范　高山仰止
——写在徐通锵先生辞世百日之时

曹　炜

2006年中秋节以后多次打电话到徐先生家中均无人接听，便有一种不祥的预感，于是在11月21日夜晚给王洪君老师打了电话，才得知徐先生已患病住院。王老师告诉我说，徐先生目前在病榻上时而清醒时而昏迷，病情已是非常严重，但下个星期若去北京应该还能见上徐先生最后一面。向王老师详细询问了北京肿瘤医院的地址后，我让我的研究生征文平同志购买了下个星期的火车票，一者是因为本周调课确已来不及，二者是觉得徐先生不会走得如此匆匆——因为中秋节前他只是告诉我视力不好、人容易疲倦等。然而现实却是如此地残酷：2006年11月25日夜，我敬仰的通锵先生就已匆匆离开了我们，离开了他毕生所专注的事业。从此，我与我敬仰的通锵先生阴阳两隔……

2001年2月，我去北京大学中文系做访问学者，期间除了我的指导老师陆俭明先生外，见的最多的就是徐通锵先生了。

早就知道徐先生在国外待过，所从事的专业又是来自西方的理论语言学，因此在我的想象中，徐先生应该是西装革履，洋气十足的。及至在北京大学第四教学楼前相见，才发现与想象中的形象大相径庭：徐先生穿着一身灰色中式布棉袄棉裤，骑着一辆28英寸已看不清原本是什么颜色的旧载重型自行车——这种车因为车身高，车子重，且车座前有一颇高的横档，上下车殊不便，在我生活的苏州城里已很少见到——朴素得让人难以置信，要是在大街上碰到，准保会被我误认为是一退休多年的老工人，谁能想到他就是那位名闻遐迩的理论语言学家，《历史语言学》和《语言论——语义型语言的结构原理和研究方法》的作者呢！

　　2001年2月，徐先生正给中文系2000级博士生开设"语言学研究方法论"课程，按照俭明师的建议，我全程聆听了该课程，并得以在课后经常向徐先生请教问题，而且请教的场所也从教室移到了徐先生的居所——北京大学畅春园56幢306室。徐先生的居所一如徐先生的装束，简朴到不能再简朴，让人自然而然地会想起唐代刘禹锡的名篇《陋室铭》。房子是很旧了的老房子，屋子里也没有经过时下流行的装修，因时代久远而发灰发黄的墙壁，表面呈颗粒状的水泥地，卧室兼书房，四周全是书橱，有深红色的，姜黄色的，还有颜色斑驳不明本色的。当时很是好奇，一问徐先生，才知这些书橱中有一些是他的学生离开学校时留给他们的老师的。当我访学归来，每每给苏州大学的本科生开设"语言学概论"课程，在课堂上介绍所用的教材《语言学纲要》的作者，讲到这一段时，往往会有短暂的听不到一丝声音的一段静默，原来感佩的不只是我一个人。

　　虽然是大家，徐先生待人接物却极为平易，没有一点大学者的矜持和架子，往往给人一种亲切随和的感觉，所以在他那里是从不会感到有什么拘束的。加上徐先生推掉了许多社会应酬，基本不外出，不上课的时候就在畅春园56幢306的"陋室"中潜心研究那些悬而未决的问题，所以要找他请教问题往往就比较容易，用不着提前多少天预约。由于往往是带着问题前往,所以尽管交谈的内容不免芜杂,但谈的最多的还是学术问题。其时徐先生已七十岁高龄,但思维极其敏捷,他的一些想法往往与当时通行的观点有所不同,从而也就更容易启迪心智。我的那篇《汉字字形结构分析和义素分析法》,在进北大之前已经有了一个初步的框架和设想,后来在与徐先生的交谈中,一些想法也就变得越来越清晰。形成文字后怀着忐忑不安的心情请徐先生指点,没想到徐先生看后很是高兴,说了不少勉励的话,还给推荐到了《语文研究》发表。这篇文章后来也作为我所聆听的"语言学研究方法论"课程的作业,得了90多分,我知道这是徐先生在鼓励我。

不知从什么时候起,学者们讨论学术问题,无论是口头的,还是书面的,都喜欢引用欧美著名学者、权威的观点,而且一般是正面引用——即以之来证明或强化自己观点的科学性、正确性;而国内学者,尤其是那些知名度不高的学者,一般是不会被引用的,即使引用也是反面引用居多——即拿来作为反面意见加以否定,从而反衬自己观点的科学性、正确性。这似乎已成了不少学者讨论问题的惯例和模式。而徐先生则不然,无论是在他的课堂上还是在课后的闲谈中,能进入他谈吐的有许多是名不见经传的小人物,还没有多少成果的青年学者。初次从他口中听到某个陌生的名字时,先是一惊——上述惯例和模式在起作用,继而很羡慕那位竟然能被徐先生正面引用的"小人物"。后来听到的陌生名字多了,也就慢慢习惯了,及至有一天,我也进入了他的谈吐中,成了那个当初让我羡慕的"陌生的名字"时,我终于明白了,徐先生是位阅读面宽广,涉猎广泛,且很擅长发现别人长处的学者,只要别人的研究取得了一点点成果,而且这一点点成果同徐先生研究、关注的问题有关联,他都会谈及,而不会在意被引用者本身的地位高低、是否是权威等等。

  2003 年 8 月下旬,我完成了北京大学出版社的合同项目《现代汉语词汇研究》初稿的撰写,正在修订中,便请徐先生给书稿作一个序。其时已 72 岁高龄的徐先生声称自己一般不给人作序,也婉辞了许多要他作序的作者,而且他即将去青岛讲学,正忙于作资料上的准备,几乎没有时间阅读我的书稿。可为了不让我失望,他还是接受了我的请求,但提了一个要求:我必须把全部书稿寄给他,如果他看了之后没法作序,也请我谅解。我答应了,便把书稿寄给了他。一个多月后的一天,正值"十一"长假期间,徐先生打来电话,说书稿好好地看了,他的序也写好了。我当时感动得在电话里不知说了些什么,因为徐先生是提前了一个月就完成了我书稿的序言——可以想见,做事一贯认真的徐先生通读我近 30 万字的书稿,还撰写了 3000 多字的长序,需要牺牲多少原本应该好好休息的时间。他毕竟已是 70 多岁高龄的老人了,今天想来,依然感到歉疚和不安。

  让我没想到的是,徐先生给我书稿作序还给他引来了一点麻烦。2005 年 6 月我所在汉语学科的个别同仁在北大中文论坛对我的《现代汉语词汇研究》颇有微词,在一些不负责任的跟帖中也有针对徐先生的有违事实的话语。这着实让我很过意不去。我小心翼翼地向徐先生通报了事情的来龙去脉,并表示歉意。没想到他满不在乎,只告诉了我他近年遭遇的一件事情:他曾经申报了一个关于字本位学说的项目,结果在通讯评议的时候就遭人否决了。我听后震惊不已。因为我曾听说,徐先生是国家社科基金申报课题指南的制作者之一,在我辈看来,徐先生要申报什么项目还不是探囊取物的事情，就像时下的不少院士拿起项目来易如反掌一样。而徐先生却很淡然，说没什么，一个人做的事情不可能人人都说好，人人都支持，自己该干什么还干什么，该怎么做还怎么做，不用去考虑别人会如何说。如果怕别人说，那就什么事也别做。

徐先生晚年在学术界最遭争议的就是他的字本位学说，支持的人少，反对的人多——有一次参加一个学术研讨会，几位著名学者在一起闲聊，谈到徐先生的字本位学说，都显出惋惜的神情，意思是说，徐先生怎么会有这种不可思议的想法。我曾经同我的研究生们半开玩笑地说，要是我提出字本位学说，也许会招来清一色的反对，不少人会说我无知，不少人会给我邮寄语言学基础理论书籍。徐先生将"字"确定为汉语的基本结构单位，这是需要极大的勇气的，因为这是对现有理论体系的彻底颠覆。我们且不说字本位学说有多严密，多么无懈可击，且不说这种理论如何揭示了汉语这种有独特禀赋的语言的本真，就这种理论的提出者不囿于现状，试图探索一条不同于西方语言学家所开辟的语言研究范式的新路子的勇气和胆识，也是令人肃然起敬的。从这个意义上说，我支持它。

在宣传字本位学说的过程中，我也有诸多遗憾，今天想来不免扼腕。一是青岛会议，当年青岛海洋大学的孟华君来电，说是通锵先生亲自圈定的名单中有我，希望我赴会。我也准备赴会的，但后来适逢自己评聘职称而未能成行，真是愧对徐先生。二是邀请徐先生讲学，2004年秋我所在汉语言文字学科带头人王继如先生让我捎口信给徐先生，希望他来苏州大学讲学，讲讲他的字本位学说。徐先生也说他早年曾去过苏州，好几十年一直没有机会去，也很想去看看现在的苏州，至于讲学，他说过些时候再说吧。没想到这"过些时候再说"的事情竟成了永远不能了却的遗憾！

2006年11月25日夜，中国最伟大的理论语言学家走了，他带走了他未完成的工作，未付诸实施的理念以及他的种种遗憾；留下的则是他的大家风范，做人的和做学问的。

九十三年前，瑞士杰出的语言学家索绪尔离开了人世。他辞世之后不久，伴随着他的对当时风行一时的新语法学派的实证主义研究方法提出挑战的《普通语言学教程》的问世，语言学进入了新的纪元，在他身后，他开创的结构主义语言学波澜壮阔地兴起并迅速覆盖欧亚，风靡全球。九十三年后，中国杰出的语言学家徐通锵先生离开了我们，伴随着他的对目前流行的西方语言学理论体系大胆挑战的《语言论——语义型语言的结构原理和研究方法》的流传以及字本位学说的传播，我们是否也将有所希冀和期待呢？

敬爱的徐通锵先生千古！

(曹炜：苏州大学文学院教授)

师　祭

何　丹

  2006 年，一个拥有两个开春日的吉祥年份，然而，就在这个充满吉祥元素的年份里，徐通锵先生——一位普通的、为中国理论语言学建设献出毕生精力的学者，却永远地离开了我们。

  我跟徐先生的接触，缘于我的博士论文。1995 年初，我完成博士学业，即将进行毕业论文答辩。老师告知，由于本校导师都擅长于微观考据，而我的论文内容则属于宏观理论范畴，所以特寄往北京辗转托请徐先生评审。徐先生在评审意见中给予论文很高的评价："这是文字发展的一种新的理论模式……完全站得住。"有意思的是，当徐先生的评审意见寄达的时候，论文答辩会刚刚结束。所以，每当回忆起这件事，徐先生和我都戏称之为"一封只具有理论意义的评审意见"。

  1997—1998 学年，我争取到了进北大正式学习理论语言学的机会。从而，对徐先生有了更深的了解。

  初次见面，徐先生赠我《语言论》一书。翻开书，发现书中竟然郑重其事地提到我的毕业论文。一种夹杂着惭愧的感动之情，从心灵深处涌起，永远地珍藏在记忆深处。初次见面，我也领教了徐先生"坚决不收礼"的规矩——"见面礼"被毫不客气地当面退回，成为记忆深处的教训。从此后，我再也不敢在徐先生那里干这种自丢脸面的事。

徐先生的胸怀令人印象深刻。多少次,我看见他面带笑容倾听不同意见。所有的观点,他都允许学生反驳。一旦碰到有价值的见解,他会显得特别高兴。他自己也常常参加讨论,并很投入。有时候,他会为一个问题在电话中争论得忘乎所以,事后,再打个电话特意表示道歉。

有一天,我终于攒足了勇气问徐先生这样一个问题:他本来长期从事"舶来"的语言学理论传播,早已功成名就,声望地位,国内罕匹。现在却弃旧而创新,万事重开头,万一出差错、万一犯错误,甚至犯低级错误,难道不担心"血本无归"吗?徐先生当时很坦然,他说,自己只是一个普通的语言学工作者,用不着考虑那么多。

确实,正如徐先生自己所说,他并不是一个完人,他为之付出毕生精力的"字本位"理论也远未臻完美。然而,他代表了一种精神。一个民族,是需要这样一种精神的。

我想借用一位哲人的话作为结语:

"在他们的尸骸上,将洒下崇高人们的眼泪。"

(何丹:浙江大学传媒与国际文化学院副教授)

一 件 小 事

周静芳

阳历新年的一天，与远方朋友的电话联络中惊闻徐通锵老师不幸离世。此时离徐老师仙逝已 54 天了，一阵隐痛袭上心头。我虽不是徐老师的学生，但也曾聆听过徐老师的教诲，得到过徐老师的指点。翻开 1986 年 10 月的日记，一切恍如昨日。

记得那一年秋天，为硕士论文写作，我到北京查阅文献资料，一周之内奔波于北京各大图书馆，最后还有一些重要文献未复印到。于是在 10 月 8 号这一天，到北京大学中文系找一熟人碰碰运气，未果。懊丧地走在北大校园的林荫路上，却与徐老师高足、刚留校不久的王洪君不期而遇。洪君学长是我在 1985 年暑期汉语音韵学高级研究班上结识的。一年过去了，她头上的白发更多了，人还是那样单薄、瘦弱。她把我带到自己的宿舍，所谓宿舍，是厕所旁边一个简陋狭窄的房间。在那里吃了两根香蕉，洪君学长提议找徐通锵老师去聊天。徐老师在系里参加整党学习，洪君学长一喊他，他就出来了。三人在隔壁一个办公室坐下随便谈了起来。我把自己的毕业论文设计（客赣两方言历史关系，是分还是合）告诉了徐老师。徐老师说，标准很难定，做起来新意不大。既然有了五个点，再加上其他两个点，七八个点就可以写赣方言历史发展了。他问我，调查的文白异读多不多？我说，还不多。徐老师说，从这些材料中发现别人未发现的东西就好了。要多考虑理论、方法(洪君学长在一旁也这样强调)。我坦率地说,我这方面的修养不够。徐老师又说,只有新观点、新方法才是行的,否则是材料再分类,新意不大。总之徐老师的意思是,要从材料中搞出新东西,不要写分合关系。一个多小时的随谈给了我很大的启发。

告别了徐老师,我和洪君学长又回到她的住处吃晚饭。边吃边聊,从洪君学长那里得知,徐老师的方法是了解、掌握国外最新的东西,用中国的语言实际加以检验、判断,然后修改,提出自己的理论、方法。她和徐老师明年的课题就是搞全国各大方言的文白异读,试图从文白异读(异读也有层次性)来划分方言区。

第二年夏天,我终于完成了毕业论文。由于我才疏学浅,毕业论文未能按徐老师的指教写出多少新意。但徐老师和蔼可亲,毫无学者架子,对于自己没有交往的后学的打扰非但不反感,相反热情真诚地点拨、教诲,使我至今感怀不已;徐老师不满于跟在西方语言学后面亦步亦趋,而致力于探索、发现、创立既符合汉语实际,又具有普通语言学意义的语言规律、语言理论的不懈追求,给我留下了深刻的印象。

如今,徐老师离开了我们,但他精深的学问、崇高的人格,就是一座丰碑,永远矗立在中国语言学发展史上,永远矗立在每一个直接或间接沐浴过他学术思想恩泽的人心间。

(周静芳:江南大学文学院)

难忘的合作

胡吉成

作为一名语言学课程的教师，我是读着徐通锵与叶蜚声先生合著的《语言学纲要》成长起来的。在上个世纪 80 年代，我在大学的时候，就有幸拜读了通锵先生这本书，并且为它内容编排的巧妙、用例的新颖和叙述的简略所吸引。在那个时候，我没有想到我能有幸结识徐通锵先生，更没有想到我还能有幸与先生进行多种形式的合作！

2001 年，经国家教育部批准，中央广播电视大学与北京大学联合举办汉语言文学专业专科升本科学历教育。北京大学非常重视这次合作，各门课程均派了知名学者担任主讲教师，我所负责的语言学概论课程，主讲教师就是徐通锵先生。

听说要与久仰的语言学家徐通锵先生合作，我是既兴奋激动又忐忑不安。一方面，能与自己崇拜的名师合作，这是多么难得的学习机会；另一方面，我与先生素昧平生，先生会不会有架子？好不好合作？怀着这样的心情，我第一次登门拜访了徐通锵先生。出乎我的意料，先生对我不但热情有加，而且非常客气，没有任何架子。

那一次我和先生谈了很长时间，我就全国电大学生情况、教师情况，给先生做了详细的介绍，并且大胆地把所有设想、网上教学的设计和盘托出，全面征求先生的意见，因为我深知，作为领衔全国电大教学的课程主持教师，没有主讲的坚定支持，是难以做好每一步的教学工作的。

　　让我高兴的是，我的所有设想与计划，得到了先生的首肯，包括教材的选用，先生都非常尊重我的意见。按照先生的初步设想，他是打算使用《基础语言学教程》作为电大教材的，因为这是先生系统展现"字本位"观点的最新力作，先生也很想借此进一步扩大影响。我针对电大的实际情况和《语言学纲要》近20年来的社会影响，诚恳地和先生谈了我的看法，力主使用《语言学纲要》一书，以确保教学的顺利开展，先生欣然同意了我的意见。作为一个学术上的名师，年龄上的长辈，先生对一个后学晚生，如此和蔼可亲，对我的一些教学设想，如此尊重，彻底打消了我先前的顾虑与拘谨。先生的谦恭的态度和提携后学的精神，让我又敬佩又从心底里感激！由此，我们开始了长达六年的教学合作，而且是多种形式的合作！

　　由于这是我校中文专业第一次开展网络教学，我首先想到应该在网络教学资源方面寻求突破，改变我校以往那些专业的单调文本形式，于是策划了制作《语言学概论网络课件》计划。我按照自己对于课程的理解和网络的特点，设计了重点难点解析、综合练习题、自测练习题、望远镜几个板块，这样既有知识的解说训练，又有知识的深入扩展。由于时间紧、任务重，我找到徐通锵先生寻求帮助，先生在百忙之中审阅了课件方案，并亲自提出了望远镜板块的具体内容：提出了语言学流派、语言学名家、语言学名著的名单。而且先生不但亲自为课件撰稿，还发动他的学生，北京大学中文系教师陈保亚、王洪君、叶文曦以及先生的一些在读研究生撰写稿子，在很短的时间就拿出了课件的全部文字稿。为保证内容的准确性，先生又审阅了全部稿子。《语言学概论网络课件》在2001年秋第一届中文学生入学之际就上传到网上，这是中央电大甚至也是全国网络学院第一个在网上发布供学生免费使用的课件，该课件以其结构的简练和内容的实用而受到全国师生的好评，并且在全国电大首届课件大赛中获得三等奖，至今仍然不断有高校教师来信求购。

针对《语言学纲要》对于成人学生不便自学的特点，我在设计完成课件制作的时候，又策划设计了《〈语言学纲要〉学习指导书》，这是电大多年来的文字教材结构模式，就是通过指导书这样的辅助教材帮助学生领会教学内容，明确各个章节的学习目标，这种教材模式在电大多年的教学中证明是行之有效的。我的这一设想同样得到了通锵先生的大力支持，嘱咐我放手去做这个工作，并且明确提出和我一起主编学习指导书。先生对于全书书稿依然是严格把关，逐一订正，先生这种严谨的治学精神给了我很大的教育。如今这本书已经重印十余次，印数也达到了十几万册，不但受到电大师生欢迎，而且也因其新颖的内容设计而受到高校师生的欢迎。看到我和先生的名字并列在该书封面上，我既惶恐不安又感到自豪骄傲！这是先生奖掖提携后学的大义之举，也是先生给我的荣耀，我将一生珍惜之！

紧接着我又根据网络教学的需要，设计了八节网上流媒体视频课程，请先生亲自出马讲授。先生没有电视教学的经验，很不想承担这个工作，可是架不住我软磨硬泡的言语劝说，又在百忙之中应承下来，亲自主讲了四节视频课程，其余四节由先生的弟子王洪君教授讲授。如今先生已经逝去，但是他的和蔼可亲的形象永存在网上视频中,日夜不知疲倦地为全国电大师生传播着知识!每当我打开视频,看到先生亲切的容貌,听到先生熟悉的声音,仿佛先生还在和我探讨教学一样!

我的网上教学工作开展的十分顺利,但是《语言学纲要》毕竟是第一次作为全国电大教材使用,随着教学工作的开展,各地反映的很多具体问题开始摆在我的面前。为了集中处理这些问题,解答师生的困惑,也为了给我自己壮胆,我在2001年9月安排了一次网上视频直播,请徐通锵先生在网上通过视频形式与全国师生见面,现场即时答疑。我们就教材问题、教学问题、学习方法问题、具体内容细节的处理问题等等,广泛展开讨论,回答大家的提问。那次一个半小时的视频直播,至今令我难忘,因为我和先生事先没有任何的演练,谁先说,谁后说,互相之间如何接话,都是现场随机应变,而且就在网上面对全国师生进行直播。结果先生和我配合非常默契,直播进行得非常顺利。那次的网上直播,是我的第一次网上教学,由于有先生亲自压阵,获得了空前的成功,很多学生为在网上见到了北京大学的名师而振奋不已,我也通过和先生的第一次网上视频直播而开始了我的网上教学的征程,是先生扶持我迈出了这成功的第一步!

中央电大的远程教学,除了最热门的网络形式,还利用电视进行远程授课。2001年10月,我们又安排了一次电视直播课堂,通过中国教育电视台向全国播出,为了顺利完成这个工作,我又找到徐通锵先生。先生真的是天大的好人,自己工作忙,而且又不习惯面对电视镜头授课,但是面对我的请求和电大学生的企盼,先生放下自己的工作,给予全力支持!先生在直播课堂中向全国电大师生介绍了《语言学纲要》一书的结构特点和编写特色,还将《纲要》结构简明扼要地划分为语言的性质、语言的结构、语言的演变三个板块，使师生很容易就抓住了本课程的基本线索，的确是言简意赅，给人启迪！

先生就是这样，对我的工作给予了不遗余力的最大的支持，使得我不但顺利地完成了各项教学任务，而且我的网上教学探索也取得了突破，我的独特的网上教学模式引起了全国师生的广泛关注与认同，我也因此荣获中央电大首届网上教学唯一的金奖和全国电大教学创新奖。但是我深深地知道，我所获得的这些成绩，都有通锵先生的一份心血，都有通锵先生在背后默默无闻的支持与帮助。我们还有很多的合作计划，但是这一切都随着先生的猝然辞世而成为永远的遗憾！

我和先生长达六年的合作，来往频繁，我们相处愉快，建立了深厚的感情！在教学上我遇到疑难问题随时向先生请教，每次先生都不厌其烦地为我解答，把我当作他的嫡传学生殷殷教诲！每次到他家，给我的感觉就是到一个我最喜欢的朋友家去，没有辈分上的隔膜，没有层次上的差别！我和先生的情感如父子，如师徒，如朋友！几年来，我在先生那里，学到了很多很多……

我永远怀念通锵先生！

(胡吉成：中央广播电视大学文法部副教授)

严谨却不因人而废言的徐通锵先生

陈宁萍

徐通锵先生,我是经叶蜚声先生认识的。

记得中国刚开放后不久,派到美国来的语言学家,最早是朱德熙先生。他到华盛顿后,又接着到其他一些大学访问。后来到访加州大学柏克莱的先后有林焘、刘俐、熊正辉等先生。那时赵元任先生还在世,住柏克莱。我在大学的职务是他的研究助理,不免沾光,有宴请的时候,总可以敬陪末座。

80年代初,朱先生又到史丹福大学来讲学,那时马希文先生也在 Xerox 担任科研工作,并在旧金山加州州立大学教课。叶蜚声先生比他们还早到加州,在柏克莱学术交流、科研访问。后来陆俭明先生也来史丹福科研访问。每星期,朱先生的课后,大伙总在高恭亿先生家讨论,要过了深夜才回柏克莱。

当时我正在研究宁波方言的连读变调。承叶先生厚爱,在理论上给我以不少指导提点。他又介绍徐先生和我认识,请徐先生帮我在语料方面丰富补充,为我对宁波方言连读变调的理解再加上一把力气。我们三人都是浙江人,叶先生是慈溪人、徐先生和我都是宁波人,日子非常快乐。

有徐先生的两件事情,我想笔录下来。

一件事是：我们当中有一个学语言学的,那时在社会上已经工作了,在旧金山应该说是个名流,约他演讲的人很多。他当时很感慨地跟我说,美国老华侨讲演,一开口都喜欢仿古风雅,出口四个字一句,比如"不胜荣幸,前程万里,东奔西跑,百忙抽空",实质上都是没有内容,像写小对联似的。有一天,他很认真地拿来一篇要给侨领总会讲演的讲稿,请我给他看看,润色润色。我也真费心替他看了,调整补充一下,有看不懂的地方,问了他本人以后,再顺一下。为了慎重起见,我把讲稿拿给徐先生过一下。不几天,我见到徐先生,他说这稿子没法改,无从改起,大概是太离谱的关系。我只好把我改的拿去给那人用。从这事可见徐先生做事严谨,不苟且,有碗说碗,有碟说碟,作为学生或朋友的,心里有安全感。上面的事情(事情发生在叶先生先徐先生回北京期间),我后来说给叶先生听。他大笑:"嗨,我们写的稿,给朱先生看,也是要大改。改了给吕叔湘先生看,还是会要大改的。文章嘛,即使是自己写的,过几天看看,也会忽然变得很不顺眼,何况别人写的。"

另一件事是：我们柏克莱有一个学语言学的学生,从台湾来的,脾气十分别扭古怪,说话总是半讥笑、半自卑、带嘲弄,三句话不离挖苦别人。除了他的指导教授,有爱学生的古风,受得了他的那一套以外,连一向故意以表现诚恳、谦谦君子出名的另一个学生,也受不了他,在他们的共同指导教授跟前告状和抱怨。在我的印象中,徐先生好像是那人在柏克莱唯一的朋友,大概他能秉行古人,不因人废言,能有教无类吧。

陈宁萍写于美国加州柏克莱

徐先生在世时曾送我一幅他写的、裱好了的字，可惜我 2005 年 12 月 9 日家里失火，失去了。具体文字一时怎么也记不起来。提起这事，徐先生的家人和学生都还记得，却可惜也没有记录。徐师母也送我一副对联（请别人写的），"清风明月本无价，远山近水皆有情"，可惜也烧掉了。

宁萍又志

一颗平静而跃动的智者之心

——怀念徐通锵先生

孙玉石

徐通锵先生,与我同月同日生,但长我四岁。我1955年入学后的第二年,他即毕业留校,从鼎鼎大名的高名凯教授,进行语言学理论研究。

清楚记得我们入大学后听的第一堂课,就是高名凯先生讲授的"语言学概论"。那是在西门内外文楼的103。一百多名如饥似渴的新生,挤满了那个长形的阶梯教室,兴致勃勃地听着高先生用浓重的福建口音的讲课,所讲内容和许多名词,都觉得非常新鲜,但却大都不懂,什么契科巴娃、马尔,什么"语言是交际工具",一堂课下来,感觉如堕五里雾中。当时前来跟我们一起听课的,就有石安石、徐通锵。石安石老师是我所在的55级二班的班主任,又担任高先生课的助教,给我们上辅导课,来往自然密切些。徐通锵那时是毕业班的学生,虽一起听课,并不熟悉。以后我读书,他做助教,所学专业不同,也就很少来往。

九年后,我研究生毕业留校,住进南校门内的19楼。那时中文系青年教师,大都住那里。"文革"前比较宽松自由的气氛下,中文系青年教师里不少人风华正茂,意气风发,兴趣多样。几位才情横溢多才多艺的人,常聚集于201室,赏刻金石书画,学唱京戏昆曲,跑城里，钻剧院，看漂亮的新角刘长瑜演的《卖水》，像今天的"粉丝"一样。那个房间，当时被称为"金宝斋"。还有赵齐平能吹宁静幽远的长箫，段宝林会唱动听的西藏民歌，石安石拉得一手漂亮的二胡……好像个个身怀绝技。徐通锵那时给我的印象，则是一个埋头读书做学问，不显山露水的人。即使在"文革"发生两派对立的时候，他也没有惯见的激昂慷慨，颇为心平气和，即使与我们这些毕业留校较晚、幼稚好胜的"小字辈"，关系也一直不错。或许因为他为人处事脾气很好，不愠不怒，总是笑眯眯的，不知何时起，大家都叫他"老头儿"，这个亲切里见出他性格一些侧面的外号，一直叫到很久以后的后来。1987年，他搬进畅春园56号楼住，我们成为同院的邻居，碰面机会更多了。那时候，我还依然习惯地叫他"老头儿"。就这样，一直到他离开我们而去。

与徐通锵来往较多，是我1989年3月开始为系里服务以后。那时他是语言学教研室的主任，我较多考虑的是系里学科和梯队建设方面的问题。除了例行一起开会讨论的琐事外，我与他两个人，单独交谈最多的一个话题，就是语言学理论学科和教研室的建设。很长时间里，他一直为此而操心，盘算，兴奋，焦虑。他常给我介绍全国语言学理论学科发展的形势，如告诉我武汉一个工科大学，正努力朝麻省理工学院方向发展，语言学理论研究很超前等等，我们北大，应该有一种落后的危机感。言谈中，他总跟我讲这样一个思想：北大语言学理论教研室，规模不需要太大，没那么多课要上，人员必须个个精干，为此须注意这样两条：一个是人员上要队伍整齐，后继有人，一个是学术上要突破旧说，不断创新。一旦得到一个理想的后学人才，他竟如珍惜自己学术生命一样兴奋不已。他曾多次高兴地跟我谈起，王洪君老师硕士毕业后的加入梯队，她对于西方最新语言学理论的吸收和研究成果,在教研室与学科的建设中,是多么的重要。他毫不掩饰为此而感到的欣喜和自慰。

　　为了培养和留住看中的人才,他不仅有预见性和长远的思考,而且不惜花费很多时间和精力。有一件亲历的事,我永远不会忘记。徐通锵亲手培养的硕士研究生陈保亚,毕业后回云南民族大学任教。后来,完全是从教研室队伍建设的需要,没过两年,又将他作为博士研究生招了回来。陈保亚博士临毕业时,"老头儿"找到我,向我讲了自己"处心积虑"招他回来的过程,讲了陈保亚人才难得的情况,如何希望把他留下来。可那年系里留人名额已经满了。按照规定,自己系的学生,又不能在自己学科站点做博士后。我们一起商量怎么办。我找了几回学校,也没办法解决。无奈中我开玩笑地跟他说:"老头儿,这下子全靠你了!"没有想到,经过一番积极活动,他很快找我,兴奋地说:"办法找到了。"原来是这样:听到北大社会学系,当年有一位博士毕业生,要留在系里,也没有名额了,他马上找到社会学系主任潘乃穆,与她商量了一个两全其美"换工互助"的办法:将陈保亚招收为社会学系博士后,研究课题是社会语言学,社会学系的那位博士生,招收为中文系博士后,课题是语言社会学,实际上他们都仍各在各系,从事自己学科领域的研究和教学。在一次学校会上,我遇见潘乃穆主任,交换了这一意向,她说,就这么定了,学校方面,由她去谈。事情就这样圆满解决了。陈保亚进行博士后课题研究的同时,马上就开始给学生上课了。后来,从他那里我听说,为了他的家属从昆明调进北大,安排工作,徐通锵也是尽了不少心力的。如今,或引进,或培养,几位年轻有为的后来者,已经挑起了语言学教研室的教学研究和学科建设的大梁。我想,徐通锵二十多年里耿耿于怀的一番心愿,他为此付出的许多心血,已经可以使他离开的时候,没有任何遗憾之感了。

徐通锵为人处事,一向低调,学术上却孜孜以求,晚年所致,创获弥精。他致力于语言学理论密切联系汉语实际,展开以"字本位"理论为基础的语义句法弘深思考和谨严著述,不断攀越学术高峰,影响至于海内外;但于学术上,关于或别人的,或自己的,相关的批评争议,又能始终葆有一种宽容豁达的襟怀。一次,在四教一间教室,举行"北大语言学讲座"的第一次开讲,请北师大的伍铁平教授作开篇演说,陆俭明邀我前往听讲。伍铁平先生在讲课中,用很多时间,批评了上海一位年轻人发表诸多语言学理论的非科学性。讲演后的讨论中,徐通锵发言直率地说了一个意思:"伍老,对于那个年轻人的那些非科学的理论,您似乎大可不必花那么多精力去评论它。"那次讲演的内容,我多听不明白,听懂的一点点,也全忘了。但徐通锵发言中讲的这种态度,可能是在做学问的原则上,"与我心有戚戚焉"吧,也就一直记在心里了。后来,在网上,我又陆续读到伍铁平及其他一些先生,批评徐通锵探索语言学理论结合汉语实际的主张,与之商榷"字本位"的理论,他仿佛也都三缄其口,没有回答。我更感到他坚守的这种学术品格,与他的人生姿态与开阔襟怀之间,是怎样的一致。

去年十月初于悲痛中送走了林庚先生。十一月初我刚从南方讲学归来,再送别了刚刚远去的林焘先生、褚斌杰先生,没过多久又接到徐通锵匆匆离世的噩耗。面对老师和学长接二连三的不幸离去,我心里异常沉重和悲哀。畅春园里,五院内外,"老头儿"遇见我举手招呼,微笑相问的样子,仿佛依然在眼前。11月28日,午睡不寐,不善书写挽联的我,却止不住将心里涌动的思绪,凝成两行沉重的文字,发给系里,以表达一点哀思与敬意:

倾神笃学视界博渊孜孜于著述篇篇宏文皆开语言学理论新境

尽心为师襟怀川海谆谆乎育人浼浼后进均承中文系人材栋梁

次日上午，走出五院寂静的告别室，在门外揭示板上诸多唁文前，我无言伫立。从一枚苍白的纸上，倏然读到徐通锵离世一月前写给几位友人的一封电子邮件，我沉重的心一下子被震撼了。信里，他清楚交代自己不能继续做完一些"丛书"审稿之事后，将近期查体得悉医生告之患胰腺癌症扩散的不幸消息，很平静地说给朋友们。他为自己无法完成一些后续任务而深感遗憾，也为自己将匆匆告别人生而凝想沉思。面对与自己生命充满眷恋的诀别，他是那样镇静与豁达：

"人总有'走'的一天，早'走'一天晚'走'一天，没有什么大的区别。晚年能与诸公结识，共论'字本位'问题，也是本人的一大幸事。希望还能在上海与诸公见一次面。我的心情很平静，诸公不必挂念，也不必回函，或转告他人，一切听其自然。"

这是一份生者走向死亡之前的令人灵魂震撼的自白！

有了为自己生之梦想做过坚韧博求的人，才会有面临死亡时所拥有的这般冷静和从容。

从这些极其平静的文字中，我读出了徐通锵先生那颗因洞彻生命意义的宁静而跃动的心，那颗超越于生死大义而"一切听其自然"的智者之心。

(孙玉石：北京大学中文系教授)

令人怀念的十九斋
——追念徐通锵先生

费振刚

徐通锵先生猝然离世,我身在外地,未能亲自灵前拜别,悲夫痛哉!当年十九斋的中文系居民又走了一位,那可追忆的岁月渐渐地去远了,消逝在渺不可知的空际。

十九斋是当时学校为青年教师准备的单身宿舍,二人一间。1960年毕业留校,我住进了十九斋二楼最东头、窗户朝北的一间,与当今的楚辞专家、京戏评论家金开诚先生合住。十九斋大门中间开,大门朝南,楼梯亦在中间。二楼东侧全部住的是中文系青年教师,而东侧最西边靠近楼梯的一间就是徐先生的房间,他与当今著名的汉语方言学专家王福堂先生合住。当年的十九斋,十分安静,一个人走进去,你会不自觉地放轻自己的脚步,深怕脚步声音会打破这楼内的宁静。只有晚饭前后的一段时间,整个楼道会出现一点小小的骚动,有人会在洗脸间洗洗衣物或餐具(大家都吃食堂,有时会将食物买回来,在房间里吃),边哼哼一段歌曲,或唱几句京剧,有人会在房间开着收音机,听电台播放的音乐或曲艺节目,但这声音都放得很低,绝不会如当今公共场合播放的那种震耳欲聋的音乐,让人躁动不安。八点左右,又恢复了安静,但每个房间都灯火通明,直到深夜。我对前几年毕业留校的青年教师都不熟悉,所以很少去他们的房间坐坐。但出进自己的房间，要经过各个房间，正巧他们的房门开着，也会看到各个房间的情形。当时学校为每个房间配备的家具都是一样的，但经过我的观察，每个房间布置得都各有不同，有的房间显得混乱而拥挤，被褥常常不是叠的，散乱地堆在床上。书架上的书随意颠三倒四地码放着，书桌上书籍、文具、稿纸永远闹哄哄地堆满桌面，加上房间主人吸烟，烟缸也永远堆满了烟蒂，室内的空气浑浊，尤其是冬天。而徐先生和王先生合住的房间，永远是窗明几净，书架上的书摆放得整整齐齐，书桌上的书籍、工具、稿纸各有固定的位置。这充分体现了他作为语言学家严谨准确的治学风格。正因为这样，再加上他们二位看起来很严肃，不好接近，使我毕业后很长一段时间，都没有同他们正面交谈过。

"文化大革命"期间，拉近了我与徐先生的距离，使我对他有了进一步的了解。在此之前，徐先生和我都参加了由当时的中宣部、高教部联合领导的高等学校文科教材的编写工作。他随高名凯先生进了《语言学概论》编写组，我随游国恩先生进了《中国文学史》编写组，因此有了工作上的联系，也对他有了一些了解，知道他虽毕业不久，但在语言学研究上已引起了学界的注意，是极具学术潜力的后起之秀。(这为他自20世纪80年代以来的学术研究成果所证实) 又因为他少年老成，不苟言笑，但并不威严，因而有了个"老头儿"的绰号。可是当时我还不敢当面这样称呼他。"文化大革命"开始，北大乱了套，先是集中火力斗黑帮，揪反动学术权威、牛鬼蛇神，加上有北大是"庙小神灵大，池浅王八多"的所谓"最高指示"，众多具有高级职称、教过我们的老师不断被揪出批斗。有了这一层"缓冲"，就使如徐先生和我这样的年轻助教、又不是"右派"的，就有幸成了"革命群众"，而共同听从"红卫兵"的指挥。再下来是革命队伍的"分裂",在北大形成了势不两立的两大派。而作为"革命群众"的我们,在这样的形势下,也自觉或不自觉地选择了支持哪一派的姿态。巧合的是徐先生和我不约而同都选择了支持在北大非主流的那一派,这使我与徐先生有了更亲密的接触。

革命队伍分裂的起因是路线不同,于是就开始了"谁是正确路线的代表"的不断的辩论。这种辩论开始的时候,还是在会议中,或在大字报前展开,大家还是努力讲道理,说服对方。在这种场合,如遇到对方过于蛮横而以势压人时,徐先生有时也会一改他不愠不火的性情,而情绪激动地申说自己的认识和理解,而对对方的种种论点予以尖锐有力的批驳。这使我看到了徐先生性格的另一面,联系到他曾经说起,他在中学、大学读书时,乃至大学毕业留校做老师后,他都是班级或系的篮球队的成员,他的身材不高,但都能做如此激烈的运动,可见在徐先生平静的外表下实在也有一颗热烈而奔腾的心。

不久,这样的路线辩论升级了。"愤怒"的群众不能满足行动仅限于口头上,他们开始是拳脚相加,再继之以棍棒混战,终至于各派组织专门从事武斗的队伍,抢占办公楼和宿舍楼,各踞一方,形成对峙的局面。在北大,只有很少的青年教师参与了这些武斗行动,而多数人都变成了所谓"逍遥派",天天无所事事地打发日子。在此之前,我已结婚,但没有住房,有的虽已结婚,但妻子在外地,而徐先生当时还是独身一人,所以十九斋在北大武斗的日子就成了我们这些青年教师的活动场所。同一派的教师常常会聚在一个老师的房间,聊聊运动的情况,交换听来的各种"小道消息",乃至于打打桥牌,以消磨时光。记得北大在"文化大革命"中最激烈的一次武斗的夜晚,我和徐先生是在我的同学、毕业一同留校的侯学超先生房间度过的，听着双方广播站的广播，打着桥牌，几乎一夜未眠。大约就在这个时候，徐先生开始了他的木工作业。开始，他在校园内拣拾双方武斗时砸烂的桌面、凳子腿作为原料，用小锯、小锉加工成台灯。底座是各种形状的木块堆叠，用方的或圆的木棒做支柱，底座用胶水粘上一层厚实的布，而底座的木块和支柱的木棒都用砂纸打磨，使之露出原来的木纹，再涂以清漆，于是一个造型简单朴素的台灯就呈现出来了，有了第一个，就有第二个。当时十九斋中文系居民的不少房间都有了徐先生的作品，后来"工宣队"进校了，实现两派大联合，领导"斗、批、改"，表面上轰轰烈烈，实际上除了开会，教师乃至广大学生还是无事可做，无奈之中，徐先生一不做，二不休，索性买了一些必要的木工工具，买了一些木材，真做起家具来了。最突出的是他做的几个书橱。从70年代到80年代，徐先生与丁宁真女士喜结连理，有了家庭，也有了一双儿女，我们这些十九斋的原住民，也由单身宿舍搬到蔚秀园，再搬到畅春园、中关园、承泽园，许多老师都添置了新家具，特别是书橱，而徐先生几次搬家，他的书橱仍旧是自己所做的那一套。徐先生的书橱被漆上黑檀色，上面几层有玻璃拉门，下面的则是木质的可以开合的门，沉实厚重，朴素大方，如果不是亲眼所见，人们不会相信它们竟是出自一位中文系老师之手。相信这一套书橱还摆放在畅春园五十六公寓住宅，书橱中是徐先生亲自摆放整齐的他自己的著作和他使用过的各种书籍。物还在，人已走，我已不忍心再去看这些饱含着徐先生心血的遗物了。

当年在十九斋的中文系老师，在徐先生之前，先后走了的有陈绍鹏、赵齐平、石安石、倪其心先生，而健在的都已经过了"人生七十古来稀"的时候了，我在这追思徐先生，也想起了走了的几位，想起了十九斋那段平静朴实温馨实在的日子。

(费振刚：北京大学中文系教授)

附言：
　　十九斋即现在的十九楼。上个世纪 50 年代，北京大学从城里沙滩搬到西郊，沿用老北大的传统，把青年教师和学生的宿舍都称为斋。未名湖北岸的七处宿舍，分别以德才均备体健全为斋名，新建的宿舍以数字为斋名，一至十五斋建在现在的百年讲堂（过去为学生的大饭厅）的东面，是学生宿舍，现已荡然无存。十六至二十四斋分别排在南校门内的两侧，东侧为女学生宿舍，西侧是青年教职员宿舍。"文革"中，未名湖北岸的前六处被改名为红一楼至红六楼，于是凡称斋是皆改为楼。于是把宿舍称为斋，渐渐被人们遗忘了。为了怀旧，在这里，我用了我们住在那里时的旧名，特此说明。

朴实认真,疾恶如仇

——忆通锵同志

段宝林

往事如烟,却伤神。不过总有些事是我不能忘怀的。徐通锵同志和我年纪差不多,如果我按部就班地从中学升入大学,就和他同班了,但因我曾参军、工作过几年,所以我上大学比他晚了两三年。1958年我毕业时他早已留校教书了。在60年代初,我接替陈贻焮先生,做了中国文学史教研室的秘书,徐通锵同志是语言学教研室的秘书。当时学校大抓教学质量,正组织制定研究生培养计划,我们在一起有过一些接触。我记得他对工作是非常认真的,起草了一个非常详细的语言学专业研究生教学计划,我在林庚先生领导下也起草了一个中国文学史研究生的教学计划方案。我们互相交换看了之后,他非常谦虚地说:"你的写得简明扼要,很好。"表示要向我学习写得简明一些。其实他写得很详细,是很好的。从这件小事可以看出他是多么谦虚好学,多么纯真负责。改革开放以后,他又以这种认真探索的精神,在语言学的科学研究中作出了许多创造性的贡献。

通锵是很老实的人,但有时也参加文艺演出,获得满堂彩。我记得他曾化装成一个老农民,头上披戴毛巾,脸上又画起胡子,在办公楼礼堂演过歌舞小戏《老俩口学毛选》,那朴实认真的神态真有北方老农的神采。这是他下放农村劳动的结果,同时也体现了他自己的性格特征。

通锵同志是非常正派的,他对学生严格要求,绝不苟且,他指导的研究生论文往往难以通过,差一点儿也不行。对学术腐败,他更是疾恶如仇,听说有一次系里一位领导曾私自以"名誉教授"称号作了某种交易,他听说后在学位委员会上拍案而起,进行质问,声色俱厉,为维护北大中文系的声誉和学术尊严,不怕得罪领导,实在令人敬佩。通锵同志过早地离开我们了,我们要学习他的优秀品质,把北大中文系办得更好。

(段宝林:北京大学中文系教授)

悼念徐通锵先生

陈曦钟

刚刚过去的 2006 年,对于北大中文系师生来说,是很悲痛的一年。在这短短的一年之中,我们先后痛失了六位教授,其中最后一位离我们而去的是徐通锵先生。

通锵先生 1956 年留系任教,次年我才进中文系读书,所以他是我的老师。但因为通锵先生没有给我们班上过课,我在上学期间对他并不了解。"文革"以前,中文系大部分青年教师都住在 19 斋,大家天天见面。在我也住进 19 斋以后,就同通锵先生渐渐熟悉起来。他给我的印象是为人谦和,没有架子。通锵先生的专业是语言学理论,记得那时他常在《中国语文》上发表论文,署名"薄鸣"。他跟我说过,"薄鸣"者,薄命也,用这个笔名是因为他命苦。但他的命有什么苦呢?我不知道,也没有追问他。当时我心里倒是很佩服和羡慕他,觉得能在《中国语文》上发表文章,说明学问不错。

谁知道"史无前例"的"文化大革命"一爆发,通锵先生的命可就真的苦起来了。运动初期,他就受到了冲击。其时我已调到留学生办公室教越南留学生,有一天去 19 斋,见二楼通锵先生的房门外贴着一副对联,对通锵先生进行人身侮辱,这副对联当时就引起我极大的反感。原来他那时担任班主任,革命学生造反,他便首当其冲。幸而通锵先生不属于"当权派",事情大概不久也就过去了。

但是四十年前发生的这件事,恐怕是很伤了他的心的。

后来大家都去了北大设在南昌县鲤鱼洲的"五七干校",因为我们属于不同的"连队",彼此很少见面。两年后从干校回来,偶尔去通锵先生那里(他与王福堂先生同屋)串门,发现他这时正热衷于做木工活,屋里靠壁整整齐齐地码着许多他自己做的书箱。我心里又很佩服和羡慕他,觉得他真是心灵手巧,能文能工。

终于熬到十年浩劫结束,通锵先生放下锯子,又捡起书本,继续搞他的语言学研究。1981年我重回中文系。因为跟叶蜚声先生很熟,我常去燕南园叶先生的小屋聊天,经常碰见通锵先生与叶先生正在一起讨论语言学问题。我对语言学一窍不通,只知道通锵先生不断有论著出版,在语言学界声名日隆。他的自选集出版后,曾蒙他赠我一册。看到他的学术成就越来越大,我在心里更加佩服和羡慕他了。

这些年来,我和通锵先生只是在去系里取信件时偶尔碰到,但次数不算少。每次见面,我们都要聊上一聊。我知道,他在研究学问之外,也很关心国家大事。他对社会不公、官员贪腐等现象深感忧虑,希望我们的国家不只在经济上,而且在政治上也能加快改革,进一步健全民主法制。我想,因为他亲身经历过"文化大革命"等运动,所以深知只有良好的社会制度才能保障学术的真正繁荣。

去年4月我去日本,7月下旬回来后,在系里曾见到通锵先生,那时他精神还很好,并没有说起身体有什么问题。不料10月中旬,忽听张剑福先生说他已经住院。10月28日下午,我约马振方学长一起去医院看望他。他人已经很消瘦,但右手仍十分有力,握手时还跟我比试手劲。没有想到此次见面竟是永诀,11月25日,通锵先生就走了。

从此我去系里取信,再也见不到总是笑嘻嘻的通锵先生,心里有一种难以言说的寂寞之感。

(陈曦钟:北京大学中文系教授)

行过未名湖边

陈平原

临近岁末，京城里终于下了场期盼已久的大雪。大白天，雪花纷纷扬扬，漫山填谷，既满足了公众观赏雪景的欲望，又给"瑞雪兆丰年"之类祝福提供了足够的谈资。行过未名湖边，看着冰面上嬉戏的少男少女，猛然间浮上心头的，竟是艾青的名诗《雪落在中国的土地上》。明知眼前的欢愉景象，与诗人当年的郁闷与感伤风马牛不相及，可还是念念不忘。就像今人仍在吟唱田汉作词的《义勇军进行曲》一样，半个多世纪前诗人艾青的感叹——"中国的路 / 是如此的崎岖 / 是如此的泥泞呀"，依旧撼人心魄。更何况，我眼前的心境，确实也正被"寒冷"所"封锁"。

刚刚接到通知，要我在新年晚会上，代表北大"十佳教师"发言。除了几成套语的"获奖感言"，我更想表达的，是对于过去一年中不幸谢世的诸位师友之依依不舍。明知老成凋谢是自然规律，谁也阻挡不了；可一个小小的中文系，一年中，竟先后有六位教授仙逝，着实让人伤感不已。

其实，我与这六位先生，都只是同事的关系，说不上深交或神交，故不敢谬托知己。即便如此，也觉得有责任写点东西，为了那曾经有过的"惊鸿一瞥"——正因为交往不多，留在脑海里的，每每是那印象极为深刻的"一瞥"。

……   ……

对于徐通锵先生(1931—2006)的学问,我同样完全外行。他的主要著作《语言学纲要》《历史语言学》《语言论——语义型语言的结构原理和研究方法》《基础语言学教程》等,我连说好话的资格都没有。只是在获赠《徐通锵自选集》后,曾装模作样地拜读过若干文章。不过,这种专业上的隔膜,并不妨碍我们之间的交往。除了平日见面打招呼,主要是在中文系学术委员会上聚首。同是好学者,因学科相差甚远,专业趣味迥异,也都容易出现"傲慢与偏见"。遇到推荐奖励、审查论文、评定职称时,不同教研室之间,自然会有一些争执。这个时候,需要有人超越部门/专业利益,作持平之论。很快地,我就发现,并非行政领导的徐先生,其学术判断——包括对本专业以及外专业——平正通达,完全值得信任。以后,我认定,凡是语言学方面的,我听徐先生的。一直到徐先生退休,我的"盲目跟进",从没出过纰漏。而且,隐隐中,徐先生似乎也是将我作为理解文学专业判断的"标尺"。我们之间,从没事先商量过,可一开口,基本上都是"同调"。

……   ……

徘徊在未名湖边,忆及北大百年校庆期间,我曾写过一则短文,提及"没有长须飘拂的冯友兰,没有美学散步的宗白华,没有妙语连珠的吴组缃,没有口衔烟斗旁若无人的王瑶,未名湖肯定会显得寂寞多了"(《即将消逝的风景》)。也许,这个感慨,会永远存在下去,而且将日渐加深,加重。

雪仍在下,眼前的景色,变得模糊起来,曾走过未名湖边的诸多师友,正渐行渐远,进入遥不可及的历史深处。忽然间,记起了鲁迅的《野草·雪》:"在无边的旷野上,在凛冽的天宇下,闪闪地旋转升腾着的是雨的精魂……是的,那是孤独的雪,是死掉的雨,是雨的精魂。"

(原刊 2007 年 1 月 31 日《中华读书报》,此处有删节)

(陈平原:北京大学中文系教授)

比我老的"老头"

张 晓

从年轻时候开始,徐老师同辈的同事就喊他"老头"。比他年少的我们,私底下称他"徐老头"。他真的成老头,是 21 世纪之初开始的。

2006 年初冬,徐老师沉疴在身,住进了医院。我喂他喝鲫鱼汤,跟他聊天,问他:"您原先每周星期几去爬香山?"他伸出食指表示一下。我又问:"您比我大几岁?"他睁开眼睛看看我:"九岁零一天。"连"一天"都不省略。当生命放慢脚步的时候,人对时间是何等珍惜啊!我心里很不是滋味,赶快转换话题。在他辞世的前一天下午,他的全部话题都是关于他的书稿《语言学是什么》的,一再叮嘱王洪君、李娟和他带出来的博士生高晓虹把校对做好,特别是一个月前刚交稿的两章。他的那种投入,仿佛又回到了平时与朋友讲习,悦而不疲的状态。

我做徐老师的学生,是从 1978 年上回炉班开始的。那时普通语言学教研室只给我们开"外国语言学史"这门课,是叶蜚声先生教授的。上回炉班以后,我曾单独请徐老师教我国际音标。1957 年我上高中时,英语启蒙老师是由教俄语改成教英语、无论说哪种语言都脱不开四川口音的老师。那是我们国家解放以后头一年在高中开英语课,教员奇缺。我担心当时学的国际音标不标准。当我找到徐老师，说明来意时，他欣然接受了我这个学生。

后来，在整理明清两代西学东渐汉译书籍目录提要的工作中，我接触到早期传教士为汉语注音的材料，遇到不少难题。比如有一部法国来华传教士童保禄著、1868 年巴黎出版的字典，西文名 Dictionnaire Français-Latin-Chinois，汉译名《西语译汉入门》，其词条先法文后拉丁文再中文，末为拼音。一个法文单词下引申出若干中文词汇或短语，少则两三个，多时可达三四十个。汉字后面的拼音跟现行的汉语拼音差别很大，声调的表示更是见所未见。比如"天气"Tien kỳ；"若是得空"Jǒ ché té kong。再比如光绪二年上海出版的《字语汇解：罗马字系宁波土话》，美国来华传教士睦礼逊惠理著，也有许多记音我不懂。我常常带着此类问题去畅春园请教徐老师，他都仔细地给我讲解。

有一次讲完我提的问题后，他顺便嘱咐了一句话："文章写好以后，不要急于出手，至少放半年再修改。"后来，再回味他这话，便不由得想起胡适先生也说过类似的话。胡适在谈到怎样做学问的时候说，第一要"玩"学问；第二要学会一门外语，那就像给自己打开了一扇窗；第三要准备一部好的辞典，遇到问题自己动手查，比问别人记得牢。徐老师嘱咐我的话，就应该属于"玩"学问了，文章写好以后先放半年，让自己的思维跳出来，然后再反复摩挲。

徐老师是对人诚有余而言不足的那种人，他的话词约义微。这份师训让我后来写文章心态平和了许多，功利之心逐渐减下来，也摆脱了成文后短时间内改来改去，跳不出老路子，陷于没有质量的修改的忙乱。他的话让我后半辈子受用无穷。

五院南侧二楼几个教研室的大多数人都知道，在语言学教研室里，有我专用的一张书桌，上面摆放着我常用的工具书、纸、笔，抽屉里放着我干了半截的"活儿"。这是从叶蜚声先生开始给我的一个难得的特许。那是1990年，我向德国不来梅举行的纪念来华传教士汤若望诞辰四百周年研讨会提交了一篇一万多字的论文，题目是"评明清间传教士与输入之近代科学文化"，主办单位决定采用，要求我再提供一份英文的内容提要。我就去燕南园请叶先生帮忙。从那次交往，叶先生了解了我的科研内容，也理解了我对时间和空间的渴求，他慷慨地给了我一把他们教研室的钥匙，我的心暖得像是快化了。从那以后，尽管教研室主任先后换成了徐通锵老师、王洪君同志，并且换过房间，但他们依然给我一把钥匙。90年代的十年间，几乎每个寒暑假、周末，我都是在那里度过的。特别是冬日里，窗外倏而飘飞着雪花，大地覆盖着厚厚的白雪，四周一片寂静，我在那温暖小屋的书桌前，沉浸在思考和写作中。天啊！对我们住房逼仄的族群来说，这环境就像天外的享受。这间小屋成全了我伏案的快乐，成全了我的多个研究成果。我怎能不怀念这些提携帮助过我的可敬的老师。

在住筒子楼的年代，我跟徐老师是中文系集体宿舍的邻居。他和王福堂老师同屋，我出入必经他们门口。我们从不互相串门，但午间或傍晚，半边楼道的人常常端着饭碗靠在自家的门框上，边吃边集体聊天。大伙都知道他们二位非常爱干净，房间干净整齐，泡在水房里待洗的毛巾、衣物，颜色都是清清爽爽的。后来徐老师解决了"两地关系"，住进了稍许宽敞的家属宿舍三十四楼。我和赵祖谟去拜访他和丁老师。一进门，北墙上两溜儿暗红色书柜首先吸引了我们，原来是徐老师亲手做的组合式小木书柜，每个尺寸约45×30×35厘米，从地上高高摞起。他顺手打开那灵活滑动的推拉门，展示书柜的便当。那年月这就算是很专业的制品了，煞是让人羡慕。徐老师又从床底下拉出自制的煤油炉,点着火以后,那才叫金申熊老师操着无锡口音常说的"炉火纯青"呐,比我在商店里买的煤油炉燃烧充分多了,全是蓝火苗。在那不能读书、不能研究的年代,徐老师显出了勤于动手善于制作的穷家子弟的另一面。

徐老师的衣着打扮从来都简单朴素,可他注重整洁合体。过去他跟所有人一样只穿深蓝色四个兜儿的制服,"文革"以后他有时也穿呢子短外衣、夹克外套什么的。他的外表尽管有时代变迁的痕迹,可是骨子里的他,却始终没有变。他是属于"艮"的那一类人,他不随便附和,坚持他认准了的东西。"文革"后期在反右倾翻案风的运动中,工宣队从大字报上抓住徐老师所谓的右倾言论,要把他打成反革命。好心的同事劝他做个检讨"过关"算了,但他就是不低头,工宣队最后也只能不了了之。

在他病重住院的那些日子里,给医生的印象是,他对于治病的态度消极,要找心理医生帮忙。实际上,他对自己最后的路程有着清醒的认识。当他知道自己得了有名堂的病,不得不停止工作的时候,他发给上海同行的 E-mail 说,"人有来就有走",还没住院就选择了直面现实,坦坦荡荡干脆利落地走完最后一程。

其实他才刚刚算得上老头儿,本不该走的……

这是一个顽强的老头,永远让人怀念的老头。

(张晓:北京大学中文系资料室)

斯人已去 真情常在

卢宁 卢培元 丘佩玲

"对门的徐伯伯去世了。"当我从母亲的长途电话里听到这个不幸的消息的时候,我似乎很平静。我没有多说什么,只是对妈妈说,"噢,我一周前就在北大校园网上看到了徐伯伯去世的消息了,当时我感到很突然,徐伯伯走得那么快,那么急,我才离开一个多月他就走了,我感到很悲痛。"放下电话,我的心久久无法平静下来。

不知怎的,那个时常微笑着的"小老头"又出现在我的眼前了:"大小姐,今天是你的劳动日啊?"

"嗯,应该轮到我们家打扫楼道了,谁让您尽抢着干,我都没有机会了。"

"好吧,就给你个表现的机会。"在关门之前,"小老头"还探出头来,冲我顽皮地笑笑。

1988年末,我们家和徐通锵先生一家成了邻居。徐先生比我父亲年长,学问也大,所以我总称呼他徐伯伯。他个头不高,但是脸一直红扑扑的。眼睛不算大,但总是笑眯眯的。他平时在家并不怎么修边幅,总是胡子拉碴的,所以我喜欢在心里叫他"小老头"。由于他是浙江人,与我父亲是老乡,所以我们两家在做邻居之始就多了一份亲近。之后,我们两家经常互相关怀、互相帮助,成为好邻居,徐伯伯也成为我的好老师。

尽管如此,刚搬进新居的我们与徐先生之间交往并不多。一方面是由于当时父母和徐先生都忙于教学,碰面的机会不多,另一方面我们觉得,徐先生说话不多,似乎很内向,教课回来后,一般就在家里工作,也不怎么和人交往。

但是后来我们发现,徐先生其实为人很真诚,还乐于助人,也最热心公益。他从不张扬,却脚踏实地。每次下雪,他几乎都是第一个下楼扫雪。他从不发动扫雪"运动",只是自己默默地扫。

更让我们惊异的是,他表面冷淡,却古道热肠。

记得我上高中的时候,母亲被学校派到日本去执教,家里只有父亲和我在一起生活。1991年冬天的一天夜里,我父亲把刚刚烧好的一壶开水放时未放好,整壶水倒浇在自己的双脚上,平时十分坚强的父亲也忍不住大叫了一声。待我从屋中奔出来的时候,一切都晚了。我当时就吓懵了。情急之下,慌忙给对门的徐伯伯打电话。

伯伯说:"别着急,先拿酱油泡脚,我马上就过来。"

我慌忙拿起酱油瓶把一瓶的酱油都倒在盆里让父亲泡脚,不一会儿,从父亲的表情来看,疼痛似乎是缓解了一些。但是父亲的脚面和脚底还是迅速地冒出了大面积的水泡。就在这时,徐先生也来我家了。

他弯腰看了看我父亲的双脚,遂对我父亲说:"走,我送你去校医院。"我和父亲都瞪大了眼睛,赶忙说不用了。"已经用酱油处理过了,应该无大碍。再说现在都夜里 11 点了,大冬天的,外面太冷了。您年长于我,怎么好意思麻烦您呢?"父亲执意不去,一口气摆出了好几条理由。

徐先生则不管三七二十一,决然地说:"老卢,你甭管那么多,我用自行车驮你去。"

其实,就在徐先生进门之前,我正发愁怎么才能送父亲去医院紧急处理一下,因为我掫不动我父亲,所以只是干着急。

"你想什么呢?快点儿,赶快帮我把你父亲掫起来,我背他下去。你去推自行车。"耳边传来徐先生急迫的声音。

"啊?这可不行。"我和父亲异口同声地说。"我自己能走。"我父亲加了一句。

"你还能走?别逞强了!现在听我的,卢宁,你快帮我把你父亲掫到我背上。"我迟疑着。"都什么时候了,抢时间要紧。哪有那么多讲究?"

我也不记得当时我是如何帮徐伯伯把比他个儿高的我父亲掫到了他背上。总之,徐伯伯硬是把我父亲背下了楼,扶上了我的自行车。然后他坚持要自己推自行车,让我在后面扶着父亲。我们三人就这么火急火燎地赶到了校医院急诊室。

就这样,父亲的脚得到了及时的处理,很快就痊愈了,而且没有留下任何疤痕。

从那以后,我们两家之间有了更多的交往。在我眼中,徐伯伯从一个严肃的不喜阔论的学者,成了一个可爱的经常调侃我的"小老头"。

将近 20 年过去了，我还是忘不了那个深冬的夜晚，那一份永远值得珍藏的深情。

(卢宁、卢培元、丘佩玲：
徐通锵先生畅春园住所对门的一家)

徐老师指导我做硕士论文

王洪君

徐老师走了。他指导我硕士学习、写硕士论文的情景，特别是在闻喜祁县调查的一幕幕，不断萦绕在心。物是人非，昔日的欢快于今却伴着挥之不去的酸楚。

我是1983年本科毕业前考取徐老师硕士生的。那年徐老师还是副教授，刚刚取得硕士导师的资格，我有幸成为他的"开门弟子"。按北大那几届学生的习惯，我一直称他"徐老师"，解放前任教的老先生才叫"先生"。

本科毕业前的一年至硕士开学后的一两个月，徐老师在美国加州大学伯克利分校进修历史语言学，没能指导我做本科论文。做本科论文的那个学期正好美国康奈尔大学的梅祖麟先生来北大讲学，在梅先生的指导下我完成了本科论文《关于名词化自指标记"之"的消失》并发表，还写成了《"见"字分布的变化及意义的演变》的初稿。梅先生很欣赏，希望我去美国读博士，学成回国效力。可是当时我们都不知道这件事该如何操作，而且在那之前我已经考取徐老师的硕士了。于是梅先生就给我留下一套硕士期间的学习计划，记得好像有：跟王尧先生学藏语，跟李赋宁先生学英语史，跟周祖谟先生学音韵训诂，跟裘锡圭先生学古文字，参加语言所方面刘坚老师主持的近代汉语语法研究的工作，上完硕士再去美国读博士,等等。这些计划我都跟叶蜚声老师说过,他挺支持的,并转告了还在美国的徐老师。

毕业前,我接到了徐老师托林焘先生带回的一封信。信中除很高兴我上他的研究生外,还嘱咐我多请教叶老师,及早开始读些外文专业书,读时做笔记,养成分析的习惯。至于具体的研究方向,信中说:"叶老师说你将来想搞历史语法,很好。但现在不能过于偏重,得有比较广泛的基础。……在美国,共时和历时呈现出如此密切的关系,这在国内是想不到的。详细情况,我回国以后详谈。"徐老师在尊重我的想法的同时,委婉地表达了他对我的学习另有自己的安排。

徐老师是1983年9月底回到北大的。模糊记得他回来后曾经给全系老师做过一两次报告,介绍国外语言学的新热点——变异理论,把生成派跟结构主义、历史比较法一起归为规则派,提出每个历史阶段上规则派发展到顶峰时都会出现的对立面不规则派,这就是扩散波和方言地理学、词汇扩散理论和变异理论;还讲过汉语史的三个研究模型并重点介绍了张琨的汉语史模型。讲得意气风发,很有新意。

11月前后徐老师开始指导我学习,并对全系学生开讲"历史语言学"这门课,我也选修了。徐老师给低年级本科生讲"语言学概论"的效果一般,这门课则完全不同。当他把繁复的方言现象之下各种演变类型的不同规律、把音系结构对演变的制约一一揭示出来,我和许多学生一样,都被迷住了,那是1983年年末的事。比之1991年出版的《历史语言学》,书中的前九章(语言的分类、汉藏语系、历史比较法、结构分析法等)在那次讲授时已经基本成型了,后八章当时还未成型,内容很少,授课一并放在两章中。其中对变异理论的介绍只是依据了拉波夫的一篇小文《在社会环境里研究语言》。正如徐老师自己所说:"开始接触变异的时候,Labov 的文章看不大懂,他的一些论点的价值在什么地方,我把握不住。"(2004a) 尽管如此,他已经敏锐地看到并明确地告诉学生:国外关于变异的研究、关于音变方式和原因的研究,已经打破了共时历时截然两划的界限,是当今国际历史语言学发展的趋向。中国有丰富的方言和社团语言变异,如果我们利用这些材料,跟上新的发展趋向,可以为语言学的发展做出我们自己的贡献。听课学生无不跃跃欲试。王义遒先生曾指出,给学生指明有待研究的问题,远比灌输已有定论的知识更重要。的确如此。这门课后,我对历史语言学,特别是结合方言来研究音变理论,产生了强烈的兴趣。

记得第一学期指定我精读并要求交读书报告的专著是莱曼的《历史语言学导论》、莱昂斯的《理论语言学导论》、布龙菲尔德《语言论》、萨丕尔《语言论》、高本汉的《中国音韵学》等。前两本只有英文版,就边读边翻译为中文;后三本则中英文的版本都有,就对照着看。徐老师要求我从中发现问题,并结合汉语的实际来讨论。可是,当时我才硕士一年级,只调查过较为简单的山东文登方言,虽然听历史语言学课时很有些跃跃欲试,写报告时却不免沮丧,无从入手。于是,就只把看的书写了个内容简介作为读书报告交上去了。

许多学生,特别是 90 级以后的学生,都说徐老师和蔼可亲,但我的感觉不同。我觉得徐老师是特别认真,不太通融,有些固执的。对于许多论文和读书报告,他总是只问一句:"你看出了什么问题,想解决什么问题呢?"与本科生只是上上课不同,硕士要单独去与导师谈话。拿这样没有自己观点和评论的读书报告交差,心里实在是很胆怯。好在徐老师并没有批评我的报告缺少自己的观点，而是用自己的经历鼓励我。他说自己上大学时缺少独立思考的能力，说不清楚问题，别人也大多这样看他。但他并不泄气，而是有意识地锻炼自己独立思考的能力。到"文革"后期，乐黛云老师(也许是别的老师，记不清了)说他"现在可以说清一些问题了"。针对我"提不出问题"的问题，他后来经常把自己新写的文章给我看，布置的任务就是一定要找出其中的错误。经过反复的训练，我后来能够对别人的文章提出不同意见了，特别是对徐老师的文章，总能提出不同的意见。

关于梅先生的计划，他并不太高兴，但还是帮助我把讨论"见"字的初稿最后完成并推荐到《语言学论丛》上发表了。北大"师师皆我师"的宽松氛围使我以前对这些并不在意。现在回过头来想，学生居然"身在曹营心在汉"，实在是犯大忌的。而徐老师用自己的大度、宽容和学术魅力，逐步把我拉向了他的研究轨道。

大约是从第二学期开始，徐老师让我阅读他从美国带回的、国内看不到的重要文献，包括《语言演变的经验基础》、《解决有关新语法学派的争论》等，都是只有英文的。同时还要求我尽可能多地了解汉语方言的材料，结合方言材料和国外新的理论提出硕士论文要研究的课题来。

徐老师告诉我，《经验基础》一文是变异理论的精髓，很有理论深度。该文主要是 Labov 老师写的，他是十分有名的语言学家，可惜 50 多岁时就车祸身亡。这篇文章厚近半寸，很难读，我花了几个月的时间去啃它：先查着字典每句直译，译过一些后再回头整体看看说的是什么意思，如果看不懂意思再重新看英文是否有其他译法。最后终于读懂了文章最主要的观念："有序异质"(具体可参看我在《国外语言学》上的评介），它是指语言变异不仅与语言内（同质性）要素相关，还与语言外的风格、年龄、性别、阶层等异质性要素相关；语言变异应该用包括语言外异质要素的、多变量、频率值的数组结构来表示，从而可以在共时语言系统的描写中反映出语言演变的具体过程。这一篇论文大约花了我几个月的时间。但这一观点搞清楚了，其他文章就好读了。

比如解决两派争论的那篇文章是说"有序异质"模型可以显示音变的具体过程，从而可以判断语音演变到底是"符合一定语音条件的所有的词要变一起变"（新语法学派式）的呢，还是"符合一定语音条件的词一个一个地逐次音变"（词汇扩散式）的。Labov指出，已经有充分的证据表明，两种音变方式都存在，需要研究的是在什么条件或原因下发生新语法学派式音变，什么条件或原因下发生词汇扩散式音变。这些书真是越看越带劲。那半年还看了Lightfoot的《历史句法学》、马丁内的《音变的结构、功能、生理之原因》、马尔基耶尔的《形态可能作为语音演变条件的少数例证》等，看一本就给徐老师写一篇内容摘要，也提一些不理解的问题。同时还看了所有的《中国语文》、《方言》和其他所有能找到的方言材料。等这些书都看完，结合方言材料写了一篇名为"语言的历史演变与共时变异"的读书报告，讨论了语言的地区差异、社团内人群差异、字音又读、连调、儿化、文白异读等各种不同性质的语言变异与演变的关系，如何判断这些变异所反映的历史演变阶段的先后等。这时，我已经能够结合汉语方言的材料提出一些自己的想法了。

不知不觉三个学期过去了。徐老师又告诉我，他从系里申请到一笔钱（那时还没有国家或省部级的基金），准备选择一两个汉语方言解剖一下麻雀，看看汉语方言的变异和语音演变的类型到底有什么样的关系，激发不同语音演变类型的条件或原因是什么。问我愿不愿意同去，顺便也为硕士论文收集材料。我当然愿意！

徐老师请教了侯精一老师，汉语哪些方言的变异情况最为特殊。侯老师推荐两个方言，一是徽州方言，一是山西晋南地区的闻喜方言。这两个方言都是音系比较简单，但与中古音的对应异常复杂。侯老师说，桥本万太郎曾经调查过闻喜方言，他曾调查过的其他方言或语言的材料后来都发表了，唯独闻喜的没有发表，看来是被难住了。徐老师问我选择徽州还是闻喜，我毫不犹豫地说："闻喜！"因为我在山西插队七年半，做徒工三年半，虽然是在方言相对简单的雁北地区，但对山西各地的词汇和语音都还比较熟悉。而徐老师也是对山西更熟悉，调查过两次了。除闻喜外，徐老师又增加了他曾调查过的晋中地区的祁县点，他说祁县的特点是音系复杂，小区域内方言差异细密，相隔几里就不同音，与闻喜完全不同。

点选定后，我就赶紧查找相关的各种文献，与山西、关中方言相关的论文、方志什么的。徐老师则赶紧联系太原社科院的温端政老师，托他与闻喜、祁县联系。

1985年4月10日从北京起身，在闻喜40天、祁县30天，再加上太原的几天，6月28日回到北京，总共跟着徐老师调查了两个月零20天。

离开北京先在太原温端政老师那里歇脚一天，他派当时还很年轻的助手张光明先去闻喜给我们打前站。4月12日上午10:20坐火车到达闻喜，居然有两辆小汽车接站！县志办主任、县政府办公室主任都来了。那时北大的教授在地方上可真受尊敬。住的地方记不清了，不知是县政府招待所还是宾馆，反正是两三层高的一幢楼,服务员挺多的,但没有洗澡设备。我住的是四人一间的屋子,但通常只有两三个人,从来没有住满过。一个屋只有一个脸盆。徐老师住楼梯的另一侧,好像是两人一间的,包下来一人住,兼做记音工作间。闻喜当时只有一条街,街旁尽是棚搭的小摊,跟北京自由市场似的,遇到"赶集"的日子卖东西的摊儿更多。小摊后面是正式的铺面,国营或私营的店铺都有,东西挺全的。只是,县城里仅有一个澡堂,那天还贴着告示:"今日男同志洗澡"。"女同志呢?"我们由不住地奇怪,答曰:"昨天洗过了。"再问"下次什么时候?"答曰:"下星期五。"原来是一个星期只有一次女同志洗澡!又一细问,是大池子式澡堂,于是我们都放弃了洗澡的打算。

闻喜真是个很富足的地方,我们的伙食是每人1.5元钱一天,十人一桌开饭。饭菜丰富可口,早餐有各种中式主食和五六种小菜,午餐晚餐都是八菜一汤,有荤有素。第一二天,每餐县里都派人来陪我们,三四个人吃十人一桌的饭。徐老师觉得太浪费,坚决要求不要再陪同,我们跟一般来客一样凑十人一桌吃。闻喜的干部都很开通,尊敬不如从命,就按徐老师说的办了。

闻喜干部的办事效率很高,县志办很快就给我们找了三位发音人,徐老师听了听,确定了两位:城西郊地区几个小学的联校校长王安清,城里文化馆的陈可喜,当时都接近60岁。王校长很健谈,反应很快;陈馆员则老实忠厚,很严谨。我们第三天(15日)就开始记音了。开始跟北大方言实习队的程序完全相同:字表前三面→整理音系→所有字表→同音字表→核对→变调表→整理变调规则→词汇表。工作十分紧张,白天记音,晚饭后散散步或串个门后就得赶紧整理音系,核对白天的记音和抄写后一程序用的各种表格,每天工作10多个小时。40天应该至少有五六个星期日,可我们只去过一次裴柏村的裴公祠。闻喜周边有许多文物点,比如稷山汉墓,都没去成。我喜欢考古文物,没去成很觉遗憾,徐老师也觉得挺不过意的。

王校长很活泼,对我们的记音很感兴趣,常常让我们按所记的符号再发一遍给他听听像不像。许多音我发的还可以,得到称赞,但闻喜特有的 pf 声母,我怎么学他总说不像;于是转问徐老师,听后说发的很像并感慨:"到底还是老师强!"

记词汇时发现闻喜有儿化,还有加 u 的 Z 变韵!真没想到,以前发表的方言材料只有河南获嘉等地提到了这种变韵。闻喜这种变韵是长音节,长度介乎单双音节之间,许多长韵的音值很怪。晚上整理记音时徐老师征求我的意见该用什么音标符号,我一筹莫展,回答说听不出来,你定吧。他大为光火,认为我不认真。我向他解释,我听细致的音质区别的确不行,不是不认真。他读了几个音标试了试我,相信了。但他并不就此了结,而是从此在晚上增加了一个项目,他读宁波话的字,让我记音。经过几天的训练,记宁波话大有进步。王校长也很有兴趣,让徐老师说句宁波话看看我能否知道是什么意思。徐老师说了四个音节 vɤŋ²¹³ di⁵ vɐʔ²³ dou²¹³,我张口就说"坟地斧头",心里也在奇怪,好像不成个意思?徐老师笑曰:"还好,就是有个别字的声母清浊和韵母错了。"原来,他说的是"问题勿大"!

通过两个主要发音人的记音和整理,我们已经很清楚闻喜方言的特点在于文白异读异常复杂,声母、韵母、声调都有文白异读,而且有的声韵调是白读少文读多,有的则是文读白读的多少差不多,还有的是文读少白读多。在记两个主要发音人的音时,徐老师就要求县志办再在闻喜四乡和东乡的横水镇各找一个发音人来,收集县内小方言的差异。我还疑惑，记这么多人要多少时间，我们的字表也不够呀。原来是四乡的发音人我们只记前三面，得出他们的音系与城里的差别，然后只集中调查有文白异读的项目——全浊声母字是否送气、是去声还是阳平(如"地"与"帝"同音，还是与"剃"或"题"同音)，唇声母细音字入舌尖音(如"皮"与"题"同音)，宕果合流、曾臻深通合流、梗入阴声的情况等等，另外还准备了 Z 变词表。那时还没有复印机什么的，所有这些字词都要在晚上用手工一个一个地摘到白纸上，提前做好准备，这样每个发音人就只需要一至两天的时间。每天晚上还要赶紧整理出他们的音系和主要特点，各写一个小的调查报告，徐老师说这样才能及时发现记音中的问题，第二天好补充提问，否则，发音人一回去就不好核对了。后来徐老师又安排调查了城里的一个 40 多岁的中年人、一个 19 岁的女孩、一位 70 多岁的老年人和两个 14 岁的学生。

一天，好像刚好是个休息日，徐老师说他不吃早饭了。一看，烧得满脸通红。一问，是感冒了。原来，徐老师对付感冒的方法一直是老家农村的土办法：饿肚子。我不同意，拿出带来的感冒水什么的，一定要他吃。他很不情愿地吃了，不几天就好了。我认为是药起了作用，徐老师不以为然，说是看我的面子才吃的，吃不吃药其实关系不大。现在，报纸上也这么说。看来中国传统的方法也有科学的一面呢。

总的来说，闻喜调查十分顺利。我们每天晚饭后散步，边走边聊。记得一次他说："你不是学昆曲吗，唱唱看。"我唱了一段，几乎没什么昆曲味儿。他说他喜欢京剧，然后很认真地说，你给我唱了，我也得回报，给你唱段"空城计"吧。他唱得也不怎么样，比我后来听过的甘世福、裘锡圭先生差很远。但他确实喜欢京剧，看电视经常看戏曲频道。我小时候喜欢打乒乓球,大学之后喜欢看足球;而他是年轻时喜欢打篮球,老了爱看的还是篮球。当然,他最关心的还是时事,最爱看的还是时事评论、历史剧、军事节目。彼此了解多了,关系也越来越融洽了。有个发音人曾问,你们是父女吧,长得挺像的。我们大笑开怀,乐不可支。

5月20日坐夜间火车回到太原,温老师将我们安排在条件很好的63军招待所休整了几天。在这几天中我们把闻喜调查的各项小报告总结为一个全面的近七千字的总报告,还把各项调查资料分别整理、做了目录放在两个资料袋中,满满的,看着很有成就感。这期间还参观了晋祠和山西省博物馆。

5月27日坐汽车来到祁县,主要由县志办段副主任接待。祁县与闻喜各方面都完全不同。城建方面,城里有许多质地很好的老房子,都是青灰的砖,黑瓦或琉璃瓦。更奇特的是,房子几乎都是靠外的那面墙高,临街的墙有现在的两三层楼房那么高,上面还有像长城垛子那样的东西。这样,整个胡同就像被两边高墙夹着的小通道,挺阴森的。徐老师以前在太谷等地调查过方言,他告诉我,这一带以前经商的(著名的晋商)、开钱庄的有钱人多,又特别注重置房产,所以他们的宅院盖得非常讲究。

我们住在县招待所,记得是较新的一列或几列平房,每间房两个床,有些潮湿,但挺干净的。每列房前都有个装了压水装置的井,每屋有个水桶。厕所是公共的。吃饭最初也是在县招待所,但这里的饭又贵又吃不惯。贵到什么地步记不得了,但至少比闻喜贵一倍。不习惯的主要是炒菜都用棉籽油,黑乎乎的,颜色和味道都不好还不说,我在插队时就出过问题的胃也不接受,腹泻不止,全身发软。一周后我们发现县志办有个自己的小伙房,工作人员各自出饭钱，从农村雇了个人做饭。饭极简单，主要是当地的面食，刀削面、拨鱼什么的，放上一点点蔬菜再配上一碟咸菜，好像是一周才三五元钱。我们提出也要搭伙，段副主任不太好意思，觉得这边吃得太差，连肉都没有，招待所的饭菜在他们看来是很难吃到的"大餐"呢。他不知道我们在外 50 多天了，"大餐"天天吃，家常便饭却很难吃到。加上我的胃闹腾不止，亟需粗茶淡饭来休养生息。在我们强烈要求下，段主任总算答应了。这下吃得真是顺口多了，几天后我的胃就基本恢复了正常（当然也不应抹杀当地医生开的藿香正气水的功劳）。周末他们停火，我和徐老师就先到自由市场买些豆角，晚上封火前炒好，放到一个大大的搪瓷杯中带回住处。第二天，用"热得快"把水烧开，下方便面，拌上豆角吃，不亦乐乎。我们平时也常到自由市场买黄瓜，补充蔬菜的不足。买回后徐老师总是一起都洗好泡到桶里，随吃随取。记得我在市场还发现过一种没吃过的、样子很特别的甜瓜，力主买了回来。我先尝，味道很不错。极力动员徐老师也吃了一个，我问："还不错吧？"他苦笑着回答："一般般。我从来不吃没吃过的东西，这回吃是看你的面子。"后来才知道这是真的，徐老师家乡没有西红柿、茄子，他就连西红柿和茄子都不吃。看来我的面子还真是不小。

　　不像闻喜，祁县的记音工作不太顺利。闻喜县志办在我们去之前就协助过山西师大潘家懿老师调查方言，所以对我们需要什么样的发音人理解得很好。可祁县县志办可能是第一次协助方言调查，所以虽然对接待"北大教授"很热心，但对找发音人却一点也不上心，总是张罗着用小车拉我们去旅游。第二天拉我们去了现在蜚声国内外的乔家大院。当时电影《大红灯笼高高挂》还没出来，县党校刚刚从大院搬出，作为文物修整后保护起来的工作正在计划中。我们在县领导的带领下,捷足先登了。院里一片狼藉,窗栏、屏风等都有不同程度的损坏,但建筑整体令人惊讶。当我们在三进6个大院313间房屋相连的房顶上一览大院全貌,不由深感晋商文化深厚,不虚此行。

第三天县志办又热心地要拉我们上文水的刘胡兰墓,徐老师坚决拒绝了。他要求马上把发音人找来开始工作。当时正是农村麦收、学生接近期末的时候,发音人不好找。找来一个40多岁的住城边的农民,他因身体不好只能做看场的工作,而当时麦子还没收完、没上场,正好空闲,可以来给我们发音。记了两天,当时在祁县党校工作、写过《祁县方言志》的王艾录老师来看我们,发现这个发音人说话有明显的文水口音!原来他虽然生在祁县,但祖辈是文水人,每年都回文水去住一段。县志办同志不了解一定要口音非常纯粹的当地人才能做主要发音人,结果我们几天的工作差不多前功尽弃,只能做低一档次的参考材料。

怎么办?我们一方面继续记音,一方面赶紧托段主任再换新的发音人。可他忙活半天,还是找不到合适的。段老师请我们到他家吃过饭,对我们真的是很好,可就是发音人的问题无法解决,徐老师急得上火,牙都肿了。于是我挺身而出。毕竟我插队多年,对于不依赖组织而由自己来解决问题,比较习惯。我问徐老师,听说你80年调查的那个祁县的中学老师口音很好呀,为什么不找找他?徐老师说那位老师其实是祁县小桑村的人,在祁县四中教书,叫范俊,现在应该是退休回家了,找不到了。我说,别急,看我的。我领徐老师直冲县教育局,找到人事部门,拿出介绍信说明情况。人家很热心地给查了档案,原来范俊老师退休后还住在四中,就在城边上。晚上我们冒着小雨找到了范老师。他还记得徐老师,十分热情。他给我们介绍了时年 70 多岁的一位退休小学老师，人称"活字典"的闫沛章先生。闫先生是世代祁县人，口音纯粹的问题解决了。但他年事已高，心脏不好，我们就每天去他家记音，只记半天，另外半天做其他不同年龄人群的社会语言学调查，晚上还到小学校的自习室去调查过。工作就这样又进入了正轨。

主要发音人之外的这些社会语言学调查，与闻喜一样，也是只调查有变异的若干语音项目，是我们自己手工摘字做的调查表。果然如徐老师所说，祁县特点在音值的差异十分细密。老中青不同年龄层，以前经商与不经商的社会阶层，城里与四乡，语音都有差异。而排列这些差异就清清楚楚地显示出是个音值渐变的过程。比如，不经商的老年人和半数中青年人的"洗"与"死"同音，外地人常嘲笑祁县人的一个笑话是，祁县人让来客洗脸时说"洗洗（死死），洗洗（死死），你先洗（死）完我再洗（死）"。但经商阶层的老年人和他们的后代却是"洗""死"不同音的，只是年纪越轻"洗"的舌尖色彩就越严重，形成音值渐变的阶。结果祁县调查的收获也很大，第一次完整地收集到汉语一个小方言点上"新语法学派式"音值渐变的证据，第一次收集到语音渐变而激发音位的系统地位调整的证据（u 由开口地位转为合口，这一分析还是我发现的呢）。更为重要的是，在祁县城赵镇，我们收集到了一家两代人卷舌声母向不卷舌声母扩散音变的实例。从这些实例可以看出，起于音系内部原因的扩散式音变对语词的风格色彩不敏感，不仅在音变性质上与权威方言影响造成的文白异读不同，而且在音变方式上也不相同。祁县的调查过程虽不顺利，结果却还圆满，我们也归心似箭了。

在县领导的送别宴会上，一位领导突然提出让我们再多住几天。理由是，他们要用政府的小汽车送我们回太原，而之后的一两天刚好有上级领导要来祁县检查卫生,小汽车腾不出来。我们当然宁愿自己坐长途汽车早几天走,可那位领导说什么也不答应。最后,徐老师发了火,弄得领导很不高兴。徐老师总是坚持自己的原则的,第二天我们还是自己走了。

6月28日回京后开始论文写作。由于系里安排我和李平提前半年于年底毕业后留校,加上夏天还参加了一个月的《中国音韵学高级讲学班》,只剩四五个月的写作时间,很是紧张。徐老师说,咱俩分分工,一人主要写一个点,你想写哪个点?我毫不犹豫地选择了闻喜。徐老师有些惊讶,他认为祁县好写得多。可是我对细密的音值区别不太敏感,加上之前就对文白异读很感兴趣,摘录了各地文白异读的许多材料,所以还是选了闻喜。其实,在下面调查的两个多月,我们一直在讨论,对于文白异读的性质,它与新语法学派式和扩散式音变的区别,基本上有了一致的看法。

论文几易其稿。初稿题名《论文白异读》。徐老师除细细的批改外,还提出关键性的两条意见。首先是线索不单一。文章其实有绞在一起的两条线索:一是文白异读所反映的音变与新语法学派式音变与扩散式音变有什么不同,提出一种新的音变方式;二是如何利用文白异读的材料拟测方言音韵的各个层次。我对后一线索写得较多,两条线索彼此交叉。徐老师认为,一篇文章只宜集中论述一个问题,建议着重论述文白异读反映一种国外尚未讨论过的音变方式。其次,文白异读所反映的音变方式,初稿称之为"文白异读式音变",名称不够响亮。既然文中已明确该音变的性质是"权威方言与当地方言音系两个音系的叠置",不妨就叫"叠置式音变"。他说,名称和口号一定要简明响亮,比如新语法学派时期,当维尔纳发现格里木定律第3条例外的规律后,就曾提出"没有一个例外是没有规律的"这一定理,但这一定理直到雷纳金后来用更简捷的语言从正面表述为"语音规律无例外"之后,才产生巨大的影响,成为学派的口号。

这两条意见都十分重要。第二稿,论文的题目就改为"文白异读与叠置式音变"了。"叠置式音变"不仅比"文白异读式音变"更响亮,也更加确切,文白异读毕竟只是一种现象,不是本质性的描述,有的文白异读还可以是由其他的历史原因造成。"叠置"这一观点,后来也为研究汉语韵书的学者接受,用来研究同一韵书中叠置南北或古今等不同音系的情况。

第一条意见也很重要。因为,我感兴趣的"析层拟测",必须建立在把文白异读所反映的音变的性质、音变单位、音变过程、音变结果都论述清楚的基础上,后者是更基础的理论要点。搞清楚了这个关系,我就开始重新组织材料,重新安排论证的线索,文章果然清楚多了。最后徐老师还是觉得我对"叠置"论述得不够理想,就亲自加了这样一个图示:

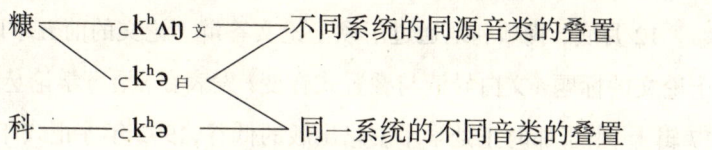

糠 —— $_⊂k^hʌŋ$ 文 —— 不同系统的同源音类的叠置
         $_⊂k^hə$ 白
科 —— $_⊂k^hə$ —— 同一系统的不同音类的叠置

我还有疑问,如果没有外方言音系的影响,闻喜当地话的"糠"和"科"已经完全同音、完全合流了,为什么也用"叠置"?徐老师答,文读进来前的确是"合流",文读进来后"糠"有了有鼻尾的文读,"科"没有,两类字的交替形式不同,就不再是完全相同的一小类,而是分层别居的叠置关系了。我豁然开朗:交替形式不同决定其底层形式不是同一类,这可是生成派的重要观点呢,没想到徐老师用在这里了。

虽然在硕士论文中把有关拟测的那条线索全部删去了,但在硕士论文论证清楚了叠置式音变方式后,就可以开始另一线索的讨论,也是我的兴趣所在了。我之后发表的有关山西入声韵、阳声韵的研究,全国各方言一、二等韵音韵格局的研究都是沿着这条线索做的。而徐老师也沿着他的兴趣所在,写成《音系中的变异和内部拟测》(1988)、《文白异读和历史比较法》(1993),《文白异读与语言史的研究》(1994)等纵论文白异读在历史语言学方法论上的重要性的多篇论文。徐老师很高兴我们从不同角度推进同一理论的研究。至于我在另一条线索研究中所用的方法程序,直至2005年才写成两篇论文,分别发表在台湾的《语言暨语言学》和丁邦新先生祝寿文集上。这两篇论文把文白异读反映的叠置一个土语方言中的本地土语和外来权威方言两个有姊妹方言关系的字音体系理解为⊖的关系,提出析层拟测的关键是把两音系相同的无异读的那个部分一身两用、文白双配;用公式表示则为:"白读+无异读=白读层音系"、"文读+无异读=文读层音系"。此是后话。

12月底,我顺利地通过了硕士论文答辩。论文的前五章以硕士论文的标题《文白异读与叠置式音变》发表在《语言学论丛》第17辑上。由于那时正处学术书籍出版的低谷,1992年才正式印出,距交稿已有6年之久。最后的第六章经前来答辩的侯精一先生推荐,一年之后就以《山西闻喜方言的白读层与宋西北方音》为题单独发表在《中国语文》上。

我写硕士论文的同时,徐老师也利用祁县的材料写成了《说"变异"——山西祁县方言音系的特点及其对音变理论的启示》发表在1986年《语言研究》第1期上,在学界引起很大反响。徐老师署的是他和我两个人的名字,其实是徐老师一人写的。我觉得,自己一个字也没写,怎么能算作者呢?徐老师说,材料是两个人调查的,想法是两人讨论的,当然应该署两人的名字。可我仍然觉得不公平:闻喜的文章也是两个人调查、讨论的,可是只署了我的名字。徐老师说,那是学位论文,只能署一个人的名字。

1991年后徐老师的兴趣转到了汉语论(字本位理论)。有次他对我说,等字本位的研究告一段落,还要再回头做汉语方言的层次问题。那时他还没有意识到字本位研究是个如此巨大、艰难的大工程,解决了一些问题以后,有待解决的更多问题又显露了出来。

读硕士的两年半,徐老师教了我许多。我懂得了研究理论必须立足材料,立足汉语。如果徐老师不是在"文革"前就多次参加方言调查(那时方言方向在语言学教研室),对汉语的方方面面(包括方言)有深入的了解,就不可能在美国进修时敏锐地发现变异理论的价值。如果没有对闻喜、祁县方言两个多月的细致调查,就不可能发现西方理论处理不了的汉语事实,从而提取新的理论。我懂得了理论的重要性:材料总是繁杂的、个别的,理论总是简明的、普遍的;有了理论的框架和视角,材料才从繁杂、散乱、混沌一团中显示出格局和规则。

徐老师潜心学问,治学认真,反感对场面上的应酬。他对不拿礼物前来请教问题的学生极其热情,对拿了礼物、说赞扬之辞的来客却把不悦之情直接溢于言表。他从来没有组织过学术会议,从来不出祝寿文集,也没有在各种学术团体中担任职务。他仅拿过两次教育部的科研基金,一次1万元,一次1.8万元。他给学界留下的是6部专著、两部论文集和70余篇论文。给我们学生留下的，是正直的风骨，求知的大智慧，是他悉心培育的深情和殷切期待。

也许，只要记忆无法忘却，天人就可以通隔。

(王洪君：北京大学中文系教授)

怀念徐老师

陈保亚

2006 年上半年，我正在日本，徐老师给我和北大语言学教研室其他几位老师发送了一封信，是齐国力教授谈保健的。我当时觉得奇怪，徐老师怎么谈起保健来了。2006 年 9 月初，我负责的汪锋博士后出站报告论证会在中文系五院举行，徐老师参加了会议，论证会完了以后我们还在一起吃饭，当时我没有看出徐老师有病的迹象，我问徐老师最近身体怎样，他说还行。然后我又回到了日本。长期以来，徐老师从来不告诉我他的健康情况，见面总是说还不错，我也一直觉得他的身体很好，90 年代坚持爬山，后来坚持散步。所以我也不在意。10 月初我爱人何方打电话到日本来，说徐老师体检可能会有一些问题，没想到后来确认是胰腺癌，不久住进医院。我立刻在日本查阅了相关资料，知道胰腺癌死亡率极高，而且病情发展很快。我工作的日本大学 12 月中旬有一段时间空闲，我准备那时回去看望徐老师，没想到徐老师 11 月 25 日突然走了。临走前没有见到最后一面。

1985 年 9 月作为刚入学的硕士研究生，我第一次到徐老师家，徐老师给我泡了一杯很浓很浓的茶，师母拿出了一盘水果。徐老师知道我是从学医转学文的，问起我为什么对语言学理论感兴趣,我告诉徐老师我一直是一个爱因斯坦迷,高考志愿填写的全部是理论物理,77 级高考好像不太管考生志愿,结果阴差阳错被录取学医,大概是因为档案里记录我当知青时做过赤脚医生。后来转学文,读了维特根斯坦、索绪尔、布龙菲尔德和乔姆斯基的书,对理论语言学有了兴趣。徐老师先给我泼冷水,说研究语言学理论比较辛苦,难出成果,现代汉语和古代汉语分析材料找到规律就够了,语言学理论还要继续找更简单的规律,上升到普遍原则。徐老师告诉我,从我的考试试卷看,我读了很多书,但是没有怎么看北大的书。我当时觉得自己很侥幸,换一个老师,或许就不会录取我了。竟然连北大的书都不看还来考北大!顿时觉得碰上徐老师有知遇之恩,也觉得徐老师没有门户之见。接下来的一个谈话主题是,不要只读当前刊物上的论文,不要跟着杂志刊物跑,不要囿于所谓热点问题,而要抓住根本问题。徐老师让我先系统读索绪尔的《普通语言学教程》、萨丕尔的《语言论》、布龙菲尔德的《语言论》、W. Lehmann 的 A Reader in Nineteenth Century Historical Indo-European Linguistics 和 J. Lyons 的 Introduction to Theoretical Linguistics 等著作,还有徐老师的一些文章。尽管索绪尔和布龙菲尔德的书原来也读过,但很多都没有读到要害处,也没有读出问题,这次是在徐老师的指导下精读,一边读一边讨论,徐老师的很多读书心得也都融会到我的思路中了。这一招很管用,读完以后感觉到知识结构和以往大不一样,各种理论的来龙去脉和相互关系一下清楚多了。再回过头来看杂志刊物上的文章,好些是没有注明出处的转述或者是不熟悉早期成果的重复。好些热点问题并没有切中要害。徐老师说这就是学术史眼光,研究理论语言学必须要有学术史眼光,才能进入下一步的研究。这时我第一次领会到了系统阅读经典著作的价值。这大概是名师指点的第一个好处。经典著作是知识结构中的一些重要支点，要分清哪些是经典著作本身就是做学问的一大难关。我很庆幸能够站在徐老师肩膀上闯这个难关。不过当时我一直不明白徐老师的书单中为什么没有乔姆斯基的著作，是不是乔姆斯基的著作不够"简单"？

我做硕士论文期间，经常和徐老师、王洪君师姐在一起讨论语言的结构、系统、变异、音变原因等问题，我们也谈到语言以外的系统论、谈到耗散论和信息论，当时的"三论"是认识系统性质的三个视角。我们在徐老师那不太宽敞的家里分享着运思的乐趣，品尝着徐老师泡的很浓很浓的茶，无所不谈，气氛格外轻松。但是徐老师绝不让我们空谈，各种知识结构只是背景和借鉴的源泉，在关键的时候就要落实到语言事实上来。徐老师倡导字本位后，有人觉得缺少实证性，我想可能和研究的问题有关系，初始概念都是不太好实证的，所以词也不容易实证。但我在做硕士毕业论文的过程中注意到，徐老师对实证的要求非常严，一切都要从材料出发。我的任何一个想法他都要问支持的材料在哪里。看了我的几篇读书报告后，徐老师重点让我阅读了 U. Weinreich、W. Labov 和 M. Herzog 合写的 Empirical Foundations for a Theory of Language Change(1968)。当时徐老师和王洪君师姐正在研究汉语方言中的文白异读这种变异现象，对 U. Weinreich 等的这篇文章很重视，认为对系统的认识很深刻。我读下来的感觉是，这篇文章最重要的源创点是把变异作为系统的本质属性，并证明了变异和社会因素是相关的。

徐老师指导我读书并不让我停留在总结别人的创新上，而要进一步提出经典作家未能解决的关键问题。我的问题是，

U. Weinreich 等的文章没有解决语言内部结构和变异的关系。如果变异只和社会因素有关系，那么为什么变异只产生在某些音类上而不产生在另一些音类上。这时，徐老师又拿出了另一篇文章让我读，这是 A. Martinet 的 Function, Structure, and Sound Change (1952)。Martinet 试图论证音变原因和语音结构有关系。徐老师指导我研究不只是把关让我不犯学风、逻辑和材料方面的错误，而且能够在我提出问题时，引导我继续读哪些著作。这需要指导老师有深厚的学术积淀。徐老师对 Martinet 的理论很熟悉，后来国内研究音变中广泛使用的"拉链"、"推链"等分析办法，就是徐老师在 Martinet 文章的基础上率先启用的。

我对 Martinet 的文章提出的一个问题是，Martinet 没有从整个系统的结构来考虑问题，比如，一个声母在结构中的稳定程度是和韵母有关系的，而语音层面的稳定性和句法层面又有关系。Martinet 的另一个问题是没有从活生生的变异中来观察音变和结构的关系。问题提到这一步，徐老师认为可以展开研究了。

上面提到的两篇文章是上个世纪探索语言演变机制和原因的很有分量的文章。这两篇文章实际上代表了看待语言演变的两种态度：外部原因论和内部原因论。相比之下，我尤其不太同意 Weinreich 等在这篇文章中把音变原因过多归结为社会因素或者外部因素，其实 Weinreich 在更早的一部著作中是比较重视结构的，偏重社会因素不知道是不是 Labov 的想法。徐老师当时从叠置音变的角度对音变原因也有很多思考，所以他同意我的分析，并同意我从结构入手展开研究。我的硕士论文题目叫《语言演变的结构基础》，是自己定的，徐老师一眼就看出了我的题目是针对 Weinreich 等的 Empirical Foundations 来的，也同意我取这个题目。徐老师认为,当时的社会语言学在某些方面把语言学搞成社会学了,有些偏离了语言研究的宗旨。徐老师在多次讨论中都强调,语言学的规律和社会学的规律是不一样的。徐老师让我重点阅读的这两篇文章,反映了当时徐老师的一种学术眼光。

怎样设计我的硕士论文研究方案开始提到日程上来了。徐老师平时言行随和谦让,讨论问题前总是要聊一下大家最近发生的趣事,看上去徐老师好像相信大家讲的故事,在听大家的意见,但思想深处厚重而稳定,不轻易改变自己的学术态度,尤其不肯在原则上让步。徐老师行不如风但可谓静如山,或许是他长期思考积淀的结果。我当时对 Chomsky 的理论比较感兴趣,多次在徐老师面前提到可以接受 Chomsky 理论的某些方面,徐老师也不反对,承认 Chomsky 的理论在形式语言与自动机理论方面的成功,但言谈中也流露出 Chomsky 的理论在方言调查研究方面存在问题。徐老师一贯坚持从方言分析中得出结论,也要求我这样做。我也努力这样做了,展开了对西南官话的一些调查。有一天我跟徐老师说,由于汉语方言中广泛存在接触现象,如果要研究一个系统内部结构和变异的关系,首先要从权威方言的变异入手,先观察在没有方言叠置的影响下或影响较小的条件下,一个系统内部有什么结果,然后再来找方法区别哪些是内部原因引起的音变,哪些是外部原因引起的音变。我提到北京话作为权威方言是比较理想的。我还提到论证一些重大的理论问题不宜用太偏的方言材料,这样才有利于大家来进行检验。没想到徐老师很容易地接受了我的想法,同意我从北京话这种权威方言中的变异入手展开研究,并介绍我找一下沈炯老师,说当时林焘先生带领北大师生对北京话变异进行了几次调查,有比较丰富的材料可以利用。

徐老师的理论研究路子和学术界通常想到的理论研究路子完全不一样，不太喜欢在概念的定义上兜圈子，更多的精力和时间是用在材料分析上。我的硕士论文需要整理出北京话变异的秩序，工作量非常大，我担心做不完。徐老师说，扎实的理论必须有扎实的材料，而且应该穷尽。他的宁波话百年演变的研究可以说是体现了这种态度。于是我只好先放下其他工作，把北京话变异材料全部用手工整理分析了一遍，有的磁带录音要花很长时间反复听才能听清楚，同时我还要展开很多专项调查。当时又没有电脑和数据库的帮助，材料和分析结果只能写在纸上，在纸上用表格计算。这是一项非常艰苦的工作，花了我很多时间。沈培君有一次告诉我他的博士论文材料光记录就是一纸箱，我暗自叹息我的硕士论文写得好亏，我的材料记录有两箱。这时我才第一次深刻领会到徐老师和我第一次见面谈话的涵义，从材料到理论的研究实际上比从理论到材料的研究要困难得多，你必须调查分析统计大量的材料，解释全部的例外，才能得到一个普遍的结论或一个全称判断。不过尽管很累，也乐在其中，因为后来统计出的变异起变部位和变异走向总是和算出的结构协合度有关系，不仅包括零声母变异，也包括儿化变异。当我拿出这些统计结果和数据时，徐老师也非常高兴，因为他早期的方言调查经验也让他感觉到变异的起变和走向不可能和结构没有关系。当然也有例外，但很多可以从另一个层面的结构上得到解释，比如聚合关系上存在的例外往往可以从组合关系得到解释，音系结构上存在的例外往往可以从语法层面上得到解释。还有一些例外则要进一步追问到方言或语言的接触。于是我们在变异从无序到有序变化这一过程中，加入了结构这一因素。不过徐老师还是比较谨慎的，让我继续观察活的变异走向，担心变异万一又倒回去了怎么办。直到现在,我还在不断关注北京话的合口呼零声母变异和儿化变异,其走向和当时统计出的回归直线是一致的,和结构的协合方向是一致的。即使我们不用结构协合的概念,用本音变音这样一些传统的结构概念,也可以看出变异容易在变音中起变,变音中的变异去向是朝本音走的。

跟徐老师做研究,一篇硕士论文就做得这样辛苦。但能够充分享受到智慧的乐趣:从材料分析中概括秩序。这给人一种很实在的成就感。在很多领域,理论园地的大门往往云集着不少亢奋的青年,但不久很多人就从后门悄悄溜走了,那是因为研究不实在。没有人会喜欢长期空谈。徐老师开垦了一块不同的理论园地,把我引上了一条通向实在的理论研究道路。就我现在初步掌握的情况,19世纪 80 年代开始徐老师带领一批学生展开的将结构和变异联系起来的研究,其广度、深度、清晰程度和严格程度在其他国家还没有见到。

"从事实出发",这可以看成是徐老师带领我们研究理论语言学的基本原则。这本来是自然科学研究中一个非常简单的道理,但在语言学和人文科学中坚持这一原则却不简单,因为长期以来这里的评价标准不像自然科学研究领域那样完全根据事实、计算和逻辑。

1988 年 7 月的一天,那是一个炎热的日子,我硕士毕业告别徐老师去云南大学任教,徐老师又泡了一杯很浓很浓的茶,我们讨论了一个下午,语言接触问题是讨论的中心。按照音系协合理论,一个语言系统的音系最后应该相当协合,但是徐老师和我都注意到,音系总有不协合的时候,比如汉语 fo35(佛)这个音节,就是一个不协合的组合,只有阳平调有这个音节。类似的情况不少,当时我们考虑是不是和语言接触有关系。讨论接触的另一个动力来自于我听徐老师历史语言学课的读书报告,是关于当时国内外汉藏语争论的焦点问题:汉台是否同源。这个问题可以具体落实到基本词汇到底能不能借用,借用以后对应规则的严格程度如何?而这两个问题实际上可以进一步通过语言接触研究来观察。看来音系协合和语源问题都要追问语言接触了。当时我已经对傣语有了一些追踪调查,徐老师建议我利用在云南工作的机会继续调查,系统展开这两个方面的研究,说有些关键性的材料可能还没有调查到。要我"但问耕耘,不问收获"。在汉语和侗台语的语源关系问题上,徐老师并没有表态,当时他认为还没有强有力的证据来支持任何一方。从我最初的动机说,我希望找出有力的证据来论证汉语和侗台语同源。徐老师说最好不要先入为主。徐老师提醒我往下调查的工作量和难度是很大的,要有足够的准备。临别时,徐老师把我送到楼下,送到车棚,最后目送我骑上那辆不断发出有规律响声的自行车,大有壮士离别踏上征程的感觉。后来我在云南调查,每当跋涉在崇山峻岭中时,就会回想起那种感觉。那个时候做学问的心境是很神圣、崇高和愉快的。

三年以后,1991年9月,我再回到徐老师身边做博士,徐老师已经托叶蜚声老师从美国和欧洲带回来一批关于语言接触的书,让我精读,其中有代表性的是 Weinreich 的 *Language in contact* (1953) 和 S. Thomason 的 *Language Contact, Creolization, and Genetic Linguistics* (1988)。这两部著作是上个世纪研究语言接触的代表作。徐老师让我参照自己的实际调查来阅读这两本书。我注意到语言接触中也存在内部原因论和外部原因论,或者说结构派和社会派。不过这时的 Weinreich 不是站在社会派一边,而主要是站在结构派一边。结构派认为语言接触改变不了内在结构,而社会派认为结构的因素并不重要,社会因素是决定性的。其实这两派只是对社会因素或结构因素强调的程度不同,我需要更进一步弄清楚社会因素和结构因素在语言接触中起到的具体作用。徐老师当然也不满意这种现状,希望我再扩大调查,找出更具体的答案。并让我利用自己会说傣语日常用语的条件和我爱人何方及其远近亲属以傣语为母语的条件,充分广泛展开专项调查。从徐老师那里我得到的田野调查精髓是:调查的材料一定要能用。这实际上是要求调查必须充分,条件必须严格,有实证性,有针对性。于是我继续展开对傣语的追踪调查和分析。每次调查过程中我都不断写信告诉徐老师一些调查结果。最后我注意到,社会因素决定接触的"度",即接触的深度,结构因素决定接触的"阶",即哪些部分先受接触影响。这一现象直接改变了我对几个重要问题的看法。傣语中的西南官话不仅出现在一般词汇中,也出现在基本词汇中,甚至出现在核心词中,更重要的一个事实是,这些借词的对应规则的严格程度并不弱于同源语言分化后形成的对应规则。于是我针对徐老师《历史语言学》以及课堂笔记中关于用系统对应判定同源的问题向徐老师提出,严格的语音对应只是判定同源的必要条件,不是充分条件,这就是说接触的"度"是无界的,包括成系统的语音对应,我给徐老师看了大量汉傣接触的例子,徐老师同意了。同时我进一步注意到傣语中越是核心的词和核心的结构,西南官话借用比例越低。其他可观察到的语言接触的机制也是这样。这就是接触的"有阶性"。而已知有同源关系的语言之间,分布正好相反。最后令我失望的是,汉语和侗台语之间能够建立起严格语音对应的早期词汇中,核心词的分布方式和西南官话的分布是相同的,即越是核心的词比例越低。和我的初衷相悖,我不得不选择这样一个解释:有很多人认为是汉台同源证据的一批对应语素,应该是汉台接触的结果。当时我担心徐老师不会接受这种观点,或者会犹豫,因为这会和国内主要观点不一致,和国外华裔圈的主要观点也不一致。华语圈中早期持汉台同源观点的人都是一些实力派人物,功力深厚。会不会是我的材料有误?我本人也有些犹豫,担心这会惹出很多麻烦,包括政治上的,尤其是担心给徐老师惹麻烦。于是我又几次回云南核对材料,徐老师又看了几遍我的材料和论证过程,最后说,"这是一个事实"。回答看起来是那么简单轻松。这件事给我最深刻的印象是,徐老师做学问,没有大量材料是不会让他在原则上让步的,但徐老师没有多少理论约束,理论观点可以随时修正调整,只要有足够的事实。在徐老师门下做学问看起来很顺便,你可以随时调整观点,但是不能顺便改变事实、歪曲事实,不能在思路上混乱,不能在方法上不严谨。其实这才是做学问最难的地方,也是最有乐趣的地方。有了严格的游戏规则,游戏才可能精彩。

无论是通过做硕士论文、博士论文还是做博士后论文,我感觉到徐老师无非是让我从材料中归纳方法和理论。现在看来,徐老师的这样一种看似简单的研究生指导思路实际上代表了一种鲜明的方法论态度。中国境内最早的语言学研究思路是从理论到理论,人们不断在概念上绕圈子,拿名家的说法来证明自己的结论。后来人们逐渐转向了从理论到材料的路子,更多的是接受西方理论来分析汉语或汉藏语,如果这种西方理论有不能解决问题的地方,再换一种西方理论,或者用几种理论来进行互补研究。这种态度的好处是大家都扎扎实实的做研究不要争论理论，最后的结果也能解决不少实际问题。其弱点是如果理论模型概括力不够强，就可能给材料增添一些不存在的性质，甚至出现理论歪曲事实的现象。自从我返回北大读博士以来，在和徐老师的交谈中我发觉徐老师越来越强调汉语的特点，认为西方好些理论并没有充分考虑到汉语和汉藏语的情况，所以可以通过汉语和汉藏语的研究来修正甚至提出新的理论模型。徐老师关于字本位的研究是他这种态度的最典型的体现。徐老师在生命的最后十多年里致力于研究字本位，其中一个核心问题就是语法单位问题。很多人觉得奇怪，为什么要花那么多的精力去研究单位。其实索绪尔在《普通语言学教程》中就强调到了单位的重要性，任意性是针对单位的能指和所指关系说的，线条性是针对单位的组合说的，索绪尔认为单位的提取问题还没有得到解决。现在看来，单位和规则是一个问题的两个方面，没有找出单位也就是没有找出规则。田野调查中最容易体会到这一点。我常常在想，为什么徐老师很少提到 Chomsky 的工作，也许是 Chomsky 没有解决单位问题，因此他的理论无法用来做田野调查。徐老师写字本位的第一篇文章的初稿给我和王洪君师姐读过，那时我正在云南大学任教，不太同意徐老师的观点，但徐老师也没有要我同意，仍然招收我做博士，也没有一定要让我研究字本位。后来我对字本位的观点有了一些转变。

我现在感觉到，先不论具体的研究是否已经达到目标，徐老师倡导的这种从材料到理论的方法论态度是中国上个世纪末语言学中一个非常有价值的转向。汉藏语无论从复杂性和使用人口的数量上看，在人类语言中都有举足轻重的地位，普通语言学理论如果不能涵盖这样的语言群体，就不算普通。不过后来有人说徐老师要搞"有中国特色的语言学",当我和徐老师谈起这件事,徐老师对这种批评表示了微笑 。当然可能也有行文上的误解。最近几年,徐老师对盲目尾随西方语言学理论的现象越来越反感,我已经多次听到徐老师用"假洋鬼子"这个词了。有一次汪锋告诉我,说国外有人认为中国人不懂历史语言学。我不完全同意。如果拿出徐老师《宁波方言的"鸭"类词和"儿化"的残迹》这篇文章来比较,世界上同时代能超过它的历史比较语言学论文真的还不多。

徐老师把做学问作为一种生活方式。研究语言学是他生命的主要部分。他很少去旅游和参加其他娱乐活动,即使是爬山也是为了锻炼身体。在语言分析中智慧地生活着,是徐老师最大的乐趣。徐老师有很多机会挣钱,比如出国去讲学,巡回作报告,编书,不过手头的钱已经够徐老师享受运思的乐趣了,所以他挣钱不积极。有人说徐老师是清贫的,这要看我们怎样理解富裕。有的人在生活上富裕,有的人在思想上富裕,这两类人还经常相互瞧不起。徐老师是在思想上富裕的人。徐老师也是幸福的人,幸福的人是那些做着自己喜欢做的事情而且生活还有保障的人。有的人喜欢语言学却不得不在行政工作和社会活动中奔忙,有的人不喜欢语言学却在做语言学的工作,比起徐老师来,这些人不是很幸福的。我每次到徐老师那里去谈学问,他都非常高兴,很愉快。到该走的时间了,他总说时间还早,可以多聊一会儿。真正要走的时候,总显出没有尽兴的样子。

最近十年来徐老师很少去开会,他在抓紧时间把思想写在纸上。每年总有几篇文章出来,多有创新,不炒冷饭,这在徐老师这样的高龄学者中已经是寥寥无几了。徐老师是真正靠自己的作品而不是靠社会活动赢得自己学术地位的学者之一。有一次维特根斯坦批评维也纳学派的成员，说一个学派的影响应该靠有分量的作品，而不是靠宣传和鼓动。徐老师可能没有读过维特根斯坦的材料，但他们的学术品味是那么相似。学术本位的价值取向是真理，多少年以后，人们回想起一个学者是因为他的作品而不是他的社会地位、头衔、兼职和收入。这才是永恒的存在方式，这也是徐老师的存在方式。

深居简出是这些年来徐老师的行动方式。很多人认为徐老师与世无争，但徐老师对社会和政治并不陌生，人情世故也都了解。他喜欢看历史剧，读史书，前些年上映的康熙大帝、汉武帝等，他都有兴趣。我有时候晚上去徐老师家，也跟着看上一两集。徐老师偶然点评几句，对历史事件和人物的分析深度让我吃惊。徐老师的政治和社会观察力比好些在位的人要深广得多，但他不轻易流露，所以很多人认为徐老师不谙世故。徐老师是很有眼光的人，他身边没有几个人的想法能越出他的视野。

徐老师做学问有大气，驾驭全局的能力比较出色。这是一种难得的能力，需要深厚的功力。生活上也是这样。有一次我吃他的笋子烧肉，配料很简单，以酱油为主，肉和笋子都切得非常大，这和我吃过的江浙菜大不一样。我当时的第一印象是徐老师连菜都不会切，怎么做？结果烧出来的笋子和肉特别有味道。不过徐老师没有把笋子烧肉的道理告诉我。后来我琢磨，作料太复杂会压过本味，菜切得太小本味容易融化在汁里，笋子和肉反而没有味道。大一些，烧透了，里面的本味还在。我用徐老师这一手曾让很多外国朋友赞不绝口。徐老师做学问的风格可以用他的笋子烧肉来概括：简单、块大而有本味。

徐老师平生做学问做人小心谨慎,反对大而化之,但不跟人论伎俩抠字眼,一切尽在心中,一旦水到渠成时敢于和重要理论模型交锋,可谓大勇若怯,大智若愚。

徐老师有忧有喜,不是为了钱财和地位,而是为了他的作品。徐老师在乎别人对他的理论的评价,但通常忧喜不形外人。把学术看作生命的人,总是在乎别人的批评。每当我谈起某某人在用字本位解决某个问题时,他的眼睛开始闪亮。我曾经写信告诉徐老师,说邵永海老师在日本大学用字本位展开汉语教学,效果不错,不知道徐老师收到这封信没有。对字本位的批评有的来自不同的观点,有的来自误解或其他方面,不知道后者是否影响过他的健康,但他还是努力去修正和完善自己的理论。被确认为癌症后,徐老师心情很平静,也很不希望有多少人去看他,我不知道这是徐老师的超脱还是对某些方面的失望。

2006年9月汪锋博士后论证会结束以后在畅春园临湖居的那一顿午餐,想不到是和徐老师的永别。在徐老师的弟子中,我大概是直接受徐老师指导时间最长的了,从硕士、博士到博士后(博士后挂名费孝通先生),但我一生还没有来得及和徐老师单独合过影,也没有在他临走前陪伴过他。现世好残酷,不知道来世是否会好一些。

徐老师从不乱给我写推荐信。他总是营造一种环境让我自己去努力。他从来没有让我给他写过书评,也没有让我帮他收集材料抄写东西。他不给我布置事务性工作。无论是硕士、博士、博士后期间还是留校工作以后,他给我充分的时间让我独立思考,研究真问题。徐老师也不喜欢主持会议,我也不必为会议工作奔走。除了电大的语言学概论让教研室的老师各写一部分，就没有拉我编过什么书了。即使是那本电大语言学概论，也是让大家挣了不少钱。并且好几次稿费不是让我去拿，而是徐老师亲自送到我家里来。我逐渐感觉到徐老师用意所在。现在我们很难写出类似高本汉《中国音韵学研究》这样的代表作，不是大家没有能力和智慧，而是频繁的检查、交流、申报、评比让大家忙于应付低层次的规范，追逐短暂的虚荣，中断了打磨利剑的时间。学术偏离了永恒的评价标准。很多人操心成果是否满足核心期刊的数量，但很少人着急追问《中国音韵学研究》这样的代表作为什么如此罕见。有人制定荒谬的规则是因为有人接受荒谬的规则。徐老师不接受，并用他的行动暗示我们也不要接受，他给我们开垦出一块潜心思考的家园。

我欠徐老师太多。1985年，在没有任何联系和印象的情况下，仅仅凭试卷成绩，徐老师把我招收为他的硕士研究生。1991年，徐老师开始招收博士，他劝阻别人不要报考，把我招收为他的第一个博士生。1994年，为了能让我安心把汉语和侗台语的语源关系深入研究下去，徐老师采取和北大社会学所交换博士后的方式，为我争取到了北大社会学所博士后的机会，我的家属也能够来到北京和我一起生活。1997年，在徐老师的帮助下，我爱人在北大安排了工作，我因此能安心在北大中文系做教学和研究。记得在读博士期间，有一次邵永海跟我说，他发现徐老师把大部分心身都放在我身上了，我突然一愣，半天说不出一句话来。如果我的研究能够做得好一点，就会欠徐老师少一些。事情恰恰不是这样。

1999年下半年的一天，我从香港回来，徐老师特别把我叫到家里谈了一个下午，说汉台关系已经研究得差不多了，希望我把主要精力从汉台关系的研究逐渐转移到汉语研究上来。我想这里一定有很深的背景,徐老师通常是不这么说话的。我们当时还讨论到了对字本位的一些共同看法和分歧。我同意徐老师对词的看法。我们的主要分歧在于,徐老师主张直接以字为单位来研究语法,而我觉得字上面还应该有一种具有生成能力的单位,当然不是词。后来有好几次,徐老师问起我博士后研究论文出版没有,我说还没有,还在打磨。博士后论文也是徐老师指导的,仍然是研究汉台关系。我想徐老师希望我空出手来和他多分享一些字本位问题。再后来我做了几年中文系副系主任,耽误了不少时间,2003年年底卸任以后打算好好研究一下字本位,还没有做出什么成果,徐老师突然走了。让人好遗憾。即使今后能够做出点什么,也永远摆不掉这种遗憾。想申辩想解释的对方再也听不见了,能够让双方激动的思路再也不能分享了。我恨我太匆忙,未能和徐老师单独度过更多的时光,未能作出一些像样的成果来。我恨我太粗心,没有多关心徐老师一些。

徐老师走了,一位经常在一起分享智慧的思想者就这样走了。走得好快。最近经常梦见徐老师。徐老师叫我名字的时候和其他人不一样,重音不在第三个音节,梦见徐老师就能听见那种独特的呼唤。我住北大畅春园53楼,徐老师住56楼。他经常去畅春园南边的公园散步,我经常陪儿子陈樾去公园锻炼。有时候跟徐老师打招呼,有时候看他自言自语地在运思,我就不打扰他,和他擦肩而过。陈樾还问我为什么不和徐爷爷打招呼。傍晚从徐老师窗前走过,看着窗户透出的灯光,常常想徐老师正在干什么,是脸上又露出了长时间思考后的倦意?还是想透问题后的喜悦?楼房是那么熟悉,我还得经常从楼下走过,可是再也见不到房子里的徐老师了,再也不能在那里喝很浓很浓的茶了。

他走了,他带走了我们共同分享智慧的家,带走了一种存在方式,一种精神的依托。我突然感觉到好累,尤其是想到我让他失望。

(陈保亚:北京大学中文系教授)

徐老师是指导我科研上路的严师

赵 杰

1984年9月,我作为中央民族大学的青年教师考入北大中文系语言理论专业硕士生,导师叶蜚声教授在前两年指导我学习硕士生课程,为我定下了以满汉关系为主的语言接触理论方向,并指导我看英文原版的怀恩莱西的《语言接触》等专著,我在叶老师的指导下,不仅汉语语言学、英语、日语有了提高,而且又在1985年详细调查了黑龙江省的满语口语,正要写硕士论文的关键时刻,叶老师出国讲学了,最后一年由徐通锵代为导师指导我。这也许是命运的有意安排,当我汉语、外语水平不高时由叶老师这样的语言巨匠指导,当我撰写论文科研能力较弱时,由徐老师这样的语言科研水平很高的导师指导,我感到很幸运。

1986年是我与徐老师师生交往最为频繁而又是我收获最大的一年。我经常到徐老师居住的北大蔚秀园29号楼214号五层楼上的家里。记得1986年初,徐老师对我写的作业论文不够满意,他就直接批评我,说这样的文章(指我写的学习索绪尔的一篇体会性文章)怎么能投到新疆大学学报上去呢!他还指出我投给中央民族大学学报的一篇论文仅仅列了八条是最粗的写法,在他的指导下我做了较大的修改,才得以在中央民族大学学报上以《满语的变化》为题发表了。1986年上半年,我把1985年在黑龙江省调查的现代满语分别以语音、词汇、语义、语法等分篇形式写成给徐老师看,以求得他的指点,他都不厌其烦地认真批示。在他的亲自细致指导下,我于暑假去新疆伊犁察布查尔锡伯族自治县调查锡伯语,即清朝乾隆年间从东北沈阳远征去新疆伊犁的锡伯人讲的满语。记得当时我在祖国最西边陲,在伊犁察县三乡爱新舍里镇给远在首都北京的徐老师写信汇报,夏日的夜晚,已经是11点了,爱新舍里镇招待所还是晚霞映照。我在信中不仅写到当时调查的满语和锡伯语比较的细微收获(后来这篇论文以"锡伯语满语语音演变的比较"为题发表在《民族语文》上),还写到了不远万里调查的辛苦,以及新疆西部的民族风情,爱新舍里镇其时间差与北京相差两个多小时等情节。我于9月回到北京后迫不及待地到徐老师家汇报,徐老师饶有兴趣地听我讲述,当说到国家民委主任伍精华是1931年生时,他说他也是1931年出生的。

之后的一个多月中,我几次确定硕士论文题目及写作思路,都到徐老师家讲给他听,徐老师认真听,仔细问,都不肯定,他还说:"我的标准像跳高的标准尺度一样,不到这个水平是不能通过的。"由于徐老师的严格要求,也促使我严密谨慎地多思多想,慢慢改掉了拿过来就写、写了往往没新意的毛病。当时我住在北大勺园留学生2号楼302号,是给日本一名留学高僧做陪读,两人一宿舍,条件自然比中国研究生宿舍好。1986年10月的一天,我在勺园宿舍里反复看参考书,包括徐老师和王洪君师姐刚从山西调研回来写的《说"变异"》等论文,又反复结合满语和汉语的材料来想,突然发现了一种规律,即汉语对满语的影响,使满语的音系乃至词法、句法系统发生了连锁式的调整。我马上从勺园走到五院中文系二楼语言理论教研室,详细和徐老师说了我的这个思路,还没等我说完,徐老师的脸上就绽开了笑容,这和前两次他严格地要求并且用苦笑安慰我一下是不一样的。之后,我仅用了两个多月的时间就完成了这篇硕士论文。论文开写后,徐老师仍然是让我写一章给他看一章,那时我的论文又是满语又是全文国际音标,又大都研究的是语音,认真仔细地看我这几万字的论文并且逐字逐句地修改,不但没有水平修改不了,没有耐心也是看不下去的。直到今天,我的论文内容虽然已经在《现代满语研究》和《现代满语与汉语》两本书中体现了,徐老师也在《历史语言学》一书中引用了,但认真而仔细地通读我的论文内容的人并不多,我也由此经常勉励我指导的博士生、硕士生向徐老师这种严谨治学、一丝不苟的精神学习。

记得1986年12月那个月,徐老师经常在蔚秀园的家里,在五院中文系的语言理论教研室里,与我讨论论文中的满汉语言音变的细节。他那时总是面带笑容,并且把我的论文给本科生介绍,到最后定稿时,徐老师又亲自动笔改写,"剪刀加浆糊"式地拼贴(那时没有电脑),当时又没有家里电话和手机,为了赶在12月下旬硕士论文答辩,徐老师改完、定稿后到处找我,好不容易在中文系五院的院中找到了我,使我很受感动。正是在徐老师严格的指导和修改下,我的论文才提前半年达到了硕士水平,并在12月下旬全票通过了硕士论文答辩,加之那年徐老师的热心介绍,我又于12月25日顺利提前毕业留到了东语系任教。在我即将到东语系工作时,徐老师还专门找我长时间谈话,举具体例子诚恳告诫我,希望我到新单位后说话要谦虚,做事要低调。要沉潜下来,扎扎实实作学问。记得徐老师的女儿徐敏在场,她还说:"徐老师很少和人这样嘱咐!"也使我深受鼓舞。

留东语系任教后,我继续与徐老师保持密切的联系,继续向他求教科研方法。记得1988年底,徐老师从蔚秀园搬到畅春园,我帮搬家,他家里的电视机就是我和徐老师俩人捆着绳穿着棍两人又扛着走了二里地搬到畅春园56楼新居的,徐老师在新居还风趣地对我说:"革命到底了!"意思是搬进了大三居,以后再也不会搬家了。1989年10月1日共和国40年大庆的晚上,我在徐老师家里看国庆焰火,当时徐老师、丁阿姨、徐敏、徐涛和我一边在凉台观看,一边谈笑风生……以后的日子,我的工作忙了,读博了(徐老师还参加了我的博士论文答辩)、出国了、去西部了,与徐老师的来往少了,有时也没有完全按照徐老师的嘱咐去做,这是我愧对徐老师的地方。

回想起来,我在北大已经任教21年,写了一些论著,其中的许多科研思路依然是受徐老师影响的。比如,微观的音变理论,寻找细微现象背后的规律,把国外语言学理论消化后立足中国语言实际进行自主性创新;论文一定要有深度,一定要有系统性;写论文要先深思熟虑,有了新意或新发现再动笔;等等。还有,摆在我面前的有徐老师签字:"赵杰同志正之 徐通锵 1991、12、30"的《历史语言学》一书,一直成为我的比较语言学博士生入学命题的重要参考书。(此时此刻我为命题正在阅读此书,不禁感慨万千!)这些语言学研究的方法论不仅在过去、现在,而且今后我仍然需要参照,这些方法论也应该是中国语言学理论的宝贵财富之一。

徐通锵老师,您对我在人生关键时刻的学术指导和科研方法的言传身教,我将永远铭记在心!我也将继续领会和掌握您的方法论真谛,决心为中国语言学理论的研究做出一点新贡献!

(赵杰:北京大学外语学院教授,

北方民族大学副校长)

师 恩 难 忘

——徐老师领我走上语言学之路

靳光瑾

徐老师离开了我们,不,老师没有走,他永远在前面给我引路。

1986年,"文革"20年之后,国家开始重视教育,重视师资队伍的培养,要提高师资队伍水平。北京大学首先响应号召提出要为北京市教育局培养高层次的中学教师。在这个背景下,北京市教育局在全市范围内经过选拔挑选了30名优秀教师推荐到北京大学读研究生。数学系10人;物理系10人;中文系10人。我有幸进入了中文系,10人中6人选择了文学专业,4人选择了语言学专业。我选了语言学理论专业。说实在的,当时对语言学理论几乎是一无所知,对我选的导师徐通锵老师也是一无所知。只是有一点我还清楚地记得,同学们都说我"你的胆子可真大,徐老师可是个最严格的老师,看你怎么过关"。

当我第一次和徐老师见面的时候,我的心完全放下了。他是那样和蔼可亲,没有一点儿架子。徐老师了解了我的情况后帮我制定了详细的学习计划。因为对我们这些人的政策是先学习后考试,学习一年后再参加全国统一的研究生入学考试,通过考试后方承认所学的学分和允许做硕士论文。最后我们30人能坚持下来且拿到学位的只有5个人。当时给我们的压力相当的大,大部分都不是在北大念的本科,要补北大的本科课谈何容易。我一直都在想当时没有徐老师的鼓励和帮助我可能早就打退堂鼓了。记得有一天上朱德熙先生的课,由于连日疲劳,忽然晕了过去,郭锐等五六个同学把我抬到校医院抢救。下午徐老师把我接到他家里,和师母一起照顾我,安慰我不要着急,不要太玩命,身体重要。以至后来每次去畅春园徐老师和师母都要嘱我注意身体。

做徐老师的学生是我的幸运,也是我的骄傲。他使我认识了语言学,热爱了语言学。他的言传身教和对我的严格训练不仅使我懂得了如何研究语言,如何做研究工作,更使我懂得如何做一个正直的人。在做论文阶段,从确定题目到论文完成,每一步都浸透了徐老师的心血。徐老师给我修改的论文摘要一直保留着,已经18年了,这上面每一圈一点,字字如金,我一直珍藏至今。本来这是我的"秘密武器",准备在徐老师80寿辰的时候拿出来的。如今见字忆师,心中无限悲哀。(请见下页)

经过了半年的讨论最后确定下题目"北京话的文白异读和普通话的正音原则"。当时对北京话的来源已有权威说法,李荣、桥本(日)认为北京话的白读层来自外方言。徐老师认为这与事实有悖,我们一定要找出根据来。在徐老师的鼓励下,查阅了大量的资料。根据已有的材料。铎、药、觉、德、陌(麦)、屋三(烛)诸韵字形成文白异读的时间大概不会早于元蒙时期。因为铎、药、觉、德、陌(麦)、屋三(烛)等韵所属的例字到《中原音韵》时才开始有两种不同的读音,分属于两个韵类:铎、药、觉的例字同时分见于歌戈和萧豪。屋三分见于鱼模和尤侯。其中见于歌戈和鱼模的读音,今天北京话的文读系统与之对应;见于萧豪与尤侯的读音,北京话的白读系统与之对应。德、陌(麦)两韵在《中原音韵》中是分立的,其中德韵字

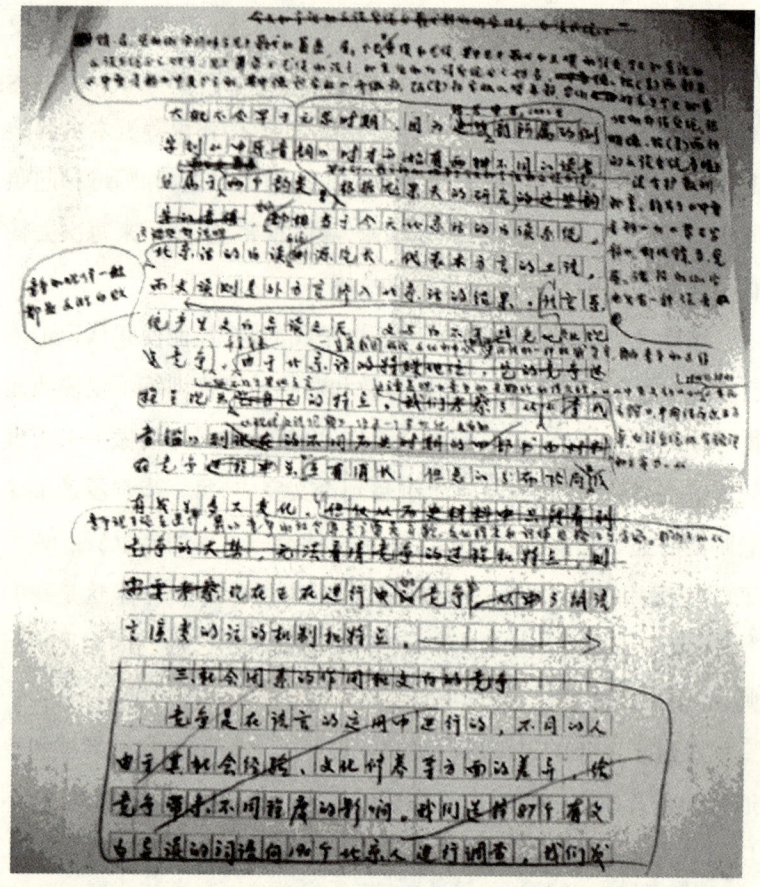

收入齐微韵,陌(麦)韵字收入皆来韵,它们对应于今天北京话的白读系统。说明德、陌(麦)两韵的文读系统当时还没有扩散到北京。稍早于《中原音韵》的《蒙古字韵》,即使铎、药、觉、屋₌(烛)诸韵的例字也只有一种读音,它们都相当于北京话的白读系统,北京话的白读系统源远流长,代表本方言的土语,而文读音则是外方言渗入北京话的结果。

徐老师除了重视书证外还非常重视语言实际调查,他最强调的就是以语言事实为根据。语言系统产生文白异读之后,文读系统与白读系统不可避免地会出现竞争现象。千余年来,由于北京的特殊地位,竞争的过程呈现出不同于其他方言的特点。为了进一步搞清北京话文白竞争的情况和趋势,徐老师主张一定要有第一手的调查材料。调查的时间定在了 1989 年 6 月,在这个特殊的时期,我每天手里拿着一摞调查表走街串巷。最大的困难就是向调查对象解释我的调查目的,几乎没有人懂你在说什么。尤其是一听说你是北京大学的学生,立刻满脸疑惑,距你于千里之外。走一天,也找不到几个愿意回答你问题的人。就这样坚持了 3 个月的调查。如果不是徐老师做我的后盾,无论如何也完不成调查工作。

论文工作前前后后持续了两年,徐老师领着我一步一个脚印地走着。他的严格使我终身受益。论文受到了教授们的好评。我的论文答辩委员是叶蜚声教授、曹先擢教授、唐作藩教授、王理嘉教授。

1994 年上海交大计算机系陆汝占老师希望我能去交大计算机系学习。陆老师认为中文信息处理最终还是要有语言学背景的人懂得了计算机,有些问题才能解决。因为中文信息处理是计算机和语言学等多学科交叉领域中的新兴学科。在当时看来要转研究方向这是重要的大事,一定得去找徐老师商量。那天徐老师正在医院住院,看到徐老师身体不好不想再让他操心了,可是我是个什么都藏不住的人,早被徐老师看出心事。徐老师非常支持我再去读书,而且是开辟一个新的领域。他说这是新方向,一定能走出一条新路,尤其是交叉学科的培养是现在最需要的。在徐老师的鼓励下,我又开始了新的追求。

每年假期从上海回来第一时间就是去畅春园向徐老师汇报学习情况,和徐老师讨论问题,其实我的潜意识是要找到更多的信心和更多的支持。

徐老师一贯主张汉语研究最终还要扎根于汉语，根据汉语自己的特点总结相应的理论和方法。……绝不能躺在印欧系语言理论的"船"上随波飘荡。他把汉字的研究比做汉语研究的一道"万里长城"。他认为西方的学者很难突破这道封闭的围墙，完全要靠我们自己的力量跨越这道"万里长城"。徐老师认为汉语研究的理论方法最重要的问题是要确定汉语的结构本位和它的结构基础。徐老师认为"语言研究的传统凝聚着我们的先辈对语言结构特点的深刻认识。尊重传统，继承和发展传统，这是我们进行语言研究不可背离的一条原则，而且也可以从传统中悟察语言结构的特点"。在科学界这种范例很多。例如我国著名数学家吴文俊院士，从法国学成回国，受到中国古代数学的启发，成功发现了计算机械化原理，在数学领域开辟了一片新天地。吴院士原来在国外是研究拓扑学的，用他自己的话说，如果他不回到中国，绝想不到研究中国古代数学，中国古代数学是个大宝库。

汉语研究实践的教训迫使我们一步一步地回到汉语的基础上来，逐步发现"字"在汉语研究中的地位和价值。赵元任首先提出"字"和"词"的原则区别，指出汉语中没有"词"，而"字"则是中国人观念中的"中心主题"。徐老师提出"字"是汉语的基本结构单位，是语音、语法、语义、语汇的交汇点。徐老师一直在挖掘汉语的宝库，希望能走出一条中国人研究自己母语的路。

在中文信息处理领域，徐老师的理论被广泛讨论和实践。许多计算机专家都纷纷学习"字本位"理论，尤其是陆汝占老师，不仅逐字逐句学习，还经常到北京登门拜访，长时间地和徐老师讨论问题。我们都开玩笑说他近水楼台先得月。他说和徐老师是神交，现在虽是身隔阴阳，仍能意念相通。为了纪念徐老师，陆老师特写了

一段文字给我以表达他的怀念之情:

中国语言学百年历史经历了一个"现代化"过程,学习引进西方的理论,结合我国实际探求新的研究思路和方法。研究成果取决于研究方法,后者又决定于学习起点和目标定位。当今现实多见的一种定位是拿来主义,取外国先进语言理论作为框架,尽力将汉语实际嵌入这框架内。结果除有普适的共性一面,还不免显露出削足适履不适的一面,埋没了汉语文化及认知的独特个性。另一种值得尊重并引起重视的定位是借位——学习西方理论方法的同时,本位——以汉语为研究基础,凸显具有中国特色、反映中国传统文化底蕴和认知习惯的立脚点。这正是徐通锵先生所说所持的立脚点,我想也是先生对年青学者的殷切期望,期待有朝一日当我们面对外国学者同行时能说一句"follow me",一改百年来的说法"follow you"。

先生所提出的汉语以"字"为汉语结构基点的观点给理论上和计算技术处理上以有力的支持。在构词法和语义句法上提出新的思路,突出了组合(叠置)演绎的思想。语言计算理论上最高期望是建立语言结构与语义之间的同构对应。其中让人困惑犹豫甚至在汉语、印欧语之间徘徊的基本问题是汉语最小的原子单元是什么,这决定了组合(叠置)运算机制。由此不难意识到这是关系汉语成词、成语、成句所一致相容的内在机制的基石。重读先生著作《语言论》特别亲切又深刻地体会到汉语是概念直接耦合的语言,组合无形态变化,组合是汉语成词、成语、成句的核心机制,由此开拓了汉语语义组合分析的新方法。无论是先生新音变理论方法还是构词、语义句法,都体现了资深语言学家在方法论上所表现的年轻活力。这跟当代计算语言学和语义词汇研究前沿活跃的动态组合研究是同步的。在汉语研究中所表现的独特性,对当今世界上欧美国家特别重视,又感到困惑的汉－英机译研究带来一股新鲜的空气。我们后辈学生应该学习和继承先生的精神和志向,对先生最好的纪念是努力发扬光大汉语传统理论。

中文信息处理分词和词性标注问题突显汉语结构基础的问题。

徐老师提出字是形、音、义三位一体的结构单位,义是核心。又提出"1个字义＝1个义类×1个义象"的单字编码格局,类与象都可以成为核心进行造字。以此为基础,进一步解释了字组中字与字的组合规律。徐老师认为,单字结构格局中字义的结构规则隐含于字的结构内部,只能借助于形声字的结构考察声与义的相互转化,揭示字族的向心性和离心性的结构,双字格局的理据不在字内,而在字外,表现在字与字之间的语义组合上。以核心字为基础,抓住向心和离心这两种结构形式,进行字义组配的理据性研究,可以为汉语信息处理的分词开拓新的思路。

夜深人静,一页一页翻读着徐老师厚厚的几本著作。一字字,一行行,字里行间凝聚着老师的思考,老师的探索,老师的智慧。恍惚中老师微笑地站在那里,等着我向他问问题。猛抬头,感到老师那深邃的、殷切期待的目光,我的心里涌起无限悲伤,师恩难忘,师恩难报。

(靳光瑾:教育部语言文字应用研究所研究员、副所长)

老师引领我思想飞扬

李 娟

2006年的中秋节正在国庆长假期间,我去北大的畅春园探望徐通锵老师。在那之前已发觉老师日渐消瘦下来,很担心老师的身体。那天上午,我进门先问起老师检查的情况,老师像是开玩笑似的笑着对我说:"吓死人呢。"我看到检查报告怀疑是癌症,但还没有最后确诊。我的心沉了下去,不愿意相信这个检查结果。老师倒很平静,说自己的身体自己了解,除了食欲不大好,身体并没什么其他不适的感觉,即便真是癌症,该怎么面对就怎么面对好了,没什么大不了的。还特意叮嘱我不要向别人提他的病。老师很快就把话题转向了专业方面,和我谈起语言研究方面的问题和他的一些新的想法,谈起"汉语字本位研究丛书"的编写,还给我看了潘文国教授的一本新出版的书。老师谈得很兴奋,就像以前每次和我讨论问题那样。我被老师的热情感染,天真地觉得老师确实不像生病的样子,像以往一样,思想很快被激活起来,和老师一起愉快地聊了一个多小时。

然而,我怎么也没有想到,那天却是我今生最后一次和老师做这样的长谈。很快,老师的癌症确诊了。十几天后,老师住进了肿瘤医院。一个多月之后,老师安然离去。中秋节那天和老师畅谈的愉悦在我心底化成了最伤恸的记忆。

近 20 年的时光,和老师做这样的交谈已经有无数次了。这是老师教导我的最直接的方式。常常是我自己觉得对一个问题有了些思考,就去老师那里讨论。老师很少和我闲聊,从不寒暄,每次去了就让我坐到沙发上,给我沏上一杯清茶,然后他自己就坐在书桌旁的椅子上,"又有了什么想法?说说吧。"我也不会客套,就径直循着自己的思路说下去。老师总是认真地听着,很少中间打断我,只是在我停顿时谈谈他的想法,肯定我思考的价值,然后提出新的问题,让我看到事实比预想复杂,促使我继续往深里想。往往经过几个回合,最后我的思路开始陷入纠缠不清的状态,似乎左冲右突也找不到路径。这时他常笑着说,这是好现象啊,这说明你的思想深入了,又提高了一个层次。他会给我提出更多的问题,让我结合各种材料继续思索研究,等到想得清楚些下一次继续讨论。我感到每次和老师做这样的讨论就像是被老师引领着做思想的探险,有山重水复,也有柳暗花明,让人头脑兴奋不已,时间也过得特别快,常常不知不觉半天就过去了。我平时没有喝茶的习惯,但每次在老师那里都喝上几杯茶。老师每次都是精神矍铄,没有一丝疲倦的样子。

年复一年,我从老师那里汲取了无数精神的滋养。细细想来,老师最令我景仰的品格就是他思想的真诚、自由和独立,老师赐予我的最宝贵的礼物是让我学会自己思想。古希腊哲人苏格拉底曾把老师比做助产士,帮学生把自己的思想之果产下来。我觉得徐老师就是这样的老师。

我是 1984 年考入北大的,1988 年毕业后考取了语言学的研究生,徐老师做我的导师。初入师门,就听老师说,我们做语言学的好处是不涉及政治,不需要迎合什么人,可以有自己独立的思考和研究。当时觉得,这也许是经历过特殊的历史时期的那代学人共同的感慨吧。现在感到,保持自由独立的思想在什么时候都不是一件轻而易举的事,而这是老师一生治学最根本的原则,也许,这也是他治学的最大乐趣吧。

我的本科毕业论文、硕士论文和博士论文都是在徐老师的指导下完成的。老师对我的每一次指导,都是一个引导我结合语言事实独立深入地思考形成自己观点的过程。

我的本科毕业论文和硕士论文都是结合自己调查整理的方言材料和音韵材料做汉语语音的历史研究。初涉研究领域,面对众多杂乱无章的材料,我真是头疼,曾向老师流露出对分析语音材料的畏难心理。老师告诉我,观点要立足于材料,所以必须学会做材料,同时面对同样的材料可以有不同的视角,选取一个好的视角可以在看似杂乱无章的材料中埋出线索,找到规则,并能发现新的问题,一旦确定研究的角度就不要摇摆不定,思路要一贯。前一点是做研究的基本前提,而后一方面是很重要的理论方法。记得我的硕士论文是结合现代方言和历史音韵材料研究章组字的历史演变,这个方向最后还是和老师讨论确定的。最初的材料是去湖南衡山做方言调查时整理的材料,那时还没确定做什么。方言调查回来老师就问我对哪部分感兴趣,我说有一组顶音挺有意思,从来没听过,记音时和同组的学生争了半天,我记成了 t(舌尖后塞音),还是王福堂老师帮我们确定是顶音 ṭ,舌尖没有 t 那么靠后。后来发现这组字在别的组调查的附近其他点也有读作 t 的,读作 tṣ 的,读作 tɕ 的,这些字有历史上的知组字、章组字,还有见系字。老师就让我把相关的材料做一个系统的整理,除了自己调查的材料,还要搜集其他湘方言的材料。老师还特地给我复印了 1935 年赵元任和吴宗济记音的《湖南方言调查报告·衡山(黄桑桥)》。我开始每天查阅整理，最后做出一个湘方言各点这类字的对照表，从表中可以看出大致的语音演变脉络和语音条件，我很高兴，拿给老师看。老师肯定了我的工作，但是说做硕士论文还不够，要和历史结合起来，对演变的条件有更深入的解释，建议我立足这个视角，把研究范围扩大，对章组字的来源和演变做个梳理。这首先意味着要搜集整理更多的材料，包括方言材料和古代音韵材料。记得当时为了了解不同时期知、端、章三组字的分混情况，老师让我把《说文》的直音"读若"，还有《广韵》的知端"类隔"，全部做了整理。我的论文最后写得并不长，可整理材料却用了许多笔记稿纸，算是明白了立足于语言事实研究是什么意思。

老师在我材料分析运用方面把关很严，但在论文写作中并不要求我一定接受他的观点，相反，他常鼓励我对他的观点提出异议，甚至与他争论。当我有自己的想法时他就非常高兴。我的博士论文是做中西语言学史的比较研究，其中关于先秦名实论争中荀子的语言观念我和老师的观点并不一致。然而在和老师讨论之后，老师不仅肯定了我的思考，而且专门让我在他开的"语言学方法论"课上用两节课的时间向同学们讲了我这部分的研究。

许多初学语言学的学生都对语言的终极问题感兴趣，像语言的起源，语言和人的关系，语言和社会的关系，语言和思维的关系，我也一样，这是吸引我选择语言专业的一个重要原因。这些问题是没有答案的，老师也不赞成学生以此为具体研究课题。但这并不是说这些问题不重要，可以不去思考，因为许多具体的研究背后都有一个基本的语言观，都是基于对这些问题的某个假设。真正在历史上产生深远影响的语言研究都会使人们对这些根本性的问题有更深入的认识。在这方面,徐老师从不限制我思考的范围,也不因为我的想法简单幼稚而有一点责难,也不因为我想的问题太大、太过思辨而简单地制止。相反,他总是鼓励我去做更深更广的思考,但强调最后的研究落脚点应是语言事实。在后来的学习中,我逐渐感受到,徐老师自己的语言研究一直同时具有宏观的清醒把握和微观的细致考察两个方面,两者相辅相成,使他的著述读起来既鲜活生动又深刻厚重。老师希望学生也具有开阔的研究视野,不要失去思想的勇气。他珍爱学生的每一片思想的嫩芽,精心栽培,希望它有一天会长成参天大树。

对于如何汲取已有的知识成果丰富自己,老师自有一套自己的方法,他把自己的体悟点点滴滴地传授给学生。80 年代,大学里崇尚思想解放,各种思潮让人眼花缭乱,激发着我们的求知欲。可是如果没有独立的思考,不过是从原有的思想窠臼逃出,又陷入另一个思想框架,终究是让别人的观点代替自己的思想。在专业学习中又何尝不是这样?徐老师为此常告诫我,一个理论最有价值的地方是它的研究思路和方法,而不是结论,我们要汲取的是理论所蕴涵的活的精神,而不是照搬别人的教条,否则就是舍本逐末,反而会被理论框架束缚住自己的思想。老师认为,最好的办法是带着疑问去读书,自己对问题已有些思考和研究,再去看相关的理论,就会理解其理论的目的是什么,为什么采取那样的视角和观点,这就掌握了理论的精神。老师的引导深深影响了我日后读书求知的态度,努力寻求话语背后的活的思想,更重要的是激发了我自觉的独立思想的意识,知道这是为人为学的根本。

对于学生来说,独立的思想需要珍爱和培养;对于学者而言,独立的思想需要恪守与坚持。当我在治学中认识到独立思想的重要性时，我更深深体会到，正因为老师的思想是独立的，所以才达到其深邃与广阔。

我在读博士之前对徐老师的字本位思想并不完全理解，认为只是个术语问题。在课堂上听老师的字本位理论，也不理解为什么首先讨论语言编码机制等如此"玄"的问题。老师似乎很理解我的困惑和怀疑。他建议我做中西语言学史的比较，这似乎也是和"字本位"不搭界的。但是随着我自己研究深入进去，追根溯源，寻求中西两种不同的语言研究传统的形成和发展，感知前人思想的本原，我开始逐渐理解并接受了字本位理论的精神。我感受到了字本位思想与汉语传统研究的契合源于研究者都是基于对汉语直接朴素的感知，这种朴素的感知源于思想的独立。我也感受到了不同传统的这种纯粹的感知和思考虽在具体结果上有很大差异，但在更高的层次上反而更具相通之处。这种相通不是因为具体研究成果的彼此借鉴，而是由于语言的共性以及对语言个体本质探寻的深入而达到的殊途同归。

老师对编码机制的思考也并不玄虚。语言学有许多根本性的永恒的问题。从语言学的历史看，任何一种语言研究体系都涉及研究者对这些基本问题的把握，也就是说，采取什么样的研究视角和方法在很大程度上取决于研究者具有什么样的语言观念。但有许多具体研究由于是立足于他人已有的理论前提，所以就不再面对这些基本问题，事实上不是没有语言观念，而是以他人的语言观为基础，在做补充和推进性的研究。但是，单纯地立足于他人的理论，用汉语材料做进一步的验证，这不是老师的研究取向。深入挖掘语言的根本性质和特征，才是老师研究的目标。所以，老师的研究不可能回避语言研究中的根本性问题。字本位理论涉及如何认识语言的性质，语言的一般性和不同语言的特殊性的关系，语言形式的存在和发展，语言的生成机制，等等问题，从普通语言学角度看，这些都是语言研究的根本性问题，老师是在此基础上谈汉语的特征的。而语言是现实的编码体系就是作为整个理论基础的语言观念，正是编码机制的特性制约着具体语言的结构关联特征。字本位不是术语问题，字本位是要揭示汉语这个具体的语言系统，它的编码的枢纽是什么，这个系统构建、运转和发展的基础是什么，这是汉语研究的立足点，字就处在这个地位。所以对字的性质的把握和对汉语的结构特征的认识是相关的，和对语言一般性质的把握是相关的。这就使研究不是仅仅停留于语言事实的发现和描写，而是达到对语言基本性质认识的深入。

我后来私下猜想，老师也许早已预见到我的语言学史的研究会使我从另一途径接近理解他的思想。我没有问过老师，我想老师希望我得到的是自己思考的结果。

徐老师的理论往往很具有独创性。我想，创新并不是老师治学的直接目的，而是老师忠实于独立思想的原则，追求语言本质探求的必然结果。字本位理论中吸收借鉴了许多前人已有的研究成果，在一个理论体系中达到了综合和贯通，让我看到博采众长和独立思考的和谐统一。

在中秋节那天的最后一次交谈中，老师再一次和我讨论起字本位的理论。他谈到了字在汉语中的地位对中国哲学研究的影响。这个问题我在做博士论文时有所涉及，并由此对老师的字本位思想有了理解，但老师思考得更多，也更深。我的理解是，老师认为汉语语言和文字的关系远比原本想象的密切，字还牵涉到汉语文化的许多方面，可以在研究中相互印证。我感到，老师的头脑中还酝酿着许许多多对汉语研究的思考,他还有许多思想要表达。老师毕生都是思想的探索者。

老师给许多人的印象都是宽厚的谦逊的质朴的,他曾跟我说,我就是个乡下人。可我觉得他的精神和思想是最高远最自由最独立的,不受任何束缚羁绊,让我从心底里敬仰。思想对老师而言一定是最愉快的事。老师毕生著述忠实于自己的思想,他鲜活的思想会永远惠及后人,老师一定会为此感到欣慰的。

我相信人的精神是可以永恒的。在我的心里,老师并没有离开。翻看着老师生前的一篇篇著述,我又感受到了和老师思想的交流碰撞,我好像又回到老师简朴宁静的书房里,我坐在沙发上,旁边的方凳上是一杯清茶,老师坐在书案旁的椅子上,夕阳的斜晖洒在室内,我的思想追随着老师的精神飞扬……

(李娟:北京大学中文系副教授)

一位特立独行的语言理论家

——追思我的导师徐通锵先生

叶文曦

先生的故去是突然的。我相信先生的神奇,原本以为他只是一时累着了,休息休息就会缓过来,但他还是无可挽留的离去了,看来我是盲目乐观了。一段时间以来,那种难以言说的痛楚久久哽咽在胸,难以释怀。最近心情略微平复,可以写一点追思先生的文字了。

我是1992年9月开始做徐先生的博士生的。在这之前,我上过先生的"历史语言学"和"语言学方法论"两门课,内容很吸引人。这两门课我成绩一般,不过我在课上提出了一些问题,有的问题还可以,给先生留下了印象。后来上硕士我跟的是叶蜚声先生,学习情况先生也有些了解,认为能够独立思考一些问题。先生说"不像我们年轻时,别人说什么就跟着点头",这是先生在批评我的同时对我的一点鼓励。因此先生愿意收我做学生。开学后第一次去见先生,先生第一句话就是,"我重理解",先生推荐我看一看胡适先生的《北京大学国学季刊〈发刊宣言〉》。胡适先生的原话是这样说的,"(三百年的古学的研究)太注重功力而忽略了理解。学问的进步有两个重要方面:一是材料的积聚与剖解;一是材料的组织与贯通。前者靠精勤的功力,后者全靠综合的理解。"研究风格上我本人还是喜欢较朴素的重实际理论分析的。我也曾经问过先生,文章中花大量篇幅评述理论到底有什么用。关于这一点,先生没有正面回答,只是给我举了一个极端的事例,说有位学者一辈子没有写过什么文章,成就是编纂了一些资料。言外之意是,你是跟我好好学习理论努力学会把问题说清楚呢,还是去从事编纂资料的工作。

但是我还是觉得先生的风格是独特的,有其过人之处。追溯根源,清理线索,发掘哲理,弘扬理论,创新学说,蔚然自成一家。说先生"卓尔不群、成就斐然"应不为过。中国传统语言学强调的是实证的方法,而缺少理论的探索和建设,先生的工作在一定程度上改变了这种面貌,开辟的是治学的新路。

先生立足汉语的材料和汉语研究传统,致力于探索语言的结构规律和演变规律,主张中西结合、古今结合,反对"跟着转"的研究取向,对汉语研究中的印欧语眼光问题多有批评,对流行的理论和方法做到不随波逐流,最终建立了自己的历史语言学理论和汉语字本位理论。先生对主流理论的态度,似乎总是站在主流理论对立面思考问题,是对着来的。你强调任意性,我强调有理据性;你强调同质说,我强调有序异质和变异;你研究形式,我研究功能;你研究连续性音变和离散性音变,我研究"叠置性音变"和"析层分析";你探索同源理论,我探索接触理论;你研究语素,我研究字;你搞形式句法,我搞语义句法;你强调主语,我强调话题。这种分歧对立和研究取向的选择不但有语言学史上的根据,而且也是重现实语言的材料、事实和研究传统的。然而即使选择同样的课题,先生的研究思路也往往独树一帜。先生的这种研究风格也并不是所有人都能理解的,因此有些学者称先生是语言学界的"怪球手",这个称呼不算恰当但有点儿道理。怪球手是不按正常球路参与比赛的,追求的是出奇制胜。能研究什么，不能研究什么，哪里倚重哪里倚轻，先生头脑是清楚的，没有条条框框，是实事求是的，是"老成"和特立独行智慧的体现。先生依托汉语的研究传统和"土特产"，成功寻找到了创新理论的途径，更反映出的是，在强大的印欧语研究传统面前，一位追求学术自由和独立的中国语言学家的顽强抗争。先生对科学研究的看法也是独特的，认为科研就像"浑水摸鱼"似的，摸着就摸着了，摸不着也没有什么办法。这种说法看似玩世不恭，其实反映的是学术研究严酷性和富有挑战性的一面。

先生对语言学里共时和历时的关系问题看法独特，研究问题历史语言学眼光贯穿始终。字本位理论为什么是由先生首倡提出的？我认为原因有三，一是有充分的理论准备，二是对传统有自己独到的见解，三是有敏锐的理论意识。在中国传统语言学和现代汉语方言音韵研究中，本来已有字本位理论的渊源，用字沟通古今，用字沟通方言，用字充当汉文化的使者。但先生更推广一步，使"字"成为涉及汉语结构全局的基本结构单位，勇气非凡，具有开创性。在先生的学术研究发展历程中，字本位理论是历史语言学的自然延伸。先生对共时和历时关系问题看法独特，似乎是逆现代语言学潮流而动的。因为按照索绪尔的教条，现代语言学的重心应该是共时语言学。但此一时，彼一时，在历史音韵研究领域中，因为雅可布森、马丁内等语言学家的努力，结构的观念已经较好地跟语言历史演变研究结合起来了。所以此时的"历时"观念以及历史语言学的面貌已经跟索绪尔时代大不相同了。对历史语言学方法的坚持，先生是固执的。用历史语言学的方法，依托语言基本结构单位解决语言共时结构的问题，这种研究路子是艰难的，须假以时日。先生的判断是，要经过几代人的努力，进行艰苦的学术改造。历史的方法就是这样，以今证古，以古证今，古今互证，是一种迂回解决共时问题的方式，不可能很快做出成果。但先生还是把自己的研究路线明确地展现了出来。先生最后最重要的文章《编码的理据性和汉语语义语法形态的历史演变》提出了新鲜独特的字本位语法观，把语法定义为"理据载体组合为语言基本结构单位的规则"，强调编码理据的转移和字组的枢纽地位。其中道理不言自明，不知道过去就难以说明和理解现在。先生是比较早地跟我谈及他的观点的，但写成文章发表已是10年以后的事了。

博士论文我原本是要做句法和语义关系的，可是先生一步一步引导，还是做成了字本位和词法语义研究。草创时期的探索是艰辛的，因为要开辟一条新路，经过了两年半的时间，慢慢整理材料和思路。我觉得最困难的是观念的创新，思路是跟先生多次讨论中逐渐清晰的，后来拟出了自己比较满意的框架。语义编码公式是在先生指导下提出的，我是逐渐意识到它的重要性的，经过冥思苦想，觉得从这个角度来描述汉语的语义结构和沟通古今是比较合适的。"核心字"这个名目是我提出来的，先生比较喜欢，后来就吸收了，但他考虑得更广泛一些，不但考虑字组的后字，还考虑了前字。关于音义关系问题，我已有一些准备，但没有集中讨论。先生觉得这个问题过于复杂，担心陷入泥潭，跟叶蜚声先生商量了一下，觉得还是不要作为重点为好。所以论文的主旨讨论的是跟字本位相关的构词问题和语义结构问题。考虑了字本位，结合了汉语的历史演变。不同学者可以从不同角度探讨字本位理论，我的角度偏重从语义学方面来研究。

大概是2003年左右，先生嘱我想一想今后的路该怎么走，也鼓励我开辟新的研究领域。我认为不能自设"雷池"，两条腿走路比较有利,历时理据的探索和共时语言结构的研究两者都不能偏废,应该努力结合起来。赵元任先生说,"在中国人的观念中,'字'是中心主题,'词'则在许多不同意义上都是辅助性的副题,节奏给汉语裁定了这一样式。"那么,哪些是汉语"字"的题中应有之义?哪些问题一时还不能直接论及？在方言音韵、语义、构词和对外汉语教学等领域,字本位理论显示出了一定的成效和较大的发展潜力,但在句法研究领域收效不大。一种理论和方法自有其长短得失,其中原因令人深思。"字"在汉语中地位独特而重要,如何开发要看研究者的本领了,需要扎实工作加以推进。

先生为师有自己的一套,特别重师承关系,重师徒关系。这似乎跟当代学术制度有悖。先生引导学生参与自己最新最前沿的研究,在学术思想的创新上学生固然从老师那里学到了很多理论方法,得到了必要的训练,老师也从学生那里吸收了不少见解,充实了自己的理论,这应当就是教学相长。和先生讨论问题是奇妙的经历,先生腾挪辗转,左右逢源,似乎是在玩捉迷藏,我呢,真是瞻之在前,忽焉在后,好像永远追不上他。就是在这种氛围里,我觉得自己是在进步。先生对学生的指导方式也是独特的,经常是否定,否定,再否定,拆穿,拆穿,再拆穿,最后稍许肯定。先生有不少稀奇古怪的给学生施加压力的方式。先生鼓励学生自己独立提出问题,思考问题,从不把自己的思路和结论直接告诉学生,认为"告诉也没有用",因为不是自己领悟到的,对别人的想法也就难以理解了。先生凭自己的研究经验为每位学生都能提供一条清晰、可行的研究路线。论文能不能做出来,先生心中是有数的,要看学生努力不努力了。我的学业头两年有些不适应,后两年我比较适应,原因是我学习积极主动一些了,随着跟先生讨论的次数增多,思路也逐渐清晰了。毕业时先生表示满意，说了一些鼓励的话。

先生为师也是以严格和严厉出名的。挑选学生有自己独到的眼光，先生的入门弟子的数量就是有数的十位左右。学生做得不好时他脸难看，话难听，冷眼相待；做得好时态度是和缓的，但轻易不表现出满意的神色。先生指导学生的态度是严肃负责的，最关心的是学生的思路和提出的问题。有时态度特别严厉，有一次我和先生争执了起来，先生声音越来越大，气氛有些不对了，这时师母从另一个房间飞跑进来，递上一盘干果，说"吃点东西吧"。我比较喜欢先生的字，先生的字自成一格，跟他的脾气相反，是柔和的，一点都不倔直，但很有味道。先生板书很好，毛笔字小字好于大字。我曾请先生为我写了一幅字，原本以为他会抄写一首古诗词什么的，等拿到手上才发现题写的是我们再熟悉不过的八个大字——北大校训"勤奋、严谨、求实、创新"，沉甸甸的。

熟悉了之后才了解到先生的心肠是热的，固执和不通融只是一面。老师对自己学生的爱护和提携在系里也是有名的，哪些是可以原谅和通融的，先生有自己的原则。而我呢，在上学期间得了小宝宝耽误了一些学习时间。另外有的时候我也有点贪玩，平时喜欢下下围棋，踢踢足球，打打乒乓球。先生也了解我，有时也气狠狠地正话反说："你就玩吧！"先生这样说，我也就收敛多了。这些先生都没有过多计较，他相信自己的学生，只要是认准的事情，无论是为学还是为师，他就义无反顾地去做。为了我的工作，先生连写了两封推荐信，据说为此还找了相关领导。

研究上和工作上我们跟老师有时会闹点"独立性"和"叛逆性"，禅宗和尚的"呵佛骂祖"的勇气也让我挺羡慕的。想当年王洪君大师姐刚从美国哈佛进修回来，学成的是 MIT 精良的"生成音系学",底气十足,就敢跟先生"吵架"了。遇到这种情况,先生常常会使出赫胥黎和胡适两位先生的名句——"拿证据来"。毕竟我们都是北大老师培养出来的,思维方式有了惯性。有时老师成了自己"自由"和"独立"的对象,弄得老师有时不痛快,但这样的事情往往很快就过去了。

先生是真学者,晤言一室之内,强调学者要在文章上交往。对待不同意的观点和方法有批评而无攻讦,对学界的是是非非也决不介入。先生不喜欢交际,生活平和朴素。我去家里坐时只是喝喝绿茶,有时茶也不喝。先生退休后的生活和工作是有些寂寞的,那些平时爱请教先生的学生们上门也少了。古来圣贤多寂寞,"退休的"先生也不例外。但出版社的约稿是不断的,先生也只有用勤奋的工作来排解寂寞了。

先生一生学术研究特立独行,同弗与,异弗非,披荆斩棘,埋头苦干,博得了一片蓝天和绿地,也终成学界的脊梁。先生留下的珍贵的精神遗产将永远激励我们在学术研究道路上继续探索前进。

(叶文曦:北京大学中文系副教授)

这师，这情，这般怀念

荣 晶

十几年来已经习惯了遇到疑惑拨通您的电话，习惯了当思路山穷水尽时走进畅春园那间简朴的306室，习惯了节日之际看着您衣着蓝色大褂做拿手的红烧鱼。您的离去让这一切都终止了，终止得这么急促，这么悲切，这么让人无法承受。于我来说，上苍带走的何止是一颗生命而是一方诺大的世界。

是的，这无疑是一方博大的世界。作为学者，您勤于思考、孜孜不倦地探索，在各个方面都多有建树，令人瞩目，也令人深思。方言学界，您留下了《宁波方言的"鸭"[ɛ]类词和"儿化"的残迹》、《山西平定方言的"儿化"和晋中所谓的"嵌1词"》、《说变异——山西祁县方言音系的特点及其对音变理论研究的启示》等一篇篇不同凡响的文章；历史语言学领域，《历史语言学》可谓我国第一部有分量的专著，其中，您带领王洪君老师建立起的汉语独具特色的文白异读"叠置式"音变理论影响甚广；高校范围，《语言学纲要》是使用最为广泛和最为令人称道的教材。要说学问做到这步，谁人还会有后悔与遗憾？您却不然，在花甲之年后提出颠覆现行语法理论的"字本位"，学术界多有不解和微词。有时我想，他在这个年纪倘若以自己扎实深厚的学养，在方言学、历史语言学方面也可以不断地写出一篇又一篇可以为人们不断引用的名篇大作，就是只写写"回顾"，谈谈"展望",和孙儿游戏于公园,和师母漫步于燕园,岂不也悠哉、乐哉?可是您却毅然选择了一条铺满荆棘的未开之路。这需要何等胆识和魄力。您是这样说的:"面对中国没有自己的语言学理论的状况总得设法改变,总得有人迈出第一步,哪怕摔倒了,碰得头破血流,也可以给后人做一块'此路难行,过往行人,小心在意'的路标。"您的一生,都在积极探求寓于汉语之中的根本法则,寻找那简单明了、一以贯之的理论。因为您认为:规则多就意味着没规则,规则多就不能成其理论。您就是这么义无反顾地追求着。我怎能不钦佩您的执着?

是的,这的确是一方宽容的世界。作为老师,十几年来的培育之情深深地刻在我的心上,难以释怀……

知道"徐通锵"这个名字是在大学,当时教我们"语言学概论"这门课的是毕业于北大、和徐老师同出一师的李兆同老师。这门课我们很多同学都学不太懂,但却是我们公认最好的一门课。李老师课讲得生动,却又非常严谨,平和中透着高傲,对女生还有些看不上。说实话,我有些不服,这或许是我走语言学道路的动力之一。李老师的这门课让我们第一次感到是一门必须认真学才能学懂学好的学问。所以除了看他和徐思益老师主编的《语言学导论》教材外,我那时还找来了叶蜚声老师和徐老师合著的《语言学纲要》,还有就是高名凯和石安石先生的《语言学概论》,明白地记着该书的参编人也有刚毕业不久的徐老师。这让我对他充满了景仰之情。第一次见他应该是1986年,我作为徐思益老师的研究生来北京访学去他家拜访。依稀记得他给我们谈起中国语言学发展的不平坦之路,说他那一代人是走了弯路的,搞理论的常常是从外国搬来个理论再加几个汉语例子,希望我们年轻人能够改变这种现状。不过当时都有点儿惊讶的是他和我想象中的样子大相径庭,看不出真人和名字之间的太多联系。确实,那时,对徐老师感到很陌生,对他的研究就更是陌生,特别是他的论文当时是大多都没有读过,直到1994年报考他的博士生,我才第一次拿起他的书,第一次认真拜读他那一篇又一篇的论文。因为报考仓促,从准备考到考试不足两个月,只得整天埋头啃复印本的《历史语言学》,并努力把他的文章读了又读。那两个月我过得少有的充实,虽然存在很多疑惑和不解,我却有豁然开朗的感受,并产生进一步弄懂的强烈欲望。不过心想反正今年也不可能考上,所以根本就没和他进行任何方式的联络。考完试,我的感觉并不好,甚至认为这辈子也许不会走进北大了。出乎我意料的是,他告诉和我同考的一个学生让我去找他。我十分心虚地去了他家。记得他和蔼地问我考得怎样。我很惭愧地说考得不好,但同时说了我的感觉:题目太大但又很具体。他听我介绍了情况后认真鼓励了我一番,听说我是复印的《历史语言学》,他马上从书架上拿出一本送给了我,并写上"荣晶正之",我很是受宠若惊。

  我就这么幸运地成为了徐老师的学生。不过读博的历程却不是这么轻松,还没有正式走进北大,他就给了我一个任务,让我在假期写1993—1994年中国语言学理论的研究综述。那一个月我翻阅了有关语言学方面的大部分刊物,最后写成初稿交给他看。他返回的稿子密密麻麻圈满了红笔批注,我好不内疚。可他仍然没有流露出一丝埋怨,我读到了他的宽容。不过我还是很怕他,不仅因为他高不可攀,也因为自己当时已是过了而立之年、有着四岁孩子的妈妈,从西南四季鲜花盛开的春城走来,以往的时光有太多的悠闲,少了必要的拼杀。我感到巨大的压力,有时不免会冒出逃亡的念头。徐老师并不嫌弃我的驽钝和不才,相反,总是以父亲般的慈祥来化解我精神上的紧张,靠大师式的睿智改造着我的无知,并让我感到自己进步的喜悦。读博的第一篇读书报告是让我梳理语义在整个语言学研究中的地位和发展脉络。交出报告后我一直忐忑不安,没过两天徐老师就召我面谈,他笑容可掬地把我让进屋,给我沏上杯茶,话语亲切地落到我的读书报告,笑而认真地肯定了我文章的思路,并说比那篇综述好多了,但认真指出在关于语义在汉语研究中价值的讨论上尚存在不足,并告诉我:这应该就是以后要努力的方向。我感受到了他的鞭策。从那以后,每次去见他,他总是先给我沏上一杯茶,然后在轻松随意的气氛中任我舒展思想的翅膀,又不断消除我的种种疑惑,有时像个舵手提醒我该怎么走,以防误入歧途。时间长了,原来想象中他的一切"可怕"都不知不觉地消隐了。我很快发现,徐老师从不会居高临下看我们,他给予我们平等的地位。在他面前,我可以说出任何想法。他喜欢任何人跟他"争吵",前提是一定要有事实依据。谁不知道他的文章有不少都得到过王洪君老师的"挑刺"?他却总是能欣欣然地接受那合理的论证。对于学生的问题,哪怕是幼稚的或荒唐的,徐老师也绝不会咄咄逼人地予以否定,而是在笑谈中让我们领悟。和他每一次交谈都让我原来混乱的思路得到梳理,大有充电的感觉,特别是我写毕业论文的那段时光,一开始我的脑子是一团雾水,没有任何思路,不知该写什么,怎么写。只好硬着头皮跑去找他,说自己脑子里一锅粥,心里很希望他能给我个题做做。但徐老师却说:好啊,有粥总比没有东西强,重要的是把它理顺。后来我终于有点儿想法,并很快把论文思路构建起来了。他高兴地说:你上路上得很快,我可以放心了。但他的放心并非放任不管,他一直在告诫我,论文应该找到一条明确的线索把所讨论的语言现象贯穿起来。他还说这当然不是一朝一夕就能做到的，也许哪天突然找到了，也许要找一辈子。这让我品味到他的悉心与期望。

是啊，作为老师，徐老师宽容而不失严格、谦逊却不乏自信。最让我难忘的就是刚进北大时，他正在给本科生上"普通语言学"，我自然想去听课。他说：我讲课讲得不好，你不用来听课。不过我依然怀着好奇和求知欲去听了。听他的课，特别是后来的"方法论"，我仅体味到这样的"不好"：普通话不够标准、流畅，声音也缺少抑扬顿挫，可是平淡的语调却有着无穷的魔力，简明的思路却能把那些貌似不相干的知识像珠子一样地串起来。上他的课，我会有被激活的兴奋感。而更为重要的是，他从不墨守成规，仅传授既有的理论知识，而是激发学生的怀疑精神。我诧异，原来课也可以讲得如此"不好"。还记得他不止一次提到他的英语很差，可是在美国的一年，他就是用"很差"的英语听懂了历史语言学的各种理论，领悟到变异的精髓，80年代是他的系列变异研究给中国语言学界带来了无限的生机。我惊叹，原来英语"差"也能"差"出一番名堂。仔细想来，徐老师的文章也好，讲课也罢，观点未必都是很成熟的，然而那不同于他人的观察角度，开阔的思路，给了我们无限的思考空间。这也是他惯常强调的：搞研究不能就事论事，不要形成一个定式思维。我不由想起王洪君老师的一次"嬉言"：什么是导师？导师就是制造漏洞的人，学生就是那补洞的人。这让我体味到其中深刻的内涵：勇于探路的学者拥有的不是完美的学说，而是完美的追求。我突然意识到，徐老师做学问与他的名字是多么的和谐！我怎能不赞叹老师的智慧？

是呀，这依然是一方饶有情致的世界。作为老人，徐老师和蔼可亲不乏长者之明智、善解人意而不失顽童之率真。他虽有烦恼、忧虑，但感染给我们的却从来都是积极、乐观而满足的人生态度。十几年来我每次见徐老师，他始终是那个快乐、健康的"老头儿"。这里不见师生间的拘束，没有长幼间的隔膜，在他面前我什么都可以尽情"胡说"。比如，我觉着自己带的研究生过多，常有力不从心之感，每当我表示应该让有成就的学者多带一些之类的话时，他也会随意而言：我刚带学生时也觉着没有能力带，现在我会带了，却让退休了。正是这种和善，我的女儿也特别喜欢这位"徐爷爷"。那还是第一次带她去他家，女儿没大没小地和她的"徐爷爷"疯玩一阵，仿佛不是初次相识，而不过是和亲爷爷玩耍。女儿小学时写了本小集子，里面不过是些不成熟的诗歌、散文、小说等习作，他看过后还转送给李娟的女儿看。每次去看他，他都要问上一句："小作家又写什么了？"是的，徐老师对我们每个学生的孩子都特别关心，他了解每个孩子的性格，知道他们的很多故事。毕业这么多年，每年都会到徐老师那儿蹭几顿饭。有一次，徐老师做的梅菜扣肉，里面免不了有些肥肉，我从小最怕吃肥肉，师母怕我客气，不断地给我夹肉。徐老师却说：不要管她，她喜欢吃什么就吃什么，吃不饱也是她自己的事。这哪里把我当客人，完全就是自己的孩子。从那以后，我会不客气地"挑肥拣瘦"，"明目张胆"地说我爱吃什么不爱吃什么。那份自在包含着老师多少爱惜和包容。有时，徐老师不仅顽皮也很率真。一次他这么问我和李娟："你们俩一个先进北大读书（指李娟），一个是先读博士（指我），到底谁是谁的师姐？"这在他也是个问题！还有，我毕业后来到北师大工作，几年后他很坦诚地告诉我，说我之所以没有能够到北大汉语中心工作是因为他的缘故，他也是后来才知道的。我想，正是这种真切，让我去老师家总有回家的感觉。十几年来,无论是教学、研究中遇到疑难,还是生活中遇到烦心事,总愿找老师请教和倾诉,拿起电话问:"徐老师您明天有时间吗？我想来看您。""好啊,只要你来,明天都属于你。"电话那头传来的永远是快乐的声音。我怎能不欣赏老师的快乐？

可就是这么一位一贯健康快乐的老师,在 2006 年这个冬天轰然倒在了病床上。病床上的徐老师失去了原有的笑容,这让我特别不习惯。我绞尽脑汁想恢复老师的笑容,可是不行,我们都不能自已。老师真的很悲切,不过他悲切的不是自己的生命,而是自己未竟的学说。短短一个多月,与病魔搏斗耗尽了他的所有体能,他无力欣赏自己曾经喜爱的京剧唱段,无力品尝自己爱吃的食物,也无力和我们谈笑,唯独谈到他正在撰写的书稿,他的声音会变得高亢有力,他的思路会和平时一样无二。2006 年 11 月 24 日星期五是我见到老师的最后一天,离开老师的那一刻我握着老师的右手,告诉他我会再来看他,我感到老师的手还是那么有力,这让我相信还有机会再看到他那和善的笑容,还会有机会告诉他：做他的学生好幸福。也就是那个晚上,我梦到老师手里拿着厚厚的讲义冒着雨正健步赶去上课,脸上挂着的正是往常那种和善和童真般的笑容。然而,次日的一个电话让我撕心裂肺般地痛到了如今,那天,老师与我们从此天堂人间两长别。

老师走后,我们都试图找寻和老师在一起的痕迹,可是我翻遍相册也找不到两张和老师在一起的合影,然而书架上随手就可以抽出老师送给的书,有他自己写的,也有他人写的。反之,徐老师从不收什么礼物,哪怕是不成其为礼物的东西。记得第一次到徐老师家亲朋好友劝我给老师带一袋云南茶叶,不过几块钱的事。可他脸上的愠色清晰可见,还给了我一句:"你给我东西,咱俩关系也就变得远了。"直到工作了,去看他,买点儿瓜果他还会嘟囔两句。记忆中,从未见徐老师穿过像样的衣服,也没发现他讲究饮食营养,更没听说他去游历过名山大川,他家里看不到任何高档的家具,他的生活是如此简朴又简单,就像他的理论追求一样。这,就是我的老师,有的是"一箪食、一瓢饮、在陋巷"而不改其学问之乐的品格。

  我的老师,在生命之河徜徉了75载,善心有之、真心有之、童心亦有之,独无叵测之心、城府之心;我的老师,北大读书,北大教学,几十年勤奋不懈,通音韵、通语法、通理论,文若其名,铿锵有力,惟不通世故、权术。

  谁说这篇小文就能够寄托我的哀思?我只坚信:吾师不朽!

(荣晶:北京师范大学文学院副教授)

怀念敬爱的徐老师

高晓虹

徐老师已经离开我们了。从他住院到他的离去,不过短短两个来月。他走得那么突然,以至于直到现在,我都还常常觉得,徐老师并没有真的离开。他还在畅春园的寓所里,我们去的时候,他还会像以前那样,给我们泡上一杯他喜欢的绿茶,坐在书桌前的椅子上跟我们闲谈。

然而,我知道,徐老师真的是离开我们了。

记得去年教师节前,我跟荣晶师姐约好去看望徐老师。见到的时候,吃了一惊,徐老师比以前瘦了许多。聊天时,他说他的血糖偏高。我当时就很担心,他会不会是患了糖尿病呢?我跟师姐劝他赶快去检查检查。他说已经检查过了,过两天去取结果。那天中午徐老师坚持请我们吃饭。饭后,我们送他到楼门口,跟他告别。他谢谢我们来看他。拐弯的时候,回头看去,他还站在那里目送我们。他个子不高,因为瘦的缘故,衣服显得有些肥大。徐老师身体一直不错,精神很好。那天却发现,徐老师衰老了许多。这让我觉得心情有些沉重。

之后,一直惦记着徐老师的检查结果。过了一段时间,有一天接到荣晶师姐的电话,她心情沉重地告诉我,徐老师病倒了。我开始以为是确诊了糖尿病。不料师姐说,比糖尿病还糟糕,是胰腺癌,而且,左半边身体也失去了知觉,已经住进医院了。当时我对胰腺癌一无所知,但知道不管什么"癌",都是非常严重的病。而且徐老师的已经算是晚期了。一时之间不知道该说什么好,只是不停地问,怎么会是这样呢?

再见到徐老师,是在医院的病房里。房间很小,除了徐老师,还有一位病人。徐老师的床靠门。徐老师躺在床上,见到我们,眼圈就开始发红。我的眼泪一下子也忍不住了,怕他看见更难过,赶紧把头偏到一边。他很怕麻烦大家,一再对我们说不要再去看他了。他在得知是胰腺癌后,表现得很平静,只是希望能再有一年的时间,把手头没有完成的事情做完。但没有想到也是非常糟糕的是,他左半身突然失去知觉,只能躺在床上,生活无法自理。这让一向不愿麻烦别人的他十分难以接受。

胰腺癌是很难治好的病,徐老师发现时已经是晚期了,而他的身体又比较虚弱,不能做手术,也不能化疗。医生也一直不能确定他因为何故左半身失去知觉,一会儿说是癌细胞转移到脊髓里,一会儿说是大脑的问题,后来排除了这些可能,却始终没有弄清究竟。大家都知道徐老师是很难好起来了,但又都不由地盼望着奇迹会出现。徐老师住院的日子里,精神时好时坏。好的时候,可以说比较多的话,愿意吃东西。不好的时候,常常不肯吃东西,也不说话。每次听说他情绪不好,不肯吃东西,不肯说话,心里就很不踏实;而当听说他吃东西了,肯跟人说话了,心里就轻松一些,又生出一分希望来。

最后一次到医院看徐老师,就是带着这样的希望离开的。那是一个周四的下午,我和陈卫恒一起去的医院,到病房时,徐老师正跟女儿说得热闹。那天他说话比往常都清楚、响亮,心情也不错,还跟女儿开玩笑。后来两位王老师以及系里的两位老师也去了。王洪君老师站在床头，握着他的手，问他还有什么事情吗？他就提到他将要出版的书，希望能帮他好好校对一遍。王老师让他放心。那时他有点累了，闭着眼睛，反复说了几遍。我在旁边听着，心里很是感慨。徐老师在这样的状况下，始终念念不忘的，竟然是自己将要出版的书。

那天离开时，还想，过两天再去看徐老师，情况应该会更好了。因为听说第二天要把从他身体里抽出来、培养了抗癌细胞的血液输回他的身体。大家都寄希望于此。然而第三天晚上9点半左右，却接到李娟老师的电话，通知我徐老师已经去了。

虽然一开始就知道，他的病是很难治好的了，但还是没有想到，他去得这样突然。

在八宝山的灵堂里，最后一次见到徐老师。他静静地躺在那里，像是在熟睡。

有的人活着，他已经死了；有的人死了，他还活着。

(高晓虹：北京语言大学语言研究所副教授)

跟徐老师做论文的那些日子

王 静

寒假旅行期间，查看老友邮件，报告说一月份最后一期的《中华读书报》上有陈平原纪念北大去世的六位教授的长文。开学第一天全体教师开会，坐在后排偷看积压了三期的读书报，不经意地，"行过未名湖边"的标题赫然映入眼帘，还没反应过来，就看到了徐老师的照片，第一感觉是熟悉、亲切，继而便是怅然。台上系领导在总结、在布置学期的教学任务，眼睛里看到的是小小的黑白照片，身上微微出了汗。

跟徐老师念书，前前后后也不少年头了。第一次见到徐老师的名字，是在大一用的教材《语言学纲要》上，"叶蜚声徐通锵著"。可直到大四时才开始上徐老师的课程，接着读硕士，又先后有"历史语言学"和"语言研究方法论"两门课。那两门课，虽然其理论层面的思考很对胃口，但有两件事情一直让我心里七上八下，其中之一就是，始终闹不明白徐老师所说的"方法论"是什么意思，好像和字面意思不一样，因为它在老师那里，总是和老师反复强调的"汉语事实"、"自己的视角"相关。徐老师多次强调，讲理论一定要从材料出发，从汉语的语言事实出发，提炼出自己的东西。"汉语事实"与"自己的视角"，尽管有些莫名其妙，尽管老师告诫的语气是平和的,但它们不知不觉间也印入了脑海。

跟随徐老师读博士之后,老师一次次告诫的语气愈发加重。那时直觉到这个事情非同小可,首先事关毕业论文的成败。也碰巧,入学不久,有一次去袁行霈老师家拜访,听到袁老师说"(徐老师)是个倔老头,可倔了",心下吃了一惊,顿时联想到心里的那个为时不短的疑惑,告诫自己,好自为之吧,那"汉语事实"与"自己的视角",说什么也得下大工夫去解决,弄不好徐老师的倔脾气上来可要糟糕。

还真多亏袁老师这一句不经意的"戏言",让我自打开始就对这个"大是大非"的问题不敢放松。开始的那两年,可以说时时萦绕于心的就是那个困惑。现象总是浮现在视角的光圈之下,一个语言事实的发现,其实已经不仅仅是事实本身,理论必定已投射其上。而在刚开始读书的那两年,我自然是无法完成这个任务的。

一件印象深刻的事情是,"汉语没有屈折变化,不存在主谓一致关系"这么一个念语言学的学生第一天就会学到的事实,到底该怎样看待它的意义,我确实是花了一番力气才有了一些领会。记得那天在老师的书房里,我坐在沙发上,比比画画地将自己的心得倾泻而出时,老师笑了,一手抚弄着手边那把紫砂茶壶,面色微微有些发红。那一瞬间我想:哦,这回大概是"方法论"上碰对了。

从别人那里听到的是,徐老师好脾气,好说话。可是因为有了袁老师的"预防针",我肯定在指导学生这件事上,要让徐老师好脾气,学生自己必得下工夫。记得有一次假期刚过,新学期第一次师生见面,进门发现徐老师脸色不大好看,顾不得肚子里猜原因,赶紧先交上假期完成的读书报告。没想到徐老师说"哎,就等这个呢",然后,情绪似乎也好起来了。再有一次,论文到了最后阶段,虽然一次次的修改自己也感觉并没有达到老师的要求，但好像被那20天一个版本的写作周期控制住了，时间到了心就静不下来。到了该交稿子的1月23号，徐老师因为赶着看别的稿子，要我自己好好打磨打磨，这样又"偷"出来8天时间。这一稿修改完毕，我对自己说"就是它了吧，我可是再也不能了"。交稿六天之后，徐老师来电话，一看话机上的来电显示号码，顿时感觉呼吸困难（我猜相当一部分学生都有这个体会），心里七上八下地分辨着老师讲话的语气，只听得电话那边"嗯，这回差不多了"，然后，徐老师笑了。

为了写这篇文字，又翻看那一段的日记，常常出现的一个短语就是"徐老师眼睛真毒啊"，到了后来，又出现这样的说法"徐老师眼睛真毒啊，几版之前就指出这个问题来了，直到现在才恍然大悟"，"我觉得徐老师比我自己更明白我打算干什么"。

日记里说的几"版"，是论文修改的版本。大概是误解了本科时陆老师对我说的话，陆老师说过"论文不是写出来的，是改出来的"，所以我的博士论文，从第一版被徐老师评为"不成个东西"，到最后复印装订，前前后后一共九版。那"不成个东西"的第一"版"，当时也没打算就写成个文章的样子，只是想把自己的东西整理一下，让老师放心，我这里还是"有货"的。现在想想，那一堆乱七八糟的十万字，老师是怎么看的？还把错别字都改了！

一件有趣的小事情，我记得清清楚楚。是2001年9月28日从徐老师那里领回这"不成个东西"的批评，当时老师给我规定了两个月的修改期限。到了11月28日晚上，我正做晚饭，接到徐老师电话，先提到在北大申请的一笔论文写作资助经费批下来了，要我去拿。幸亏当天刚刚把论文打印出来，顺便就约定了第二天把稿子送去。放下电话我暗自庆幸,也深深地疑惑,若是我不主动提交稿的事情,或者未按时完成,会怎样?徐老师怎么就算得那么清楚呢?后来临到准备论文答辩时,我发现徐老师从书桌右手第一个抽屉里拿出一个棕黄色封面的工作日记本,翻着跟我回忆写了多少篇读书报告,每一篇的内容和成绩。莫非每次讨论的日期也都记在那上面?

日记里还记录了很多当时、以后发生的事情:论文杀青了,打印了,答辩了,毕业典礼了……,徐老师病了……

一天跟友人聊天,说起褚斌杰老师病危时,我们的一个朋友特地从青岛赶来,总算赶上了为老师送终。朋友说,当时他就想,自己迟早也会有那么一天的。我只能说,我们都会有这么一天的。都像是在说自己的父母。

(王静:北京语言大学汉语速成学院副教授)

师者如斯,逝者如斯

陈卫恒

师者如斯,逝者如斯。

作为师者,徐师话语,平实质朴,最叫人怀念的是那份来得自自然然、又不失幽默的"干巴"！ 寥寥数语,淡如白水,却自耐人寻味。

作为逝者,热爱生命、与恶疾抗争至最后一刻,眷恋工作、学问、亲友,关心、询问至最后一息,这就是最后日子里我所看到的、听到的、触摸到的爱师——徐通锵先生。

吾爱真理,尤爱吾师。

在我看来,不爱老师的人,是无法逼近真理的。只有爱老师,才能与老师同品逼近真理进程的辛酸;也只有爱老师,才能宽容、理解甚至超越老师前进途中的挫折与不足,并与老师一同展望未来的工作。

最近北大中文系,连遭不幸。我的语言学课,每每要从"让我们为我们敬爱的某先生的逝世默哀一分钟"开始,并介绍有关先生的生平和贡献。每逢此时,年轻的学子们,或肃然、或潸然。从他们认真的眼神中,我体会到了什么是薪火传承,或师生之间薪火传承的是什么。那,是一种精神,一种动力,一种单靠书本学习所无法完全获取的力量。它让人温暖,让人百折不挠;让人乐于、敢于,而且善于把这枯燥乏味的语言学的牢底坐穿,并品尝到其甘美如饴的另一面。课后,我的学生常常会自发地去参加有关先生的追悼会、去读他们有关的书。学生们说,他们在注目大师遗像的刹那间,在重温先生文字和人生轨迹的当儿,不知不觉中逼近了、理解了,甚至内化着一个不但可望而且可即的魂灵。

但是,我实在不能接受又不得不接受的是,今天这节课,我要宣读的,竟是我的徐师。正如,我不曾、不愿为人写祭文,而一写就必是自己最亲最爱的人一样。尴尬和责任同在。

忝列徐师门墙,是我一生的荣幸。

在我求学的过程中,有多位让我感激不已的徐先生(我的硕士导师也姓徐)。学友们常开玩笑地说,看来,你和"徐老师"似是前生注定多少缘啊。从通锵师处,我尤其受益匪浅之处,在于以下两点:

一、理论研究要脚踏实地,以语言材料为立足点和出发点。徐师常说,理论不能"空对空",一切要从语言事实出发。我若提出什么想法,徐师最经常的一句话就是:"材料呢?"这看似"泼冷水"的一句话,时时提醒我做学问要脚踏实地,不能闭门造车;要走出去进行语言事实的调查,没有调查就没有发言权。

二、理论研究不能陷于材料,要追求高度的概括和抽象。我为写论文进行了大量的调查,但当我把调查材料呈给徐师,徐师简单看后第一句话就是:"理论呢?"当时,我一下子没弄明白,丈二和尚摸不着头脑。后来我才明白,虽然我的每份调查都有具体的描写和具体的结论。但是,徐师认为,语言理论研究,不能满足于就事论事,要高屋建瓴、要上升到足够的理论高度。"一以贯之,一条红线,牵一发而动全身,抓住一点、控制一片",这些都是徐师言谈和著作中常用的词语。

在我理解,字本位理论也正是这样一种理论,一种理论与材料相结合的理论。一种基于汉语言事实,又有足够的理论抽象,兼顾汉语特色、语言类型和共性的语言理论。它强调语言各个层面的关联,针对的是音义关系的核心问题,是约定背后的理据。

音义始终是相伴相随的兄弟。鲍林杰说:

> 为什么语音单位到音节为止,最好的理由是:任何更高的层次都必然与讲话人对其语言的意义和结构的知识有关。无意义的音节(即自己不能独立成为词或词缀的音节)是很普遍的。(见 D. L. Bolinger《语言要略》,方立、李燕姝等译)

这话,可能适合解释印欧语,但不适合汉语。对于汉语而言,音节是一级音系单位,也必是一级意义单位;对于印欧语,音节是一级音系单位(参见 R. L. Trask 1996, A Dict. of Phonetics and Phonology 词条 syllable),但无法同时强制性地兼顾后者。徐师认为,这一音义关联编码原则的不同,决定了汉语同印欧语言诸多方面的根本不同。有人说,徐师不是语音学家,又是语音学家;不是语法学家,又是语法学家。徐师处在两者的接口上。这话有它的道理。

当然,这也是一种很 dull 的"干巴"至极的理论(与所有经得起时间考验的理论一样)。提出理论的一步一步,几多沉重,几多艰辛。从徐师的文章中,我们可以读出不断在"反思"中进步、升华的徐师;在宁波、晋南的土地上,还依稀可见徐师脚踏实地的身影。中国的理论语言学,正是在这种执著不已的"干巴"中,扎实地前进着,并越来越多地有了"迎头赶上"的勇气和实力。而作为我们的领航人之一的徐师,则且行且远,在遥远的星空关注着、关心着我们未来要走的每一步,影响着每一位已走入或要走入语言学殿堂的学人。

让我们衷心祝愿徐师:一路走好!

(陈卫恒:北京语言大学外语学院)

追记:

又是春节时候,想飞回去拜望徐师,可是地上已不再有徐师。

即使在,你若打电话说要去给他拜年,他会说:"不是电话里拜过了吗?"

上文写于得知徐师走后的当日当夜。我印象中的徐师,就是如此的"干巴"。"干巴"得如此让人念想、让人落泪,因为干巴自有干巴的张力。大中国的时下,或许缺少的正是它。

2007年春节于伊斯兰堡孔子学院

徐门问学记

杨立权

叩　门

第一次听说徐老师的名字，大概是在大二下学期。当时，云大图书馆底层有一家书亭，经常进一些品位不俗的学术书籍。没课的时候，我总会到里面逛逛，泡个半天，不经意中总会刨出一些自己喜欢的书。徐老师那本《历史语言学》就是在那家书亭里买到的，那是我这辈子认真阅读的第一本语言学著作，同时也是有生以来第一本真正读不懂的著作。第一次没读懂，接着读了几次，还是没有完全弄懂。说实话，书写得挺好，文字简明，逻辑严密，可就是读不懂。弄到后来，"徐通锵"这三个字就成了自己的一块"心病"。后来，在北大，王洪君老师给我们开学位课"历史语言学"，用的教材就是徐师的那本书。这样，又硬着头皮啃了半年多，才总算真正明白是怎么回事儿：没有弄懂字里行间的论证过程和知识背景，书自然就不可能读懂。

大四写毕业论文，全班只有我一人选择了语言学的题目，原来的指导老师是沈建民老师——中山大学李新魁教授的研究生，题目是"汉白历史比较中的同源词问题"。还没等提纲出来，沈老师就要到上海师范大学师从潘悟云教授攻读博士学位。临行前,他推荐丁崇明老师来继续指导我。丁老师当时也准备到北师大任教,但他还是在离开昆明之前尽心尽力地指导我完成了论文的定稿。文章隐约有一个结论:"汉—白历史关系的分析必须要扩展到汉藏语系的宏观视野之中。"当然,我当时其实并不真正明白这一结论到底意味着什么,自然更不会想到三年以后还要再次思考同样的问题。

写毕业论文的同时,我选择继续求学。后来,我考取民俗学专业的研究生,有幸成为木霁弘老师的开门弟子。木老师原来的专业就是古汉语的教学和研究。或许是本科学位论文选题的原因,也或许是导师的影响,我对硕士的专业一直心不在焉。老木心知肚明,先同意我做一篇题为"语言学视野中的神话"的硕士学位论文。接着,因为他最好的朋友陈保亚老师正在北大中文系任教,老木又极力鼓动我去攻读陈老师的博士。谁都没想到,等到报名的时候,我才发觉:当年的招生目录中根本就没有陈老师的名字。一打听,陈老师当年在香港做访问学者,还不能带博士。无奈之下,只好听从陈老师的建议改考徐老师。

报完名,心里更没底了:毕竟抛开语言学已经两年多,改考的还是徐老师。老木也没辙儿,只好拼命安慰我:"没事儿,肯定能考上,实在不行,帮你先找一家单位挂着,明年接着考陈老师的。"还能怎么办呢?只好硬着头皮朝前闯。好在徐、王、陈三位老师的书已经囫囵吞枣啃了几遍,外语也准备了半年多,还不至于完全绝望。

2001年元月,没联系任何工作,堵死退路,我抱着"决死"的悲壮心情,隐隐中带着几分侥幸,离开昆明去参加北大的考博英语培训班。等培训结束,已经临近春节,索性就待在老乡的宿舍里继续复习。那段时间,我有生以来第一次目睹了沙尘暴的暗无天日、肆虐横行,一种生死未卜的情绪和前所未有的孤独感黯然而生。

春节过后,北大开学,我本想隔几天再去拿准考证,段炳昌老师一个电话找到了我:"陈老师到处找你呢?说是徐老师想看你的材料,可中文系没有。"这一下,弄得我茶饭不思。到中文系一问,管研究生的老师不由分辨地质问:"你把材料寄哪儿去了,赶紧找去!"一句话噎得我差点背过气去。接下来几天,只有一个人到处追查报名表的下落,哪儿还有心思准备考试。临到头,才发现当时中文系五院装修,临时挪了办公地点,凑巧就把我的报名表给混在其他材料里。考试前两天,我总算拿到了准考证。虽然是虚惊一场,可自己的心情就此一落千丈,真想卷起铺盖走人:太不负责了? 这就是北大?北大中文系怎么是这个样子?小肚鸡肠的我从此对北大恨之入骨。许多年后,当学生问在北大学到什么时,我恶狠狠地回了一句:"把北大图书馆烧了,北大什么都不是!"不过,气愤之余,徐老师给我的感觉却一下子亲切了许多:如果不是徐老师要看我的材料,我肯定是考试前一天才去拿准考证,那岂不就"壮志未酬身先死"?

考试,自然是一团糟。总之,一考完连复试都不想参加了。本想鞋底抹油一走了之,可又觉得这样做不够汉子——太给徐老师丢人了。只有再次硬着头皮,怀着一肚子的忐忑不安走进了教室。还好,陈老师知道我急着回校,安排我第一个面试。那天,我是第一次见教研室的三位老师。陈老师和王老师问了几个专业问题,还好都顺利答了出来。徐老师一直没多说话,笑眯眯地坐在一旁。临末了,只问我:"你自己感觉考得咋样?"我脱口而出:"英语没考好,理论语言学一锅粥,语言学史还可以。今年不行,我明年再来考。"三位老师相视一笑，宽慰了几句，我的口试就画上了句号。

回昆明后，我感觉肯定没戏，就一门心思写硕士论文。等知道英语差两分后，仅存的幻想和侥幸随之彻底破灭。那年，段炳昌老师开始招少数民族艺术专业的博士，听说我在北大考砸了，就建议我去补报一下名再考云大。也不知道怎么想的，我一口回绝了。想来段老师当时一定很生气，说不定还觉得我输不起、破罐子破摔。过了大概一个月，老木给我来了个电话，说是徐老师已经给北大打了个报告要破格录取我，这事儿八九不离十能成。我听后也没多想，总觉得挺玄乎：毕竟英语不到线，专业课成绩也不太好。没多久，我真的接到了北大的录取通知书。打开通知书时，那种大难不死、劫后重生的感觉，至今清晰在心。

稀里糊涂地，我就成了徐老师的关门弟子。不过，有一点我始终都弄不明白：我的表现从头到尾一塌糊涂，徐老师怎么会招我呢？这个谜团直到去北大后才得以解开。一开学，我跟陈卫恒去拜访徐老师。没聊多久，徐老师就仿佛看穿了我的心思："招你的原因很简单。第一，考试前你从来没跟我联系过。就凭自己的能力来硬考。第二，面试时你跟我说的考试情况跟最终的成绩一模一样。说明你头脑清醒。第三，你有语言优势，以后可以做汉藏比较。"听罢，我才恍然大悟。徐老师那宽容、坦诚、睿智的长者风度就此一览无余。

问　道

开学以后，徐老师给我量身定做了一个培养计划，要求修完教研室开设的"历史语言学"、"语言学方法论"、"理论语言学"、"系统功能语法"、"非线性音系学"、"西方语言学史"和现代汉语教研室的"汉语方言学"。同时还有一系列的必读书目，如梅耶的《历史语言学中的比较方法》、高本汉的《中国音韵学研究》、李方桂的《上古音研究》、周法高的《上古汉语和汉藏语》、包拟古的《原始汉语与汉藏语》、白保罗的《汉藏语言概论》。他还跟我讨论并初步确定了学位论文的方向：继续原来的思路，弄清楚汉语和白语的发生学关系。就这样，整整三年，我绕了一圈又回到了起点。

第一年，我唯一能做的就是专心听课和大量阅读。专业课、英语课、二外、政治课，从早到晚，疲于奔命。本来以为专业课不会有太大难度，孰料第一学期的"历史语言学"和"理论语言学"就给了我当头一棒。拿"理论语言学"来说，许多新的思想、理论和方法闻所未闻，整个人都被淹没在语言学术语和论著的海洋之中。"系统功能语法"用的是原版教材——韩礼德的《系统功能语法导论》，以前我从来没有读过英文版的语言学著作，学习难度之大可想而知。"非线性音系学"用的倒是王老师自己的著作。不过还是读不懂。后来，张和友还跟我说：王老师的东西不好懂，因为其中的理论积淀很深。最后，第一学期选二外法语、第二学期改选德语，都没能去参加考试。不过，好歹已经可以凭借字典来阅读文献，还不至于竹篮打水一场空。这些课程中，收获最大的还是王洪君老师的"历史语言学"和王福堂老师的"汉语方言学"，后来我的学位论文中采用的"历史层次分析法"其实就来自"二王"老师的点拨。

第一年下学期，徐老师给我们开"语言学方法论"，主要讲的是他提出的"字本位"理论，教材则是他的《语言论——语义型语言的结构原理和研究方法》。当时，"字本位"理论刚刚提出，在国内语言学界引发了极大的争议。批评者中，不乏徐老师的故交好友。还记得毕业答辩前,王洪君老师叫我到中央民大给吴安其老师送论文。他就跟我说:"徐老师的《历史语言学》绝对是经典,而'字本位'那绝对是一个失误!"直到去年在丽江开会,吴老师还是坚持自己的看法:"在语言研究中强调什么本位,那是违背历史语言学常识的。"一开始,我对"字本位"也是满腹狐疑。听课过程中,通过跟徐老师的不断交流和相关论著的研读,我才慢慢发现:大多数人其实根本没有时间仔细琢磨徐老师的东西,所以他们的批评大多充满了偏见、误读和误解。课程结束以后,我把自己的想法整理成一篇题为《字本位源流》的文章交给徐老师。文中有这样一段话:

> 大体来看,"字本位"学派的特点已基本形成:这一学派强调语言系统内外的"打通"和整合,以洪堡特-沃尔夫的"语言世界观"作为哲学基础,以中西语言学理论的结合为基本思路,以"结构关联"为指导思想,以"对比"为主要方法,强调在历时和共时、例外与规则、理论与应用的三重互动中研究汉语的特性,但最终的着眼点仍然是探求语言的普适性。

这其实也就是我在北大求学三年的基本心得。第二年新学期开学后,徐老师见到我就说:"文章写得不错,我帮你改了改,你把它投出去。"谁知我生性疏懒,后来就没再去修改。一直到临毕业前,段炳昌老师把这篇文章推荐给了《思想战线》。稿子本来已经被采用,可编辑觉得字数太多要求压缩两千字,我觉得太伤筋动骨有损原文神采而一口回绝,结果文章胎死腹中,在我的电脑里一待又是三年。

雕 龙

博士资格考试结束后,我就开始论文写作。首先是做文献的梳理。当时我们已经从燕园搬到了校外的万柳。随后一年多时间,我都是早出晚归,到北大图书馆和国图查文献、刨资料。北大图书馆老楼的过刊库里灰尘满架,暗无天日。不久,我就发现自己一变天就老打喷嚏。一查:慢性鼻炎!——这可是北大留给我的最宝贵遗产。

论文一开始进展很快。先是给徐老师递交了一篇题为《白语研究一百年》的文章。他看完后告诉我:描述太多,归纳太少,分析不透。不过,他还是同意我在王洪君老师主持的语言学讨论班做一个报告,但必须把汉白语言关系研究的症结和关键给谈清楚。那次发言,我的一个中心意思大概是:如果抛开白语的形成史和复杂的语言环境,永远不可能弄清楚汉白语言关系的真相。徐老师当时没吭声。几天后,他叫我到畅春园找他,明确给我指出一条思路:参照沈兼士、严学宭的词族比较法,以语义系统的分析为主线,还原汉白语言关系的真相。为了帮我拓宽思路,他还把在伯克利访学时马提索夫赠给他的《藏缅语变异语义学》一书拿给我,叫我用心揣摩。这一番点拨,我的眼前不由得一亮,觉得前途一片光明。

没多久,"非典"爆发,人人草木皆兵、道路以目,本来拥挤不堪的北京刹那间近乎"死城",连一向人满为患的北大图书馆都变得门可罗雀。我就一个人躲在新馆顶楼的台湾美国文献阅览室,一泡一整天,抄录全广镇的《汉藏同源词综探》。回万柳以后,就接着用《云南省志·少数民族语言文字志》和《藏缅语族语言词汇》来切分白语关系字的历史层次。有时夜里百无聊赖,就一个人骑着自行车朝天安门方向溜达,直到半夜十一二点。整个长安街,除了新华门前的便衣、偶尔驶过的车辆、间或蹿出的猫狗,连个鬼影子都没有。在我的印象里,北京从来没有那么安静和干净过。将近一个月,我都没和徐老师联系。只听同屋说那段时间系里举行学位论文答辩,老师和学生都戴着口罩,场面相当诡异。我们原定在六月份的开题自然就只有延期举行。

完成六万字的研究综述后,我突然发现出了大问题:按现有思路,我只能被别人牵着鼻子,大家的语料都差不多,可结论却大相径庭,要么汉白同源,要么彝白同源,而白语的形成过程仍然还是一团乱麻。更要命的是,同词族未必同源,同词根也未必同源,凭现有的任何理论模式根本就无法清楚地区分"同源"和"接触"。如果做一篇博士论文的目的就只为了证明别人的结论、验证别人的理论、为别人增添注脚,那这样的论文还不如不做。我这才真正明白陈保亚老师提出的"无界有阶"理论模型中的"无界"到底意味着什么。

想通这一点以后,我有点气急败坏!紧接着就按捺不住拨通了徐老师家里的电话。"咦!一个多月没动静,我还以为你早就回云南去了呢!"徐老师一脸诧异。一听来意,他当下就叫我带上综述报告去他家。第二天,一进门,我就不由分说,竹筒倒豆子地把憋在心里的话全都喷了出来。中心意思很明白:没法子再往下做了,要改题。徐老师一如既往平静地听完我的"哭诉",问了一句:"那你换个什么题?"我说是以"研究综述"为基础做语言学史,题目叫"20世纪汉藏历史比较语言学史"。徐老师听完后,还是没多说,只叫我先回去,等他看完"综述"后和教研室的老师商议一下,再给我回话。

没两天，徐老师又把我找到畅春园。他先肯定了我的前期报告，觉得我找准了问题的症结。然后就话题一转："我认为你没必要换题。"我一愣。"你还是要做具体的语言史，语言学史的问题以后再说。"紧接着，徐老师告诉我：如果凭现有材料既然弄不清汉白语言关系，那么就换一个角度，去复原白语的历史语言环境，分析白语怎样把不同来源的语言因子整合成为一个同质性的系统。一席话惊醒梦中人。走出畅春园，我眼前豁然开朗：折腾了半年多，总算找到了真正的出口。

"非典"过后，日子变得无比惬意。通过再三考虑，我最终确定用"历史层次分析法"和"三重证据法"相结合把白语分为原始白语、古代白语和现代白语三个阶段，同时重点分析白语演变的独特机制——"多源因子的同质化"。开题时这一思路得到了教研室各位老师的一致肯定。徐老师原来拟议的论文题目是《语言接触与白语的演变》，而王洪君老师则认为论文中分析的问题不仅是"语言接触"，建议改为《白语的发生学研究》。接下来的写作，我先用三个月完成关系字层次的切分和统计。2004年4月25日，在调整章节结构和删并多余线索之后，我如期交出了25万字的论文初稿。徐老师仔细审阅后告诉我："没大问题！可以定稿！"

"五一"放假回来，论文的匿名评审也正好结束。五月底，我正式通过论文答辩。参加答辩的校内专家包括语言学教研室的王洪君、陈保亚、李娟三位老师和现代汉语教研室的王福堂老师，校外专家有三位：《民族语文》的副主编吴安其老师、社科院民族学与人类学研究所的徐世璇老师和首都师大的宋金兰老师。尽管大家觉得我的论文写得不错，可自己私下里却一直不满意。在论文的结尾我这样说：

当我们打开视野,把眼光投向更远的历史时空的时候,现实语言系统中积淀着的时间信息就会在不经意之中悄然破壳而出。问题的关键并不是"以今释古"的思路有缺陷,而是仅凭我们现有的能力和手中的工具,根本不可能洞穿语言地层中的奥秘。我们目前完成的研究最重要的并不在于成功解决了多少难题,而在于伴随着这种思路的展开和持续,就像拔出萝卜常常带出泥一样,更多的新问题又源源不断地呈现在我们眼前。

现在回想起来,在师从徐老师的三年时间里,我的最大收获其实不是那个所谓的语言学博士学位,而是作为一个学者起码应该必备的独立精神、原创理念和问题意识。

第三年找工作,我因极度讨厌北京不想再待下去,这就面临着两种选择:要么去其他学校做博士后,要么回云南大学任教。第一条路,徐老师不同意,说那绝对是浪费自己的时间,何况也没有哪个学校适合我去。第二条路,他大力支持,理由很简单:"你早晚都要教书的。教研相长,教学相长,自古皆然。你看陆俭明老师就是一个典型的例子。"当时,陆老师主持的《现代汉语》好像刚获得国家教学成果一等奖。还有,徐老师还觉得云南是做语言学研究的天然土壤,语言学家可不能离开自己研究的语言,回云南对我来说再合适不过了。

临毕业前,还有一个插曲。有一天,我找徐老师谈论文。突然,徐老师问我:"你的论文发了没有?"按规定,要拿学位,就必须发表两篇论文,其中一篇必须是核心期刊。一年多来,我都忙着埋头写学位论文,早就把这茬儿给忘得一干二净。没办法,我只好打肿脸充胖子:"实在不行,我就先回去工作,等论文发表了再来拿学位证。"徐老师淡淡朝我一笑:"那倒不至于!"嘴里虽然充好汉,可我还是提心吊胆过了好几天:没拿学位证就走人,回去可没法交代,前景很不妙,后果很严重。好不容易熬到毕业典礼:那天,当许智宏校长亲手把毕业证递给我那一刻,我那紧悬在嗓子眼的心方才砰的一声落地。直到今天,我都百思不得其解:我没发文章,怎么还是拿到了学位?而徐老师那淡淡的一笑,也就随着他的离开成为我心中永远无法揭开的谜团。我只知道:徐老师、图书馆和那本蹊跷的学位证,将成为我怀恋北大和北大中文系的不可多得的理由。

伤　　逝

　　离开北大后,我回到云南大学中文系任教。临走,徐老师说最担心我会被繁琐的行政事务捆住手脚,没时间做学问。结果一切都不幸而言中。先是班主任,后是科研秘书;第一年忙着报学位点,第二年忙着教学评估;担任的课程一门接一门:少数民族语言概论、语言人类学、语言学概论、古代汉语。论文一篇没写,连学位论文都没时间改。疲于奔命之余,一想起徐老师,就恨不得挖地三尺钻下去,连电话都不敢打一个。

　　回去不到半年,爱人说要动手术,她一个人在学校很不方便,问我能不能去照顾她半年。情急之中,只有厚着脸皮向徐老师求援,说自己想到社科院民族学与人类学研究所做博士后,请徐老师帮忙向黄行老师推荐。他二话没说就给我写好推荐信,还亲自出面跟黄老师联系。谁都没料到当年社科院突然停招在职博士后,害得徐老师的努力全部化为泡影。现在,一想起这件事儿,我心里就隐约作痛,感觉自己亏欠徐老师太多,永远都不可能还清。

去年国庆节,我到北京休假,带着爱人去看徐老师。第一眼就觉得老人瘦了,但精气神还不错。爱人和师母熟,一见面就到隔壁房间聊开了。我跟徐老师大概谈了谈自己回去以后的情形。他一边听、一边宽慰我:"年轻人总是要做点事儿的,学问可以慢慢做,不用着急。"后来,说到汪锋已经博士后出站留在中文系当老师,徐老师就站起来,颤巍巍地站到椅子上,给我找汪锋的博士论文和出站报告。临走,徐老师一定要送我们到楼下。告别时,他突然抓紧我的手,很长时间都没松开。我们走出很远,回头一看,徐老师还站在楼下,朝我们挥手。等走到蔚秀园,爱人才悄悄告诉我:"师母说徐老师有可能是胰腺癌,不过大家还瞒着他。可他刚才一定要送我们下楼,说不定自己已经感觉到什么了。"我一听,心情霎那间变得异常沉重,一心唯有希望那不是真的。

十月下旬,丁崇明老师到昆明出差,给我带来一个始料未及的消息:徐老师真的是胰腺癌,目前已经住院了,情况很危险。11月2日,我赶到北京,跟王洪君老师通完电话,知道徐老师在北京肿瘤医院。第二天,我们夫妻和张和友一起赶到了医院。徐老师一见到我,两眼一亮:"路那么远,就不要来了,工作要紧……"声音很微弱。因为担心影响他休息,没多久,我们起身告辞,老人抓住我的手,很有力。我说:"徐老师,您好好休息,我过段时间再来看您。"没想到,这一别竟成永诀。

11月26日清晨,一觉醒来,才发现张和友前天夜里发来的短信:"立权,徐师于今日西去,我们深感悲伤。"时间是11月25日22点47分。这条短信,我锁定在手机里一直留到现在。11月29日,我再次飞往北京。第二天,八宝山殡仪馆,我们送走了徐老师。

临别时，我们到场的同门在遗像面前留影。在我印象中，那是徐老师和自己的弟子的人数最多的一张合影——王洪君老师要上课，没能赶来。那天，千里迢迢赶来的还有南京师范大学的李葆嘉教授，王老师的博士张新华也从复旦大学赶来，只可惜晚了一步没见到徐老师最后一面。后来，我才知道，那天到场的，还有徐老师的挚友吕必松教授和鲁川教授。

开学前两天，在云南师大正门旁的清华书屋，我意外地买到了北大出版社出版的《语言学是什么》。这本书和《汉语字本位语法导论》一样都是徐老师的封笔之作。几天后，我收到一个从北京寄来的包裹，打开一看：又一本《语言学是什么》！落款徐涛——徐老师的公子。在我毕业离开北京之前，徐老师已经在倾尽心力写这本书。他一直推重吕叔湘先生的《语文常谈》，把它规定为我们的必读书，还称之为"语言学中国化"的典范。"语言学中国化"，也正是这本《语言学是什么》和徐老师一生追求的理想境界。

(杨立权：云南大学文学院讲师)

徐老师学术思想
助我完成博士论文

孙景涛

听到徐老师病逝的消息,连着好几天都转不过弯来。有一天浏览中文系网页,陡然发现那里换上了徐老师的照片,这才痛切地感受到哲人已逝。我将照片打印出来,上书"敬爱的徐通锵老师(1931—2006)",贴在墙壁上。凝望徐老师慈祥的微笑,还有那身熟悉的深蓝色中山装,内心充满了失去良师的悲痛。回想徐老师对我的教诲,忆起徐老师学术思想在我完成博士论文过程中的不可或缺,肺腑间激荡着感念之情。

上世纪90年代后期,我在不列颠哥伦比亚大学撰写博士论文,题目是《古汉语重叠》。由于有古音构拟所揭示的语音细节,加上有现代方言以为比照,所以开始时比较顺手,先后发现了顺向重叠和逆向重叠两种类型。前者如螳螂、蜉蝣,形式上韵母相同外加第二音节为流音,意义上表示指小,主要适用于名词。后者如辗转、磐控,形式上若 [＋圆唇] 居后则前一音节必定是[－圆唇],意义上表示动作"量"的增加,主要适用于动词。这一发现令我兴奋,但是接下来的探索却遇到了很大的困难,主要问题是严整的音变模式难以找到与之对应的语法含义。请看下面的例子(古音是蒲立本的,后附李方桂的):

头 *dáɥ→髑髅 *dákɥ ráɥ(李 *dug→*duk lug)
挟 *gjáp→胡蝶 *gáɤ ljáp(李 *giap→*gag diap)
镬 *wák→瓠落 *gwáɤ rák(李 *gʷak→*gʷag lak)
歇 *xàt→戏泄 *xàl làts(李 *hjat→*hjar rjath)

这几个例子从形式上看颇为一致，单音节声母韵母恰好与双音形式前一声母和最后的韵母相应，且第二音节一律是流音。然而从表达上看就没有这样整齐划一了。首先，这四个形式横跨名、动、形三大类别。从它们的来源看也很不一致。髑髅、胡蝶皆为名词，但前者由名词而来，后者由动词而来。瓠落是形容词，基式却是名词。"歇"是动词，与"挟"相同，但与"挟"相对的胡蝶是名词，与"歇"相对的戏泄仍然表现为动词。如此参差违拗，我们很难找出统一的表达动因。我于是又到现代方言中摸索，注意到学者们所谓嵌 1 词、切脚词、分音词等与此密切相关，可是情况更加复杂，名、动、形之外连拟声词、量词、叹词都牵涉进来了。意义表达如此错综复杂，怎么可能归结于同一种重叠类型呢？可如果据词性离析，一下子又会多出好几种重叠，从直觉上也会觉得不妥。复杂的情形令我感到不知所措。

就在这段时间，我和同学王洪君差不多同时用上了电邮，因此有机会经常交流研究中遇到的各种问题。洪君很敏锐，她说徐老师近年来的研究与我的论文大有关系，建议我多加留意。徐老师的文章我以前读过很多，但经过当下的恶补方始发现近年来徐老师竟有这么多的奇思妙想，而其中对"字"的真知灼见，对语义句法的独到见解，令我茅塞顿开。在徐老师看来，汉语以"字"作为音义关系的纽结，这是整个汉语结构的基点，又由于就汉语社团的心理现实性而言，"字"有顽强的表义性，所以由"字"出发的种种形态句法现象无不打上语义的烙印。徐老师特别以儿化作为论据,简直就像是专门要解答我的问题似的。徐老师说,儿化之类的音变以字的语义作为基础,只有那些语义上能具体地名物化,且能寄托语言社团某种感情色彩的字才会有儿化音变。比如刀儿、玩儿、蔫儿,是相类的语义表达使它们皆有儿化,至于名、动、形区别则全然不在话下。我所遇到的问题与此何其相似!就上举四例来说,它们原是单字,不拘名、动、形,现在经历了相同的语音变化,那么其中必有相同的语义动因。循此思路,我重新审视古今汉语中的同类实例,发现双音形式若是形容词,则绘景摹态,若是动词则多是口语中指涉的动作,若是名词则多指不甚重要的动植物或富有地域色彩的、日常生活中的事物,若是拟声词、量词等则表义生动。与此相对,单音形式的意思比较一般。单双形式对比,不难发现二者之间的意义差别,而造成这种差别的变化概括为"特殊化"是相当合适的。据此,我们可以说是"特殊化"的表达需要引发了这种特殊的由单而双的音变。由于从平面对比的角度看这好像是一个音节分裂成两个,因此定名为裂变重叠。裂变重叠乃是一定的音变模式与一定的语义表达的互动结合体,建立这样一个重叠类型的证据是相当充分的。是徐老师的学术思想助我达成了这一研究结果。

徐老师有关"字"的理论对我博士论文中另一问题的解决也起到了至关重要的作用。前面曾经提到,顺向重叠和裂变重叠的一个共同的形式标志是第二音节皆为流音。若仅仅是描写,至此足矣。可是要真正理解这一形态构词的构词过程,其中的原因就非得揭示出来不可。我们知道,学者们注意到汉语乃单音节语由来久已,比如赵元任就曾发表过很好的意见。徐老师服膺赵先生的总体把握,并在此基础上进行了深入的理论探索,将汉语的单音节特点理解为汉语的本质特征。徐老师认为对于说汉语的人来说,"字"具有现成性、离散性、语言社团心理现实性的特点。无论在何种情况下,当听到一个"字"的时候,一定会有一个意义附着在那里,借字的意译化改造就是一个明显的证据。"字"必定表义是一个强势限定,汉语中任何与此有违的形式必将受到"修理"也就是可以理解的了。就顺向重叠和裂变重叠而言,一方面,重叠就意味着语音材料的叠加,其结果一定是两个音节的出现,不出现两个音节意味着这一构词机制的自废武功,这满足不了表达的需求,显然是不行的。从另一方面来看,双音形式合起来表示一个意义,这又明显与"字"的表义性相抵触。怎么办呢?解决方案是对语音做出修饰,目标是使两个音节听起来像一个音节。由于音节的感知与音段的响度密切相关,一个音节意味着有一个响度高峰的出现,所以现在要使两个音节听起来像一个音节,就要尽量模糊两个音节的对立。怎样才能达到这一效果呢?最好的办法是抬高两个音节之间的谷地,这恰好是第二个声母所处的位置。我们知道,在典型的用作声母的辅音当中,流音响度最大,因此填入流音可以在最大程度上模糊两个音节之间的对立。于是重叠中便有第二音节流音声母的出现。两个音节听起来近似于一个音节,"字"的顽强表义性以这种方式得到了体现。至此,我在徐老师"字"必表义理论的基础上初步完成了对流音声母的解释,从而增强了建立重叠类型的理论基础。徐老师的学术思想对我研究古汉语重叠进而完成博士论文起到了至关重要的作用。

  回忆徐老师学术思想对我的影响,以上只是一例而已。从1979年秋天第一次听徐老师讲授语言学基础以来,徐老师的教诲,徐老师的学术思想,尤其是徐老师不甘守成、敢为天下先的创新精神，一直深深地影响着我，早已成为自己前进路上的精神财富。每每想到这些，心里就会感到幸运，就会庆幸自己能遇上这样的好老师。如今恩师竟以学术盛年离世，真让学生无法接受啊！死者长已矣，存者路犹长。学生愿不断进取，以在语言学园地中的耕耘不辍来报答徐老师的恩德厚望。

(孙景涛：北京大学中文系79级本科、83级硕士，现为香港科技大学人文部副教授)

那无拘无束的幸福

刘一之

大学一年级时,徐老师教我们语言学概论,那时有不懂的地方,王洪君和我常在课后向徐老师请教。说也奇怪,上课时不懂的,课后,徐老师三言两语就懂了。后来,我们上了研究生,又听徐老师的课,才发现徐老师的课信息量特大,特能启发人,听着特过瘾。这时,又听本科生说难,我们不禁失笑。

那时,徐老师老穿一件半旧的蓝中山装,骑一辆除了铃儿不响,剩下哪儿都响的自行车,见谁都是笑嘻嘻的,所以,我们见到徐老师也总是笑逐颜开。记得一次,我们在宿舍聊天儿,我说,《三侠五义》上说,金蟾三条腿。她们不信,我就去查,可是查遍了北大所有版本的《三侠五义》、《七侠五义》,都没有,我和王洪君又去工具书阅览室翻工具书。那几天,王洪君见着老师就问:"您知道金蟾几条腿?"一天问到徐老师,徐老师说不知道,又笑嘻嘻地说:"你们班女生真不像女生。"我们不解,徐老师说:"女生一般都闹个小意见什么的,你们怎么不闹意见,还关心蛤蟆几条腿。"我们就大叫,说徐老师歧视妇女。又一次,徐老师和我们聊天儿,说"你们知识分子",我们说:"我们哪儿是知识分子,也就一知识青年。"徐老师笑道:"你们都是研究生了,是大知识分子。"王硕说:"我们哪儿有知识分子那臭毛病啊。"徐老师笑嘻嘻地问:"知识分子有什么臭毛病?"王硕说:"清高,爱面子。"我说,我们是从工农中来的,所以思想感情是工农的。徐老师说:"我们也去过干校,劳动的时间也和你们差不多。"我们说:"不一样。你们只是下去劳动,我们就是工农,所以你们需要改造,我们不需要。"徐老师和我们一起大笑。

徐老师从美国回来,我们去他家玩儿,忘了为什么,那天我没吃晚饭。一进门,王硕就说:"徐老师,您这儿有什么剩菜剩饭?刘一之还没吃饭呢。"徐老师说:"别吃剩的,做点儿吧。"我赶紧说:"不用。剩饭就行。"徐老师笑嘻嘻地说:"我要向你们展示我的新式武器。"带我们进厨房,拿出他从美国带回来的不粘锅。我热了饭,徐老师打开自来水冲锅,一边儿转着冲一边儿说:"看,冲冲就行,不用刷。"

上大学时,我们的惯用伎俩是这个老师出的题不会,就去问那个老师。偶尔,徐老师也不会,我们就大笑,说是某某老师出的。徐老师一点儿也不以为忤,和我们一起哈哈大笑。上研究生时,我们都说怕自己的导师,只有王洪君说不怕。我们说,当然了,徐老师嘛。

前几年,收拾东西,我翻出一封温端政先生给徐老师的信,我还奇怪,徐老师的信怎么在我这儿?抽出来一看,原来是我写硕士论文时向徐老师调查方言,徐老师又帮我向温先生调查,温先生回了信,徐老师就给了我。

毕业后,我也常去向徐老师请教。我说我想偷懒儿,看书太麻烦,听徐老师讲一遍,又轻松又记得清楚。徐老师一边儿讲,我一边儿评论。有时,我和徐老师意见一致,我们就大笑,抢着说;有时,我们意见不一致,我们就认真去体会对方的想法。徐老师的《语言论》出版后,送了我一本。第二年,我回国,去看望徐老师。徐老师问我:

"觉得怎么样?"我说:"我觉得您语音部分写得最好。"徐老师一下儿就笑了,说:"是,我对语音方面比较熟。"接着,我们又讨论了语法部分。和徐老师在一起,我们永远是无拘无束,不怕显露自己的无知,也不怕显露自己的狂妄。在徐老师的书房,我们度过了多少快乐的时光。王福堂老师说:"徐老师把他全部的爱都给了学生。"

本来徐老师身体一直很好。前几年,他说他每星期四都去香山,能一口气爬上鬼见愁。去年,我去看望徐老师,他说他现在眼睛不好,看什么都像是隔了一层纱,检查眼睛,又没事。我说,您去做个脑部 CT。当时就有了一种不祥的预感。我走时,徐老师照例要送我下楼,我说您眼睛不好,别送了。徐老师笑嘻嘻地说:"楼梯还看得见。"送我到畅春园大门口。我进了蔚秀园,要拐弯儿的时候,回头看,徐老师还站在那儿望着我。我笑着冲徐老师挥挥手,徐老师也笑着冲我挥挥手。

回日本后,我给徐老师打过两次电话,询问徐老师的病情。徐老师说,没查出什么来,我渐渐放了心。不料 10 月 24 号,突然收到王洪君的 E-mail,说徐老师得了胰腺癌,已是晚期。我马上上网查,发现现代医学对胰腺癌无能为力,只能暗暗祈祷,希望徐老师能没有痛苦地走。

一月之中,失去了两位敬爱的师长,我心伤悲,无以言表。此生能够做他们的学生,实在是我的幸福。

(刘一之:北京大学中文系 79 级本科、83 级硕士、97 级博士,现为日本岐阜教育大学副教授)

怀念徐通锵老师

崔希亮

2007年3月7日,我收到了徐通锵先生公子徐涛先生寄赠的一本书,《语言学是什么》。这是老师徐通锵先生的遗作。2006年11月25日,徐通锵先生永远地离开了我们。手捧着先生的著作,思绪不能平静。每日案牍劳形,难得有机会坐下来好好想想语言学是什么。现在终于有了一个触发的机会。这本书上虽然没有老师的手泽,但是如烟的往事却一幕幕涌上心头。

我是1979年9月入北大中文系汉语专业读书的,开学后的第一堂课就是徐通锵先生的"语言学概论"。徐先生的第一堂课讲的就是"语言是什么"。报考中文系的人大多数是因为喜欢文学才来的,我们每天都接触语言,但是对于"语言是什么"这样的问题却从来也没动过脑子。开始的时候,我基本上是坐飞机,对课上所讲的内容不甚了了。徐老师讲课不急不缓,有时还有一点口吃,但是他的朴实和本色给许多同学留下了深刻的印象。他看我们的时候眼中带着笑意,脸上洋溢着父亲般的慈祥。我们班的女同学都很可爱,下课的时候总会围在徐老师前后问这问那,老师也总是耐心地解答,偶尔也会跟她们开开玩笑。不知为什么,我总是怀着敬畏的心情远远地注视着这一切。期末考试的时候,我的成绩中等偏下,这也是意料之中的事。不管怎么说,是徐老师把我们带入语言学的殿堂。后来读研究生的时候再来听徐老师的"历史比较语言学",感觉就好多了。我觉得徐老师属于思想特别活跃的那一类学者,他的思维是跳跃式的,如果跟得上,你会从中学到很多东西,不仅仅是知识,还有思维方式和研究方法。但是徐老师那种天才式的跳跃不是什么人都能适应的。当我读到徐老师系统阐释字本位语法观的著作《语言论——语义型语言的结构原理和研究方法》一书时,我又一次为先生天才的思想所折服。尽管对于"字本位"的语法观我有自己的看法,但是先生做学问的气度和格局我是深为叹服的。徐老师为人正直,治学严谨,他那种喜欢另辟蹊径、不墨守成规的精神是我们应该继承和发扬光大的。

上个世纪80年代,重返讲台的一代知识分子以极大的热诚投入到教学和研究工作中去。每个星期总有那么几天,老师们都会来我们住的32楼(因为住的都是中文系和西语系、东语系的学生,被人戏称为才子楼)给我们答疑解惑。有的时候星期天老师也会到宿舍来看我们。因此星期天的早晨就有了常常被老师堵在被窝里的故事。有时住在上铺的同学被堵在被窝里,只好假寐,一点声息也不敢出,只有等老师走了之后才敢出山。因为大家都知道,老师到寝室来不仅仅是来跟我们话家常的,这实际上也是一种教学方式,让我们在一个比较放松的环境中进入学问的世界。但是那时候我们不懂事,常常偷偷溜走去听各种各样的讲座,或者去看大操场放映的露天电影。回想当年许许多多的顽皮,诸如秉烛夜游圆明园、夜游清华园、野炊樱桃沟、采芹凤凰岭等等,仿佛自己的青春真的是挥霍不尽的。如今先生走了,可敬可爱的徐老师留给我们的是无尽的学术宝藏和精神遗产,还有一个又一个平凡的小故事。如今我们自己也已人到中年,也在大学当老师,也做语言学,但是和老相比真的非常惭愧。对学生我没有做到像老师那样诲人不倦,对学问我没有做到像老师那样孜孜以求。谨以下面这首小诗遥祭先生的在天之灵。

曾忆当年秉烛游

冥顽逃课才子楼

转瞬风吹雨打去

庭前依旧月如钩

采芹溪谷轻车马

树蕙名园傲王侯

缘吝无能通音问

天涯望断泪双流

愿先生安息!

(崔希亮:北京大学中文系79级本科、85级硕士、00级博士,现为北京语言大学教授、校长)

一份难忘的作业

王红旗

1986年秋至1989年夏,我在北京大学中文系读普通语言学方向的硕士研究生,指导教师是石安石老师。徐通锵老师并不是我的指导教师,但徐老师却对我的学术研究有很深的影响,给徐老师的"语言研究的方法"课程交的一份作业一直让我难以忘怀。

徐老师于1987年上半年给硕士研究生讲授"语言研究的方法",课程结束的时候给大家布置了几个作业题目,让同学们选择其中一个写一篇小论文,我选的题目是"替换原则在结构分析法中的地位、作用和局限"。这份作业我写得很认真,我首先谈了结构主义的理论背景,即索绪尔的价值学说,之后详细叙述了结构主义的工作原则、程序、在英语的分析中遇到的困难以及结构主义的缺陷。作业发下来后,徐老师在第一页上给我打了75分,从字迹上看,这75分还是由原来的73分改成的,大概徐老师觉得75分还好看一点吧。看到自己的这个分数觉得很委屈,作业已经把结构主义的替换方法讲得很清楚了,至少也应该得80多分吧。翻到作业的最后一页,徐老师用红笔清清楚楚地写着下面一段批语:

过多地介绍别人的看法,而没有结合学习中的体会和具体的语言现象进行一些具体的分析。应抓住"替换"的原则对结构语言学进行述评,不要编替换分析的讲义。学习方法要改进。可参考陈保亚的报告。

徐老师的批语明确地指出了我作业中的问题,我尽管对替换的方法谈得很具体、细致,但都是学界公认的见解,没有结合汉语事实谈出自己对替换原则独特的认识和理解,所以作业看起来像是介绍结构分析法的讲义,这就是作业得分低的原因。

经过这次作业,我把徐老师的课上讲的内容、课下的言论和他的论文都联系起来了,对他的学术思想有了更深入的理解。我的老师这一辈的普通语言学学者,在"文革"以后,形成了一个共识:介绍国外的理论不是普通语言学,普通语言学应该是用国外的理论分析具体的语言事实,用语言事实对现有的理论进行验证、修正、补充。概括起来说,就是要把国外的普通语言学理论与具体的语言事实结合起来。徐老师不仅在自己的论著和各种场合积极地鼓吹这一观点,而且身体力行,他对山西话、宁波话的研究都是这一学术追求的精品。我尽管对这个重要的学术观点很熟悉,但写作业时却不知道如何去结合,只好重复前人的观点、把前人对结构主义的理解和认识重新叙述一遍。徐老师给我这次作业的分数和批语深深地惊醒了我,在以后的学习和研究中,我都努力朝着理论与事实结合的方向去做,只是由于对西方的理论了解不多、不深,结合得不好。同时,在研究中,力求在语言事实中发现问题,提出自己的观点,通过深入的钻研,提炼出繁复的语言事实背后简单的语言规律。我在这方面取得的成绩,是许多老师培育的结果,其中有徐老师的心血,我很感激他。这份作业我一直珍藏着,它不仅见证了我成长的道路,我还用它作为例子,讲给我的学生,告诉他们应该如何做研究。

(王红旗:北京大学中文系 89 级硕士,南开大学博士、南开大学文学院教授)

永远的引路人

王刚　马亦凡

得知徐通锵老师突然病逝已是徐老师辞世两个多月之后,既无缘见老师最后一面,也无法送老师最后一程,谨作此文以寄哀思。

校园引路人

初识徐老师是在新生入学教育会上。那是 1980 年 9 月初的一天下午,我们汉语专业的新生集中在一教的教室里,先是系领导对系里教学科研情况的简单介绍,然后是陆俭明老师富有激情和鼓动性的演讲,最后由几位老师引路分小组游览北大校园。带我们组游览的正是徐通锵老师。

穿着一身当年最常见的浅灰制服,带着一副当时最普通的白边眼镜,推着一辆半旧的二八自行车,徐老师就这样带着他那淡定的微笑和闲适的从容,引领着我们向燕园的"一塔湖图"走去。

这是我们第一次游燕园。穿过临湖轩的竹丛,我们随徐老师来到博雅塔下、未名湖畔,听他以平实的语言描述着燕园的今昔;观赏着南北阁梁上的彩绘,徜徉在奇碑异石旁的曲径,林阴道上、萦回溪旁,推着自行车的徐老师和我们边走边聊。他问年纪小的同学多大了,他问每个人各是从什么地方考来的,他问外地同学家乡的方言,他问大家是否适应刚刚开始的大学生活。游园的终点是五院二楼的语言学理论教研室,徐老师把我们介绍给了等在那里的叶蜚声老师。那天的具体行走路线虽然记不太清,但朴素平实、和蔼可亲的引路老师,和湖光潋滟、塔影婆娑的校园美景,一同留在了我们的记忆深处。

"鹤去园存怅逝波,翼然亭畔访烟萝。"①如今徐老师已经永远地、永远地离开了我们,离开了燕园,然而,初游校园的那个温暖的下午,引路燕园的那位慈爱的老师,却永远地、永远地留在了我们心中……

专业引路人

再见徐老师是在汉语专业的课堂上。入校一周后我们开始正式上课,上的第一节课是汉语专业学生的入门课——"语言学概论",为我们授课的正是徐通锵副教授,而使用的教材就是那部影响了中国汉语专业教学和研究三十年的《语言学纲要》。

除了高名凯、石安石的《语言学概论》等必读书目外,"语言学概论"课程以叶蜚声、徐通锵两位老师合著的《语言学纲要》为主要教材。1980年9月徐老师为我们授课时,《语言学纲要》尚未成书,钢板油印16开,蓝色封皮厚厚的两大本,刚拿到手里时还能闻到油墨的浓香。虽然装订简易,纸品粗劣,但它却是我们那个学期所有课程中分量最重的教材。说它分量重,不仅指它容量大,在那个学期我们所有教材中体积最大、字数最多、分量最沉;而且指它涵盖面广,我们后来四年的专业课学习内容似乎都没有超出它所涉及的范围。这部教材一年后正式出版。令我们惊讶的是，与我们手中厚厚的教材相比，成书后的《语言学纲要》虽然内容仍然博大丰富，但篇幅却大大压缩精练了，从中我们更加充分体悟到两位老师治学的严谨。

与"现代汉语"、"古代汉语"等分析具体语言现象的专业课不同，徐老师讲授的"语言学概论"，侧重的是语言学基本理论和基本概念的阐释、语言体系的构建和语言研究的方法。这种基础理论课，对于刚从高中毕业的新生来说，深奥难懂，再加上徐老师的南方口音，如果课前不预习，课后不梳理，上课就很难跟上徐老师的讲课思路。不仅如此，完成徐老师的作业也十分不易。他布置的课后练习，以语言理论分析语言实例，再从语言实例诠释语言理论，每道题都足以写成一篇论文。而且徐老师判作业又非常严格，判完后还要在课堂上讲评。为了做好他的作业，我们不仅要在课外认真阅读教材和指定书目，还得泡在图书馆里广泛查询参考书目和相关论文。而他出的考试题难度更大，记得那一学期期末考试，其他各门课我们班都有几个同学上九十分的，只有他的课最高的才八十分。

虽然课堂上的徐老师与引路燕园时判若两人，不仅态度非常严肃，教学要求也十分严格，但是课下的徐老师却依然和蔼可亲、诲人不倦。对学生的疑惑不厌其烦地讲解，对学生的异议平等谦和地讨论。记得有一次做音位变体作业时，我们发现其中两个变体与其他孤立的变体不同，似乎是同一个音位在不同条件下的变体，因而推测在这两个变体之上还应该存在一个上阶音位，但查了很多资料也没有找到这个上阶音位。为了解决这个问题，我们将这个上阶音位设定为 X 音位，而那两个变体则处理成 X 音位在不同条件下的不同变体。后来徐老师在讲评作业时，专门把这个 X 音位假设作为一种观点在课堂上详细地做了介绍，还把我们示意的结构图完整地画到黑板上。徐老师对新人后生的这种鼓励和激赏至今令人难以忘怀。

由于徐老师的严格要求和热情鼓励，我们在入学的第一个学期里，无论课上、课下，始终不敢放松对学习的要求，从而在大学的起步阶段，就养成了刻苦、勤奋、严谨、踏实的治学态度。而徐老师则用他的授课，他的作业，他的考题，引领着我们系统地涉猎了语音、语义、词汇、语法、文字、语言的起源与发展等语言学诸多领域，逐渐地熟悉了布龙菲尔德、萨丕尔、索绪尔这些著名语言学家的名字和他们的学说，使我们具备了初步的语言理论水平和语言分析能力，也为我们学习其他语言学课程奠定了必要的基础。

人生引路人

又见徐老师是大学最后一个学期。时隔三年，从美国进修归来的徐通锵教授，已经成为中国语言学理论界的权威，不仅独自出版了专著，还为汉语专业毕业班学生开设了两门高级选修课。徐老师不再穿那身"毛式"制服，而改着西便服，眼镜也换了新的，看上去洋气多了。但依旧是那脸慈祥、淡定的微笑，依旧推着那辆半旧的二八自行车，依旧在课上课下耐心地解答疑问、平等地讨论问题……

"人去音还在，事过笑犹存。"离当年徐老师在燕园为我们引路已经过去二十七年了，离我们从汉语专业毕业也已经过去二十三年了。虽然我们现在不再从事专业，虽然我们现在很少回到燕园，但正如湖光塔影的烙印总会深深印在每一位在燕园学习和生活过的人内心深处一样,在徐老师课程中习得的逻辑思维方式和分析归纳方法,使我们在毕业后二十多年的学习和工作中受益良多;而徐老师那谦逊平和的长者风范、严谨求实的专业精神,奋进探索的人生态度,都将潜移默化地影响我们终生。从这个意义上讲,徐通锵老师是我们人生道路上永远的引路人。

附　注

①"鹤去园存怅逝波,翼然亭畔访烟萝",醇亲王奕譞咏鸣鹤园诗句。20世纪20年代,昔日名园鸣鹤园遗址成为燕京大学校址的一部分。翼然亭是鸣鹤园中最大的方亭,即现在的校景亭。

(王刚:北京大学中文系80级本科、84级硕士,
现在国务院台办工作;
马亦凡:北京大学中文系80级本科,现在从事律师工作)

回忆徐通锵老师

谢俊英

在北大时,上过徐老师两门课:历史语言学和语言学研究方法。尽管时光已经过去了二十年,但徐老师讲课的一些细节还记忆犹新。

徐老师的历史语言学一般给大三学生上。学期初刚刚看到任课教师徐通锵这个名字时,宿舍同仁想当然地认为这应该是一位孔武有力、声音洪亮的老师,及至上课了才知道原来是一位既不孔武也不有力的半大老头。想象和现实巨大落差的结果是,大家当时大不敬地为徐老师起了一个外号"徐妈妈",当然,这是我们同舍人之间的秘密,不足以为外人道。

记忆中,徐老师身材确实算不得高大,讲起课来声音也并不洪亮,但课讲得好,不仅脉络清晰,还联系汉语实际,除了我们班30位同学,很多进修生和外系学生也来听课。因此每次上课都要提前到教室占座儿,否则只能坐最后排,听起来非常费劲。现在虽然事隔多年,但徐老师讲过的谱系树、格里木定律、波浪说等等还深刻在脑海。

徐老师对学生要求极其严格。当时,徐老师几乎每次课后都留作业,而且限时完成,决不允许晚交。印象最深的是有一次,好像是刚刚讲完"推链""拉链"的音变规律吧,徐老师给大家留了一道分析一种具体方言(哪种方言已经记不得了)音变顺序的作业。因为课上徐老师把原理讲得非常清楚,大家也就觉得完成作业是小菜一碟,按时完成欣欣然交上去。万万没有想到,下次课作业发下来,全班只有一个同学做对了这道题!举班哗然。面对同学的惊诧和提问,徐老师不慌不忙地讲错在何处,又对在何方。过程中,哦……哦……的顿悟之声不绝。

徐老师的语言学研究方法,是我在研究生时上的。记得上课前,徐老师总要发一些用白报纸油印的参考材料,大部分是关于汉语方言语音变化的最新成果。当时老人家备课的认真和辛苦可以想见。现在看来,徐老师应该是从那时起就在为他后来的"致千里"在"积跬步"。整个80年代,是结构主义统治中国语言学研究的时代,中国社会语言学还处在引进起步阶段。但徐老师在讲到语音的变化过程和变化方向时,不仅从结构角度看问题,还联系诸如年龄、性别等社会因素进行解释。徐老师不仅传授给我们具体的语言学知识,更重要的,是培养了我们开放的学术视野和积极探索的学术精神。

做毕业论文时,我先拿了初稿向徐老师请教,后来经过一段时间的"理论润色",又把修改稿给徐老师。他看过之后,说,这一稿不如第一稿清秀自然。当时自己心里有一些失望有一些羞愧又有些不以为然,要知道,那理论高度可是我自觉得意之笔呀。现在回忆起来,徐老师虽然教了多年的理论语言学,但朴素实在的本色文风一直是他倡导和力行的。

斯人已逝,身后的著作和理论任人评说,历史也自会有公断。

但徐通锵老师的精神将永远激励后人在语言学的探索之路上前行。

(谢俊英:北京大学中文系83级本科、87级硕士,
现为教育部语用所副研究员)

蚂蚱说
——徐师归去纪事

方　希

　　1995年5月,我莫明其妙得了急性胰腺炎,据说这病能疼死人,不过当时我没感觉十分疼,只是非常不舒服,发烧、恶心,浑身轻飘飘,却又重似秤砣。住了三天院,奇迹般地好了,我终于可以生病为理由去忙活一下考研的事了。以我特别简单的想法,我的想象力有时贫乏得可耻,有时候又丰富到可怕,这漫天舒卷的脑子终究需要科学的梳理。我在北大研究生招生目录上看到了中文系的一个最接近科学的专业:理论语言学。

　　1995年7月,我去了北大,一位师兄把语言学理论教研室王洪君老师的家里电话给了我。晚上八点我给王老师去电话,接电话的是个老头。他很和善,解释说王老师夫妇去方言调查了,有什么事可以告诉他。我想也没想就问:你是谁呀?有这个疑问很简单,也很势利,万一他只是王老师的家属,甚至是个打扫卫生的,说了不也白搭?老头乐呵呵地说:"我是徐通锵。"这个名字很熟悉,在电话静默了五秒之后我终于缓过神来了。徐老师是王洪君老师的老师,我正在看他的《历史语言学》、《徐通锵自选集》。一万个道歉,徐老师不以为意,只是说欢迎报考,详细介绍了各科考试的范畴。

　　1996年5月,我坐在语言学教研室面试。徐老师、王老师、索老师坐在我的对面。差不多四个月没看书了,我的回答有些答非所问。研究生二年级,我已经完全融入了我的角色,不再拘谨不安,那会儿我脑袋上还扎着6根以上的皮筋,为了显得乖小,实际显出了比乖小更可怕的幼稚。我已经习惯了在徐老师面前胡说八道,双手托腮,做狡猾状:"您看不出来我考试的时候已经毕业四年了吧?"徐老师笑笑:"你面试的时候能看出你曾经工作过。"我知道这句话背后的臧否,徐老师很清楚我的小把戏,甚至也对我当时自作聪明地逃避问题不以为然。

1997年7月,天出奇地热,我战战兢兢地上徐老师的课,精心写老师要求的报告。我发现,如果洞察他的思路,他的课完全是个思维漫游的享受。他会告诉你思路的形成,观点绝不淹没在细节中。报告写完的那天从文史楼出来,我发现小风吹来居然有些凉意,T恤已经被汗湿透。今年和一个校友聊天,她曾经惊诧于我们当年对论文的认真,这确实很难解释,不过那里确实有一种气氛,如果你不较真,不会有人呵斥,不过你会感受比受到呵斥更难堪的羞愧。1997年9月一开学,早我一天到的同专业的梁源就说,徐老师夸你的报告写得好,要推荐到杂志发表。那天下午在语言学教研室,徐老师和我讨论报告的修改。"要遵守学术规范,"徐老师说,"有些观点是前人提过的,不是你的发明,一定要写明出处。"从此我每写一篇文章都尽量找到之前所有的评述,即使不是语言学专业论文也是如此。1999年我快毕业的时候收到了《语文研究》第一期,我的论文在头条位置。我从来没有跟编辑联系过,甚至这篇论文的邮寄费都不是我花的。我还记得隔壁屋的经济系同学惊羡不已的表情——自然不是什么论文发表,这不是什么了不得的事,她只是惊异传说中的好老师现实中还存在。

1999年5月,快毕业了,我成天在未名湖边闲逛,晚上碰见在湖边散步的徐老师。我跟着他走了一段,他说,你们三个蚂蚱(指李倩、梁源和我)社科院都不去,你们够牛的呀。我很心虚,不知道怎么解释。徐老师转而说,你的毕业论文写得太复杂了,理论应该是简单的,是一两句话说得明白的,否则就不是理论。我的论文结论中出现了一条原则,四个规则,五个条件,这自然是离理论的要求很遥远。我虚弱地说,研究还不够深入,徐老师说,一定有一个更上层的规则,能够涵盖你所有这些发现,只是你没有找到。

2001年,我工作的出版社邀请了社会语言学家拉波夫讲座,徐老师也是被邀的座上宾,我负责接送徐老师。我偷眼看他,在简短深微的发言之后,徐老师像个顽童,他坐在台上顽皮地笑,手势也充满了调侃的意味。会散了,他拎着包就跑到接送老师的中巴车上,也不问去哪里,我让车追了一段,才把他从中巴车上拽下来,用专车送他回家,徐老师居然前所未有的客气,看得出很不适应。徐老师在专业之外拙朴得像世外君子。

我去他家多次,每次都点名要吃徐老师拿手的红烧鱼,用陆俭明老师的说法,徐老师的鱼做得名传海内外,很多语言学家都听过或者吃过他做的鱼。每次吃鱼我都要询问做法,徐老师说过我就忘了,下回接着问,徐老师从头说,从来没有不耐烦。如果这是语言学问题可就麻烦了,徐老师对不上心的学生没什么好气儿。

我和另外两只蚂蚱到徐老师家就要吃要喝,从来没有客气,徐老师也不以为忤。我干了语言学以外的行当,徐老师说,语言学学习是一种思维训练,这是最大的收获。我的心似乎一下子放下来。事实上他说的总是对的,简单而精确。这是因为他本心敏感,但并不外显,不过偶尔提点能让人知道他其实洞悉一切,他有很多郁闷无法与人分担。

2001年2月，社科院的张伯江老师跟我说，恭喜你呀，徐老师的《基础语言学教程》中收录了你毕业论文的成果。张老师说，学了这么一阵，有这么个纪念，你太有福了。我去了徐老师家，他拿出一本书送我，上写"方希正之"。我又有点矫情了，心想，我这辈子大概永远不能有资格"正之"了——这是句客套话，不过因为和事实过于遥远，倒是让人特别惭愧。

2006年10月，梁源告诉我，徐老师得了胰腺癌。我第一个反应是"瞎说"，心慌得厉害。给徐老师去电话，听到他的声音依然洪亮，我无来由地觉得万分委屈，我哭着埋怨他："您怎么病了，讨厌！您怎么不告诉我？"徐老师笑呵呵地说："人老了嘛，自然规律。"和我十一年前听到的声音没有任何变化。

就在此后两天，徐老师的病情急转直下。我去医院看他，他的痛苦让我无法面对。我轻声说："您想想那些安静的事，比如树林啊，蓝天啊，溪水啊，别老想着疼。"徐老师这时候的回答清晰可辨："我也想啊，可是我不能啊！"这是老师和我说的最后一句话。

我从来没有听过他抱怨，没有听过他指责别人，更没有听过他否定别人，即使彼此的想法相去甚远。他习惯服务他人，病了之后突然不能自理自己的生活，这恐怕比病痛更让他觉得委屈和愤怒。

2006年11月25日晚7点50分，徐老师去世。终年75岁。

我是蚂蚱一，徐老师，我还有本书要送给您。蚂蚱二怀孕了，小蚂蚱明年春天就要出生。蚂蚱三过得也不错，我10月份才去广州看过她，虽然辛苦些，还是不错。蚂蚱三和我说好了，我们一起送您一程。

蚂蚱三写了个长联,我担心纸短写不下,缩改成了两句话:

清风徐来语通窍,乘鹤归去字铿锵。

天堂很近,我们都相信您在最和暖的地方。您说得对,您老了,我们也不比当年的没心没肺。您走了,我们少了个撒娇的地方。我很自私,这一缺失让我痛彻心腑。

(方希,北京大学中文系96级
理论语言学硕士,现在出版界工作)

清 风 徐 来

——来自蚂蚱三

李 倩

11月25日下午与老友在珠江边闲逛,她说北京刚刚下了今年冬天的第一场雪。老友是低我一级的师妹,那一刹我脑中是大雪落在一教青色瓦脊上的情形,每每想起燕园,想到不管怎样地风流云转人事变迁,总有我挚爱的师长走过未名湖散步,走到五院开会,走到三教上课,便觉得那园子与我有亲。

第二天一早听见手机响,一看来电是方希,心便开始狂跳。10月份得知徐老师生病,我们三个蚂蚱在 MSN 上开了个小会,我和梁源都离得远,只能托付方希去探徐老师,告诉徐老师,三个蚂蚱都惦记着他呢。说着说着,忍不住呜咽,还被方希骂,徐老师还没怎样呢,多不吉利呀。最近这一个多月,方希时时报告着徐老师病情发展的点滴,情况不好了,住院了,请专家会诊了,开始疼痛了,但这一次,听到的是天人永隔的消息。方希的电话很匆忙,想来还有很多事情要去操办,放下电话,一种巨大的疼痛袭来。我知道,我爱的那个园子,悄悄地坍了一个角。

第一次看到徐老师的名字,是在大一的《语言学纲要》课本上,那门课是王洪君老师上的,听说徐老师是王老师的导师。刚刚进北大门的小孩儿,对老师已经很景仰了,老师的老师,简直不知道要怎样高山仰止才好。不记得是什么时候第一次见到徐老师本人,反正见到真人的时候,发现原来是那么亲切可爱的一个老头儿——服装的款式停留在四十年前,思想却永不停歇地向前奔跑。

第一次上徐老师的课是理论语言学,大四的上学期。我保留了十年的课堂笔记本上,扉页写着这门课是从1995年9月到1996年1月,双周周二、每周周五在三教上课,1月12日和15日,安排了两次辅导,16日上午8:30考试,老师同时留下了他家在畅春园的地址和电话,显然,他欢迎我们随时打扰。那门课我一定非常认真,笔记工整详实,不但有红色的重点标注,铅笔记下的种种思考,还夹着薄脆的小纸条写下的疑惑。现在,当我明白了一些人情世故,有点后悔这些疑问常常会占用老师课间休息的时间,推迟他下课回家,但当年老师鼓励的眼神从来没让我觉得这些刨根问底有任何不妥。

等跟着王福堂老师读汉语方言学研究生的时候,选了许多理论语言学的课,实在是因为徐老师的理论和研究方法很对我的口味,于是常常跟理论语言学专业的方希、梁源混在一起,不知道从什么时候起,我们便成了三只蚂蚱,这称呼似乎就是从徐老师口里叫开的。那是多么让人怀念的美好日子,课下我们互相的辩难质疑,课堂上轮番地挑战老师的观点,而这一切,我们自大地认为都是被老师赞许的。那个时候的我们没心没肺,厚皮厚脸地在老师家蹭吃蹭喝。及至我自己做毕业论文的时候,因为有福堂恩师的悉心指导,加上深受徐老师的字本位理论、文白异读叠置式音变启发,我尝试在方言描写的基础上，从共时的语音与语义语法的对应关系和历时文白异读的叠置的层面解释连调变化的受控因素，论文写作虽然是个无比艰苦的过程，但那些试图接近真理的探索让我受用终身。虽然毕业以后我没有再从事跟语言学有关的工作，但我至今珍视答辩委员会这样一句评价："在理论上有创新性，对汉语连调研究有参考价值。"我没那么自大，但我把它当作深受师长恩惠的一个印记，珍藏在心。

1999年我离开生活了七年的北大，独自南下，开始的那段日子，一个人走在亚热带阳光刺目的空旷街道上，曾经的校园生活遥远得不真实，有种抛入虚空的感觉。一日上夜班，在办公室里接到中山大学一位老师的电话，他说曾在北大进修，徐老师托他照顾我。我眼浅，当时眼圈就红了，徐老师还是当我小孩子，不放心呢。只这一个电话我的心便明了，不管走多远，都可以脚步坚定内心安稳。毕业之后回北京，每回都会去看王老师跟徐老师，刚开始的时候，老师还问我还回不回来读博士，对这样的问题，我很羞赧，一直觉得自己是一个逃兵，很愧对老师。再后来，老师不再问我读书的事了，换作关心我的个人问题，这依旧让我羞赧……老师跟学生，相逢于课堂，可以是下课走人一拍两散，也可以因为彼此投契，课堂上气韵生动，课堂外如沐春风。我何其幸运，遇上后者。

我跟方希相约，一起送徐老师一程。深夜飞往北京的飞机上，读蔡元培蒋梦麟傅斯年旧事，想起当日求学的种种，总有热潮激荡于胸。老师给予我的，是孜孜求真的赤子之心。翻开十年前的课堂笔记，徐老师说："语言学理论无对错之分，只有好坏之分，检验标准有二,一是简明,一是解释力强,便为佳。"这话里的智慧与胸襟,让人叹服。

王洪君老师说,现在的学生,都管徐老师叫徐爷爷了,这真叫人惊觉流年偷换。

送别徐老师那天,天空湛蓝,太阳温暖……

(李倩:北京大学中文系91级本科、
96级方言学硕士,
现在《广州日报》工作)

高山仰止，纯净高远

徐晶凝

从短信中得知徐老师已经走了，我简直不能相信自己的眼睛，拿着手机愣在那里，眼泪止不住地就涌了上来。我知道我永远地错过了见徐老师最后一面的机会，而我原是可以去医院看望他老人家的。

最后一次见到徐老师，是在今年暑假里。7月的时候，韩国师姐带学生来京，我们与徐老师和王洪君、王福堂先生一起吃饭。那时候徐老师有些消瘦，不过精神还蛮好，一如既往笑容可掬地跟我们说笑。记得王老师还特意点了一个红烧肉，因为徐老师爱吃。哪里想得到，仅仅过了三个多月，那么平易近人的徐老师就走了呢！

再也没有机会聆听徐老师的教诲了！可是，徐老师谦和严谨、脚踏实地而又勇于创新的治学态度，却将永远留在学生的心底，激励我们努力朝一个真正的学者的方向努力。1993年，我第一次聆听徐老师讲课，是读硕士期间，上的是语言学研究方法论。这门课程涉及大量的汉语方言和音韵方面的内容，对我来说，学起来的确不太轻松。加上徐老师带有宁波口音的普通话，听起来不那么好懂，一时间差点儿就打了退堂鼓。庆幸的是，我终于坚持下来了，而这门课程详实的语言材料、严密的逻辑推理以及徐老师条分缕析的讲解，都让我受益匪浅。在考上中文系语言学专业博士以前，徐老师对我来说，是高不可攀的一个大学者，路上见面我恭恭敬敬地跟他打招呼，徐老师总是眼睛一眯，和蔼地笑笑。其实，他根本不知道我是谁。直到开始师从王洪君老师读博士之后，我才与徐老师近距离地接触起来。虽然那时候徐老师已经不太参与语言学教研室的日常杂务，但只要是有关科研教学的活动，他总是会尽量拨冗参加的。这是我们每个学生的福气！从博士入学面试到博士资格过关考试，再到博士论文的开题，我都有幸得到了徐老师高屋建瓴的指导。无论是当面的请教，还是电话里的交流，徐老师总是那么热情，那么谦和，让我这个诚惶诚恐的学生不知不觉地放松下来。在徐老师面前，你的求学热情、探索的渴望是受到全面呵护的，他不仅仅是一位知识丰富、思维敏捷的语言学家，更是一位心怀慈悲、提携后进的长者。在博士论文预答辩时，我就知道徐老师患了眼疾，不能长时间地看东西，原本以为只是因为上了年纪眼睛有些不好，哪里想到这竟是重病的征兆！

这几天每当走在从五院到俄文楼的那段路上，我总会想起博士毕业后邂逅徐老师的情景。那是去年十月，我与朋友刚从俄文楼出来，远远地看见南边走来一位个子不高、衣着朴素的老人，我告诉朋友说："看，前边走过来的就是徐通锵先生。"说着，就与徐老师面对面地遇上了。他停下来，一如既往笑眯眯地跟我说话，问我最近教学忙不忙。与徐老师告别后，朋友惊讶地说："他就是大名鼎鼎的徐先生啊？！"是啊，这就是徐老师！就是不求物质享受、倾全力于学问的徐老师！他的精神境界属于真正的学者，高山仰止，纯净高远！

徐老师，他匆匆地走了，带着未竟的事业。可是，他的理论成果以及他勇于突破、勇于思考的治学精神，却将永远留在我们的心中。

徐老师,您放心地走吧,好好休息。

(徐晶凝:北京大学中文系 02 级语言学博士,现为北京大学对外汉语教学学院副教授)

怀念徐老师

汪 锋

2006年的岁末,一直缓不过劲来,不知道应该对人世间的残酷做怎样的应对。

徐老师从住院到离我们而去,只有短短一个月的时间。去看望徐老师的时候,他总是尽力挥手让我们回去,说他自己很好。我们知道,徐老师一直都是要强的人,怕给别人添麻烦,而他自己,对我们学生的诸多麻烦却是毫无怨言的。我们不仅可以就学业上的问题随时"骚扰"他,还可以要他亲自操刀为我们做他拿手的鱼吃吃。或许,在很多人看来,这样的"肆无忌惮"实在是大不韪的。但我知道,我们就这样其乐融融的跟徐老师一起在北大度过了这么多年,也着实是招来很多羡慕的。

我们在徐老师的书房里聊天,徐老师总是不忘给我们沏上茶,然后我们在那里神聊。我们可以"攻击"他的理论,他从不生气,他总是笑呵呵的伸出手说:拿出证据来啊。然后,我们开始努力的寻找证据,然后,我们开始明白理论的根基在哪里。

上过徐老师课的人都知道,徐老师喜欢强调一句话:"不是语言没有规律,是我们语言学家无能,找不到规律。"语言事实永远大于理论,因此,每一个真正的语言学家对语言都是抱有敬畏之心的。徐老师从来不怕承认自己的理论有缺陷,因此,他可以一直不断的走在推进语言学的道路上。现在,我有幸也能在北大的讲台上讲课,我愿意经常跟我课上的学生朋友重复这样一句话,或许,这就是所谓薪火相传。

我上过徐老师的两门课,"历史语言学"和"语言学研究方法论",都是在上研究生的阶段,但认识徐老师,却是在上研究生之前。记得是大四的时候,刚写完毕业论文,陈保亚老师指导的。我写的自己方言"小称"格局中的几个成分之间的互动,探讨它们如何在语言内部演变和语言接触影响之间取得平衡。那时候的《语言学论丛》以发表本系学生毕业论文和教师的文章为主,陈老师觉得可以推荐给《论丛》,然后请王洪君老师和徐老师审阅。徐老师很快就写了评审意见,是写在一张彩色的便笺上,王洪君老师转给我的,字写得很漂亮,我至今仍然收藏着。徐老师一开始就说"写法不落俗套",我看到后是十分振奋的,徐老师接着指出我讨论格局的时候,对其中一个重要成分"子"的作用认识不够,因此,它似乎是游离在格局之外。我当时看完,确实很是一惊,确实点中要害。经过仔细修改后,文章发表在《语言学论丛》24辑上。当时,《论丛》的风格是讲致谢之类的话都删除的,我没有想到这个补谢是在今天纪念徐老师时才说。

上研究生的时候,开学专业见面会上,第一次得见徐老师,那时候,专业的几位老师或出去开会,或在外访问,就只有徐老师一个人过来,好像是在勺园7号楼的一个会议厅,学生也只有王静师姐和我。记得我们虽然是第一次见面,也丝毫不显生疏,徐老师笑眯眯的,指着别个专业的大队人马说,我们是小国寡民啊。不过小国寡民好,每个人跟老师对谈的机会就多。徐老师是陈保亚老师的导师,算起来,是我们的祖师爷了。奇怪的是,我们从一开始就对徐老师只有亲切之感,毫无畏惧之心。

之后,与徐老师的交往就多起来了,论文开题,讨论问题,去徐老师家聊天。三年硕士时光飞逝般的过去了。

然后,我去香港读博士,中间回来几次,都要去徐老师那里坐坐。其中有一次,由于我们正在用一些新的算法程序来计量方言之间的亲缘距离,提到徐老师在《历史语言学》中语言年代学中的一些尝试,徐老师马上翻检出当年的原始材料,七大方言 100 核心词的同源对照表,还把其中一份毫不犹豫的给了我,说,拿去用吧,我现在没时间搞这个了。这样的事情对于徐老师来说,可能十分理所当然,但他不知道很多人都死死抱住自己的材料不肯示人呢。

后来,我就开始研究白语了,去云南比较多。我知道,当年陈老师去云南调查,他也多有鼓励,说那里是个语言宝库。2004 年又回到中文系做博士后,继续研究汉语和白语的比较,徐老师还是鼓励我多出去调查。每次从田野调查回来,我都要跑到徐老师家里,向他汇报一下收集到的资料,看到的新问题,然后,他就会说,好,好,第一手材料很重要。再简要的点拨一下。然后,我们也会谈及近期学界和社会上一些有趣的事情,他常常不知道网上吵得不可开交的一些争论,也很好奇大家为什么有精力做那些事情。

2006 年 7 月份的时候,我们组织一系列关于田野调查的文章,就约徐老师写个田野调查与语言理论的文章,他十分愉快的答应了。我们也是十分期待着看。8 月底的时候,请徐老师当我博士后出站报告的评委,徐老师也愉快的答应了。9 月 9 号早上答辩,风很大,徐老师骑车到系里,答辩完后,我们一同出去聚餐,发现徐老师的自行车被汽车撞倒,还把后轮整个碾坏了,我很是过意不去,徐老师却毫不生气,还笑着说,没关系,答辩费肯定够修车。在

10月初左右的一个上午,大约是星期一,在系门口遇见徐老师,由人陪着,说是刚从医院检查回来,有些严重。徐老师拉着我的手,还是一如往常的笑着说,文章恐怕就没有精力写了,等以后吧,这次就算了。我赶紧说,好的,来日方长。目送徐老师走远,我丝毫没有意识到这就是与徐老师的最后一次握手,如果我知道,我要多握一会儿,多一会儿也好。

(汪锋:北京大学中文系94级本科、98级硕士,香港城市大学博士,现为北京大学中文系讲师)

您在天堂还好吗

——怀念徐老师

宋作艳

看到陈老师的邮件,才知道徐老师胰腺癌晚期的消息,当时一下子懵了,乱了方寸,一个劲地念叨:"怎么办?怎么办……"

然后是深深的愧疚。记得刚刚搬到畅春园的时候去看他,临走,他说现在住得近了,自己周一到周五都在畅春园住,下午没课,让我常常去找他聊天。我天天忙于琐事,竟迟迟未去!悔之晚矣!

本来想去医院陪徐老师聊聊天,补偿我欠他的债,没想到他已经病得聊天都很困难了。

第一次去医院看徐老师,几天不见,居然已经形容枯槁,眼睛睁不开,说话很吃力。当我告诉他我来看他的时候,他握着我的手使劲往外推,很费力地说:"你以后不要来了!"说了四遍,我泪眼婆娑!坚强的徐老师不想我看到他现在的样子。看着他痛苦的样子,恨不得能替他。这也是我最后听到徐老师说话。

第二次去他睡着了,没有忍心叫醒他。

第三次去他刚抽了血,眼睛睁不开也说不出话。我握着他的手,跟他说:"您会好起来的,等您好了,我跟您到医院的小花园散步!您听得到是吗?听到了就睁眼看看我,您可以的,不要偷懒……"徐老师缓缓地睁开了眼睛,大概就两秒钟,我惊喜万分。

虽然不能经常去，但时时牵挂，竟然有一天晚上，梦到徐老师可以下床走动了。同时梦到自己不久于人世，绝望而无助，悲痛欲绝，突然又开始安慰身边的人"我是要到另一个世界去，那里是天堂"，竟然感觉到自己沐浴在阳光里，温暖而祥和，心情很是平静。

11月25日，收到高晓虹师姐的短信：徐老师走了。我痛哭失声。

回首与徐老师在一起的日子，一幅幅画面浮现在我的眼前，依稀可见。

2002年的春天，上徐老师的"语言学方法论"。下课后，他认真地解答我的问题，对于我的坚持，他总是笑眯眯地鼓励我进一步深入研究。硕士论文最初是徐老师的课堂论文，徐老师亲自给我修改，并推荐发表。

拿到稿费，他开玩笑说我发财了，我说要请他吃饭。他看到人大复印资料转载了我的文章，专门写邮件告诉我，并且告诉我应该有稿费，又得了126大洋，我说这是他给我赚的。

2002年的冬天，在系资料室楼梯上碰见，觉得徐老师老了许多。

我帮他买了一辆公主车，他笑呵呵地说"老头骑公主车"。

系里走廊里遇见，他突然用手指指着我的眼睛，皱着眉头，神情严肃地说："你的眼睛怎么了？"当时忙着系里开放日的事情，每天休息很少。我就说可能是晚上没睡好，有黑眼圈。他走近一步，又指着说："你的眼睛怎么了？你的眼睛根本就睁不开。"然后让我不要太累，注意休息。

2004年的秋天，我带着一束康乃馨去看他，在他简陋的书房里，他请我吃美国大橙子，我们聊字本位，聊最新的脑科学研究，窗外是淡淡的阳光。

2004年初冬，我们在青岛开会，晚上我们几个人聚集在徐老师的房间里讨论问题，大家的观点不一致，互相争论着。徐老师静静地走开，打开窗，轻轻地招手让我过去，笑眯眯地说："让他们争去，咱们看星星，呵呵。"我们两个人就这样探出头去看星星，那晚的星星像蓝宝石一样点缀在一片无尽的黑暗中，星光闪闪，宁静而深远。

聊学术的时候，他神情严肃，很健谈，思维敏捷而深邃。聊些轻松的话题，他总是笑眯眯地听我滔滔不绝。我跟他讲校园里的新闻，讲社会上的新闻，甚至问他杨振宁和翁帆之间是不是真爱情，请他以过来人的经验说说爱情是否能跨越几十年的距离，他大笑不已，然后说"可以的吧，存在即合理"，又说"见怪不怪，其怪自败"。

看到我穿了凉拖，他很好奇，笑呵呵地说我时髦。

当我神秘地把喜糖送到他手里，他很惊喜，真诚地祝我幸福。我还说要带爱人去看他呢，本来打算中秋去，想想他可能跟家人团聚，没有去打扰，就想再过几天，不想竟传来病重的消息！

他一直都很关心我的学习，希望我能进一步研究历史上的字化现象，同时又希望我博士论文朝别的方向开拓，扩大研究的领域。我本来还要跟他谈论文的事呢！

耳边常常响起他的声音，他总是说小宋怎样怎样……总是夸我能干。可是能干又怎样，不能阻止死神的脚步，也不能替他承受病痛的折磨。从来没有像现在那样绝望和无助。

在我心中，徐老师是位严谨而敏锐的学者，是位慈祥而可爱的老人。早就听说他很严厉，学生们都有点怕他。他给我的印象却总是那样慈祥和宽容，我也从来没有惧怕他的感觉。现在想来，他是把我看成小孩子，我也把他当成爷爷一样，背后都叫他"师爷爷"，我在他那里可以无拘无束，甚至肆无忌惮。我失去的不只是一位我尊敬的老师，而是我的一位亲人。

在我很小的时候，爷爷、奶奶、外公、外婆就去世了，虽然模模糊糊记得一点当时的情形，但毕竟少不更事，没有留下多少印象，不知道死亡意味着什么。徐老师的离去，让我第一次真切体会到了失去亲人的切肤之痛和直面死亡的惶恐。

一个孩子天真地以为死亡不会降临，以为以后的日子还长，她不知道对于一个老人来讲，日子真的不多了。当她意识到这些的时候，一切都已经来不及。留给她的只有内疚和悔恨。如果上天再给我一次机会，我一定会与死神争分夺秒，珍惜我们可以相见的日子。

曾经无数次假想父母离我而去的情形，每每黯然伤神，泪如雨下，发誓要与他们生死相随。亲人已逝，我们还要活下去，人生就是这样子的吗？唯有珍惜，珍惜与我们的亲人相聚的日子，不再以那些无谓的琐事为借口，吝啬我们的时间，到了"子欲养而亲不待"的时候，就只剩下愧疚和悔恨了。

我一向是不相信宗教的，从来没有像现在那样希望有天堂，也许这只是对生者的安慰，是懦弱地回避现实，自私地淡忘伤痛，我还是宁愿选择相信，这样我就可以知道徐老师在哪儿，他就在天堂，那里没有病痛的折磨，有的只是快乐和祥和，他在那里笑眯眯地看着我，离我很近很近。虽然我们不能相见，却可以期待重逢的日子。

徐老师,您在天堂还好吗?那里是否也有您热爱的语言学?是否遇到了很多老朋友,有没有人陪您聊天?

(宋作艳:北京大学中文系97级本科、
01级硕士、04级博士,现在读)

我心中永远的徐老师

张博岩

早上打开邮箱看到的第一封信就是我的导师李娟老师发过来的徐老师的讣告，心里顿时一惊，泪水一下盈满了双眼。真的不敢相信我们敬爱的徐老师走得竟然这么匆忙！

记得我最后一次见到徐老师是今年7月初在蔚秀园内，当时他穿着一件朴素的白衬衫，袖子半挽着，骑着一辆半旧的二八自行车。我跟徐老师打招呼，他老人家还特意下了车和我聊了几句，关切地询问我毕业论文的内容和毕业以后的去向，当我说我想继续求学时，他老人家高兴地说，做学问是一辈子的事，重在坚持，耐得住寂寞。真没想到，当时还很矍铄的老先生，怎么会这么快就辞世了呢？现在想来，当时和徐老师短暂的交谈竟是永诀了。

对于徐老师来讲，做学问、教学生是他一辈子的事情。我有幸在研究生一年级下学期聆听了徐老师的"语言学研究方法论"，记得当时我们的教室在四教的五层，就是年轻人每次爬上楼都会气喘吁吁，更不要说已经七十几岁的徐老师了，所以每次看到徐老师喘着气走进教室一股敬佩之情就会油然而生。我毕业论文的后记中曾有一段对这门课的描述："始终觉得能听到徐通锵老师的语言学理论课是一种幸运，每次课听到的都是立足于汉语自身特点对汉语基本语言事实的精准而精深的理论把握，眼光高远，与当下流行理论大相径庭,使我大开眼界,认识到原来还可以这样来看问题,仿佛身体里被注入了一股新的血液;《语言论》博大精深,处处启发我思考语言学中最基本的问题。"关于这门课还有一个令人伤感的小故事,曾经听比我高两三届的师兄师姐们说徐老师早在教他们这门课的时候就说过,这是最后一年开这门课了,在我以及我的师弟师妹们听这门课的时候徐老师也说过同样的话,后来大家就以为他老人家在开玩笑,现在想来,真是让人伤心,徐老师这次是真的再也没有办法开这门课了。翻开当时记得密密麻麻的课堂讲义,徐老师的音容笑貌又再次浮现在眼前。

徐老师的大师风范让我们这些后辈高山仰止,虽不能及,但心向往之。他严谨扎实的治学精神,平易谦和的待人态度,淡泊名利的人生境界,永远感召着我们,催人自新,给我们以前进的勇气和力量。

徐老师,您一路走好!

(张博岩:北京大学中文系03级硕士,
现在美国波士顿留学、工作)

恩师·爷爷

邝剑菁

对于我们这些小小辈来说,徐老师大部分时候都在长辈的"传说中"——从李娟老师的语言学概论课上,从陈保亚老师的理论语言学课上,从王洪君老师的历史语言学课上。我们所知道的徐老师好像总是不息做开路先锋,总是一往无前、大刀阔斧地开辟新的天地。早先做历史语言学,便在国内率先探究变异,后来尽管年近花甲,老师依然锐意不减,又提出了对汉语语法研究有革命性的"字本位"理论。未见徐老师,对老师已是高山仰止。

2006年的第二学期,终于轮到我们05级研究生选修徐老师的"语言研究方法论"了,在这个课上,老师会给我们介绍"字本位"理论。终于可以听到我们敬仰已久的徐老师的亲自教诲了,大家都很兴奋,开课的那天,早早就来到教室,翘首以盼。终于,一位瘦弱的老者缓缓走进教室,身上穿着一件式样非常简单,颜色有点暗淡的褐色夹克,手中一个黑色公文包,神情非常平静和淡然。初见之下,心里忍不住"呀"了一声,也许是因为之前隐隐觉得处处敢为开创之先的徐老师难道不该是一位让我们仰望的充满"神威"的先生么?然而眼前只是一位低调而温厚的长者,看得出老师生活简朴,看得出老师处世淡泊,看得出老师曾经风霜,可唯独看不出老师与高高在上沾得上边。我们那些原本虚浮不着边际的崇拜慢慢沉淀下来，变成亲切的敬爱。

铃声打过，徐老师便开始讲课了。老师中气不足，声音很轻，不仔细听就会错过，然而，字字都在我们的心灵中激起巨大的反响。开篇第一句话，徐老师就说到："我的这个课上讲到的理论跟你们以前学到的可能都很不一样，很'离经叛道'，我并不想你们都同意我的观点，我只是希望能够让你们懂得，并不是常规就是对的，你们应该学会独立思考，从事实得到自己的结论。"然后老师开始讲印欧语语言学家对语言学理论的贡献，细细分析了这些理论的事实根据，指出它们都是立足于印欧语的事实得出的结论，因此特别适用于印欧语，但是对于汉语就有种种的局限。说这番话时，老师神情很严肃。末了，老师语气坚定地说："我们汉语语言学者也应该根据汉语的事实得到自己的结论，为语言学理论发展贡献出汉语学者的一份力量！"我们很受震动。我们的确长久以来已经"习惯"了许多理论，已经忘记去追问其所以然，忘了用自己的独立思考去考虑是否还有更加合乎实际的解释。老师为我们树立了宏伟的学术目标，也把独立思考的精神旗帜交给我们。我们在之后的学习中体会弥深，老师从来没有打算让我们记住他的结论，激发我们独立思考就是老师的全部苦心和努力所在。

讲完绪论部分，老师照例开始介绍这门课的要求。这个课的要求分两部分，一是平时的积极思考，一是期末的论文。积极思考是很"虚"的东西，但老师很强调。老师带着慈爱的笑容鼓励我们："积极思考很重要，你们要努力提出自己的意见，欢迎找我'吵架'！"为了让我们放心找他"吵架"，老师还列举了数十位我们敬重的师友学者作为榜样，指出很多非常精辟的结论都是吵出来的成果。老师还格外鼓励说："你们好好思考，好好写期末论文，写得好了，我会帮你们修改。"略顿了顿,老师带着歉意说:"不过这两年我精神不济了,改不动许多论文了……不过你们也一定要好好写,只要有精力我一定帮你们改。"我们很是感动,老师为了让我们积极思考,这样费尽心思地鼓励我们。

这是我们上的徐老师的第一节课。在那之前,我们都是诚惶诚恐称徐老师为徐先生的,打那之后,我们深觉得这样叫生分,老师不仅可敬,也非常可亲可爱,仿佛家里慈爱的长辈,所以,从此以后,我们都爱在私下里叫徐老师徐爷爷。

跟自家爷爷说话果然是没有顾忌的。我们几个果然爱上了跟徐爷爷"吵架"。徐老师讲课材料很详细,每一条结论都有大量的例子,把思考过程原原本本呈现给我们看。这样就给了我们机会充分了解老师的思路,然后在脑海里进行一番自己的论证和思考。往往老师得出一条理论设想,我们就在底下拼命想有没有反例,或者跟其他解决同样问题的理论比较得失,有什么想法下了课就缠住老师讨论。单打独斗不济的时候,我们就发扬三个臭皮匠的精神,合起伙来底下分别搜集些例子,集思广益充分讨论出个比较可行方案,一起跟老师辩驳。有时,说到激动处,年轻气盛的我们甚至面红耳赤,老师却从来不以为忤,笑呵呵地认真听我们讲,不管有理与否,先表扬我们积极思考。我们吵得过瘾,过后往往忏悔自己那么凌厉地跟老师辩驳实在有些不敬,不过,我们也知道徐爷爷丝毫不会介意的,老师以他宽广大度的胸怀,给了我们一次次极好的思维训练的机会,指引我们走上学术的正轨。学会发现问题,深刻理解问题的关键所在,以至于最后提出自己的解决方案,这对于学术研究说,是多么重要的能力啊。

我总觉得徐老师做出来的学问是相当"浪漫"的。读老师的著作,从来不会觉得理论艰涩难懂,文如其人,充满智慧但却又平易生动。比如,老师就把音系演变写成了一场攻城拔寨的"演义",音系里的音位恰如各路兵马,为了保住自己的一席之地,前要战堵截,后要战追兵,斗争很是激烈,颇有几分刀光剑影,逐鹿中原的意味,读来趣味盎然,让人不禁开怀。我常常惊叹,原来那么复杂枯燥的理论在老师那里也可以如此可爱。后来终于懂得,能让学问也焕发出艺术美,倒不是因为老师善于变"魔术",而实在是因为老师对学问热爱至深,了解至深,才可以举重若轻,点石成金。这样的为学的境界让我深深敬仰和向往。

不过,更浪漫的还是老师的许多的奇思妙想。比方说,老师也给我们讲"生成":以一意一象为纲,便可以衍生出大大小小的汉语单位。几棵"树"可以说明问题:

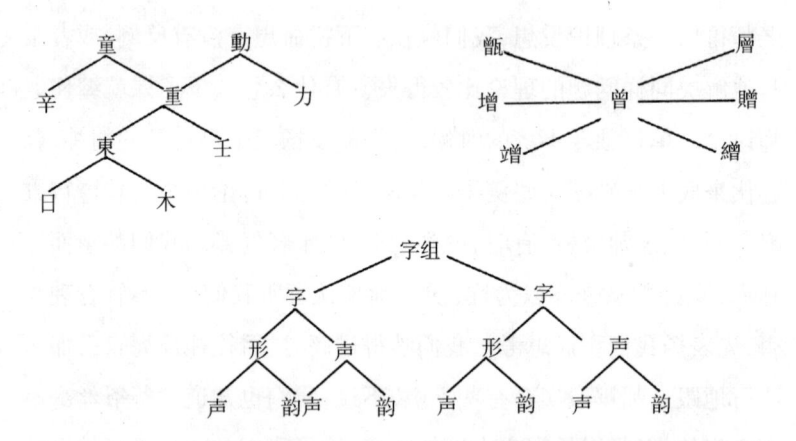

树上的每一个节点都可以以此为纲衍生出若干分支,抓住一点即得一片。这个生成道理,仿佛老子所说的:"道生一,一生二,二生三,三生万物。"老师半开玩笑说:"若论生成之法,《说文》也许算得上世界第一部。"我们开始觉得老师的想法真是新奇有趣,有一点像"天方夜谭"。老师也不急于说服我们,而是在讲授中反思思维方式和语言的关系,还建议我们去读中国哲学史,给我们讲两极互补,相反相成的道理。终于,我们渐渐领悟到老师的理论正是采纳了这个道理,单位无论大小都是"两点"构成,性质各有两面。其实,中国人说话必循着中国人的道理,理固如此,但似乎现实中,我们的确很少用中国人的道理来分析中国人说的话。老师之所以发现这些我们之前根本注意不到的规律,因为他的思维不是循着大多数人的路子,而是折回去循着汉语最基本的理。我们开始的惊奇,正是因为我们从来没有往这个方向想过,所以才难以置信。说老师浪漫,其实老师的奇思妙想从来不是刻意为之,或者全凭灵感大发,而只是实践他自己说的"一切从事实出发"。不过,对我们来说,改变一种既定的观点还算轻巧,但要跳出一种既定思维模式却是着实不易,要像老师那样思想如海阔天空,还须"有源头活水来"。

一个学期的课程很快就过去了,因为实在过得很充实,这段时间里,我们在老师的引导下思考和讨论了许许多多的问题。我有一个小本子,上课的时候随手记下各种老师提到的和自己想到的问题,上完课,小本子也快写满了。虽然大部分问题我现在还不能解决,不过它们就像老师播下的思想的种子,随着知识积累和不断的思考,总有一些会发芽,会收获的。

最后一节课结束之后,我们簇拥着老师合影留念。老师微笑着对我们说:"你们是我教的最后一批学生了,我精力不行了,以后不能继续带课了。"我们感到伤感和不舍,以后恐怕很少机会聆听老师在讲台上娓娓而谈了。不过,我们也很理解,给我们讲课,跟我们讨论是多么费神的事情啊,老师年事已高,不应该那么劳累了,应该好好保重身体。我们怀着希望,老师还会常来学校吧,以后还会有机会向老师请教问题的。我们万没想到老师的身体状况当时已经多么糟糕,也万万体会不到老师讲课的时候一直在怎样地坚持。

开学一个多月就听说徐老师病了,还病得很厉害,是胰腺癌晚期。我怎么都不敢相信,怎么会呢?老师三个月前还给我们上课呢!就在一个月前,还给我们的期末论文判了分呢!我们几个很着急很担心,很想去探望一下老师,不过徐老师却不许我们去,他不愿意让我们见到他生病的样子。我们只好每天为老师默默祈祷。有一天,王老师神色凝重地把我叫到一边,告诉我说:"徐老师老问你是谁的学生,说你作业写得好,昏迷中还叨念着要给你修改。"我惊住了,热泪盈眶。老师并不熟悉我,甚至还不能把名字和我本人对上号,但是老师却在如此深重的病痛之中还惦记为我修改一篇小小的期末报告!万分的感激和难过一齐涌上心头,本来受到老师的赏识是多么荣幸多么开心的事情,可是此时我只觉得心痛,老师啊,您总是无私地为学生着想,可是这个时候无论如何您应该多想想自己啊!

几个星期之后,我们敬爱的徐爷爷终于离我们而去了,我们为我们从此缺失的温暖而痛彻心肺。我们何其幸运,可以有机会聆听到老师的最后一次课,可以有机会在老师的关照下畅快地讨论问题,可以得到老师毫无保留的鼓励……可是,这份幸运是多么的自私呢,这全是用老师拼尽生命的坚持换来的啊!这份恩情我们无以为报,唯有发扬您教诲的独立思考的精神不断进取来相告慰。您为我们诠释的谦和无私的师者风范,我们也将永远谨记在心。

(邝剑菁:北京大学中文系01级本科、

05级硕士,现在读)

给徐伯伯的一封信

刘黎黎

亲爱的徐伯伯：

您好！与您分别已近半年了，这段时间您在天上过得还好吗？是不是又交到很多好朋友？你那么宽厚、和蔼，肯定会受到很多人的爱戴，一定不会寂寞的。

您走的这段日子，我好想念您。还记得第一次听您讲课是您到中国海洋大学做"字本位理论"系列讲座的时候，您当时穿着一件短袖的灰衬衣，每节课开始前总习惯性地把手放在杯子盖上，然后这个动作就意味着整节课的开始。接下去的两节课就像是一个神奇世界大门的开启。更为奇妙的是，整个两个小时您很少在黑板上写字，顶多个别大家不熟悉的音标您会在黑板上写一笔到两笔，可我们仍能对整个理论框架听得清清楚楚、明明白白。后来来北大上学后，我才明白这是北大"大师级"老师们的特色，把更多时间留给思辨，让书写尽量少占用时间。

那个初夏，您一共在海洋大学讲了 15 天，我的座位从第一天的第四排到第二天的第一排，然后再也没有变过。因为学校语言学的课开得不全面，所以听您讲的有的内容理解起来有困难，每次请教您，您都会耐心地回答，而且指出参考书引导我进一步思考。您对待同学们态度特别和蔼，一点架子也没有，我终于明白了北京大学为什么会被全国学子视为学术圣地,因为北京大学有着像您一样在学术上高瞻远瞩,对待学生又那么谦和慈爱的老师。

在您讲学的最后一天,我终于鼓起勇气跟您说了自己的想法,我想报考北京大学中文系现代汉语方向的研究生,但是觉得自己考不上,因为担心:第一,自己是外校的,而且不是来自国内名牌大学,北京大学的老师会不会歧视我?第二,学校语言学课开得不全面,考北大中文系对我来说是不是异想天开,自不量力?

听完我的话,您笑了。您说北大从来不歧视外校报考的学生,甚至会认为从非名牌大学来报考的学生更有勇气,决心更大。老师们更是唯才是举,不会对外校生采取双重标准。至于自身的基础问题,事在人为。您夸我好学,爱动脑筋,不盲从书上的说法,如果以这个劲头认真准备的话,考上北大中文系的研究生是完全有可能的。您还鼓励我说,中文系很多研究生都是从外校考过来,不少是山东的,成绩非常优秀,入学后的研究做得也非常好,您送给我一句话:有志者事竟成。您的话让我激动得满脸通红,当时眼泪就不争气地流了出来,我是一个感情太脆弱的人,太容易激动,您说是吧?

那晚,我忽然感觉本来只能在梦中出现的北大中文系就在前方不远处,我郑重地把"有志者事竟成"六个字规整地贴在书桌前方,对自己说:"前往北大的征程开始了。"

在准备的过程中,您多次来信解答问题,引导着我一步一步地往前走。每当感到迷茫和不知所措的时候,您的鼓励就像远处的灯塔帮我看到希望,给我温暖和力量。您回信的时候,从来没有直接批评过我哪里学习的路子不对,哪里理解的根本是南辕北辙,您从来都是悉心地分析与引导:"黎黎,这一点这样理解会更好",或者

"黎黎，我觉得语音部分你需要再下下功夫，读一下以下几本书会对你帮助比较大"等等。您还特意叮嘱我学习也要注意身体，身体是学习、工作的本钱。即使给我这样的小字辈回信，信的结尾您也从来都是用"敬礼"作为问候语。

尽管做了认真的准备，因基础差距较大的问题，我第一次研究生考试考得并不理想，成绩出来一周了都不敢给您打电话，因为觉得愧对您，对不起您的帮助与殷切期望。后来还是您来信问及考试情况，我才有勇气打电话。电话里您不仅一句批评的话都没说，反而安慰我、鼓励我，说其实第一次参加考试考成这样已经不错了，而且跟分数线实际上差得并不多，再努力一下还是完全有希望的，很多同学都考了不止一年，您鼓励我不要放弃。放下电话，我伏在床边放声大哭，不是为自己难过，而是被您的关怀深深感动。

我不愿就这样认输，其实也是不想让您失望，擦干泪水，我决定再考一次。听了我的决定，您当时只说了一个字"好"，我好像看见了您电话那边满意的表情。

本科毕业后，我放弃了已找到的工作，专心致志地准备第二次研究生考试。这期间，您又来海洋大学讲过几次学，每次见面，您不仅会对复习提出意见，而且从精神上鼓励我树立起信心。您还说，如果今年考上了，您会亲自下厨，请我尝尝您的拿手好菜糖醋鱼。

功夫不负有心人，这次我终于获得了北京大学对外汉语教学学院复试的资格。复试前在北京见到您，我百感交集，想说的话太多，竟一时不知从何说起。您告诉我复试的时候用不着紧张，就当作是和面试老师做一次交流，但不能不懂装懂。您说等着我胜利归来。

那天下午的面试进行得还算顺利，但也一点看不出面试老师对我回答的看法。出了考场给您打电话，一边说话，一边眼泪止不住地哗哗往下流，我说，无论这次能不能考上，都感谢您三年多来对我的鼓励、关心和指导，谢谢您。你安慰我别激动，一分耕耘一分收获，努力会有回报的。

半个月后网上终于出来了复试结果，我考上了。我兴奋地甚至有些语无伦次地给您打电话，您也很高兴，祝贺我，我们还约好等到九月份开学的时候一起去爬香山，您还说到时会准备好糖醋鱼一起吃。

再见就是开学以后了，当时您的精神还是很好，但总感觉您讲话没有三月份我来复试见面时有气力。您说这半年体重一直在下降，总感觉吃不进去饭，不太有力气。当时我想可能是慢慢上年纪的原因，叮嘱您有时间做个体检，还有这学期既然您不任课了，就好好休息一下，在教学第一线奋战那么多年，您也该给自己一点休息的时间了，您点头说好。

还记得第一次体检您是九月份在北大校医院做的，还是我去取的检查结果。因为以前自学过一些基本的医学知识，所以当时仔细地看了一下您的检查结果，所有数值都在正常范围之内，心里还挺高兴，开开心心地给您送到家里去，还说您长期坚持锻炼身体，体格就是比一般老人好。

过了一周打电话，您说身体感觉还是不好，打算第二天去北医三院详细检查一下。再次给您打电话，您说医院已经确诊了，第二天就安排住院，可能还要从学校医院煎些中药，师母腿脚不方便，需要我帮忙取一下。电话上师母再三叮嘱我，目前除家人外我是第一个知道您病情的人，希望我不要跟任何人讲，对学校老师们也不能说,近期也不方便去医院探视您,因为医生建议您尽最大可能地保存体力,见到我们情绪会很激动,不利于治疗。我向师母保证,一定做得到。没想到这次竟成了与您的永别。

您住院后,我几乎每周都给师母打电话,了解治疗的情况,听到您情况不理想,会揪心很长时间,听到您打算采用最新的治疗方法,又感觉一下子充满了希望。最后,神还是不由分说地把您带走了。

得知您不在的消息,我感觉心好痛,是被紧紧攥住再攥住的那种痛,整个人僵在那,身子重得一动也不能动,任凭眼泪汹涌而出,连擦一下的力气都没有。那一刻,我真想抱住您放声大哭,我想求神把我生命之烛折一段给您续上,心太痛了,真的是太痛了。

去中文系的悼念室献花后,第二天又陪师母去八宝山送您最后一程。尽管事先有思想准备,但看到您静静地躺在鲜花环绕的灵台上的时候,我还是不能自已,甚至想冲过去再呼唤您几声,再拥抱您一次,我怕自己哭泣声音太大,一边流泪一边用手捂住嘴,悼念仪式上连徐涛老师的手都忘了握。

从八宝山回来的路上,许多老师都在讲您的好,可我一个字都说不出来,我感觉身体好重,实在没有说话的力气,把师母送回家后,就一个人静静地回了宿舍,坐在写字台旁,静静地发呆,感觉整个人有千斤重,重得连胳膊也抬不起来,什么也做不了,我第一次明白了什么样的感觉叫做沉痛。

您走后,有时间我常常去看望师母,陪着师母坐一会儿,聊一会儿天,说说学校里的新鲜事,那种亲切的感觉就仿佛您也在身边一样。师母对年轻人们的事也很感兴趣,讲到兴起处,也会和我一起开心地笑起来,每当看着师母愉快地笑了,我也会觉得很快乐。

亲爱的徐伯伯，我知道您已经走了，可我心中始终有一个感觉，您并没走远，并没有彻底地抛下我们。我感觉您只是换了一种方式陪在我们身边，生活在我们身边，也许您就生活在我们心里，生活在每一个您关心过、爱护过的人心里。

走在美丽的燕园里，我常常凝望着蔚蓝的天空，看着偶尔飘过的几朵白云，想象您可能正在天上充满慈爱地微笑着看着我，看着北大，看着燕园里您爱着的和深深爱着您的每一个人。我甚至常常觉得，徐伯伯您一定是神派到人间的一位天使，温暖那么多人的心灵，给那么多迷茫的孩子以指引，播撒了那么多的爱、希望与力量。

亲爱的徐伯伯，这次先和您说到这儿吧，以后我还会常常给您写信的，祝您在天上一样生活得幸福愉快！

敬礼！

爱您的黎黎

2007年5月17日

（刘黎黎：北京大学对外汉语教学学院06级师资班硕士，现在读）

善不由外来兮，名不可以虚作

——纪念我的父亲

徐 涛

敬爱的父亲在 2006 年 11 月 25 日永远地离开了我们，但他的音容笑貌还时时萦绕在我的脑海中，还是和以前一样的生动。

"善不由外来兮，名不可以虚作"，这是楚辞《抽思》中的一句话。对古文并不熟悉的我是从父亲阳台上挂的一幅竹简装饰品上知道这句话的。这幅竹简装饰品是友人送给父亲的，并不贵重。父亲喜欢简单，因此家里也很少挂什么东西，但这幅竹简装饰品却是例外。当我第一次看到这幅竹简装饰品的时候，就觉得这句楚辞很像父亲。现在父亲走了，回想父亲的治学态度和为人处世，更觉得这是父亲一生的真实写照。

父亲的一生都是和语言学联系在一起的，可以说他的生命已经和语言学研究融合在一起。父亲从大学毕业一直到他生命的最后时刻始终从事着语言学的研究，在他看来，这是一项十分伟大的事业，也是十分美妙的享受，他一直沉浸在这种享受之中。父亲除了饮茶外没有什么其他的爱好，语言学研究是他生命中最重要的一部分。父亲常说，选择语言学是他一生的幸运，语言学是社会科学和自然科学最好的连接点，为他的研究提供了广阔的天地。多年的耕耘，让他在这一领域中有着丰富的成果。我虽然对这一领域并不了解，但从和爸爸的接触，以及从爸爸和其他学者的交流中，知道他的研究成果有着很大的影响，我一直以父亲为骄傲。

父亲一生治学严谨，他的每一本书和每一篇论文都是他的心血之作。不经过精心准备，反复修改，不改到自己满意是不会出版或发表的。因此父亲写一本书或写一篇论文都需要很长的时间，在他几十年的学术生涯中，他的著述并不算十分丰富。从与叶伯伯合作的《语言学纲要》开始近30年的时间里一共只有七八本，但多数都比较有影响。父亲的勤奋也给我留下十分深刻的印象，记得在写《语言学纲要》的时候，我们还住在北大校园内的34楼，只有一个小小的房间，因为我需要占用桌子写作业，爸爸只好在晚饭后带上第二天的早饭到位于五院的教研室去工作。已经不记得用了多长的时间，才和叶伯伯一起完成了这本书。他们的辛苦换来了这本书近30年的生命，已经多次再版，直到现在仍然在使用。后来搬到了蔚秀园，父亲不用再躲到教研室去了，因此每天晚上都可以看到他坐在书桌前辛勤笔耕。在没有电脑的时代，厚厚的手稿需要不断地改写几次，每一页都写得很工整，每一稿都凝聚着他的心血。后来有了电脑，虽然再也不会看到厚厚的手稿，但他的勤奋没有丝毫的改变。

父亲一生都在从事着教学工作，直到去世前的最后一个学期他还以74岁的高龄进行着一线教学工作。他从来认为教学对他的研究工作有着很大的促进作用，通过教学可以检验并完善自己的研究成果，在来自学生们的问题中可以继续深化自己的研究工作。因此他特别重视在教学中和学生的交流，常常说在教学中通过和学生的交流他也有很多的收获。父亲对学生的爱是真挚的，他也把学生们当作他事业上的伙伴。在家里经常可以见到来拜访的学生,父亲总是非常热情地接待他们,对他们提出的问题也是以一种共同探讨的态度进行讨论,应该说他的研究成果中也凝聚着来自学生们的智慧和贡献。

发现问题是父亲在研究和教学中特别强调的一点,只有善于发现问题,提出问题,才能思考并解决问题,才能有自己的思想和创新,才不会跟在别人的后面亦步亦趋。他对学生们的指导常常是引导性的,希望他们能够提出自己的问题,有自己的研究方向和思想。

父亲走了,永远地走了,给我们留下了无限的哀思。从事软件工作的我无法对父亲的研究和事业有什么深刻的认识。父亲一生为人真诚谦和,做事勤奋严谨,他给我留下的最大财富就是用他一生的言传身教教育我"老老实实做人,认认真真做事"。父亲对我来说,是儿时的依靠,少年时的严师,青年时的导师和成年后的慈父。我和父亲一起度过了近38个年头,现在回想起来这38年的时光竟是如此的短暂,我是多么希望可以和父亲永远在一起啊!

儿时的我和妈妈生活在天津,并不在父亲的身边。那个时期,天真幼稚的我对父亲的认识只是过一段时间会出现一次,在一起住几天就回北京去,被我叫做"爸爸"的人。我当时并不知道,父亲每月不高的工资会被我用掉40块钱。他的每次到来给我留下的印象现在已经不深刻了,能回想起来的几件事中最深刻的就是在我三岁左右的时候给我讲三国演义的故事。那是临睡前的故事,连着讲了几天,讲了草船借箭、借东风、火烧赤壁和三气周瑜,那时候我对故事的内容不可能有什么深刻的认识,只是觉得很有趣,诸葛亮的神机妙算令我十分神往。在三气周瑜的故事中,讲到了刘备受困江东赵云万分焦急的时候,父亲问我怎么办,我说看锦囊妙计,父亲夸我聪明,我立刻感觉自己也像诸葛亮那么无所不能,心中十分地得意,这大概也是这件事在我心中记忆仍然十分深刻的原因吧。这期间,间或我也会到北京来,但我并不是很想到北大来和父亲在一起,虽然可以吃到巧克力(当年可是十足的奢侈品),但是周围没有什么可以一起玩的小朋友,因此也不觉得是件多么美妙的事情。随着我慢慢长大,记得的事情也多了起来。在1976年唐山地震后,我和父亲在北大200号住了一段时间,父亲为我做木头手枪和蛐蛐罐,教我用钢锯条磨刨刀做小木工刨,带我看蝌蚪,品尝有点像花生一样的油沙果。在200号,一部坏了的电话是我最喜爱的玩具;一个烂了一半但是十分香甜的久宝桃、黑乎乎但是香喷喷的京白梨至今仍是我期盼的美食;一口吞下没有细细品味的忆苦饭在我心中仍然是一大遗憾,至今也不清楚那糠菜团子会是什么味道,也许并不像渲染的那样无法忍受吧;顶棚挂着一个马蜂窝的厕所是我最恐惧的地方,父亲因此为我多洗了很多次裤子。

  1977年,我终于来到了北京,和父亲一起生活了,也开始稳定地上学了。在北京的生活是稳定的,有规律的,也是严格的,我不再像以前那样无忧无虑了,有考试和成绩的压力了。父亲对我学习的要求非常严格,虽然我自认为十分地努力,但仍然达不到父亲的要求,因此这一阶段我对父亲并没有什么太好的印象,是十足的严父形象,心中充满了畏惧。在父亲的严格要求下,成绩虽不十分理想,但一路摸爬滚打加上受惠于父母分别在北大和人大工作,结果也还差强人意,直到考上大学。在填报高考志愿的时候,我一心想飞到外面的世界去,不再受他的管教。于是趁着父亲出差的时候先说服了妈妈,等父亲回来又一起说服了父亲,终于把我放了出来,同意我报考了外地的高校。我如愿以偿地考取了外地的高校。我真的可以自由了，我真的可以独立了。那时候我自认为我已经长大了，而且刻意地强调这一点，火车票是自己到车站买的，然后和几个中学同学一起远赴异乡；父亲到火车站送我，我也认为是多余的，火车开动的那一刻看到站台上父亲失落的感觉心中虽有一丝的感伤，但很快地被获得自由的激动所冲淡。等我真正飞了出来，才发现外面的世界并不精彩，自由是有代价的，独自在外的我需要克服种种困难，需要自己照顾自己，特别是患病的时候就会有强烈的对家和父亲的思念。四年的独立生活也有很多的收获，我真的长大了，认识到父亲多年的苦心，对我严格要求的意义和重要，也认识到父亲对我还有深深的慈爱。第一个寒假回家，我虽然告诉他回家的日期，并告诉他不需要来接我。但等我从 375 路公共汽车上下来的时候，在车站上却看到了已经等候我多时的父亲。后来听妈妈说父亲一夜没有睡好，一直念叨着我要回来了。从此，家对我来说不再是自由的束缚，而是一个给我温暖和爱的地方。我对父亲的慈爱印象越来越深刻，但和父亲在一起的时间却越来越少了。

四年在外地高校的学习生活结束了，我又考回了北京继续我的学业。学校离家不远，多数时间住在学校。1994 年终于毕业并开始工作了，开始过一种全新的生活。我又搬回家住了，但也开始恋爱了，工作也需要我经常出差，实际在家里的时间并不长。三年后，我结婚了，又从家里搬了出来。工作一天比一天忙碌，回家的时间越来越少。2005 年初，我也做了父亲，当儿子从产房中被抱出来的时候，他的样子和爷爷是那么的相似。我报告了父亲，他十分地兴奋。由于儿子的诞生，我们见面的次数又多了起来。看着儿子，心中经常想起我是否可以像父亲那样也做一个称职的父亲，是否可以像父亲那样给他讲三国演义的故事，也讲得那样生动。随着儿子一天一天的成长，我对父亲的认识也越来越深刻，越来越觉得和父亲在一起的时间实在太短了。父亲给我的爱很多很多，但我对父爱的回报却很少很少。这一阶段，父亲虽然已经退休，但工作仍然十分繁忙，我们期盼着有一天他可以卸下身上的担子，过过轻松的日子，含饴弄孙，享受天伦之乐，我也可以和父亲多相处一段时间，弥补一下以前的缺憾。

这一天终于就要来到了，他结束了最后一个学期的课程，完成最后一部书稿，只剩下年底的一个学术会议。我们一直期盼着这一天的到来，没想到最后等到的却是重病的噩耗。父亲病得如此沉重，发展得如此迅速，从发现到最后离开人世前后只有一个多月的时间。

看着病床上病情沉重的父亲，往事历历在目，多么希望可以回到过去，可以重新和您在一起，聆听您的教诲，我会更加努力让您不必为我的学业操心。看着您的病情一天一天恶化，知道和您在一起的日子已经屈指可数，但仍然幻想着奇迹的发生，希望您能神奇般地恢复，让我能再享受一段和您在一起的时光，再次享受您的关爱。但最后的日子终于来了，来得如此的匆忙，才刚刚开始为您进行治疗，虽然我们都不对治疗抱有幻想，但仍然梦想着奇迹的发生，哪怕能让您再和我们一起正常地生活一天。看着您静静地躺在床上，心中无数次地呼唤着您，希望您能再次睁开眼睛，再看看您疼爱的并热爱着您的儿子，但您的眼睛永远地闭上了。您安详地走了，离开了您热爱的事业和家人，您没有什么需要牵挂的事情了，您的事业和学术思想会有人继续发扬，您的子女都已经成人自立，您的小孙子正在健康地成长；您安详地走了，结束了您辛劳但富有成就的一生，您终于可以好好地休息了。您安详地走了，您对我们的爱和教诲会永远伴随着我们,陪伴我们继续成长,我们对您的热爱和怀念也会永远追随着您。

父亲,我最敬爱的父亲,您在天国安息吧!

挽联、诗文、唁电、唁文选

挽联与诗文

淹贯中西　出入古今　殚精竭虑开新径
融汇新旧　承启先后　桃李遍植惠后人
　　　　　　　　　　　　北京大学中文系

淹贯中西今古　殚精竭虑开新径
穷究北语南音　继往开来有后人
　　　　　　　　　　　北京大学中文系

倾神笃学　视界博渊　孜孜于著述　篇篇宏文皆开语言学理
　论新境
尽心为师　襟怀川海　谆谆乎育人　泱泱后进均承中文系人
　才栋梁
　　　　　　　　　　　　北京大学中文系孙玉石

永攀登　累累科研果　三论确为大突破　成就耀后世
善教诲　欣欣桃李枝　诸生当能绍箕裘　燕园哭良师

曹先擢、李一华、陈松岑、李行健、季恒铨等

想当年　意气风发　健斋编书　黑帮爪牙　树椿劳改　几十年同经风雨

叹今日　老骥伏枥　超荷运转　轴断轮裂　沉疴不起　千百遍徒问苍天

北京大学中文系陈松岑

挽徐通锵先生（三首）

其一

九月京华过，论学酒细斟，何意三周后，恶讯忍相侵？
十月京华过，无语对孤衾，何意三周后，噩耗惊我心？
人生本苦短，阎老转催寻。悲哉金秋会，一别成古今。

其二

天下论语言，何人不识君？长销二十载，孰书有此尊？
如何向晚岁，著意倡新论？高举字本位，异端骇群伦。
众人皆不解，谣诼亦纷纷。是今而非昨，叹谁晓其真。

其三

古人贵相知，相知贵知心。知君心底事，欲说还沉吟。
汉语有特色，汉字乃南针。寂寞百年后，重登世界林。
遗愿珍重托，成之我等任。放眼华夏内，绿木已成阴。

华东师大潘文国

辨方言　探语理　辟路结合　举字为本　千秋业
育英才　培栋梁　垂范为人　以德当先　万代功

中国海洋大学杨自俭

斯人已远　典型夙昔

张光宇敬挽

叠置阐微　字本发凡　治学务求宏道
冲居纳善　钟鸣设教　为师笃谨修身
学生洪波泣挽

南开大学文学院洪波

师从高名凯　一生心力教北大
学仰赵元任　千秋事业搞语言
痛悼徐通锵先生

美国夏威夷大学东亚语言文学系李英哲、谢信一、
姚道中、罗锦堂、姜松、王海丹敬挽

妙悟语音史

奇思字本位

徐通锵师也走了，叫我怎么说，说什么呢！唯有再次捧起他的《历史语言学》、捧起他题字要我指正的《语言论》……。长歌当哭，谨此拜挽。勋宁泣上

日本筑波大学刘勋宁

苦寻汉语精微　揭示音义关联字
不羡虚名浮利　甘于清贫寂寞生

有定成境①

弟子王洪君痛绘恩师像

①在徐师的语言理论中,"有定"方能构境:"有定"是构建进入具体交际的语句、语篇所必须的范畴,也是反映不同类型语言类型的重要参数,印欧语是动词有定,汉语是话题有定。而徐师的为学、为人、为师皆不随波逐流,有定力而成独特境界。

开风气先河　一路文章　树大根深　任凭风吹雨打
领耕耘学子　几番教诲　流长源远　纵然人去台空
恩师千古

弟子陈保亚

中西结合　奠汉字本位基底
古今音变　开汉语理论先锋
徐通锵先生千古

学生赵杰

解说历史音韵　据音索义成绝响
探求汉语基点　因字生句奏新声
徐通锵先生千古

弟子叶文曦

通方言　通音韵　通语法　惟不通权术
有童心　有真心　有善心　独没有城府
恩师千古

弟子荣晶

学术不朽

风范永存

沉痛哀悼徐通锵教授

山东教育出版社　敬挽

悼徐通锵先生

孔隙初窥音韵妙,缘君引道善循循。去年犹上语言课,前日已乘仙舆云。

学子无须隅里泣,前贤更待卷中寻。先生道上不孤寂,为有仲尼相待君。

刘悟惜

唁电与唁文

永远的学者

徐通锵先生是一位真正的学者。一位寻求创新,对与己不同的观点包容而不是打压的学者。他的学术思想也许有些地方值得商榷,但总能给人以启发,推动研究的深入。朱德熙先生曾说:"真正潜心学术的人是要把生命放进去的",徐通锵先生就是这样的学者。

北京大学郭锐

惊悉恩师徐通锵先生溘然病逝,沉痛万分。年初四月还曾于互联网上见到先生参加学术会议的消息和宣读论文的照片,不想仅时隔数月先生竟驾鹤远去。遥想北大研究生三年,先生的学术言传,为人教诲给予了我们一生受之不尽的宝贵财富,先生的人格品质为我们树立了一生敬仰的楷模典范。1993年夏,我们出国前,先生的一句临别赠言"中国语言学的根在中国",十几年来一直鞭策和引领着我们在国外的学习与奋斗。十年来,虽与先生大洋远隔,但先生的关心和支持始终伴随着我们。每当得到先生赠与的签名新著,都让我们重温先生的殷殷厚望,再聚奋进博发的力量。今年年初,曾与师友相约,2008年各自携成果重返母校向先生汇报。今先生已去,这份约定注定将成为学生今世长久的遗憾和来生永恒的期盼。然而,可以告慰先生的是,先生晚年倡导的"字本位"理论已在北美汉语教学界展示出广阔的应用前景,对外汉语教学理论的发展无疑会在先生开拓的联系汉语、结合中西的道路上阔步前行,取得辉煌的成果。

人生丰于书,师恩长如泉! 恩师徐先生一路走好!
务望师母节哀!

学生姜松、王海丹于夏威夷

惊悉徐通锵先生不幸逝世,深感悲痛。徐先生的逝世,是中国语言文字学界的重大损失,也是教育界的一大损失。

徐先生是我国杰出的语言学家、文字学家。他学贯中西,造诣精深,师德高尚,堪为师表。在语言学和文字学界,他卓尔不群,始终致力于构建本土化语言文字学理论,虽注重借鉴西方语言学理论,却坚持"洋为中用",从不跟着人家转;他始终围绕汉语和汉字的民族特点,把"一枝独秀"的汉语和汉字立于世界强势语种之林作为出发点和归宿,在继承我国传统的音韵学、方言学和文字学的基础上,勇于开拓创新,首创了"字本位"的理论框架,在临终前,还完成了"字本位"理论的交接,这为解决汉语教学的"瓶颈"作出了重要贡献;他始终执着于实事求是的治学执教精神,在百家争鸣中,平等待人,以理服人,从不打棍子,扣帽子,大有蔼然长者之风。徐先生不愧为语言文字学国际化和本土化相结合的楷模,不愧是创建中国特色的语言文字学理论的先锋,不愧为构建民主和谐学术之风的模范,不愧为众多学子的良师益友。我们将继承徐先生的遗志,在汉语和汉字教学中,像徐先生那样,为落实科学发展观,走汉语教学的自主创新之路而不懈努力。

徐通锵先生永垂不朽!

北京语言大学李润新

惊悉徐通锵先生病逝噩耗,深感悲痛和遗憾!

徐先生是中国理论语言学界杰出的学者,也是我尊敬的师长。回想1983—1984年在北大中文系学习的日子,感慨甚多。先生课上谆谆教诲、课下平易近人的景象历历在目,先生"字本位"理论的提出和深入更是为我们后辈学人开启了一扇中西结合、以汉语研究为基础的理论语言学研究的大门。先生的逝世,是中国语言学界的一大损失,但先生为人为学的风范将深远地影响着在学术道路上不断耕耘着的人们。

在北方落雪的冬夜,满怀沉痛之情向远去的徐通锵先生致敬。

徐通锵先生千古!

内蒙古大学中文系李树新

惊悉徐通锵先生逝世的噩耗,不胜震悼。徐先生是中国著名的语言学家,以道德高尚、学问精湛饮誉中外,五十年来,为国家培养的人才以千计，著作等身，为语言学的繁荣发展、为民族、国家的伟大复兴作出了重大的贡献。徐先生的逝世，是中国语言学事业的重大损失。

徐先生的高尚品德和光辉业绩，将永载史册。

鲁国尧敬挽

惊悉我国著名语言学家徐通锵先生不幸病逝，深感悲痛和惋惜。

徐通锵先生是把普通语言学理论与汉语实际结合得最好的语言学家之一。他的《历史语言学》是大家必读的经典性著作。他晚年致力于汉语特点的探究，写出了许多思想深刻、启人心智的优秀论著。语言学界期盼着他有更多的精品源源不断地面世，没想到他这么快就走了，真是一大损失！徐先生是浙江宁海人，他对家乡怀有深厚的感情。1995年，当我们四人(朱彰年、薛恭穆、周志锋、汪维辉)把《宁波方言词典》书稿寄给他求教并希望他能写一篇序的时候，他欣然允诺，并且很快就寄来了序言，而此前我们从未跟他谋过面。如今重读这篇朴实无华、充满感情的序言，不禁令人掩卷潸然。徐先生是一位蔼然长者，一位纯粹的学者，虽然他离开了我们，但先生的风范长存，先生的著作将继续惠及一代一代的学人。

徐通锵先生千古！

乡后学　南京大学中文系汪维辉敬挽

惊悉徐先生逝世，万分悲痛。学生去国以来，时时想念先生和师母。八九年六月五日，在外界纷乱恐慌的形势下与室友李娟等四人投奔先生和师母，度过了平和宁定的一夜。先生和师母的庇护之情永远铭感在心。多年来一直盼望重回北大,拜望先生和师母,而今竟猝然得知先生病逝的噩耗,心中悲痛,难以言表。唯愿师母多多保重,节哀顺变。徐先生将永远活在我的记忆之中。

学生王华之叩上

2006年12月1日于斯坦福大学语言中心

惊闻徐通锵先生不幸逝世的噩耗,不胜悲痛!徐先生一生在语言学领域探索、求真,发表了许多影响巨大的论著,这些论著已经成为语言学界——尤其是年轻一代学习语言学、方言学、音韵学、汉语史等的必读书,是中国语言学的宝贵财富。许多语言学子是读着徐先生的书成长起来的。近十多年来,先生力倡"字本位语言学",为中国语言学走出自己的道路、迈向世界殚精竭虑,作出了卓越的贡献。徐先生为人真诚、正直,不受世风感染,鼓励、提携后学,体现了中国知识分子的高尚情操,为我们这些年轻后辈树立了榜样。

我曾经见过几次徐先生,他总是那样谦逊、和蔼,循循善诱,和我们平等地讨论问题,一点儿也没有学术大家的霸气。先生的音容笑貌犹在眼前,而他的人已经走了!

年轻学子失去了一位好朋友、好老师,中国语言学界失去了一位锐意革新、敢为天下先的大学者!悲夫!

在此,谨向徐先生的家属表示深切的慰问!

徐通锵先生英灵永在!

陕西师范大学文学院邢向东

惊闻敬爱的徐通锵老师病逝,深感悲痛。徐老师毕生从事语言研究，不甘守成，全力创新；通观语史，穷究规律；尤重方言，昭示变异。徐老师为人行事谦和低调，探究学问踔厉风发，当仁不让。其人正，其心慈，其学深，其说新，为人为学，后辈楷模。在此谨向徐老师表达我们的沉痛哀悼之情，并向徐老师家人表示深切慰问，请节哀顺变，善自珍重。

香港科技大学中国语言学研究中心

张敏、朱晓农、孙景涛

2006.11.27

编者注：治丧期间，徐通锵先生治丧小组先后收到北京语言大学对外汉语研究中心、复旦大学中文系汉语言文字学学科、《古汉语研究》杂志社和湖南省语言学会、湖南师范大学文学院现代汉语教研室、华东师范大学对外汉语学院、华东师范大学应用语言研究所、华中科技大学中国语言研究所、中文系和《语言研究》编辑部、吉林省语言学会、暨南大学中文系、解放军外国语学院学报、南京大学中文系、南开大学全体语言学人、南开大学文学院语言学教研室全体教师、内蒙古大学中文系语言教研室、宁波大学文学院、日本现代中国语研究会和日本《现代中国语研究》编委会、山东教育出版社、上海大学中文系、上海师范大学语言研究所、《语文研究》杂志社、"汉语字本位研究丛书"编辑委员会等24个单位或集体，陈立民、陈忠敏、戴汝潜、戴昭铭、邓晓华、费锦昌／徐莉莉、高一虹、郭锐、洪波、胡吉成、胡壮麟、黄伯荣、黄笑山、姜松／王海丹、李葆嘉、李蓝、李润新、李树新、连登岗、林欢、刘津、刘颂浩、鲁国尧、马庆株、麦耘、孟华、潘悟云、钱志熙／陈保亚／刘瑛／臧棣／刘子瑜／王枫、乔全生、尚新、施向东、史有为、唐作藩、汪平、汪维辉、王红旗、王菊泉、王立、王宁、王硕、王卓异、魏在江、温端政／陈庆延／沈慧云／吴建生／李小平／巫建英／曹瑞芳、伍巍、咸蔓雪、辛世彪、邢向东、杨剑桥、杨自俭、叶向阳、尹世超、喻遂生、乐耀、曾晓渝、詹伯慧、詹鄞鑫、张敏、张新华、郑张尚芳、周志锋、庄初升等 70 余位先生发来的唁电唁文。因文集篇幅有限，这里仅摘选了其中的几篇。

致 谢 信

先夫通锵永远地离开了我们，离开了他热爱的事业和学习工作生活了半个世纪的北京大学和中文系。先夫病重和治丧期间，得到了大家热情的关心和照顾，多次前往医院探望，亲临吊唁或发来深情厚意的唁电，更有朋友从外省市甚至国外专程赶来。我和子女谨对此表示诚挚的感谢。

先夫的一生和北京大学、中文系、语言学紧密地联系在一起，这里有他的欢乐与幸福，有他的思想与奋斗，有他多年共事的领导、同事、业内的同仁和朋友，也有他热爱和关心的学生。先夫生前曾多次表达他对北京大学、中文系和业内同仁的感激之情。这里培养了他严谨的学风，提供了开放的研究环境、与大家进行思想交流和学术讨论的机会，先夫在语言学研究上的成就是在这样的环境中做出的，也是在大家的帮助和支持下做出的。

再次感谢大家的关心，照顾和帮助，并祝愿大家身体健康，事业顺利，也祝愿中国的语言学研究更上一层楼。

宁真率　子 徐涛　敬谢
　　　　女 徐敏

最后一封邮件

韶松、文国、自俭、必松等同志：

你们好。前几天戴汝潜给我发了一封信，问稿子望哪里寄送。我已告诉他，直接寄给王韶松，谅韶松同志已收到，或不日即可收到。鲁川的稿子又拖下来了，问他，说"正在交"。真抱歉。

11月的会议有无确定？念念。很遗憾，我要告诉你们一个不好的消息。我最近查体，发现大毛病，诊断为胰腺癌扩散，需要住院治疗。我现在看起来还只是体重减轻比较快，精神还不错，"还不像一个病人"。但据大夫说，它的发展可能很快，因而11月的会议我可能无法参加，也无法完成后续"丛书"的编辑任务。好在文国兄正当年富力强之际，完全可以承担后续的任务，而且会完成得更好。能看到"丛书"第一批出版的样书，我也就心满意足了。

人总有"走"的一天，早"走"一天晚"走"一天，没有什么大的区别。晚年能与诸公结识，共论"字本位"问题，也是本人的一大幸事。希望还能在上海与诸公见一次面。我的心情很平静，诸公不必挂念，也不必回函，或转告他人，一切听其自然。

敬礼！

徐通锵 10.14

徐通锵教授访谈录*

受 访 者:徐通锵教授
访 谈 者:张　宜
整理/注释:张　宜
地　　　点:徐通锵教授在北京大学畅春园的寓所
时　　　间:2003年12月9日,上午9:00—11:30

张宜:今天是2003年12月9日,现在是上午九点。我是在北京大学中文系徐通锵教授的家里。今天我访谈他的主题是"语言理论研究"。下面请徐老师讲第一个问题:您是怎样走上语言学研究道路的,您为什么要研究语言学?

徐通锵教授:我1952年入学,1956年毕业。我念书的时候,中文系只有语文、编辑两个专业;1958年,编辑专业并入中国人民大学的新闻系,而语文专业分为语言、文学两个专业,再加上六十年代初成立的古典文献专业,一共有三个专业。我当时选了语文专业,学的课程主要是文学,语言学学得不多,但讲课的老师都很有名,有高名凯、王力、魏建功、周祖谟等先生。当时大家都愿意搞文学,愿意搞语言学的人几乎没有。毕业时,我

---

* 本访谈录为录音整理稿,并经徐通锵教授审阅、补充、修改和认可。本稿曾略做删改以《徐通锵教授谈语言理论研究》为题发表在《外语教学与研究》2004年第4期上。

被分配到语言学教研室，主要是做高名凯先生的助教，辅导"语言学概论"课的学习。我没什么特殊的爱好，因而也没有那种抵触情绪，安心从事语言理论的教学和研究。这或许是我的一个优点，分配我搞什么就老老实实搞什么，没有三心二意。一心一意投入，慢慢投入进去。刚开始时对语言学也没有多大兴趣，后来慢慢钻进去了，觉得里头大有学问。当时学术界对语言理论研究的评价不大好，说它的研究，一是脱离实际，一是重洋轻中，只看重外国人的，对中国人自己的研究不了解。批评的关键是脱离实际，纯搞理论，"空对空"，就是不搞具体语言现象研究，脱离汉语研究实际。我当时觉得这些批评有道理，但是心里也不是滋味。批评固然有理，但从另一方面来讲呢，中国原来没有理论语言学，起步阶段借鉴国外的，把国外东西引进来，也是可以理解的，而且也可以说是不可避免的。另外，当时学习苏联斯大林的《马克思主义和语言问题》，这是50年代初期的一件大事情。

张宜：那个时候学术上肯定很受当时的政治环境的影响。

徐通锵教授：对。"一边倒"地学习苏联嘛，所以语言学也学习苏联。苏联语言学的学风不好，跟当时政治、哲学的学风差不多，扣帽子啊，不联系具体的语言现象研究。这种学风也影响中国语言理论的研究，也影响我们当时的年轻人。当时我写过几篇文章。

张宜：那是50年代吗？

徐通锵教授：50年代末60年代初。我是1956年毕业的嘛。现在回过头去，这些文章不值得重新再看，因为明显地带有当时语言理论研究的一些弊病，就是从杂志缝里找题目，凑些材料，敷衍成篇,自圆其说,解释不了什么实际的问题。

张宜: 您年轻时刚当助教,搞语言理论研究是自发的,还是受高老师他们影响？还是两方面(的因素)都有？

徐通锵教授: 这两方面都有。老师说你们自己好好去学,有问题就找他去讨论。我大概是两个星期左右找老师一次,说说学习中碰到的问题,由高先生指点解决的途径。

张宜: 您当时留校当助教的过程很艰难吗？是不是得特别优秀的人才能留校？我觉得一个专业可能也就留一名两名。

徐通锵教授: 我们教研室当时留两个,一个我,一个王福堂,(他是)搞方言的。1956 年正好是需要人的时候,北大留了一批,文学研究所留了一批,各有七八个人左右。在北大,现代汉语研究室留了几个,文学史教研室和文艺理论教研室留了几个,但是后来因不断地调整,最后只剩下我、王福堂和倪其心三个。倪已于 2002 年去世,现在只有我和王福堂两个,再加上一个后来又调回来去汉语中心教学的杨贺松。你说优秀的人才能留校,当时我自己觉得我不属于这个档次,因为我自感缺乏独立思考能力。系领导公布留校人员的名单后,我还找过系里几次,问能不能换个工作,搞编辑什么的,想搞些具体工作。当时的系秘书彭兰同志还说了我一通,说"留在北大还不满意,你还想要干什么工作？"听了这一批评后我就安下心来了,就踏踏实实地学习。留校后,真正念书的时间很少,因为第二年初春就开始"反右",1958 年下放农村劳动。

张宜: 那是学校里安排的？

徐通锵教授: 学校里安排的。所谓"下放"分两种,一种是到农村劳动,一种是调整,"反右"后调出北大的有十来个同志。下放劳动是要我们向贫下中农学习,进行思想改造,因为"右派"大多从知识分子出来。我属于下放劳动的那一批。

张宜:你们那时是有"点儿"啊,有"基地"啊?

徐通锵教授:我那时是到门头沟区的一个山沟里头,是清水乡的达摩村。1959年初回校,参加《语言学基础》教材的编写。这是集体科研,我也搞了点儿。三年困难时期,1961年、1962年看了一些书,但1963年秋又调去工厂搞四清①,接着又于1964年去湖北农村搞四清,回来后不久就是批《海瑞罢官》,开始了所谓"文化大革命"。1969年至1971年下放江西干校两年,劳动种地。回校后搞运动,1975年9月到1976年9月又第三次下放劳动,开始在平谷许家坞,后来转到北大"200号"学农的劳动基地。

张宜:净干活了,这真是跟工人、农民打成一片。

徐通锵教授:第三批下放时,军宣队、工宣队的负责人明确告诉我,你对教育革命有看法,应该下去劳动锻炼。

张宜:以我对您的了解,您不是那种很张扬的人,为什么会给别人留下这种印象?是不是军、工宣队有一些个人行为?

徐通锵教授:不是。

张宜:我觉得挺有意思的。

徐通锵教授:挺有意思的?那我就给你说得远一点了。"文革"开始揪"黑帮",校、系两级的领导干部差不多都是"黑帮",而像我这样做一些具体工作的年轻人则被定为"黑帮爪牙"。

张宜:你当时做什么工作?

徐通锵教授:系秘书,替下放劳动的主任处理一些日常事务;另外当了一个月班主任。结果"文革"一开始就被那一届学生揪出来。先在学校里进行惩罚性劳动，拔草。当时到北大参观运动的人像潮水一样，知道拔草劳动的人不会是"好人"，就围观，像动物园一样。（笑）当时确实感觉到自己错了，甘心劳动，但到了1967、1968年，脑子清楚了：这一次好像不是一般的运动。要打倒谁，好像不在于他有多少错误、多少缺点，而在于他是哪条"线"上的人。从那时候开始就不大相信那些揭发材料了。1969年我们走"五七"道路，到干校，有段时间把我调出去编党史，对党内的路线斗争有了些眉目，心里有了点底。1971年林彪垮台，批左。我主要是在那个时候讲了一些"犯忌"的话，比较典型的是我说了"从党的历史上看，批'左'比批'右'难"，"现在的极左思潮渗透到每个人的毛孔"。（笑）

张宜：这话比较有味道。

徐通锵教授：还有一些其他类似的话语。这些观点就"犯忌"了，可能跟当时流行路线联系在一起了，因而后来"反右倾回潮"时我就成了一个典型。"大字报"满墙，上面都是对此的批评。另外，我对教育革命也确实有看法。当时工农兵学员都是上大学、管大学、改造大学，教员没有（资格）。后来有一段时候是周总理管教育，抓教育，提出教员也要教大学、管大学和改造大学，但后来又不提了。通过口号的变化，我觉得领导层对教育思想有分歧。当时我们给工农兵学员上课，不是教语言学，而是教马列主义专著，我教过的就有《国家与革命》、《歌德纲领批判》、《反杜林论》等，另外还讲过党史和政治经济学，总之是教了几年课，不知道我教了什么，学生学了三年课，也不知道学了什么。这些都在思想上留下了一些问号，因而讲了不少"犯忌"的话。可能是那个时候我给军、工宣队留下了不好的印象，而且后来还知道我因讲了那些"犯忌"的话而被内定为35名"右派"之一，运动后期处理。所以第三次下放时，就明确对我说："你对教育革命有看法，你应当下去劳动锻炼。"第三批下去劳动，全校没有几个，而我"很荣幸"地是其中的一个，到1976年毛主席去世开追悼会的那天才回来。有意思的是，我人还没回来，而我的名单已经到唐山了。唐山当时地震，准备办一个北大分校去救灾，要不是"四人帮"垮台，我就得到唐山了，又彻底下放了。

张宜：我想那时候您应该不到四十岁吧。

徐通锵教授：四十出头了，我是1931年生的。精力最充沛、最好的时候就这样混过去了。

张宜：那也就是说"四人帮"没有垮台之前，您始终没有真真正正，踏踏实实研究过语言学。

徐通锵教授：是的。所以我跟我的第一个研究生说，我念书的时间跟你念书的时间差不多。

张宜：您是什么时候开始真正研究语言学的？

徐通锵教授：就是"四人帮"垮台以后。刚开始时，看书看不进去，十年的运动产生了思想上的惰性。1976年调我去搞大批判，1977年过渡一下，1978年才算安心搞业务了。现在回过头去看那一段经历，觉得晃荡那么多年也不是一点好处也没有。好处在什么地方呢？就是回头看语言学研究的路子思想比较冷静，觉得必须重视人们对语言理论研究脱离实际的批评，不能再走原来想走的那种急功近利的路子。理论研究还得从实际出发。当时，老先生们，有很多人已经去世了，高名凯先生去世了，岑麒祥先生年纪大了，已退出教学第一线。我尽管业务上没有什么准备,但是客观形势已经把我推上第一线,要领头进行教学与研究。

张宜:当时您还在语言学教研室?

徐通锵教授:对,在语言学教研室,先当教研室副主任,后来岑麒祥先生退休,由我当主任。我有一个比较好的运气,就是有一个好的学长叶蜚声②。他是解放前交通大学财政系毕业生,解放后转入人民银行搞翻译,1956年考上副博士研究生,考到北大学语言学。1961年研究生毕业后留校。他的外语水平很好。

张宜:他外语学的是俄语吧?

徐通锵教授:他熟练地掌握英、法、俄、日四门外语和一门世界语;德语是后来学的,赶不上前面几种外语的水平。他为人很好,比我大5岁。他外文好,看书多,我有不懂的就向他请教。我们两人经常一起讨论。语言理论研究需要联系实际,这话好说,但做起来很难,看到实际的语言材料有点儿畏惧心理,发怵。但是客观形势已把你推到第一线的位置上,不能不去捉摸,觉得联系实际,先从总结入手,总结前辈语言理论研究走过的路子。当时正好《中国语文》约我们写文章,于是我们两人合写了一篇《"五·四"以来汉语语法研究方法评述》的文章,发表在《中国语文》1979年的第3期上。影响还不错。这对我们是一个鼓励,觉得总结前人的语言研究有哪些成功的经验和失败的教训,这对我们的业务训练是很有帮助的。接下来我又跟叶蜚声合写了三篇音韵史研究方面的文章③,主要是用历史语言学的理论、方法总结和评述音韵史研究中的经验和教训,探索西方语言理论跟汉语结合的途径。这些文章对我后来的学术研究影响比较大。

张宜: 应该说奠定了后来的研究基础。看来您那种迷惘时间很短,1976年粉碎"四人帮",1979年您就发表文章,这中间没有多长时间,您就调整了自己的心理状态。

徐通锵教授: 对,很快就调整了,这种调整有个思想基础,就是觉得原来那个路子不行,应该扬弃,所以当时我提出语言理论研究应实现一个方向性的转折。这话呢,教研室里的同人谁都懂,谁都同意,但怎么落实?就不是每个人都同意的了。所以,怎么转折呢?有些人不是不想转,但他对原来的路子有留恋,这就没办法转。我没有留恋,所以很快就转过来了。通过四篇总结性的文章,三篇历史的,一篇现代汉语语法的,我发现,历史音韵学的中西语言学结合的成效,比语法(结合的成效)要好,成果要成熟。我根据自己的一些特点,就先搞历史方面的研究,这就是后来的《历史语言学》④……

张宜: 我觉得,这期间,80年代更重要的是《语言学纲要》⑤吧?

徐通锵教授: 啊,对,这期间,跟叶蜚声还一起编写了《语言学纲要》。

张宜: 从1979年开始准备的吧?

徐通锵教授: 讲稿是1979年写出来的。当时讲稿是十六万字。朱德熙先生说:"你们可真能写!"

张宜: 我们学语言学的都要学。当时是必读教材,影响了几代人,写得是很快的啦。

徐通锵教授: 当时提出要编写这个教材,教研室里有分歧,说原来高名凯、石安石主编的教材还没有好好用,现在编什么新教材?我们认为原来的那个教材不合适,于是我与叶两人共同研究,着手编写。合作需要有良好的前提,这就是要有共同的研究、共同的观点,而最主要的是两个人互相信任,你写的我可以改,我写的你可以改,不会因此而产生任何隔阂。叶的外语好,他就看原文材料,一边看,一边就翻译过来了。他有一个习惯,看外文书如不同时动手写的话,就看不进去。他看完了就把译好的材料给我,我就根据提纲编写;写好后就给他,由他推敲修改;而后再交换,这样几个来回,最后定稿。《语言学纲要》大致就是这样写出来的。

张宜: 那就是说,你们这种合作基本上都是这样一种模式?

徐通锵教授: 是的,几篇文章都是这样写出来的。我们两人各有自己的特点。叶的知识面宽广,资料熟悉,但要从资料中捋出一条简明的思路比较困难,不善于撰写;而我呢,正好与他相反,能从资料中理出头绪,撰写起来也还比较快,因而可以说我们两人是长短互补,而且思想上相互信任,合作研究的成效比较明显。这部《语言学纲要》还没编完呢,他就到美国去了,最后由我收尾,1981年由北大出版社出版。

张宜: 那可不可以说,你们这种学术上的合作是源于你们在生活中比较和谐的那种私人关系啊?

徐通锵教授: 对,这是一个基础。如果换一个人,相互之间有一点疙瘩的,我写的东西,你给我改了……

张宜: 在中国有一个不成文的说法,就是文人相轻嘛!那你们这种合作应该是一种佳话了。

徐通锵教授: 对。我还可以对我们的这种合作补充一个佐证。他去美国,有一位华裔美籍的教授问他想不想再延长一年,但他考虑我一个人在这儿恐怕撑不住,就赶快回来了,只在美国待一年。对此,我很感激他。

张宜: 然后我注意到,您是 1982 年去了美国?

徐通锵教授: 对,1981 年他回来了,1982 年 9 月我去的。两个人去的是同一个学校,都是伯克利加大。当时北大与加大有合作关系。我在那里待了一年。

张宜: 这时候,你们的书是不是已经出来了?

徐通锵教授: 对,出来了,我还带了一些到美国去送人。所以,我和叶蜚声合作写了一本书,四篇文章。这对我后面的研究很有影响。我发现历史音韵学的中西语言学结合的成效比较好,于是我就把主要的精力转向历史语言学,到美国去也是主修历史语言学。

张宜: 您在那儿也待了一年?

徐通锵教授: 对,正好待了一年。我主要就听些课,访问了一些学者,了解一些历史语言学的发展趋向。因为仅一年的时间,想把所有的东西学来是不可能的,我只能了解他们的一些想法,怎么考虑的,怎么研究的。我从访问中得到的一个重要启发是"变异",因而回来之后就结合汉语方言的变异,联系音韵,搞了历史语言学的研究。

张宜: 您写了一系列的文章,都是属于历史语言学的?

徐通锵教授: 对,历史语言学的。回来后搞方言调查,搞我自己的方言,宁波方言调查,还有到山西的闻喜和祁县,在这两个点儿做调查。

张宜: 我想问您,王洪君是您的学生吧?

徐通锵教授: 是我的学生,头一个研究生。

张宜: 她是山西人吗?

徐通锵教授：不是，算是北京人吧，在山西插队十一年。因为她爸出问题，所以将她发配到山西。她的脑子很好，善于考虑问题。1979年她以山西省文科第一名考进北大汉语专业；选择这个专业，主要是它跟政治的牵连比较小。她当时已有28岁，在学生中是老大姐。我和山西也有一点渊源。1959年袁家骅先生带我们去山西调查方言，1964年我和王福堂带着学生去山西太谷调查方言；1980年我们又去调查了一次，我负责辅导学生调查的就是祁县方言。所以我们在去闻喜、祁县调查方言之前已对山西方言进行过三次调查了。山西方言比较复杂，里头可以挖掘的东西很多，一般的不太好对付，但花点儿工夫，还可以把它啃下来。由于这些原因，我们就挑选了山西方言。这样，我就以山西方言和宁波方言为基础，写了几篇语言变异的文章⑥。经过这一段时间的探索，如何从具体材料出发进行理论研究，就摸出点头绪来了。这些文章，理论与实际的结合比较好，因而没有原来的那种"脱离实际"的批评了，以至于外地的同志搞不清楚我是搞什么的，以为我是搞方言的。

张宜：在我看来，您搞什么都能搞出些东西来。

徐通锵教授：怎么说呢，我能钻进去，人家想不到的地方，我可能会提出一些问题，找出一点规律。最初有影响的一篇文章是《宁波方言的"鸭"[ε]类词和"儿化"的残迹》，被严学宭先生喻为解放以后三篇经典性的文章之一⑦。其他的文章，如《百年来宁波音系的演变》和有关山西方言变异的一些文章，以及发表在《中国语言学报》上《音系中的变异和内部拟测法》，在学界的影响都不错。就我自己的研究来说，主要是如何进行语言理论研究，也就是怎么样从具体材料中抽象出理论思路，并以此为基础去吸取国外语言学的理论和方法。通过这样一段摸索，心里有了点底儿，这就是以我为主，不要跟着别人后边跑。开始接触变异的时候，Labov 的文章看不大懂，他的一些论点的价值在什么地方，我把握不住。后来自己进行了变异的研究，再去看他的文章，就知道他为什么这么讲、价值在什么地方、毛病在什么地方？我就能说出一些道道来了。通过这么一段摸索，弄清楚了如要吸收国外语言学的理论和方法，没有自己汉语的研究作基础，那是吸收不好的，只能跟着人家转。

张宜：那就是像您说的"空对空"。

徐通锵教授：经过这样一些努力之后，什么"理论脱离实际"啊，"空对空"啊，这个毛病对我来讲，基本上是克服了。我知道我走过一些弯路，所以我对我的学生，包括王洪君，要求他们不能走我过去走过的弯路，一定要从具体材料出发，从材料的梳理中提炼相应的理论，绝不要套用国外语言学的一些概念，凑点材料，敷衍成篇。

张宜：您是什么时候评上博导的？

徐通锵教授：1989 年吧，1989 年还是 1990 年？是国务院学术委员会第四批批准的，反正 1991 年招的陈保亚是头一个博士生。王洪君没念博士，硕士毕业就留校教书了，陈保亚硕士毕业回云南了，后来又考回来念博士。

张宜：啊，硕士也是您带的，从云南考回来？

徐通锵教授：对，对。所以我开头就搞历史语言学，搞变异，从美国回来之后搞方言研究，音韵研究，结合起来后写成《历史语言学》，1986 年写成。

张宜：出版是不是 1991 年？

徐通锵教授：是1991年，五年后才出来。

张宜：这段时间挺长的。

徐通锵教授：对商务来讲，不算长，五年能出来就很不错了。那本书影响比较大，因为国内没有这种类型的书。另外，那本书也还有一定的深度，讲得也还比较清楚，我也送给了美国一些语言学家，包括Berkeley的Madisoff教授。他一年之后给我回的信，说："要感谢你，写了这么好的一本历史语言学的著作。"《语言学纲要》是"语言学概论"课的教材，《历史语言学》现在也成了教材，只要你开历史语言学课程，一般都采用我这本《历史语言学》。台湾一个同行说："看了你的书，国外的历史语言学可以不看，因为他们的没有你那个深度，一般性的多。"

张宜：挖掘得不深。

徐通锵教授：我主要是结合汉语讲的，所以能够挖掘得深一些。这恐怕是我对方言的研究有些基础，同时，与叶蜚声一起写了一些历史音韵学的总结性文章也有比较密切的关系。没有这些具体的研究，这本书是写不出来的；即使写出来，恐怕也是苍白的。总之，我就是这样一步步走过来的，或者简单地说，就是初期是跟着国外语言学(主要是苏联语言学)转，凑些概念，写些文章，后来发现这样不行，就想办法转变研究的方向，先从总结入手，再从具体材料出发，提炼语言理论的思路，也就是以我为主，立足汉语的研究，吸收西方语言学的理论和方法，使之结合，进行语言理论研究。这算是我的学术道路的第二步吧。

张宜：也就是拿他的理论，来做我汉语的实际研究。

徐通锵教授：啊，就是分析汉语的时候，也参考他们的分析。我的主要着眼点，不完全在于他的结论，关键是看他的分析思路，分析他得出结论的过程。所以我学的不是他们现成的结论，而是他们分析问题的思路。

张宜：啊，明白了，就是他们是怎么分析问题的。

徐通锵教授：从历史语言学来讲，国外语言学所讲的音变理论，如语音规律无例外，每一个词都有它自己的历史，都可以适用于汉语的研究；但汉语中的有些现象，如文白异读，这些理论就用不上，那就只能根据汉语的特点，自己研究，总结相应的理论，叠置式音变的理论和方法就是这样总结出来的，有一定的影响。这或许是中西语言学的结合的一种有形的结果。我始终认为，中国语言学要发展，实现中西语言学的结合，这是必由之路。不结合是没有出路的，光闭关自守，光局限于汉语，是解决不了问题的。我们所以能提出叠置式音变的理论，就是发现西方的音变理论解释不了汉语的文白异读，不对比，不结合，就发现不了隐含在文白异读中的音变原理。随着研究的进展，思想上逐步认识到，结合的实现必须有个立脚点。那么这个立脚点在什么地方呢？找来找去找到了，就是汉语的"字"，因为汉语的特点凝聚于字。实现中西语言学的结合应该以字为基础进行理论研究。

张宜：这是在什么时候产生的一种想法？

徐通锵教授：这是1991、1992年提出来的。1991年在香港开会的时候，已经有这个想法了，但是用的概念还是词，但已提出一个词，一个音节，一个概念。过了半年，大概是1992年春，语言学院的《世界汉语教学》和《语言教学与研究》两个编辑部联合举办语法研究讨论会，就明确提出字的问题，认为字是汉语的基本结构单位。

张宜:徐老师,那你是什么时候在一个什么样的情况下意识到词和字是不一样的呢?是某个契机呢,还是一篇文章或某个人的一句话?

徐通锵教授:啊,是我自己琢磨的。开头没找到字,找到的是音节。我在香港华语研究本土化研讨会上,当时提出的是音节,后来想,音节怎么能成为一个语言单位呢?不能!这样,就以音节为过渡的环节,找到了字。其实,赵元任先生早就写过文章,但没看到,不知道。

张宜:嗯。后来您在书里面提到过这句话。

徐通锵教授:字跟词虽然只是一字之差,但实际上要改变的是中国语言学的理论研究的方向,涉及现行理论体系的调整和改造。人们习惯上将它称之为"字本位"理论。这与大家熟悉的理论大相径庭,所以反弹的力量也比较大。反弹呐,说不同意,这好说,但真正要批呢,也不是那么好批。后来发现,赵元任也有这个讲法。赵先生是人们公认的权威语言学家,他也这么讲,那就更不好批了,所以现在公开成系统地写文章批评"字本位"理论的还不是很多,至于有分量的文章几乎没有。

张宜:嗯,给我的感觉,好像是不以为然的人很多,但真正对这种观点提出很有力度的反对意见的人还真是不多。

徐通锵教授:反对"字本位",要讲出明确的道理来,这不是能轻易地做到的。就我自己来说,就是中西语言学的结合必须有自己的立脚点,不能把汉语结合到印欧语的理论框架里去研究。应该以我为主,看印欧语的理论方法是怎么弄出来的思路。

张宜:跟您刚才说的那个还是一样的,学它的思路。

徐通锵教授：重要的是需要寻找一种突破口。那么，突破口在什么地方呢？在历史语言学的研究中，我们从现有的理论跟汉语事实矛盾的地方入手，就是现有的理论不适用于汉语现象的研究，抓住它，并以它为契机，展开讨论。比方说，西方历史语言学的理论方法解释不了汉语的文白异读，那么，我们就需要找出现行的理论不能解释汉语文白异读现象的原因，提炼出自己的理论和方法，不能把文白异读纳入到西方语言学理论的框架里去进行研究。王士元先生也曾研究过文白异读，认为它是一种词汇扩散，这就把文白异读放到"每一个词都有它自己的历史"的离散式音变里去研究去了。文白异读不是离散式音变。离散式音变研究是音系的一种自我演变，而文白异读是不同方言间的竞争，两者的性质不同。所以，我觉得从汉语的事实跟现行的语言理论矛盾的地方入手来进行语言理论研究，可能是一种比较好的结合的突破口，因为语言事实与语言理论矛盾的地方正是一种语言的特点的反映。语言学应该研究自己语言的特点。但什么是特点？见仁见智，每个人可能有不同的理解，你说这里是特点，我说那里是特点，争论起来不会有什么积极的结果。我说不要在"什么是特点"的概念上做文章，把注意力集中于语言事实与现行理论的矛盾，这是寻找特点的最简单也是最有效的方法。如果西方的语言理论能够解释汉语的事实，科学无国界，我们自然可以吸收应用；解释不了、解释不好，那么说明理论有局限，而不是我的语言事实有毛病。中西语言学的差距就表现在如何对待语言事实与语言理论的矛盾的态度上。我们往往在理论面前望而却步，不敢怀疑理论的局限性；碰到解释不了语言事实，硬凑也要硬凑到那个理论的框架里去分析。我的意见是应该反过来,语言事实若跟语言理论有矛盾,那就应该以语言事实为准,自己去理思路,提炼理论。现在语言理论研究中与汉语事实最大的矛盾是什么呢?就是印欧系语言里语法研究的名、动、形的词类划分以及词类跟句子成分之间结构关系,就是名词作主、宾语,动词作谓语,形容词作定语,这个词类系统跟句子结构成分的对应关系,是印欧语语法理论的核心。但这个理论拿到汉语里头不适用,既无法根据现行的标准分出词类来,也找不到词类与句子成分的对应关系。为什么《马氏文通》以后每隔十几、二十年就会发生一次词类划分以及它们与句子结构成分的关系的大争论?原因就在这里。问题是争论来争论去,还是解决不了问题,因为我们不敢根据汉语事实与现行语言理论的矛盾去探索汉语自己的规律。

张宜:实际上还是没有突破印欧理论的束缚。

徐通锵教授:对,我们始终在它的理论框框里转圈子。追究其原因,就是两种语言的基本结构单位的特点不一样。印欧语的基本结构单位是词,我们基本结构单位是字不是词。赵元任的文章当时没有看到,是后来才知道的。吕叔湘那篇文章我看到过,1963年,他在《语文常谈》上说过:汉语现成的是字,印欧语现成的是词,讲汉语语法,不一定非讲词不可。虽然看到这一论述,但实际上当时我还没有读懂。后来我提出字是汉语的基本结构单位,才弄懂了吕先生的论断的价值。词是印欧语基本结构单位,词跟句法结构成分是有规则地联系在一起的,名词作主宾语,动词作谓语等是有规律可循的。如以此标准来分析汉语,名词可以作主宾语,可以作定语,也可以作谓语;动词可以作谓语,也可以作主宾语;形容词可以作定语,也可以作主宾语和谓语,找不出规律性的条理来。词类与句子结构成分有对应关系的,自然说明它们是有规律的;如果找不出对应关系,那就说明没有规律。我们过去语言研究的毛病就是一定要在没有规律的地方找规律,结果是找来找去,总也找不出规律来,只能是在那里转圈子。我是根据这种矛盾才提出"字本位"的设想。

张宜: 我看您的《语言论》®是在1997年出来的吧?当时您为什么选择东北师大出版社呢?是他们跟您约的呢?还是……?

徐通锵教授: 是他们找上门来的,说要出版一套丛书。语言理论叫我写;语法学呢,找陆俭明,因他没有空,后来找了邢福义;少数民族语言呢,找孙宏开;方言呢,找詹伯慧;还有一本是……。一共五本,结果现在完成的,只有邢福义的一本和我的这一本,詹伯慧那本现在还在写。他们找上门来,正好我有这部稿子,就给了他们。这本书主要讲"字本位"理论,想以"字"的研究为基础进行一次语言理论研究途径的探索。所以在1991年以后,我重点研究的就是跟字相关联的理论和方法问题。

张宜: 现在又过了几年,您对这个理论还有什么修正吗?

徐通锵教授: 基本思路不变。由于这一理论处于初创阶段,具体的理论分析比较粗糙,需要补充、修改和完善。现在正在进行这方面的工作,自觉还有些进展,将来补充修改最多的地方是关于核心字问题。

张宜: 那您现在自己对您提出的"字本位"理论问题做什么评价呀?

徐通锵教授： 我们在语言研究上看重原创性。我的"字本位"理论不是我抄人家的，是原创的，也不是直接套用西方的语言学理论，虽然现在的理论形态比较粗糙，但可以慢慢地加以改进。现在也有不少人在琢磨"字本位"理论。前不久我应邀到青岛中国海洋大学去讲学，那里的一些同志对此很感兴趣，说："你自己不要动摇。"我说我是碰了多少钉子之后才找到字，怎么会动摇呢？我已认准了这个方向，相信逐步理解、赞同的人会越来越多。现在搞计算机的人，搞语言信息处理的人在这方面有比较多的思考。就我自己接触到的，我不认识的，自己直接写信来的，像东北的哈工大的一位专家，他们已开始参考"字本位"的理论进行语言信息和机器翻译方面的处理。

张宜： 用您的"字本位"理论去进行信息文字处理吗？

徐通锵教授： 是的，进行信息处理，翻译什么的，详细的我也说不清楚。这次在青岛讲学访谈时，那里的一位教授告诉我，说烟台师院一个搞计算机的同志，他用现代流行的语法理论去处理语言材料，可以解决百分之二十、三十的问题；用句本位理论去处理可以解决百分之四十、五十；用字本位理论可以处理百分之六十、七十。他究竟处理的是什么问题，我不知道，我也没见过那个先生，是人家访谈的时候提到的。后来系负责人告诉我说，这位先生将会调去海洋大学工作；他说他们昨天刚通过电话，说到我在海洋大学讲学，他说现在的语言理论，还是"字本位"有点用处。现在有不少人在考虑这方面问题。对这一理论的态度，基本状态是那样：搞语言理论研究的，搞现代汉语语法的，基本上取反对态度；搞古代汉语的，就我接触到的，一般取观望的态度，但也有少数同志认为这个理论很重要；搞对外汉语教学的,认为必须走这个路,搞了一辈子对外汉语教学的吕必松就这么认为,说原来的思路错了。

张宜:语言文化大学的?

徐通锵教授:对,原来语言文化大学的校长,不知道你将来访问不访问他?他最近写了一篇文章,叫我提提意见,讲的就是字本位的问题。搞计算机语言信息处理的,态度最明确的就是鲁川,还有其他几个人也在考虑这方面的问题。

张宜:那在您看来,接受您的字本位理论的人,比如像吕必松他们搞对外汉语教学的人或者是对外汉语研究的人,他们为什么能够肯定呢?您考虑过这个问题没有?

徐通锵教授:因为他们原来以词为本位进行对外汉语教学,效果不太好。王若江写过一篇文章,说法国白乐桑编的汉语教材,书面语是"字本位",口语是"词本位",影响比较大。我们国内去的教材没法跟他竞争,不是我们国内教材到法国晚了,而是不大切合他们的需要。我们国内编的教材到那里的时间并不太晚,但人家用他的教材,不用我们国内的教材。这是一个很值得引起我们思考的问题。另外,白乐桑本人也对国内编的一些汉语教材进行过很尖锐的批评,基本的意思是说:你们的路子走错了,不承认汉字的特殊性、不承认汉字与汉语的关系的特殊性,都是完全错误的。这对我们的对外汉语教学是一个尖锐的批评。另外还有个现象很有意思,就是有一些搞外语教学的人对字本位理论也比较感兴趣。我的一篇题为《语义句法刍议》[⑥]的文章,请我去海洋大学讲学的杨自俭先生看了之后觉得挺有意思,要我去参加在那里举行的学术会议,讲讲我的想法。以前请我几次我都没去,这次去了,他就觉得这个理论思路有价值。由上海外国语大学李瑞华教授主编的《英汉语言文化对比研究》收了我两篇文章,一篇就是上面说过的《语义句法刍议》,另一篇是《"字"和汉语的句法结构——兼论汉英两种语法结构的原则差异》,在"编者小记"的"按语"中都做了相当高的评价。我很少对外交流,基本上都是人家找上门来的,如果我主动去跟人家交流,情况可能会好点。

张宜: 对您这个理论被别人接受可能还会好一些。

徐通锵教授: 对,鲁川曾对我说过几次,让我出面在北大召开一次关于"字本位"的理论研讨会。我说我不干,我没那精力,谁愿意学就学,谁愿意接受就接受,谁不愿意就不接受,听其自然。花精力去组织研讨会,我已经没有那个精力了。这次在青岛,海洋大学的杨自俭先生说,你没兴趣,我们出面,我们来搞,你出题目,开名单。明年有可能在那里召开一次小型的字本位问题的学术讨论会。

张宜: 徐老师,您现在是怎样具体来处理教学和科研的关系呢?您现在还带研究生吗?

徐通锵教授: 还有三个研究生。教学呢,还剩最后一门课了,讲"字本位"的理论,名称叫做"语言研究方法论"。方法论不是空的,主要是看你怎么样处理具体的语言材料,我也就结合讲课修改讲稿,不断改进、完善"字本位"理论。我已经在课堂上宣布过两次,说这是我这一辈子的最后一堂课。本来已经得到教研室的同意,不再讲了,但这次到青岛去讲了,教研室又不干了,说你到外地能讲,那在学校里就再讲一次,因而下学期还得再讲。

张宜: 今年您也不过是七十二岁嘛,身体条件又允许,为什么不讲呢?

徐通锵教授: 太累了!

张宜: 您觉得在您的学术研究当中,什么人哪,什么书啊,或者是什么事啊,对您影响最大呢?

徐通锵教授: 对我个人比较有影响的有两位先生,一位是高名凯,一位是朱德熙。我的观点跟他们两个都不一样,而且还可以说是对立的,但我的研究路子颇受他们两位的启发。高先生是我的业师,我曾做过他的助教,跟他学。人家对他的批评比较多,主要是认为他理论脱离实际。我想向老师学,老师并不一定每个地方都好,也不是每个地方都不好。那么我学他,自然是那些值得学的东西。高先生原来是学哲学的,思考问题高屋建瓴,能把握全局。这对我的思路的形成很有影响,主要是考虑问题不能局限于就事论事,首先需要从大的方面去定位,然后思考那些具体的问题在全局中的地位,设法把各种有联系的东西先联系起来考虑,梳理出头绪。朱先生对我的影响主要是他的研究思路,就是理论渗透于具体的材料分析中。朱先生的文章没有单纯讲理论的,但他的每一篇文章都有理论的深度。他的这个路子对我有影响。我后来搞方言研究,搞方言和音韵的比较研究,从理论思路来讲就有他的影子,从具体材料里头理出头绪,尽管文章写法跟他不一样,但思路跟他是有联系的。而且还有一点,他曾经跟我说过,搞理论研究,搞总结(指我与叶蜚声先生合写的那几篇文章)自然比原来的那个路子好,但究竟还是人家的;你最好搞自己的,就研究方言、研究音韵、研究语法、研究什么,你研究多了,自然就会理出理论头绪来的。

张宜：让您先接触实际？

徐通锵教授：后来我搞方言的研究，搞变异的研究，实际上已吸取了他的一些忠告。

张宜：就是说您从他的路子中吸取营养？

徐通锵教授：从他的路子中，从他写的文章中，受到一些思考问题的方法的启发，但我的观点跟朱先生却是对立的，跟高名凯先生的也不一样。这与我前面讲学西方语言理论的思路一样，学老师的东西，重要的不是学结论，而是学他的思路。

张宜：这也是我今天访谈您的一个最大的收获。不要迷信一个人，也不要迷信一种理论。

徐通锵教授：对，对。我觉得鉴别语言理论好坏的最高权威不是哪一个人，而是语言事实。

张宜：这句话可以成为您的经典。另外，徐老师，我想再问您：在您的学术经历中有没有让您最高兴或是最沮丧的事啊？

徐通锵教授：沮丧，我现在一下子想不出来。高兴嘛，就是发表一些文章，人家觉得有价值，可读，例如《历史语言学》受到人们的欢迎；至于《语言学纲要》，它受到广泛的采用，是高校的"语言学概论"课的教材，虽然其中的一些基本思路，我现在已经放弃，但社会上仍放弃不了，还在广泛采用。对此，我是既高兴又悲哀。

张宜：啊？既高兴又悲哀？

徐通锵教授：高兴是它现在还被认可；悲哀是《语言学概论》不是"万岁"的，《概论》需要随着语言学的发展不断变化的。但到现在，我自己已经放弃了，但社会上还在接受这一教材。

张宜：那我觉得，我这题目设计得太有意思了。能让徐老师说出来既高兴、又悲哀,说得好。那也就是说,您是在这种学术经历当中不断地去扬弃自己,肯定自我的同时,又把自己不足的地方给及时地修正。

徐通锵教授: 只要我发现不合适的理论和方法,一定放弃,毫不留恋!我不爱惜自己的羽毛。有些人老爱敝帚自珍,有点儿小名气,就故步自封、自我赏识。我很少有这方面的考虑,不是说"没有",而是说"很少",只要我认识到,就扬弃。至于别人怎么说,那是人家的事情,不是我的事情。所以有一点,学界比较公认的,就是我已那么大年纪,还提出一种新的理论,这在社会上是比较少见的。一般到花甲、古稀之年,原来写的著作,如《语言学纲要》、《历史语言学》都已有点影响了,一般不会再去想别的东西,怕丢失原来已经取得的东西,怕一下子被人否定。我认为该否定的就否定。

张宜: 也就是等于活到老、做到老、发展到老。

徐通锵教授: 我自己想,《语言学纲要》基本上给结构语言学写概论,《历史语言学》呢,主要是在中西语言学的结合上下工夫,原创性的东西有一些,如叠置式音变,但不多。《语言论》呢,就比较看重原创性,虽然理论形态比较粗糙,但终究在原创性研究的道路上迈出了第一步。我比较看重理论研究的原创性。学生写论文,你同意我的观点,或不同意我的观点,都行,不会因不同意我的观点而影响成绩,但是你一定得有自己的意见。

张宜: 还是强调这个原创性。

徐通锵教授: 对,你得有自己的意见,讲自己的话,不要说人家说过的话。

张宜: 不要人云亦云。徐老师,那您认为,您在语言学领域里的主要工作,具体有哪些呢,是不是刚才您说的这三块呢?

徐通锵教授:基本上就是这样。

张宜:一个是《语言学纲要》,一个就是《历史语言学》,再就是《语言论》里面反映出来的您的理论思路。

徐通锵教授:大体上是这样。说得简单一点儿,就是以汉语的研究为基础,吸收西方语言学的一些理论思路,来研究汉语结构规律和演变规律,不满足于它的结论。我主要是看它根据什么材料得出什么结论来,学那个过程,学那个思路,不学它的结论。结论有用的我吸收,没用的我根据自己的材料来写结论。简单讲,我走过的路就是这么一条。前不久北师大为纪念岑麒祥先生诞辰一百周年搞了一个座谈会。我在会上讲了一些话,说我这一辈子的语言研究只做了一件事,就是怎么样使语言理论研究联系实际,实现语言理论研究一个方向性的转折,以改变语言理论研究的"理论脱离实际""重洋轻中"的弊病。我想,这个弊病至少对我自己和我所带的学生来说,虽然不能说完全改过来了,但可以说基本上改过来了,现在没有人说脱离实际啊,重洋轻中啊,对语言学理论研究没有那个批评了,现在反而是我批评人家了。现在有些语法研究的文章,套用国外的理论,缺乏对汉语的扎实研究,文章没有什么分量。

张宜:徐老师,在您的这些学术成果中,您最看重的是哪些呢?

徐通锵教授:最看重的,简单地讲,还是"字本位"。当然,对历史语言学我也有一点小小的贡献,但是我觉得叠置式音变的理论实际上只是"字本位"的一个分支。这问题我自己没考虑到,是我的学生陈保亚写《二十世纪语言学研究方法论》时对我说,"你那个文白异读的叠置式音变也是以字为基础的。"我说:

"是的,实际上叠置式音变是'字本位'研究里的一个分支。尽管这个理论现在不是很成熟,理论形态比较粗糙,但毕竟这是原创的。它不是人云亦云,不是人家说什么,我说什么,是说我自己的。尽管学术界的反响,《历史语言学》比它要好,但我自己看重的还是'字本位'。"

张宜:那您认为您的看法和学界的基本看法一致吗?

徐通锵教授:不尽一致。学界的一般看法,对"字本位"理论是反对的多。至少从我了解的情况来看是那样。

张宜:那这样的话,我就想问下面的问题了。您是怎样看待这种学术批评的?

徐通锵教授:学术批评啊,要真正进行学术批评,我认为先要把人家的东西弄懂,从它的立论基础、思维方式、理论价值、与语言事实的关系等方面展开评论,不要局限于"揪辫子"式地东挑一点毛病,西挑一点毛病;挑毛病是需要的,但需要将它们纳入他的理论体系中去考虑他的利弊得失,展开讨论。

张宜:我通过访谈这些语言学家,我有这样一个感觉,就是语言学家本身对这些学术批评采取的是一种非常欢迎的态度。但是我从您的身上也感觉出来,您不会主动地要把您的想法去告诉别人,或者说,再更直接一点,对于某一个人,或者他的某一篇文章直接采取一种回应的态度,是吗?给我的感觉是:你们的态度都比较温和。

徐通锵教授:有些批评啊,我认为不值得回答,因为它们缺乏分量。直到现在,我还没有看到一份真正有分量的批评,尽管对"字本位"理论不以为然的人很多。

张宜:所以您觉得不值得一一回应。徐老师,那您觉得将来在我国汉语的语言理论研究方面还会有哪些发展,这个发展趋势是什么样的?

徐通锵教授:这个发展趋势是在认知,国外现在时兴功能语言学和认知语言学的研究,但我觉得认知语言学的大本营应该在中国。

张宜:那为什么呢?您能展开些吗?

徐通锵教授:认知语言学,它那个思维方式啊,跟人们熟悉的三段论推理式的思维方式不一样。它是隐喻式的。隐喻式的思维方式和三段论推理式思维方式之间的具体差别在什么地方呢?三段论的思维方式是在大前提、小前提、结论之间进行演绎推理,这些前提和结论在外延上是有联系的,即大、小前提和结论之间是从属于上下位概念的关系。隐喻式的思维方式呢,它是在两个"点"之间建立起联系,即主观上能通过现实现象间的相似或相关的特征在这两个"点"之间建立起联系,用 A 去说明 B。这种思维方式,国外的学者现在已经明确提出来了,像克里斯特尔在他的《现代语言学辞典》里说的那样,是一种世界观。我们的汉语社团就是这种世界观,人们称之为直觉性思维,而我把它叫做两点论思维方式。这种思维方式跟三段论的推理式思维不一样,因为这两个"点"之间的外延可能没有任何联系,但只要你能把这两个"点"联系起来,说出道理,就能以 A 喻 B。汉语社团的思维方式就是这种思维方式,我们传统的研究就是这种思维方式。为什么我们汉语研究跟西方语法理论之间有矛盾呢?首先在思维方式上就不一样。它以三段论的推理式思维为基础,词对应概念、句子对应于判断,语意相关的一组句子对应于推理。我们呢,字对应于概念,这一点跟词的位置是一样的，而字以上的句子就跟印欧语不一样。什么是汉语的一个句子？没有一个明确的鉴别标准。说它对应于判断？不是；说它不是对应于判断？也不是。它是既像判断又不是判断、既像推理又不是推理，处于这样一个状态。所以我们传统的论证方式，只要在两"点"之间建立起联系，能说出个道儿来，这就可以。至于这两"点"是否在外延上有联系，那没关系。所以，冯友兰在《中国哲学史简编》里讲到西方哲学取得概念的途径是假设，而我们是直觉，通过直觉的方式取得的。所以我们论证的方式不是演绎论证，而是比喻例证。什么是比喻例证呢？用现代的话来讲，实际上就是隐喻。汉语研究的传统，从古到今都强调语义研究，有悠久的历史。为什么？因为语义研究必须用隐喻式的思维方式，没办法进行三段论式研究。我们现在有一些介绍隐喻的文章，大多都是介绍国外的隐喻研究，很少关注我们传统的思维方式，但隐喻式思维的真正的大本营应该在中国。中国的思维方式就是两点论式的思维方式，就是隐喻式的思维方式。这次我到青岛海洋大学去讲学，其中有一讲是讲隐喻和语法研究的关系。当时我最担心的就是怕学生听不太懂，因为太抽象，但是想不到，那一讲听课的人最多、最受欢迎，包括搞文学的那些老师也都去了。

张宜：您没想到？

徐通锵教授：没想到。我问一个大学三年级的学生，你听了几讲，对什么感兴趣？他讲：一个隐喻，一个语言学史，这两讲最有兴趣。我问，隐喻你听得懂？他讲他们原来文学理论也谈过这方面的问题，现在您把它们串起来了，听起来很有意思。我们现在从事语言理论方面的研究，往往眼睛向外，对我们传统固有的东西很少考虑,例如像隐喻性思维,它渗透于我们传统的语义研究和古代典籍的注疏中,是汉语社团的思维模式,因而我说隐喻性思维方式的大本营在中国,应该好好总结我们传统的思维方式跟语义研究的传统。中国语言学在这方面是大有可为的。认知语言学,老实讲,我们中国传统研究的基本路子就是这个路子。我们的缺点就是没有对它进行演绎论证,把它系统化、理论化,所以影响不大。如果我们在这方面进行总结,进行梳理,提炼出一些头绪来,那么我们对世界语言学的发展来讲,是会有影响的。现代语言学,就其发展趋势来讲,在向语义方面倾斜,但语义在现代语法结构的框架里头找不到它的立足之地。所以格语法也好,切夫语法也好,什么这个语法,那个语法,都很难跟现行语法框架合拍。为什么?因为这是两种思维方式的矛盾。现代语法框架是以亚里士多德的逻辑范畴说为基础建立起来的,就是词对应于概念、句子对应于判断,……以那个为基础总结出来的。

张宜: 三段论的推理式思维方式?

徐通锵教授: 哎,对。认知的方式,语义生成的方式,是隐喻式的两点论思维方式。两个"点"与外延上有联系没联系没关系。这完全是两种思维方式的矛盾。所以,你要发展语义的研究,必须着眼于隐喻。为什么在认知语言学中隐喻提得那么重要?国外的语法研究现在也提出主观性和主观化的问题。隐喻性思维在两个"点"之间建立起联系就是主观化、主观性的问题,跟外延上是否有上下位概念的关系无关。所以,像这方面问题,我们应该回过头来,看看自己老祖宗的路是怎么走过来的,好好总结。这样,对中西方语言学的研究思路进行一些比较,看看西方人是怎么研究的?他们的长处在什么地方?我们的长处在什么地方?我国隐喻性思维方式与语义研究的关系,这应该是很重要的一个研究领域,如果认知语言学撇开中国这一块,它发展不好。

张宜: 徐老师,目前,您自己还在做些什么?除了一些讲学啊,带研究生啊,您自己目前还在做些什么?

徐通锵教授: 结合讲课,不断地琢磨"字本位"理论的修改和完善问题。

张宜: 啊,都有一些完善。那我看您2002年又写了一本《基础语言学教程》?

徐通锵教授: 《基础语言学教程》是根据"字本位"理论写的,但那本书没写好,讲的太多、太难、太深,准备手头上事情告一段落后就进行修订,精简内容,尽可能使它通俗一些。

张宜: 徐老师,您对我采用口述历史的方法访谈语言学家是怎么看的?

徐通锵教授: 我没碰到过这种事情,我不知道,说不出来。

张宜: 那您为什么这么愉快地,几乎没有犹豫地就答应我了呢?

徐通锵教授: 有什么可考虑的? 有人需要了解,我说就完了。

张宜: 那您对这个过程有什么评价呀?

徐通锵教授: 评价要看结果。我不清楚你将来整理出来的东西是什么样子的,我没碰见过口述语言学历史这种现象,现在说不上什么评价。

张宜: 有人说搞口述历史,特别是通过访谈这种情况,往往主观性非常强,因为受访者他不可能对现在还活着的一些当事人提出那种比较客观的评价,甚至对自己也不可能作出那种客观的判断。那您是怎么看待这两点的呢?

徐通锵教授:这是没办法说的。这决定于你这个访问人访谈的目的,你得根据你想解决的问题去整理访谈的东西,决定取舍,谁都没办法去干扰你。将来写出来的东西有分量没分量,写的文章质量怎么样,那决定于你的水平啊。评判那些活着的人也好,死了的人也好,那个评判也取决于你的评判标准啊。总之,敢不敢客观地、实事求是地评判,敢不敢说你自己的话?都决定于您,不决定于受访人。

张宜:哈哈。我觉得那您这个观点挺与众不同的。因为好多人都说人在谈到自己的时候,往往都是那种褒扬的话要大于否定的话,可能也有一定道理吧?

徐通锵教授:那么,像这个就由你自己取舍了。你的口述语言学史研究不会是把每个人讲的一一笔录就完了。你自己整理取舍。你要讲你自己的主观态度、主观评价。所以,这个不取决于受访者,而取决于你对受访者所讲的东西的态度和评价。

张宜:就是看我对受访者的评价?这就是我自己的东西了。

徐通锵教授:啊,对。本国的也好,其他地方的也好,相关学科研究的水平,你能不能对它进行切实的评价,把相关的水平反映出来,都取决于访问人的目的、态度和水平。

张宜:谢谢您接受我的访谈。

附　注

①"四清"是指上一世纪60年代初期展开的清政治、清经济、清组织、清思想的政治运动,简称"四清"。

②叶蜚声,1926年生于上海,祖籍浙江慈溪,研究生毕业留校后主攻外国语言学史。

③参见:《译音对勘与汉语的音韵研究》,《北京大学学报》,1980年第3期;《历史比较法和〈切韵〉音系的研究》,《语文研究》,1980年第1期;《内部拟测法和汉语上古音系的研究》,《语文研究》,1981年第1期。

④商务印书馆,1991年第一版。

⑤北京大学出版社,1981年第一版,1997年第三版。

⑥《说"变异"——山西祁县方言音系的特点及其对音变理论研究的启示》(《语言研究》1986年第1期);《山西闻喜方言的声调——附论"每一个词都有它自己的历史"》(《语文研究》1986年第4期)。这两篇文章都是和王洪君合写的。《山西方言古浊塞音、浊塞擦音今音的三种类型和语言史的研究》(《语文研究》1990年第1期;《百年来宁波音系的演变》,《语言学论丛》第16辑,1991年)。

⑦参见:《严学宭谈汉语史研究》,《语文导报》,1986年第1期。

⑧《语言论——语义型语言的结构原理和研究方法》,东北师范大学出版社,1997年。

⑨《语义句法刍议》,《语言教学与研究》,1991年第3期。

徐通锵先生论著总目[①]

专著：

1. 《语言学纲要》(叶蜚声、徐通锵)，北京大学出版社 1981 年第 1 版，1997 年第 3 版。
2. 《历史语言学》，商务印书馆 1991 年。
3. 《徐通锵自选集》(自选论文集)，河南教育出版社 1993 年。大象出版社 1999 年重印。
4. 《语言论——语义型语言的结构原理和研究方法》，东北师范大学出版社 1997 年。
5. 《基础语言学教程》北京大学出版社 2001 年。
6. 《汉语研究方法论初探》(自选论文集)，商务印书馆 2004 年。
7. 《汉语结构的基本原理——字本位和语言研究》，中国海洋大学出版社 2005 年。
8. 《语言学是什么》，北京大学出版社 2007 年 1 月。
9. 《汉语字本位语法导论》，山东教育出版社 2007 年(即出)。

论文：

1. 评岑麒祥的《普通语言学》(薄鸣[②])，《中国语文》1960 年第 12 期 438—442 页。
2. 论语言发展的原因和规律 (薄鸣、俭明)，《中国语文》1961 年第 4 期 9—15 页。
3. 谈词义和概念的关系问题 (薄鸣)，《中国语文》1961 年第 8 期 39—42 页。

[①] 合作论著注明各个作者，不注作者则为徐通锵单独署名。
[②] 薄鸣为徐通锵曾用笔名。

4. 词义和概念(薄鸣),《北京大学学报(人文科学版)》1963 年第 2 期 67—76 页。
5. 对结构主义语言学分布原则的几点批判,《中国语文》1965 年第 2 期 93—102 页。
6. "五·四"以来汉语语法研究评述(徐通锵、叶蜚声),《中国语文》1979 年第 3 期 166—173 页。
7. 译音对勘与汉语的音韵研究(徐通锵、叶蜚声),《北京大学学报》1980 年第 3 期 87—95 页。
8. 历史比较法和《切韵》音系的研究(徐通锵、叶蜚声),《语文研究》1980 年第 1 期 29—43 页。
9. 内部拟测法和汉语上古音系的研究(徐通锵、叶蜚声),《语文研究》1981 年第 1 期 65—82 页。
10. 历史上汉语和其他语言的融合问题说略,《语言学论丛》第 7 辑 195—210 页,商务印书馆 1981 年。
11. 山西平定方言的儿化和晋中的所谓"嵌 l 词",《中国语文》1981 年第 6 期 408—415 页。
12. 美国语言学家谈历史语言学(徐通锵整理),《语言学论丛》第 13 辑 200—258 页,商务印书馆 1984 年。
13. 山西祁县方言的新韵尾 -m 与 -β,《语文研究》1984 年第 3 期 1—10 页。
14. 宁波方言"鸭"[ɛ]类词和"儿化"的残迹——从残存现象看语言的发展,《中国语文》1985 年第 3 期 161—170 页。
15. 语言研究的发展和五年来的《语文研究》,《中国语文》1985 年第 6 期 459—466 页。
16. 说"变异"——山西祁县方言音系的特点及其对音变理论的启示(徐通锵、王洪君),《语言研究》1986 年第 1 期 42—63 页。又收入《山西方言研究》26—46 页,山西人民出版社 1989 年。
17. 山西闻喜方言的声调——附论"每一个词都有它自己的历史"(徐通锵、王洪君),《语文研究》1986 年第 4 期 11—22 页。
18. 近年来中国语言学的若干变化,《语文导报》1986 年第 11 期 52—54 页、第 12 期 44—47 页。
19. 语言研究方法的历史嬗变,《语文导报》1987 年第 8 期 48—51 页,第 9 期 48—49 页,第 10 期 47—49 页。
20. 语言发展的不平衡性和历史比较研究,《语言研究论丛》第 3 辑(南开大学中文系《语言研究论丛》编委会编),1987 年。

21. 语言变异的研究和语言研究方法论的转折,《语文研究》1987 年第 4 期 1—9 页、1988 年第 1 期 27—34 页。
22. 语言变异的研究和两种对立语言观的结合,《烟台大学学报》1988 年第 3 期 70—79 页。
23. 梅耶《历史语言学中的比较方法》选评(徐通锵、王洪君),胡明扬主编《西方语言学名著选读》147—183 页,中国人民大学出版社 1988 年 12 月。
24. 音系中的变异和内部拟测,《中国语言学报》第 3 期 35—52 页,商务印书馆 1988 年 12 月。
25. 语言理论研究的现状和对今后研究工作的几点建议,《语言教学与研究》1989 年第 2 期 130—138 页。
26. 变异中的时间和语言研究,《中国语文》1989 年第 2 期 81—94 页。
27. 结构的不平衡性和语言演变的原因,《中国语文》1990 年第 1 期 1—14 页。
28. 山西方言古浊塞音、浊塞擦音今音的三种类型和语言史的研究,《语文研究》1990 年第 1 期 1—7 页。
29. 进一步加强山西方言的研究——纪念《语文研究》创刊十周年,《语文研究》1990 年第 4 期 12—13 页。
30. 百年来宁波音系的演变,《语言学论丛》第 16 辑 1—46 页,商务印书馆 1991 年。
31. 语义句法刍议——语言的结构基础和语法研究的方法论初探,《语言教学与研究》1991 年第 3 期 38—62 页。又收入李瑞华主编《英汉语言文化对比研究》(1990—1994)319—354 页,上海外语教育出版社 1996 年。
32. 结合——语言理论研究的发展趋向,《语文研究》1991 年第 2 期 1—9 页。
33. 在"结合"的道路上摸索前进,Newsletter No. 13(香港),1992 年 5 月。
34. 文白异读和历史比较法,《徐通锵自选集》124—163 页,河南教育出版社 1993 年。
35. "字"和汉语的句法结构,《世界汉语教学》1994 年第 2 期 1—9 页。又收入李瑞华主编《英汉语言文化对比研究》(1990—1994)433—451 页,上海外语教育出版社 1996 年。
36. "字"和汉语研究的方法论——兼评汉语研究中的"印欧语眼光",《世界汉语教学》1994 年第 3 期 1—14 页。
37. 音系的结构格局和内部拟测法——汉语的介音对声母系统的演变的影响,《语文研究》1994 年第 3 期 1—9 页,第 4 期 5—14 页。
38. 文白异读与语言史的研究,余志鸿主编《现代语言学》(第三届全国现代语言学会议论文集),语文出版社 1994 年。
39. 加强"字"的研究,推进中国语言学的发展,《语言文字应用》1995 年第 1 期 8—10 页。
40. 国家教委语言学"九五"科研规划咨询报告,人文社会科学研究现状与发展趋势(教委社科司)。
41. 阴阳对转新论,《语文新论》,山西教育出版社 1996 年,收入《北京大学百年国学文粹》,北京大学出版社 1998 年;《汉语研究方法论初探》商务印书馆 2004 年。
42. 音系的非线性结构原理和语音史的研究,《民族语文》1996 年第 6 期 1—10 页。
43. 改革开放以来的中国理论语言学(徐通锵、王洪君),许嘉璐等主编《中国语言学现状与展望》3—36 页,外语教学与研究出版社 1996 年。
44. 有定性范畴和语言的语法研究,《语言研究》1997 年第 1 期 1—14 页。
45. 核心字和汉语的语义构辞法,《语文研究》1997 年第 3 期 1—15 页。
46. 中西语言学的结合应以字的研究为基础,《语言文字应用》1998 年第 1 期 5—7 页。
47. 声母语音特征的变化和声调的起源,《民族语文》1998 年第 1 期 1—15 页。
48. 自动和使动——汉语语义句法的两种基本句式及其历史演变,《世界汉语教学》1998 年第 1 期 11—21 页。
49. 说"字"——附论语言基本结构单位的鉴别标准、基本特征和它与语言理论建设的关系,《语文研究》1998 年第 3 期 1—12 页。
50. 二十世纪的中国历史语言学(徐通锵、陈保亚),刘坚主编《二十世纪的中国语言学》225—294 页,北京大学出版社 1998 年 6 月。
51. "字"和汉语语义句法的生成机制,《语言文字应用》1999 年第 1 期 23—33 页。
52. "字"和汉语的语义句法,吕叔湘等著,马庆株编《语法研究入门》,商务印书馆 1999 年。
53. 汉语的特点和语言共性的研究,《语文研究》1999 年第 4 期 1—13 页。
54. 说"本位"——字的研究和语言理论建设,江蓝生、侯精一主编《汉语现状与历史的研究》,中国社会科学出版社 2000 年。
55. 高名凯先生和他的语言理论研究,《燕京学报》新 8 期,北京大学出版社 2000 年。
56. 教育部语言学"十五"研究规划咨询报告,2000 年 10 月。

57.《马氏文通》与中西语言学结合的道路,《面对新世纪挑战的现代汉语语法研究》28—43 页,山东教育出版社 2000 年 12 月。
58. 字和汉语语义句法的基本结构原理,《语言文字应用》2001 年第 1 期 3—13 页。
59. 编码机制的调整和汉语语汇系统的发展,《语言研究》2001 年第 1 期 35—45 页。
60. 说"结合"——就汉语音韵的研究论中西语言学结合的途径,《语言学问题集刊》第 1 辑,吉林人民出版社 2001 年。
61. 声调起源研究方法论问题再议,《民族语文》2001 年第 5 期 1—13 页。
62. 对比和汉语语法研究的方法论,《语言研究》2001 年第 4 期 1—7 页。又收入王菊泉、郑立信编《英汉语言文化对比研究》(1995—2003) 79—90 页,上海外语教育出版社 2004 年。
63. "改革开放"以来的语言理论研究,《广播电视大学学报》2002 年第 2 期。
64. 音节的音义关联和汉语的变音,《语文研究》2003 年第 3 期 1—8 页。
65. 徐通锵教授谈语言理论研究,张宜记录整理,《外语教学与研究》2004 年第 4 期。又收入《汉语结构的基本原理——字本位和语言研究》252—265 页,中国海洋大学出版社 2005 年。
66. 思维方式与语法研究的方法论,《北京大学学报(哲学社会学版)》2004 年第 1 期。
67. 字的语法化的"阶"和汉语语义句法的生成,杨自俭主编《英汉语比较与翻译》(5)95—113 页,上海外语教育出版社 2004 年。
68. 音变的规律和汉语方言的分区,《南开语言学刊》第四辑,南开大学出版社 2004 年 6 月。
69. 编码的理据性和汉语语义语法形态的历史演变,《语言学论丛》第 30 辑 1—39 页,商务印书馆 2004 年。
70. 字的重新分析和汉语语义语法的研究,《语文研究》2005 年第 3 期 1—9 页。
71. 从语言学的中西古今结合中探索语言理论研究的途径(徐通锵访谈记),《汉语结构的基本原理——字本位和语言研究》266—295 页,中国海洋大学出版社 2005 年。
72. 字本位和语言研究,《语言教学与研究》2005 年第 6 期 1—11 页。
73. 汉字与认知,戴汝潜主编《识字教育科学化教学汇粹》19—24 页,中国轻工业出版社 2006 年。

74. 字本位基础理论,杨自俭编《字本位理论与应用研究》,山东教育出版社 2007 年(即出)。
75. 述谓结构和汉语的基本句式,《语文研究》2007 年第 3 期 1—13 页。
76. 序,载潘文国《字本位与汉语研究》1—6 页,华东师范大学出版社 2002 年。
77. 徐通锵传,《中国现代语言学家传略》第 3 卷 1502—1510 页,河北教育出版社 2004 年 5 月。

编 后 记

2006年11月25日,北大中文系徐通锵先生辞世。

次日,中文系成立了徐通锵先生治丧小组,11月29日至12月2日在中文系五院开设了徐通锵先生悼念室。治丧期间,24个单位、70多位个人发来唁文和唁电,前来悼念室或家属送别会吊唁、献花的单位和个人计300余,其中不少人是专程从外地赶来的。11月27日,北大中文论坛的网页开辟了徐通锵先生的纪念专栏,数月后仍有纪念文帖发表。

12月下旬,在中文系和商务印书馆的支持下,我们开始启动本书——《徐通锵先生纪念文集》的组稿、编辑工作。本书编委会由王洪君(召集人)、陈保亚、王理嘉、王福堂、陈松岑、陆俭明、蒋绍愚、温儒敏、刘一玲、叶文曦、李娟(秘书)组成。征稿信于2006年12月26日发出,截至2007年6月1日,共收到纪念文章80篇,均收入了文集。

本书共分七个部分。第一部分是徐先生生平和对徐先生学术思想的述评。第二部分"为学篇",是学界同仁对徐先生在总体学术思想、历史语言学、字本位三个方面学术成就的缅怀。第三部分"为人篇",是徐先生的中学同学、大学同学、教研室同事、同专业同事、"文革"结束前汉语专业学生、外校学界同仁、专业外同事、好友对徐先生人生不同阶段、不同生活侧面的追忆。第四部分"为师篇",

是徐先生的硕士、博士生和"文革"后汉语专业70、80、90、00年代直接受业于徐先生的学生对老师的怀念。第五部分"为父篇"收有徐先生之子的亲情回忆。第六部分是挽联诗文唁电唁文摘选、家属的致谢信。第七部分附录,收有徐先生生前最后一封邮件、徐先生访谈录、徐先生论著总目。此外,书前还收有徐先生各个时期的照片20余幅。

对来稿,我们的原则是不做观点上的改动。特别是对徐先生学术思想的不同看法,更是全部保留作者的观点,不因编辑小组的观点而有所取舍。所做的主要处理有二:一、因篇幅限制,对少数文章做了必要的压缩和文字改动;二、因文题重复过多而重拟了部分文章的标题。以上处理,还望有关作者谅解。如有不当,当由编委会同志负责。

我们希望,文集能够从多时点、多侧面真实地反映徐先生:一个求索者的成长,他的正直、严格与宽容,他的执著、艰辛、清贫和孤独。徐先生是独特的。我们相信,真实地反映独特的徐先生,一定能够给读者以诸多启示,无论是为人、为学、为师,还是为父。

感谢徐通锵先生的生前好友、学界同仁和学生对文集组稿的积极响应。感谢北京大学中文系和商务印书馆对文集编辑出版的大力支持!

《徐通锵先生纪念文集》编委会
2007年6月